JN291139

WIZARD

資産価値測定総論

リスク計算ツールから企業分析モデルまで

アスワス・ダモダラン[著]　山下恵美子[訳]

1

Pan Rolling

WIZARD BOOK SERIES Vol.131

INVESTMENT VALUATION:
TOOLSAND TECHNIQUES FOR DETERMINING THE VALUE OF ANY ASSET,
2/Edition-E/471-41488-3 by Aswath Damodaran

All rights reserved. Authorized translation from the English language edition
published by John Wiley & Sons International Rights,Inc.
Copyright©2002 by Aswath Damodaran
This translation published by arrangement with John Wiley & Sons,Inc.
through The English Agency (Japan) Ltd.

資産価値測定総論 2
割引配当モデルから利益倍率まで
【目次】

第13章　割引配当モデル
一般モデル／変形モデル／配当割引モデルを用いる際の問題点／配当割引モデルのテスト／まとめ／練習問題

第14章　株主資本フリーキャッシュフロー割引モデル
株主に対する支払可能額の測定／FCFE評価モデル／FCFEモデルと配当割引モデル／まとめ／練習問題

第15章　企業価値評価──資本コスト法と調整現在価値法
企業フリーキャッシュフロー／企業価値評価─資本コスト法／企業価値評価─調整現在価値法／レバレッジが企業価値に与える影響／調整現在価値と財務レバレッジ／まとめ／練習問題

第16章　1株当たり価値の推定
営業外資産の価値／企業価値と株主資本価値／経営陣と従業員へのオプション／議決権が異なる場合の1株当たり価値／まとめ／練習問題

第17章　相対評価の基礎的原理
相対評価の利用状況／標準化価値と倍率／倍率を正しく利用するための4つのステップ／相対評価と割引キャッシュフロー評価における違いのとらえ方／まとめ／練習問題

第9章　利益の測定 ………………………………… **418**
会計上の貸借対照表と財務上の貸借対照表 ——————419
利益の調整 ——————————————————————420
まとめ ——————————————————————————451
練習問題 ————————————————————————453

第10章　利益からキャッシュフローへ …… **456**
税効果 ——————————————————————————457
再投資需要 ——————————————————————471
まとめ ——————————————————————————489
練習問題 ————————————————————————490

第11章　成長率の推定 …………………… **494**
成長率の重要性 ————————————————————495
ヒストリカル成長率 ——————————————————496
アナリストの成長予測 —————————————————514
成長の基本的な決定要素 ————————————————521
成長の質的側面 ————————————————————551
まとめ ——————————————————————————554
練習問題 ————————————————————————555

第12章　清算の評価──終価の推定 …… **557**
清算評価 ————————————————————————558
存続問題 ————————————————————————582
終価について ——————————————————————586
まとめ ——————————————————————————587
練習問題 ————————————————————————588

市場の効率性検定 ———————————————— 220
市場効率性検定で犯しやすい過ち ————————— 230
問題になり得る小さな過ち ———————————— 232
市場効率性の実証的証拠 ————————————— 233
価格変動の時系列特性 —————————————— 233
情報イベントに対する市場の反応 ————————— 247
市場アノマリー ———————————————— 253
インサイダーと投資専門家に関する実証的証拠 ——— 266
まとめ ———————————————————— 273
練習問題 ——————————————————— 276

第7章　リスクフリーレートと
　　　　　リスクプレミアム ················ **282**

リスクフリーレート ——————————————— 283
株式リスクプレミアム —————————————— 290
債券のデフォルトスプレッド ——————————— 322
まとめ ———————————————————— 327
練習問題 ——————————————————— **328**

第8章　リスクパラメータの推定と
　　　　　資金調達コスト ···················· **332**

株主資本コストと資本コスト ——————————— 333
株主資本コスト ———————————————— 333
株主資本コストから資本コストを算出する ————— 383
企業にとっての最善策 —————————————— 404
まとめ ———————————————————— 405
練習問題 ——————————————————— 406

リスクの測定	96
財務諸表分析におけるそのほかの問題点	107
まとめ	112
練習問題	113

第4章　リスクの基礎 … **117**

リスクとは	118
株式リスクと期待リターン	120
各種リスクリターン・モデルの比較	147
デフォルトリスク・モデル	151
まとめ	158
練習問題	159

第5章　オプション価格理論とモデル … **168**

オプション価格付けの原理	168
オプション価値の決定要素	171
オプション価格モデル	174
オプション価格モデルの拡張	202
まとめ	206
練習問題	207

第6章　市場効率性──
　　　　定義、検定、実証的証拠 … **211**

市場効率性と投資評価	211
効率的な市場とは	212
市場効率性が意味するもの	214
市場効率性が成立するための条件	216
市場効率性に関する命題	217

CONTENTS

資産価値測定総論　1
リスク計算ツールから企業分析モデルまで
【目次】

はじめに ……………………………………………………… 11

第1章　序論 ……………………………………… 14
評価の基本的概念 ──────────────── 14
評価についての一般論 ─────────────── 16
評価の果たす役割 ───────────────── 24
まとめ ────────────────────── 30
練習問題 ───────────────────── 30

第2章　さまざまな評価法 …………………… 32
DCF評価 ─────────────────────── 33
相対評価 ────────────────────── 46
条件つき請求権評価 ──────────────── 53
まとめ ────────────────────── 57
練習問題 ───────────────────── 58

第3章　財務諸表を理解しよう ……………… 61
基本的な財務諸表 ───────────────── 62
資産の測定と評価 ───────────────── 63
資金調達構成 ─────────────────── 75
利益と収益性の測定 ──────────────── 86

強靭な忍耐力で私を支えてくれたミシェルと、
インスピレーションを与えてくれた4人の子供たち──
ライアン、ブレンダン、ケンドラ、キラン──に本書を捧げる。

第18章　利益倍率
株価収益率／PEG比率／PEG比率の変形／まとめ／練習問題

第19章　簿価倍率
株価純資産倍率／株価純資産倍率の応用／投資戦略における利用／価値・簿価倍率／トービンのQ──市場価値・再取得コスト倍率／まとめ／練習問題

第20章　収益倍率およびセクター独特の倍率
収益倍率／セクター独特の倍率／まとめ／練習問題

第21章　金融サービス会社の価値評価
金融サービス会社の分類／金融サービス会社の特異性／評価のための一般的枠組み／割引キャッシュフロー評価／資産をベースにした評価／相対評価／金融サービス会社を評価するうえでの問題点／まとめ／練習問題

第22章　利益がマイナスの企業の価値評価
マイナス利益──その要因と価値に与える影響／利益がマイナスの企業の価値評価／まとめ／練習問題

資産価値測定総論 3
新興企業、不動産から金融派生商品まで
【目次】

第23章　新興企業の価値評価
情報不足／新しいパラダイムか従来の原則か──ライフサイクルの視点で考える／ベンチャーキャピタル評価法／分析のための一般的枠組み／バリュードライバー／推定に含まれるノイズ／投資家に対する示唆／経営者に対する示唆／事前予想ゲーム／まとめ／練習問題

第24章　非公開企業の価値評価
公開企業と非公開企業の違い／非公開企業の評価に必要な入力量の推定／評価の動機と推定値／プライベートエクイティの評価／まとめ／練習問題

第25章　企業買収
企業買収の背景買収が価値に与える影響の実証的証拠／企業買収のステップ／買収の評価──偏見と犯しやすい過ち／買収のスケジュール設定／マネジメントバイアウトおよびレバレッジドバイアウトの分析／まとめ／練習問題

第26章　不動産の価値評価
実物資産と金融資産／割引キャッシュフロー評価／類似資産と相対評価／不動産会社の価値評価／まとめ／練習問題

第27章　その他の資産の価値評価
キャッシュフローを生み出す資産／キャッシュフローを生み出さない資産／オプション的性質を持つ資産／まとめ／練習問題

第28章　遅延オプションとそれが評価に与える影響
プロジェクトの遅延オプション／特許の価値評価／天然資源オプション／その他の応用／まとめ／練習問題

第29章　拡張オプションおよび放棄オプションとそれらが価値評価に与える影響
拡張オプション／拡張オプションが価値を持つのはどういう場合か／拡張オプションを持つ企業の価値評価／財務的柔軟性の価値／放棄オプション／正味現在価値評価とリアルオプション評価の調整／まとめ／練習問題

第30章　経営不振企業における株主資本の価値評価
巨額の負債を抱える経営難企業における株主資本／株主資本をオプションと見なすことの意味／オプションとしての株主資本の価値評価／意思決定における影響／まとめ／練習問題

第31章　価値向上──割引キャッシュフロー評価の枠組み
価値を創造するアクションと価値中立的アクション／価値を向上させる方法／価値向上連鎖／価値向上のまとめ／まとめ／練習問題

第32章　価値向上──経済付加価値、キャッシュフロー投資収益率、その他のツール
経済付加価値／キャッシュフロー投資収益率／価値向上に関する補遺

はじめに

　本書は、株式から企業、フランチャイズ、実物資産にいたる、さまざまな資産の評価法についての解説書である。本書の根底にあるものは、いかなる資産も評価することができるという考え方である。もちろん、正確な評価ができない資産もあるが、基本的にすべての資産は評価が可能である。評価する資産のタイプが違えば評価モデルも違ってくるが、本書ではこれらの評価モデルの違いだけでなく、共通点にも着目した。

　初版からはや6年の歳月が流れたが、この間には実に多くの出来事があった。そのひとつが、ニューテクノロジーと呼ばれる新しい分野の台頭である。2000年初頭、ニューテクノロジーの担い手となる新興企業の価値は1兆4000億ドルにまで膨れ上がり、株価は市場の歴史に残るすさまじいまでの急騰ぶりを見せた。新興市場の急展開を目の当たりにした人々のなかには、従来の評価測度と原理はもはや時代遅れであり、不適切なものと結論づけ、この新興市場については独自の基準にのっとった新しいルール作りをしようと意を決した者も多くいた。しかし、評価の基本的な原理が何ひとつ変わってはいないことは、この1年間を見ただけで明らかである。本書では、利益が少なく営業損失の大きいことで特徴づけられる新興企業の評価についても解説している。さらにこの6年の間には、アジア危機が勃発した。1996年か

ら1997年にかけてアジア大陸全土を覆ったアジア通貨危機は株価の大混乱を招き、それに伴い新興市場は乱高下を繰り返した。アジア危機に続き、ラテンアメリカとロシアでも通貨危機が発生した。本第2版では、カントリーリスクについてより多くの紙面を割き、その取り扱い方法について詳しく解説している。

1990年代、株主の富の最大化に対する関心が世界中で高まり、経済的付加価値やキャッシュフロー投資収益率など「新しく、より効果的な」価値向上評価基準が作り出された。私はこれらの新しい評価基準には従来に比べて新しい点も、より効果的な点もほとんどないと思っているが、人々の目を価値向上に向けさせはじめたという点においては、極めて有益な題材であると考え、本第2版ではより詳しく解説している。

価値向上の概念同様、企業や株式の評価に有用と思われるオプション価格モデルも初版で紹介した当時はまだ人々の関心は低かったが、時代の要請によって、ここにきてにわかに注目を集めはじめた。リアルオプションは、今の時代にふさわしいテーマであるだけでなく、私たちの価値に対する根本的な考え方の変化を表すものでもある。リアルオプションについては4つの章にわたって説明する。

この6年間における最も歓迎すべき変化は、インターネットの普及によって読者が資料やデータにオンラインで自由にアクセスできるようになったことを置いてほかにはないだろう。したがって、本書で紹介するどの評価も、莫大な量のデータセットやスプレッドシートとともに、本書関連のウエブサイト（www.damodaran.com）で閲覧できるようにした。実際、本書で紹介した評価の更新はウエブサイト上で行うことにしているため、本書で学んだ知識をよりリアルタイムな評価に結びつけることも可能だ。

評価のさまざまな局面を提供、議論するに当たっては、4つの基本方針に従った。まずは、実際に評価業務を行っているアナリストの用

いる評価モデルについてはできるだけ多種類のものを取り上げると同時に、これらのモデルに共通する要素を提示し、評価シナリオに適したモデルを選ぶときに役立つ枠組みも提供するようにした。2番目は、これらの評価モデルを応用する場合に生じる諸般の問題を把握できるように、長所・短所をすべて含んだ実例を用いてモデルを解説している。本書で紹介する評価のなかには、あとになって間違いが露見されるケースがあるかもしれないが、本書から得られる知識はその代償を払っても十分に価値のあるものである。評価モデルについて私はひとつの信条を持っている。それは、評価モデルというものは特定の市場に特化したものではなく普遍的なものでなければならないということである。したがって、3番目の方針としては、実例は米国内の市場に関連したものにとどまらず、米国外の例証も随所に織り交ぜてある。また、本書の構造としてはモジュラー形式を目指した。つまり、各節はそれぞれ一節完結型でありながら、全体的にはひとつのテーマに沿って書かれているため、読者のみなさんが興味のある部分を任意に選んで読んでも、前後との関連性が大きく損なわれる心配はない。

2001年12月　ニューヨーク州ニューヨーク

アスワス・ダモダラン

第1章 序論

Introduction to Valuation

　資産と名のつくものなら、金融資産か実物資産かを問わず、すべて価値を持つ。これらの資産に対する投資や運用を成功に導くためのカギは、価値とは何かを理解するだけでなく、価値を生み出す源泉を理解することである。いかなる資産も評価することができる。ただし、評価のしやすい資産もあれば、難しい資産もあるし、評価の細目についてはケースバイケースで異なる。例えば、不動産の評価には、公開株の評価とは異なる情報が必要だし、形式も異なる。資産が違えば評価テクニックが異なるのは当然だが、意外なのは、基本的な評価原理に共通点が多いことである。評価には常に不確実性が伴う。この不確実性は評価モデルによる部分も若干あるが、大部分は評価対象となる資産そのものに起因することが多い。

　本章では、評価についての基本的概念、ならびにポートフォリオ管理からコーポレートファイナンスにいたるまで、さまざまな枠組みのなかで評価がどのように利用されているか、あるいは利用することができるかについて概説する。

評価の基本的概念

　私利私欲に走る人間のことを「あらゆるものの値段は知っている

が、価値については何ひとつ分かっていない人」と言ったのはオスカー・ワイルドである。もしも彼が今の世に生きていたならば、「ビッガー・フール（自分よりも馬鹿な者）」理論に賛同するアナリストや投資家のことを、きっとうまい言葉で言い表してくれたに違いない。「ビッガー・フール」理論とは、自分の持っている資産をより高く買ってくれる「ビッガー・フール」がいるかぎり、資産の正当な価値などあってないも同然、というものである。もちろん、この理論に従って利益がもたらされる場合もあるだろうが、売りたいと思ったときにそういった大馬鹿者の投資家が必ずいるという保証がないため、これは危険なゲームである。

健全な投資の大原則は、その資産の価値以上の投資をしないことである。これほど論理的で分かりやすい原則はない。しかし、この当たり前のことが、いつの時代でもどの市場においても、忘れ去られては再発見されるということを繰り返してきている。物の価値など見る者によって違うし、その値段で買ってくれる投資家がいれば、どんな価格だって正当化できるのさ、などとのたまう不届き者もいるが、この考え方が間違っているのは明らかである。価値観が問題になるのは投資対象が絵画や彫刻をはじめとする芸術品のときだけであり、ほとんどの資産は美的価値観や感情で買われることはない（また、買うべきでもない）。金融資産はそれに投資することで期待できるキャッシュフローに基づいて買われるのである。つまり、価値を正しく理解するには現実的な裏づけがなければならないのである。具体的に言えば、いかなる資産に対する投資額も、期待できるキャッシュフローが反映されたものでなければならないということである。本書で紹介する評価モデルでは、価値をキャッシュフローの水準と期待成長率とに関連づけて考える。

評価と一口にいってもさまざまな分野があり、したがって、真の価値の推定方法や、価格が真の価値に調整されるまでにはどのくらいの

時間がかかるかなど、意見の食い違いが見られる部分もいくつかある。しかし、次の点については議論の余地はないだろう。つまり、資産価格を正当化するのに、将来今よりも高い価格で買ってくれる投資家が必ず現れるという理論は通用しないということである。

評価についての一般論

ほかの分析分野の例にもれず、評価に関しても長い年月の間にいくつかの神話が作り上げられてきた。本節では、評価にまつわる神話のいくつかを検証すると同時に、その正体を探る。

神話その1——評価モデルは定量的なものだから、客観的な評価ができる

評価は科学だと提唱する者もいれば、真の価値を客観的に追求するものであると唱える理想主義者もいる。しかし残念ながら、評価は彼らの意向に反して、科学でもなければ、客観的なものでもない。評価に用いるモデルはたしかに定量的であるかもしれないが、入力量を選定する段階で主観の入る余地がある。したがって、これらのモデルから得られる最終的な価値には、評価の過程で持ち込まれる偏見が含まれる。実際の評価では、まず価格が設定され、そのあとで評価が行われる場合が多い。

この問題を解決するには、評価を行う前にすべての偏見を取り除けばよい。しかし、これは口で言うほど容易なことではない。例えば外部からの情報、さまざまな分析結果、世論などからある企業についての知識を得たとする。この場合、寸分の偏見も持たずにこの企業を評価することなど、まずあり得ない。評価過程において偏見を減じるには2つの方法がある。ひとつは、企業の価値評価においては第三者と

しての立場を堅持することである。実際には、評価を始める前に、その企業を過小評価あるいは過大評価するかをまず決めてしまうケースが驚くほど多いのが現状である（これが最も顕著に現れるのは企業買収においてである。企業買収では、企業価値の評価に先立って、企業買収の決定がなされることが多い。したがって、分析結果は必ず企業買収の決定の正しさを裏づけるようなものになるが、これは当然といえるだろう）。結局これが偏見に満ちた分析につながるのである。もうひとつは、評価を始める前に、その企業が過小評価されようと過大評価されようと、できるだけ利害がないようにすることである。

企業に関する利害も、評価に持ち込まれる偏見の度合いを決める要因となる。例えば、株式リサーチアナリストは売り推奨よりも買い推奨を出すケースが多いことは一般によく知られている（多くの場合、買い推奨は10：1の割合で売り推奨をしのぐ。最近この傾向は特に強まりつつある。つまり、過大評価されている企業よりも過小評価されている企業を見つけ出そうとする傾向が強い）。こういった傾向の背景にあるものとして、ひとつには売り推奨を出した企業については、アクセスして情報を収集するのが難しくなること、そしてもうひとつは、その企業の株に大きなポジションを持っているファンドマネジャーたちから受けるプレッシャーが考えられる。近年、株式リサーチアナリストが投資銀行業務に係わるようになり、この傾向はますます激化してきている。

第三者による評価を利用する場合、自己判断を下す前に、評価を行ったそのアナリストの偏見を勘案する必要がある。例えば、企業買収の標的となっている企業が行った自己評価は、甘い評価に偏りがちだ。こうした評価がまったく無価値というわけではないが、評価を下したアナリストに対しては疑ってかかるべきだろう。

株式リサーチにおける偏見

　株式リサーチと販売との境界線が最もあいまいになったのは、俗にいう「理性の枠を超えた豊かさ」の時代である。1990年代の終わり、ニューエコノミーを牽引する企業の市場価値がそれまでに例を見ないほど急騰し、特に売り推奨サイドの株式リサーチアナリストの多くが、アナリストとしての立場から逸脱し、これらの新興株の買いを推奨する急先鋒となった。彼らの行動は善意のうえに立つものであったのかもしれないが、結果的には、その行為によって、彼らの所属する投資銀行は、それら新興企業の新規株式公募価格を先導する、偏見を超えた悪徳な行為だとして非難を浴びたのである。

　そして2001年、ニューエコノミー株は大暴落し、大損害を被った投資家たちの悲痛な叫びが大きな議論を呼び起こした。議会では聴聞会が開かれ、株を推奨したアナリストがその企業についてどういったことを、いつ知り得たかについての尋問が行われた。また、SEC（証券取引委員会）からは株式リサーチの公正明大さを求める声明が発表され、投資銀行のなかには、たとえ外面的なものであっても株式リサーチに何らかの客観性を盛り込むことを義務づけた銀行もあった。本書発行時点において、メリル・リンチとクレディ・スイス・ファースト・ボストン（CSFB）では、株式リサーチアナリストによる自己取扱株式の保有がすでに禁止されていた。残念ながら、偏見の真の原因である投資銀行業務と投資アドバイスとの混同については一切触れられなかった。

　株式リサーチに政府規制をしくべきかどうかについてはいろいろな議論があるが、これが賢いやり方だとは思えない。規制がしかれれば柔軟な活動が妨げられ、副次的コストのほうが利益を上回るのは目に見えているからだ。もっと実用的な回答を得たければ、ファンドマネジャーや投資家に直接聞くとよい。彼らは言うだろう。株式リサーチには必ず偏見が含まれていると思い、アナリストの話は割り引いて聞くこと、あまりにもひどい場合は、無視しても構わない、と。

神話その2——首尾徹底したリサーチに基づく優れた評価は永久に不変である

　いかなる評価モデルから得られる価値も、市場全体の情報に加え企業の固有情報にも左右される。したがって、新しい情報が明るみに出れば、価値は変わる。金融市場にコンスタントに情報が流れ込めば、ある企業に対して行われた評価の寿命は短くなり、最新情報を反映させたものに随時更新しなければならない。これらの情報は企業に固有のものである場合もあれば、セクター全体に影響を及ぼすもの、あるいは市場全体に対する予想を一変させるものである場合もある。

　企業固有情報の代表は収益報告書である。収益報告書には、直近会計期間における企業業績はいうまでもなく、さらに重要なデータとして、その企業が採用したビジネスモデルについての情報も含まれている。1999年から2001年にかけて起きたニューエコノミー株の大暴落劇は、彼らのビジネスモデルが、たとえ長期的に見ても、顧客を生み出したとしても収益を生み出すものではないことが認識されたことがその一因にあると思われる。

　新しい情報はそのセクターに属する全企業の評価に影響を及ぼすこともある。1992年初期、製薬会社は1980年代の高度成長を将来も維持できるとの見込みで高く評価されていたが、1993年初頭には評価は大幅に下落した。医療改革と医療価格統制が行われるとの見方が強まり、将来に対する期待感が薄れたからである。1992年に行われたこれらの企業に対する評価（そしてアナリストによる推奨）はあとになって考えてみれば批判されるべきものであったかもしれないが、当時得られた情報から導き出せる精一杯の評価だったという以外にない。

　経済状態と金利水準に関する情報はその経済におけるすべての評価に影響を及ぼす。経済が弱体化すれば、最も収益に影響が出やすいのは景気循環型企業であるが、成長率を全面的に見直さなければならな

い場合もある。同様に、金利の上昇は、程度の差こそあれ、あらゆる投資に影響を及ぼす。

　アナリストが評価を変えると、それを正当化する理由が必ず問われる。評価を頻繁に変えれば、問題視される場合もある。このような場合における最良の答えは、おそらくはジョン・メイナード・ケインズのものだろう。彼は大きな経済問題に対する考え方を変えて非難されたとき、次のように反論した――「事実が変われば、私の心だって変わります。あなたはいかがですか？」

神話その3――優れた評価は価値を的確に推定する

　どんなに細心の注意を払い、精密に行った評価でも、最終的な数字には必ず不確実な要素が含まれているものである。なぜなら、評価は企業や経済について独自に設けた仮定に基づいて行われるからである。キャッシュフローや割引率がそもそも推定値であることを考えれば、評価に絶対的な確実さを求めるのは非現実的でさえある。逆にいえば、アナリストは評価に基づいて株を推奨する場合、ある程度の誤差を見込まなければならないということである。

　評価がどの程度正確であるかは、投資対象によって大きく異なる傾向がある。長い財務履歴を誇る成熟した大企業の評価は一般に、不安定なセクターの新興企業の評価よりも正確である。新興企業の事業環境がたまたま新興市場で、かつその市場の将来性についてさまざまな議論がある場合、この新興企業に対する評価はさらに不確実性を増す。本書第23章で述べるように、評価の難易度は、評価対象となる企業がライフサイクルのどのあたりにいるかで違ってくる。成熟企業は成長企業よりも評価しやすく、新興企業はすでに確立された製品や市場を持つ企業よりも評価が難しい。問題は評価モデルにあるのではなく、将来に対する予測の難しさにある。投資家やアナリストの多くは、

完全な評価を行わないことに対する言い訳として、将来に対する不確実性や情報の欠如を挙げるが、実はこういった不確実な企業の評価こそが最も価値のある評価なのである。

神話その4――モデルが定量的であればあるほど、優れた評価ができる

評価モデルが完璧かつ複雑であればあるほど優れた評価ができると思われがちだが、必ずしもそうとは言えない。モデルが複雑になれば、評価に必要な入力量もそれだけ増加するため、入力誤差を招く恐れがある。モデルがあまりにも複雑になり、一方から数値を入力すればもう一方から評価結果が現れる「ブラックボックス」化すれば、この問題はさらに深刻さを増す。こういった場合、評価に失敗すればその責任はアナリストではなく、すべてモデルに転嫁されてしまうのだ。「私のせいじゃない。モデルがやったんだ」と。

あらゆる評価に共通する3つの重要なポイントがある。そのひとつが、倹約の原則である。簡単にいえば、必要以上の入力量を使わないことである。2番目が、モデルの精密さとそれにかかるコスト（そして誤差）とのトレードオフを考慮することである。そして最後に、企業を評価するのはモデルではなくあなた自身であることをよく認識することが重要である。情報が少なすぎることではなく、多すぎることが問題となる世界では、必要な情報とそうでないものとの判別は、評価モデルやテクニックの選択と同じくらい重要である。

神話その5――評価に基づいて収益を上げるには、市場は非効率であると仮定しなければならない

評価という行為には暗黙上の前提が伴う。つまり評価を行うに当

たっては、市場は間違いを犯すもの、そして私たちはその間違いを、往々にしてほかの多くの投資家が入手可能な情報を使って発見することができる、と仮定するのである。したがって、市場が非効率だと信じる投資家は評価に時間と資源を費やすべきであり、一方、市場が効率的だと考える投資家は、市場価格をそのままベストな推定価値として利用すればよい。

これは一見理にかなっているようにも思えるが、この言述のなかにはいずれの立場に立っても必ず含まれる内部矛盾が反映されていない。市場は効率的だと考えている投資家でも、企業の経営方法が変わったことでどういった影響が生じるかの分析を求められたり、あるいは市場価格が時間とともに変化する理由を理解する必要が生じた場合、評価の有用性を感じるかもしれない。さらに、もし投資家が割安株あるいは割高株を探しだし、評価に基づいてトレーディングしようとしないのなら、そもそも市場が効率的になるはずはない。換言するならば、市場が効率的であるためには、市場は効率的ではないと信じる多くの投資家が存在しなければならないということになる。

一方、市場は間違いを犯すものと信じ、この考えに基づいて株の売買を行う投資家は、最終的には市場自らがその間違いを正す(つまり、効率的になる)と信じていなければならない。なぜなら、そうならなければ利益を得ることができないからである。これは市場の非効率性を自分に都合よく定義したにすぎない。つまり、ミスプライスだと思っている株に大きなポジションを持つまでは市場は非効率的で、そのポジションを持った途端、市場は効率的になるわけである。

市場の効率性問題については、慎重な態度で臨むのがベストである。市場は間違いを犯すものではあるが、スキルと運がなければこれらの間違いを発見できないと認識するべきである。市場をこのようにとらえることで、次の結論が得られる——第一に、話があまりにできすぎている場合、つまり株が明らかに過小評価あるいは過大評価され

ていると思われるときには、それは大概まやかしである。第二に、分析から得られた価値が市場価格から大きく乖離している場合、まずは市場のほうが正しいという前提からスタートする。そして、過大評価か過小評価かを結論づける前に、今、考慮しているケースにはこの前提が当てはまらないことを確信しなければならない。このように自らに高い評価基準を課すことで、場合によっては評価を行うときに慎重になりすぎることもあるが、市場に打ち勝つことが難しいことを考えれば、評価に慎重になりすぎることも悪いこととは言えない。

神話その6──重要なのは評価の結果（つまり、価値）であって、そのプロセスではない

　本書でも評価モデルについておいおい紹介していくが、評価モデルについて考えるとき、結果（つまり、企業の価値と、その企業が過小評価されているのか、あるいは過大評価されているのか）だけに焦点が集まり、そのプロセスから得られる貴重な洞察が見逃される危険性がある。評価プロセスからは、価値の決定要素や、基本的な疑問について考えるときの多くのヒントを学ぶことができる。例えば、高い成長率にはどの程度の価格を支払うのが妥当なのか。ブランドにはどんな価値があるのか。プロジェクトからのリターンを向上させることの重要性は？　利益率が価値に与える影響は？　こういった基本的な疑問に答えてくれるのが、評価プロセスなのである。評価プロセスには多くの情報が含まれているため、市場は効率的である（したがって、価値を最もよく表しているのは市場価格である）と信じている投資家でも、評価モデルに何らかの利用法を見いだせるはずである。

評価の果たす役割

　評価はさまざまな分野に応用可能である。しかし、評価の果たす役割は分野によって異なる。本節では、ポートフォリオ管理、企業買収分析、コーポレートファイナンスにおける評価の役割について考える。

ポートフォリオ管理における評価の役割

　評価がポートフォリオ管理で果たす役割は、主に投資家の投資哲学によって決まる。パッシブ運用の投資家の下では、評価は最低限の活躍の場しか与えられないが、アクティブ運用の投資家の下では、重要な役割を担う。アクティブ運用の投資家の間でも、評価の性質や役割は、運用の方法によって違ってくる。長期運用タイプの投資家に比べると、マーケットタイマーの評価の利用度は低い。彼らの関心はある企業に特化した評価ではなく、市場全体の評価である。評価を銘柄選択に利用するアナリストでも、ファンダメンタルアナリストによるポートフォリオ管理では評価は中心的な役割を果たすが、テクニカルアナリストの下では周辺的な役割にとどまる。

ファンダメンタルアナリスト

　ファンダメンタル分析の基本的な考え方は、企業の真の価値はその財務状況——つまり、成長予測、リスク特性、キャッシュフロー——に関連づけることができる、というものである。真の価値からの逸脱は、株価が過小評価あるいは過大評価されていることを示すものである。これは長期的投資戦略であり、以下の前提に従う。

●価値とその根底にある金融ファクターとの関係は測定可能である。

- この関係は長期にわたって安定している。
- この関係からの逸脱はある程度の時間がたてば修復される。

　ファンダメンタル分析では評価は中心的な役割を果たす。ファンダメンタルアナリストのなかには、企業の価値評価に割引キャッシュフローモデルを用いるアナリストもいれば、PER（株価収益率）やPBR（株価純資産倍率）などの倍率を用いるアナリストもいる。このアプローチを利用する投資家はポートフォリオに多数の割安株を含んでいるため、ポートフォリオが平均的に市場を上回ることを期待する。

フランチャイズバイヤー

　フランチャイズバイヤーの投資哲学を説明するには、この哲学で大成功をおさめてきた投資家、ウォーレン・バフェットの言葉（1993年、バフェットがバークシャー・ハサウェイの株主に当てた手紙からの抜粋）を借りるのが最も手っ取り早い。「自分の理解できる企業にのみ投資する」。これが彼の投資哲学である。理解できる企業とは、性質的にシンプルで、安定している企業である。複雑で常に変化しているような企業は、将来のキャッシュフローの予測ができないのである。フランチャイズバイヤーは自分たちがよく理解している少数の企業に狙いを定め、過小評価されている企業の買収を図る。また、バフェットの例に見られるように、フランチャイズバイヤーは企業の経営にも影響力を及ぼすことが多く、財務政策や投資方針を変更させることもできる。これも長期的投資戦略のひとつで、基本的な考え方は以下のとおりである。

- 企業をよく理解している投資家こそが、その企業を正しく評価できる。
- 過小評価されている企業は真の価値以下の価格で買収できる。

フランチャイズバイヤーが関心を示すのは、過小評価されていると彼らが信じる企業である。また、事業再編を行い経営状態を軌道に乗せることでその企業の価値がどれくらい上昇するかを見るのも、彼らの喜びである。したがって、こういった投資哲学においては、評価は重要な役割を担うことになる。

チャーティスト

価格は金融変数に左右されるばかりでなく、投資家心理にも大きく影響される、という立場をとるのがチャーティストである。彼らにとってトレーディングから得られる情報――つまり、値動き、出来高、空売りなど――は投資家の心理と将来の動向を読み取るうえで欠かせないものである。彼らは次のような前提に基づいて分析を行う――価格の動きは予測可能なパターンに従う、これらのパターンをうまく利用する限界的投資家はそれほど多く存在しないのでパターンが崩れることはない、平均的な投資家は理性に基づく分析よりも感情で動く。

チャーティングでは評価の出る幕はあまりないが、進取的チャーティストの場合、分析プロセスに評価を取り入れることも十分可能である。例えば、評価は株価チャートの支持線や抵抗線（株価チャートでは、支持線は通常株価の値動きの下限を示すものとして、抵抗線は上限を示すものとして描かれる。これらのトレンドラインは一般に過去の株価を基に決定されるが、評価モデルから得られる価格幅を利用することもできる――つまり、最大値が抵抗線となり、最小値が支持線となる）の決定に利用できる。

情報トレーダー

株価は企業の情報に基づいて動く。情報トレーダーは、新しい情報が開示される前、あるいは金融市場に情報が流された直後にトレーディングを行うことを信条とする。良いニュースに対しては直ちに買

いを入れ、悪いニュースに対しては直ちに売る。このトレーディング戦略では、ニュースの発表を予測できることと、平均的な投資家よりも市場の反応を的確に判断する能力が求められる。

情報トレーダーにとって重要なのは、価値そのものよりも、情報とそれによる価値変化との関係である。したがって彼らは、次に発表される情報に予想よりも好材料が含まれ、株価が確実に上がると判断すれば、割高な株を買うこともある。企業に対する過小評価あるいは過大評価と、新しい情報に対する株価の反応との間に何らかの関係があるとするならば、評価はこの戦略においても役割を果たすことができる。

マーケットタイマー

マーケットタイマーは、銘柄を選択して得られるリターンよりも、市場の動きをいち早く察知して結果を正確に予測したほうが断然有利な成果が得られるというが、これには論拠がある。つまり彼らにとっては、銘柄を選択するよりも市場の動きを予測することのほうが簡単なのである。しかも、予測とはいっても観察可能なファクターを基に行うこともできると彼らは主張する。

個々の株式の評価は彼らには何の役にも立たないかもしれないが、評価はマーケットタイミング戦略のなかでも、少なくとも2とおりの使い道がある。

1. 市場全体を評価し、現在水準と比較する。
2. 評価モデルを使ってすべての株式を評価し、そのクロスセクション分析の結果を、市場の過大評価あるいは過小評価の判断材料として利用する。例えば、配当割引モデルを用いて分析した結果、過大評価されている株式の数が過小評価されている株式の数よりも増えていることが分かれば、市場全体が過大評価されていると

判断することができる。

効率的市場仮説支持者

効率的市場仮説支持者は、いかなる時点においても真の価値を最もよく表すものは市場価格であると信じており、市場の効率性を利用して超過リターンを得ることはできないと考えている。彼らの理論は、市場には正しい情報が瞬時に集まる、限界的投資家はいかなる非効率性も即座に利用する、市場の非効率性は、例えば取引コストといった摩擦によって引き起こされるため裁定によって消滅させることはできない、といった前提のうえに成り立つものである。

効率的市場仮説支持者にとっては、株価がなぜその価格になったのかを検証するのに評価が役立つ。先ほども述べたように、彼らの理論は、企業の真の価値を最もよく表すものは市場価格であるという仮定に基づいている。したがって、彼らが評価を用いる目的は、過小評価あるいは過大評価されている企業を見つけるというよりは、成長やリスクについてどういった仮定が設けられて価格形成がなされたのかを調べることにある。

企業買収分析における評価の役割

企業買収分析では、当然ながら評価が中心的な役割を担う。買収側の企業あるいは個人は、買収案をオファーする前に被買収側企業の適正価格を決めなければならず、一方、被買収側企業はそのオファーを受諾するかどうかを決める前に自社の妥当な価値を決めなければならない。

買収評価ではこのほかにも考慮しなければならない要素がある。第一に、2社（買収する側とされる側の企業）が合併した場合、価値にどういった相乗効果が生まれるのかを買収案がまとまる前に考えなければならない。相乗効果の評価など不可能なのだから、定量的に分析

すべきではないと提案する者もいるが、これは間違いである。第二に、適正な買収価格を決定するに当たっては、被買収側企業の経営陣を入れ替え、事業再編をすれば企業価値にどのような効果が生じるかを勘案しなければならない。敵対的買収ではこの点が特に重要である。

最後に、企業買収評価には偏見が伴いやすいという重大な問題がある。被買収側企業は自己評価が過度に甘くなる。買収が敵対的で、提示価格が低すぎることを株主に納得させたい場合は特にそうである。買収側企業にしても、買収の目的が戦略的なものである場合、アナリストに対して買収を正当化できるような価格をはじき出すように圧力をかけるだろう。

コーポレートファイナンスにおける評価の役割

コーポレートファイナンスの目的が企業価値の最大化であるとするならば（企業財務理論のほとんどはこの前提のうえに成り立っている）、財務上の決定、企業戦略、加えて企業価値との関係を明確にする必要がある。近年、経営コンサルタント会社は企業に対して企業価値向上のための助言サービスを始めた（こういった業務を始めた動機は敵対的買収に対する備えを喚起するためである。近年、企業の間では事業再編、価値の向上、買収に対する防御政策をアドバイスする「価値コンサルタント」がますます注目を集めるようになった）。その主な内容は、事業再編の基本理念の伝授である。

企業の価値は、その企業が行うさまざまな決定事項——例えば、どういったプロジェクトを立ち上げるか、そのための資金はどのように調達するか、あるいはその企業の配当方針——とじかに結びつく。この関係を理解することが、価値向上のための決定と堅実な財務再編につながる。

まとめ

コーポレートファイナンスをはじめ、M&Aやポートフォリオ管理など多くの金融関連分野で、評価は重要な役割を果たしている。本書で紹介する評価モデルではこういったさまざまな分野における分析に役立つ数々のツールが提示されているが、本章で繰り返し述べてきたように、評価においては次の点に注意する必要がある。つまり評価は目的ではないということ、そしてアナリストが評価プロセスに持ち込んだ先入観や偏見はそのまま最終結果である価値に反映されるということである。

練習問題

1. 投資の価値は
    a. その投資から発生するキャッシュフローの現在価値である。
    b. 投資家の価値観で決まる。
    c. 需給関係で決まる。
    d. アナリストの偏見に満ちた主観的な推定値であることが多い。
    e. 上記のすべて。

2. 価値は投資家の価値観に基づくもの、さらに言えば、価値観のみに基づくものであり、キャッシュフローや収益など重要ではないと考えている人が多い。しかし、この考えは間違いである。その理由は？
    a. 価値は収益とキャッシュフローで決まるものであり、投資家の価値観など重要ではない。
    b. 投資家の価値観も重要だが、それは変わる可能性がある。し

たがって、価値はもっと安定した要素を基に決めなければならない。
c．投資家は理性的ではない。したがって、価値は彼らの価値観で決められてはならない。
d．価値は投資家の価値観で決まるが、その本源となる収益やキャッシュフローも価値決定要因のひとつである。また、価値観は現実に根差したものでなければならない。

3．評価モデルを使ってある株の価値を算出したところ、15ドルという結果が得られた。その株の市場価格は25ドルである。この違いはどこから生じるのか。
a．市場の非効率性。つまり、市場はその株を過大評価している。
b．使った評価モデルが適切なものではなかった。
c．入力誤差。
d．上記のすべて。

第2章 さまざまな評価法

Approaches to Valuation

　アナリストは日常業務のなかで、単純なものから高度なモデルにいたるまで、さまざまなモデルを使って価値評価を行う。それぞれの評価モデルでは異なる仮定が設けられるが、共通点もいくつかあり、その共通点に基づいて評価モデルは大きく分類することができる。評価モデルをこのように分類することには次に述べるような利点がある——それぞれのモデルはどういった評価法に対して適合性があるのかや、モデルによって得られる結果が異なるのはなぜなのかを理解しやすい、基本的な論理上のエラーを発見しやすい。

　一般に、評価方法は3つに大別できる。DCF（割引キャッシュフロー）評価、相対評価、条件つき請求権評価の3つである。DCF評価では、資産価値をその資産が生み出す将来の期待キャッシュフローの現在価値（PV）と見なす。相対評価は、類似資産が収益やキャッシュフロー、純資産、売上高などの共通変数に対してどのようにプライシングされているかを基に、評価対象となる資産の価値を推定するものである。また、条件つき請求権評価では、オプション価格モデルを用いてオプション的性質を持つ資産の価値を測定する。オプション的性質を持つ資産のなかには、ワラントのように市場で取引される金融資産もあれば、原資産が実物資産（例えば、プロジェクト、特許、石油埋蔵量など）であるため市場での取引対象とはならないものもある。

後者は、実物資産に対するオプションであることからリアルオプションと呼ばれる。評価結果は、どの評価方法を採用するかによって大きく異なる。本書の目的のひとつは、用いるモデルによって評価価値が異なる理由を説明し、目的に応じてモデルの使い分けができるようにすることである。

DCF評価

　DCF評価は先に述べた3つの評価法のひとつにすぎず、実社会で最もよく使われているのは相対評価であるが、すべての評価法の基礎となるという意味では重要なものである。相対評価を正しく行おうと思えば、まずはDCF評価の基本的概念をきちんと理解することが必要である。また、オプション価格モデルを資産評価に用いる場合も、DCF評価から着手しなければならないことが多い。こういった理由から、本書ではDCF評価の説明に多くの紙面を割いている。DCF評価の基本的概念さえ理解できていれば、そのほかの評価法にもすんなり移行することが可能である。本節では、DCF評価の原理と基本的概念を説明すると同時に、この評価法から派生するサブアプローチについても考察する。

DCFの原理

　このアプローチは、いかなる資産価値も将来のキャッシュフローを現在価値に割り引いた水準に決まるという現在価値の法則を基本とするものである。

$$価値 = \sum_{t=1}^{t=n} \frac{CF_t}{(1+r)^t}$$

ただし、
 n＝資産の耐用年数
 CF_t＝期間 t に発生するキャッシュフロー
 r＝推定キャッシュフローのリスク度を反映した割引率

　キャッシュフローには株式配当、債券のクーポン（利息）と額面、リアルプロジェクトの税引後キャッシュフローなどがあるが、どのキャッシュフローが発生するかは資産によって異なる。割引率は推定キャッシュフローのリスク度の関数であり、リスク度の高い資産に対する割引率は高く、安全なプロジェクトに対しては低くなる。

　DCF評価は、リスク度に基づく一連の例をとって考えると分かりやすい。まずは、最もリスクの低い、将来のキャッシュフローが保証されたデフォルトリスクのないゼロクーポン債を考えてみよう。このキャッシュフローをリスクフリーレートで割り引いたものがこの債券の価値となる。次に、ゼロクーポン債よりも若干リスク度の高い社債はどうだろう。社債のキャッシュフローはクーポンという形で発生するため、デフォルトリスクがある。したがって、社債の価値は、デフォルトリスクを反映させた金利でキャッシュフローを割り引くことで求めることができる。さらにリスク度を上げて、今度は株式を考えてみよう。株式から生じる将来のキャッシュフローは極めて不確実性の高いものである。したがって株式の価値は、将来のキャッシュフローを、その不確実性を反映させた割引率で現在価値に割り引いた値となる。

DCFの基礎

　DCF評価では、資産の本来価値をファンダメンタルズに基づいて推定する。そこでまず、本来価値の定義についてであるが、全知全能のアナリスト、つまり企業の将来のキャッシュフローを正しく推定で

きるだけでなく、これらのキャッシュフローを適切な割引率を使って極めて正確に評価できるアナリストによってその企業に与えられた価値、と理解していただければよいだろう。本来価値を推定することなどとても無理だと思えるかもしれない。特に対象が将来の見通しのきかない新興企業の場合はなおさらだろう。しかし、これらの推定値は企業の市場価格と異なる場合がある。つまり、市場は間違いを犯すのである。これが市場の非効率性を意味するかというと、そうではない。市場価格と（ファンダメンタルズに基づいて推定された）本来価値とが異なっていても、両者はやがては必ずひとつの水準に収束する。

DCFモデルの分類

　DCFモデルには実に何千もの種類が存在する。投資銀行やコンサルタント会社の間では、自分たちのモデルのほうが同業他社のモデルよりも高度で優れていると主張する声がよく聞かれる。しかし結局は、どのDCFモデルにしても、相違点は数えるほどしかない。

株主資本評価、企業全体の評価、調整現在価値（APV）評価

　DCF評価は3種類に分類できる。持ち分のみの価値評価、株主や請求権保有者（債券保有者、優先株株主など）などを含む企業全体の価値評価、そして事業価値を評価したあと、負債や非株式請求権などによる効果を差し引く、企業の各部ごとの評価の3つである。いずれの評価でも期待キャッシュフローを割り引くという手法は共通しているが、用いるキャッシュフローや割引率はそれぞれ異なる。

　株主資本価値は、株主資本キャッシュフロー（すべてのコスト、再投資需要、税金、利息、元本の返済をすべて差し引いたあとの残差キャッシュフロー）を株主資本コスト（株主に要求される収益率）で割り引くことで求められる。

$$株主資本価値 = \sum_{t=1}^{t=n} \frac{株主資本 CF_t}{(1+k_e)^t}$$

ただし、
 n＝資産の耐用年数
 株主資本CF_t＝期間 t における期待株主資本キャッシュフロー
 k_e＝株主資本コスト

　配当割引モデルは株主資本評価の特殊なケースで、この場合、株主資本の現在価値は将来の期待配当の現在価値として求められる。
　一方、企業価値は、企業キャッシュフロー（営業費用、再投資需要、税金をすべて差し引いた、債券保有者あるいは株主に対する支払い前の残差キャッシュフロー）をWACC（加重平均資本コスト）で割り引くことで求められる。WACCとは、それぞれの資金調達にかかるコストを市場価値の比率で重みづけしたものである。

$$企業価値 = \sum_{t=1}^{t=n} \frac{企業 CF_t}{(1+WACC)^t}$$

ただし、
 n＝資産の耐用年数
 企業CF_t＝期間 t における期待企業キャッシュフロー
 WACC＝加重平均資本コスト

　企業価値は、その企業に対する請求権を別々に評価することで求めることもできる。APV（調整現在価値）評価と呼ばれるこのアプローチでは、まずその企業が株式のみで構成されていると仮定し、その企業の株主資本を評価する。次に、負債による節税効果のPV（現在価値）

と予想倒産コストを考慮した、負債による付加価値（または、負債によって減少する価値）を、先の企業価値に加味する。

企業価値＝株式のみで構成された企業の価値
＋節税効果のPV＋予想倒産コスト

　このアプローチは一般化が可能で、この場合、その企業に対して発生するそれぞれのキャッシュフローを、リスク度を反映したそれぞれの割引率で現在価値に割り引けばよい。

　これまで見てきた3つのアプローチは、キャッシュフローに対する定義も割引率も異なるが、同じ仮定を用いるかぎり、結果は一致する。注意しなければならないのは、キャッシュフローと割引率とのミスマッチである。株主資本キャッシュフローを資本コストで割り引くと株主資本の価値は上方に偏り、逆に企業キャッシュフローを株主資本コストで割り引けば企業価値は下方に偏ることになる。**実例2.1**は株主資本評価と企業価値評価が等価であることを示したものである。第15章では、調整現在価値モデルと企業価値評価モデルを使った評価の実例を示すが、そこでもやはりこれら2つのモデルによる結果は一致する。

実例2.1　　キャッシュフローと割引率のミスマッチ

　この先5年間にわたって次に示すキャッシュフローが発生する企業についての分析を行うものとする。ただし、株主資本コストは13.625％で、この企業の長期借入金利は10％であるとする（税率は50％）。また、株主資本の現在の市場価値は1073ドル、負債残高の現在価値は800ドルである。

年	株主資本 キャッシュフロー	金利(長期)	企業キャッシュフロー
1	$50	$40	$90
2	$60	$40	$100
3	$68	$40	$108
4	$76.2	$40	$116.2
5	$83.49	$40	$123.49
終価	$1603.008		$2363.008

株主資本コストは初期値として与えられており、その値は13.625%である。また、税引後負債コストは次のように計算することができ、その値は5%となる。

負債コスト＝税引前の金利(1－税率)＝10%(1－0.5)＝5%

株主資本と負債の市場価値が与えられれば、資本コストは次のように計算できる。

WACC＝株主資本コスト[株主資本÷(負債＋株主資本)]
　＋負債コスト[負債÷(負債＋株主資本)]
　＝13.625%(1,073÷1,873)＋5%(800÷1,873)＝9.94%

方法1　株主資本キャッシュフローを株主資本コストで割り引いて、株主資本の現在価値を求める

株主資本キャッシュフローを株主資本コストで割り引く。

株主資本のPV＝$50÷1.13625＋60÷1.13625^2＋68÷1.13625^3$
$＋76.2÷1.13625^4＋(83.49＋1,603)÷1.13625^5＝1,073$ドル

方法２　企業キャッシュフローを資本コストで割り引いて、企業の現在価値を求める

企業のPV $= 90 \div 1.0994 + 100 \div 1.0994^2 + 108 \div 1.0994^3 + 116.2 \div 1.0994^4 + (123.49 + 2,363) \div 1.0994^5 = 1,873$ ドル

株主資本のPV
$=$ 企業のPV $-$ 負債の市場価値 $= 1,873 - 800 = 1,073$ ドル

いずれの方法で計算しても株主資本の現在価値は1073ドルになることに注目しよう。間違いやすいのは、株主資本キャッシュフローを資本コストで割り引いたり、企業キャッシュフローを株主資本コストで割り引いたりすることである。この点には十分注意してほしい。

エラー１　株主資本キャッシュフローを資本コストで割り引くと、株主資本の現在価値は実際よりも高くなる

株主資本のPV $= 50 \div 1.0994 + 60 \div 1.0994^2 + 68 \div 1.0994^3 + 76.2 \div 1.0994^4 + (83.49 + 1,603) \div 1.0994^5 = 1,248$ ドル

エラー２　企業キャッシュフローを株主資本コストで割り引くと、企業の現在価値は実際よりも低くなる

企業のPV $= 90 \div 1.13625 + 100 \div 1.13625^2 + 108 \div 1.13625^3 + 116.2 \div 1.13625^4 + (123.49 + 2,363) \div 1.13625^5 = 1,613$ ドル

株主資本のPV＝企業のPV－負債の市場価値
　　　　　＝1,613－800ドル＝813ドル

　間違った割引率を用いた場合の影響は、最後の２つの計算例（エラー１とエラー２）を見れば明らかである。株主資本キャッシュフローを誤って資本コストで割り引いた場合、株主資本の現在価値は真の価値（1073ドル）よりも175ドル高くなる。一方、企業キャッシュフローを誤って株主資本コストで割り引いた場合、企業の現在価値は260ドルだけ過小評価されてしまう。ここで指摘しておかなければならないのは、この例では企業価値評価アプローチを使っても、株主資本評価アプローチを使っても、株主資本の現在価値は一致するが、実際にはこれほどうまくはいかないということである。この問題については、第14章、第15章で詳しく検証する。

トータルキャッシュフローモデル対超過キャッシュフローモデル

　従来のDCFモデルでは、資産が生み出すすべてのキャッシュフローを適正な割引率で現在価値に割り引くことで、その資産価値を評価する。一方、超過リターン（超過キャッシュフロー）モデルでは、期待されるリターンを超過した分のキャッシュフローのみが価値を創造するものと見なし、その超過キャッシュフローの現在価値をその資産に対する投資額に加算したものが資産の評価額となる。具体例を挙げよう。ある資産に１億ドル投資し、税引後キャッシュフローとして1200万ドルを永久に受け取れるものとしよう。また、この投資に対する資本コストは10％とする。トータルキャッシュフローモデルを使った場合、この資産の価値は次のように計算される。

資産価値 = 12,000,000 ÷ 0.1 = 120,000,000 ドル

一方、超過リターンモデルを使った場合は、まず最初に超過リターンを計算する。

超過リターン = 得られたキャッシュフロー − 資本コスト × 投資額
= 12,000,000 − 0.1 × 100,000,000 = 2,000,000 ドル

次に、この超過リターンを投資額に加算して資産の価値を求める。

資産価値 = 超過リターンの現在価値 + 投資額
= 2,000,000 ÷ 0.1 + 100,000,000 = 120,000,000 ドル

上の例から分かるように、いずれの方法で計算しても同じ結果が得られる。それなら、わざわざ超過リターンモデルを使う必要などないではないかと思うだろう。しかし、超過リターンに注目することで、価値を創造するものが利益そのものではなく、期待されたリターンを超過した分の利益であることを、よりよく理解することができる。第32章では、経済付加価値（EVA）など、超過リターンモデルの特殊なケースについて考察する。この簡単な例から分かることは、同じ仮定を立てれば、トータルキャッシュフローモデルと超過リターンモデルは等価であるということである。

> ### キャッシュフローの簡単な判別法
>
> 　評価に用いているキャッシュフローが株主資本キャッシュフローなのか、企業キャッシュフローなのかを見分ける簡単な方法を紹介しよう。割り引き対象となるキャッシュフローが支払利息（そして元本返済）を差し引いたあとのものであれば、そのキャッシュフローは株主資本キャッシュフローであり、したがって割引率には株主資本コストを使わなければならない。一方、キャッシュフローが支払利息や元本返済前のものであれば、企業キャッシュフローであると考えてよい。もちろん、これらのキャッシュフローを推定するに当たってはこのほかにも考慮すべき項目があるが、それについてはあとの章で詳しく説明する。

DCF評価の適応可能性と限界

　DCF評価は、将来の期待キャッシュフローと割引率とをベースにしたものである。必要なデータさえそろっていれば、現在のキャッシュフローが正で、将来に対してもある程度の信頼度でキャッシュフローが推定でき、割引率を求めるのに必要なリスクの代理変数が入手可能であるような資産（企業）に対しては、この評価方法が最も簡単である。ただし、こういった理想的な設定から外れると、DCF評価は難しくなる。場合によっては、次に示す例のようにそのまま適用できず、調整が必要になることもある。

経営難企業の場合
　弱体化した企業は、利益もキャッシュフローも負である場合が多く、将来的には赤字転落の恐れもある。こういった企業の場合、倒産

の可能性が高いため、将来のキャッシュフローを推定することは難しい。DCF評価は主として、投資家に対して正のキャッシュフローを生み出す継続企業を対象にしているため、倒産の可能性のある企業の評価はうまくいかない。キャッシュフローの現在価値が負であるということは、株主資本（有限責任制によって、株価はゼロを下回ることはない。したがって、このような株式でも価値は負にはなり得ない）あるいは企業の価値が負になることを意味する。したがって、たとえ存続の可能性があったとしても、キャッシュフローはいずれ陽転することを前提にして試算しなければならない。

景気循環型企業の場合

景気循環型企業の利益やキャッシュフローは経済の状態に左右される傾向が強い。つまり、経済が好況のときは利益やキャッシュフローは上昇し、景気が後退すると下落する。こういった企業の評価にDCF評価を用いた場合、アナリストが景気後退と回復の時期・期間を面倒がらずに予測したがらないかぎり、通常、将来の期待キャッシュフローには平滑化した数値が使われる。景気後退が深刻さを増すと、景気循環型企業の多くは利益もキャッシュフローも負になり、弱体化企業の様相を呈してくる。したがって、将来のキャッシュフローの推定値はアナリストの景気回復に対する予測（いつ、そしてどの程度）によって大きく異なってくる。アナリストが楽観的であれば、当然ながら企業価値の推定値は高くなる。これは仕方のないことではあるが、アナリストの評価を利用する場合には、アナリストの経済に対する見方には偏りがあることを十分勘案すべきである。

未活用資産を保有する企業の場合

DCF評価では、キャッシュフローを生み出すすべての資産が価値に反映される。企業が未活用の（したがって、キャッシュフローを生

み出さない）資産を保有している場合、将来の期待キャッシュフローを割り引いて得られる現在価値にはこういった資産の価値は反映されない。活用度の低い資産に対しても、ほぼ同じことが言える。このような資産の価値はDCF評価では過小評価されてしまうからである。これはたしかに問題ではあるが、解決方法はある。活用度の低い資産の価値は必ず外部から取得可能（これらの資産が市場で取引されている場合、市場価格を利用できる。市場で取引されていない場合は、これらの資産がフル活用されていると仮定して、生み出されるキャッシュフローの価値を推定する）で、得られた価値をDCF評価で求めた価値に加算すればよい。あるいは、現在最適に利用されていると仮定して評価してもよい。

特許やプロダクトオプションを持つ企業の場合

大概の企業は未活用の特許やライセンスを持っているものである。こういった特許やライセンスからは現在も、そして近い将来にもキャッシュフローを期待することは難しいが、特許やライセンス自体は価値を持つ。このような場合、企業キャッシュフローを割り引いて得られる価値は、企業の真の価値を下回る。しかし、前のケース同様、この場合も解決方法はある。こういった資産の価値は公開市場で評価するか、オプション価格モデルを使って評価し、DCF評価で得られた価値を加算すればよい。

事業再編過程にある企業の場合

事業再編過程にある企業では、自社資産の一部を売却したり、新たな資産を取得したり、資本構成や配当方針を変更するということがよく行われる。なかには、株主構成（公開企業から非公開企業に切り替える。あるいは、その逆）や経営陣の報酬プランを変更する企業もある。こういった変更は将来のキャッシュフローの推定をますます困難

にし、企業のリスク度にも影響を及ぼす。こういった企業の場合、過去のデータを使っても企業価値は正しく評価できない。しかし、投資政策や財務方針に大きな変化があったとしても、将来のキャッシュフローにこういった変動から予想される影響を反映させ、割引率も新規事業や財務リスクを含んだものに調整すれば評価は可能である。

企業買収に関与している企業の場合

被買収企業をDCF評価を使って評価する場合、少なくとも2つの点に注意しなければならない。ひとつは、合併による相乗効果が見込めるかどうかということと、その相乗効果の価値を評価できるかどうかということである。相乗効果がどういった形で現れ、それがキャッシュフローに与える影響について何らかの仮定を設けることは必要だが、相乗効果の価値は評価可能である。もうひとつは、特に敵対的買収の場合、経営陣の変更がキャッシュフローとリスクに及ぼす影響を考えなければならないという点である。こうしたケースの場合、将来のキャッシュフローや割引率に変動の影響力を織り込むことで、価値にも変動の効果を反映させることができる。

非公開企業の場合

非公開企業にDCF評価を適用する場合の最大の問題は、割引率の導出に必要なリスクの測定が難しい点である。なぜなら、ほとんどのリスクリターンモデルでは、リスクパラメータは分析対象となっている資産の過去の価格から推定されるからである。非公開企業の株式は市場で取引されていないため、これは不可能である。これに対するひとつの解決策として、市場で取引されている類似企業のリスク度を参考にするという方法が挙げられる。あるいは、非公開企業でも会計変数は入手可能であるため、リスク量を会計変数を使って表すという方法もある。

今挙げたような企業の評価にDCF評価は使えないわけではないが、重要なのは、いずれの場合でも十分な柔軟性をもって対処しなければならないという点である。キャッシュフローを生み出す資産がはっきり定義された企業は、キャッシュフローの推定が簡単に行えるため、評価は簡単である。評価で難しいのは、理想的な枠組みから外れた企業をもカバーできるように評価の枠組みを拡張することである。こういった企業の評価について、本書では多くの紙面を割いて説明する。

相対評価

　評価について議論するとき、どうしてもDCF評価に焦点が集中しがちになるが、実際に最もよく用いられるのは相対評価である。家屋から株式まで、ほとんどの資産の価値は類似資産が市場でどういった評価を受けているかを基に決められる。本節では、まず相対評価の原理と評価モデルの基本的な考え方を説明し、それに続き、よく用いられる相対評価の変形についても検証する。

相対評価の原理

　相対評価では、資産の価値は収益、キャッシュフロー、純資産、利益といった共通変数を用いて標準化した類似資産のプライシングを基に算出する。一例として、業界平均PER（株価収益率）の利用が挙げられる。ただしこの場合、その業界に属するすべての他企業は評価対象となっている企業に類似しており、市場は平均的にこれらの企業を正しく評価しているものと仮定する。よく使われるもうひとつの倍率にPBR（株価純資産倍率）がある。この値が類似企業に比べて低い企業は過小評価されていることを示す。また、PSR（株価売上高倍率）

も企業評価によく使われる指標で、これは同じような特徴を持つ企業のPSRの平均を使って企業の比較を行うものである。最もよく使われる倍率はこの3つであるが、このほかにも、株価キャッシュフロー倍率、株価配当倍率、市場価値・再取得価値倍率（トービンのQ）など、分析において重要な役割を果たす倍率がいくつもある。

相対評価の基礎

　本来価値を追究するDCF評価に比べ、相対評価は市場に対する依存度がはるかに大きい。換言すれば、相対評価は、市場は平均的には株価を正しく評価するが、個々の株価の評価では間違いを犯すという前提で成り立つものである。さらに、このような間違いは倍率を比較することで発見できると同時に、時間がたてば修正されることも仮定に含まれる。

　市場の間違いは時間がたてば是正されるという前提は、DCF評価にも共通するものだが、銘柄選択に倍率と類似資産を用いる投資家は、セクターにおける個々の株式のミスプライシングは顕著に現れるので、よりすばやく修正される傾向が強いと主張する。例えば、彼らはこの主張の論拠として次のような例を挙げる。あるソフトウエア会社がPER10倍で取引され、そのセクターの他企業が収益率の25倍で取引されていれば、そのソフトウエア会社が過小評価されているのは明白で、この場合、そのソフトウエア会社の倍率はただちにセクター平均に修正されるはずである。これに対してDCF評価支持者は、セクター全体が50％も高く評価されていたら修正のしようがない、と反論する。

相対評価モデルの分類

アナリストや投資家は、相対評価の利用法にかけては実に発想豊かである。企業間の倍率を比較する者もいれば、同一企業の現在と過去における倍率を比較する者もいる。また、相対評価は一般に類似資産をベースとするものであるが、ファンダメンタルズをベースにするものもある。

ファンダメンタルズと類似企業

DCF評価では、企業の価値は期待キャッシュフローを基に評価する。ほかの一定の条件下では、キャッシュフローが大きく、リスクが低く、成長率が高い企業ほど高く評価されることになる。相対評価を用いるアナリストのなかには、倍率の導出にDCFモデルを用いる者もいれば、企業間の倍率、あるいは同一企業の異なる時点間における倍率を比較し、企業間のファンダメンタルズの類似度について明示的あるいは暗黙的に仮定を設ける者もいる。

ファンダメンタルズの利用

このアプローチでは、倍率を評価対象企業のファンダメンタルズ——利益やキャッシュフローの成長率、配当性向、リスクなど——を使って推定する。倍率を推定するこの方法は、DCFモデルを使うのと等価であり、必要な情報も得られる結果も同じである。このアプローチの最大の利点は、倍率と企業の特性との関係が把握しやすいことである。したがって、企業の特性が変わると倍率がどのように変わるかを予想することができる。例えば、利益率が変わるとPSRはどう変わるのか、成長率が下がるとPERはどのように変化するのか、PBRとROE（株主資本利益率）との関係は？　といったことが推定できるようになる。

類似企業の利用

　倍率のもっと一般的な利用法は、ある企業の評価と類似企業の市場における評価との比較、あるいは評価対象企業の現在と過去の評価の比較である。詳しくはあとの章に譲るが、一般に類似企業を見つけるのは難しく、大概の場合は特性が若干異なる企業を類似企業として使わざるを得ない。この場合、成長率、リスク、キャッシュフローなどの違いを、明示的あるいは暗黙的に調整する必要がある。これらの変数の実際に使われている調整方法としては、（業界平均を使った）単純なものから、（関連する変数を特定して調整する多変量回帰モデルを使った）高度なものまで多岐にわたる。

クロスセクション比較と時系列比較

　アナリストが株式のプライシングを行う場合、評価対象企業の倍率と同業他社の倍率との比較を基にした相対ベースで行うことが多い。しかし場合によっては、特に評価対象企業が歴史の長い成熟企業の場合、その企業の現在と過去の倍率を比較することもある。

クロスセクション比較

　クロスセクション比較とは相対評価の一形態で、あるソフトウエア会社のPERとほかのソフトウエア会社の平均PERとを比較するような場合を指す。得られる結果は、評価対象企業と類似企業に対してどういった仮定を設けるかによって異なる。例えば、評価対象企業がその業界の平均的な企業であると仮定した場合、その企業が業界の平均倍率よりも低い倍率で取引されていれば過小評価されていると結論づけることができる。一方、評価対象企業が同じ業界の平均的な企業よりもリスクが高いと仮定した場合、その企業は同業他社の倍率よりも低い倍率で取引されるべきであると結論づけるだろう。つまり、ファンダメンタルズに関する仮定を設けることなくして、企業同士を比較

することはできないということである。

時系列比較

歴史の長い成熟企業を評価する場合、その企業の現在と過去の倍率の比較が効果的である。例えば、フォード・モーター社の場合を考えてみよう。もしこの企業が過去に10倍のPERで取引されていたとすると、現在取引されているPERが6倍では安すぎるということになる。しかし時系列比較においては、評価対象企業のファンダメンタルズが経時変化を伴わないものと仮定する必要がある。こういった前提がなければ、例えば、高度成長を続ける企業のPERは時間とともに下落し、企業規模が大きくなるにつれ期待成長率は下がると考えるのが普通である。倍率を異なる時点間で比較する場合、金利の変動や市場全体の振る舞いに変化があると複雑になる。例えば、金利が過去の標準を下回り、市場全体の価値が上昇すると、ほとんどの企業は過去のPERやPBRよりもはるかに高い倍率で取引されることになるだろう。

倍率の適応可能性と限界

倍率の魅力は、シンプルで取り扱いが簡単なことである。倍率を使えば、企業や資産の価値をすばやく推定することができる。金融市場に数多くの類似企業が存在し、市場がこれらの企業を平均的に正しく評価している場合、倍率は特に効果的である。しかし、特にこれといった類似企業が見つからず、利益もほとんどなく、収益が負であるような特殊な企業の評価には倍率は向かない。

倍率には短所もある。特に類似企業を用いる場合、倍率が間違った使われ方をしたり、操作されやすいといった欠点がある。世の中にリスクも成長率もまったく同一の企業はないことを考えると、類似企業の定義には主観が入り込みやすい。したがって偏見を持ったアナリス

トは、企業価値に対する自分の偏見を正当化できるような企業を類似企業に選ぶ可能性がある。**実例2.2**はその一例である。DCF評価にも同じような偏見が存在する可能性はあるが、DCF評価ではアナリストは最終的な価値を決定するのに用いる仮定をより明示的に示すことを強要される。これに対して、倍率を使った場合、こういった仮定が明示されることはない。

　類似企業をベースにした倍率を用いる場合のもうひとつの問題点は、市場がこれらの企業を評価する過程で持ち込まれる誤差（過大評価あるいは過小評価）が内在することである。例えば、**実例2.2**で言えば、市場がこれらすべてのソフトウエア会社を過大評価していた場合、これらの企業の平均PERを用いてIPO（新規株式公募）価格を決定すると、IPO株は過大評価されることになる。これとは対照的に、それぞれの企業の成長率とキャッシュフローをベースに価値を評価するDCF評価では、市場の評価誤差による影響は少ない。

資産をベースにした評価モデル

　アナリストのなかには、本章で紹介した３つの評価法に加え、４番目の評価法を用いる者もいる。彼らが提唱するのは資産をベースにした評価モデルで、これは企業が保有する各資産の価値を別々に評価し、それらをすべて集計して企業価値を算出するというものである。このモデルにはいくつかの変形がある。そのひとつが清算価値である。これは企業が保有する資産をすべて売却した場合の推定売却代金を総計したものである。もうひとつが再取得コストで、これは企業が現在保有している資産を今日すべて取り替えた場合にかかるコストを試算したものである。

　資産をベースにした評価モデルを使って価値を推定するのも悪くはないが、注意したいのは、このアプローチがほかの３つのアプローチ――DCFモデル、相対評価モデル、オプション価格モデル――の代替にはなり得ないということである。なぜなら、再取得価値や清算価値を求めるのにはこれら３つのアプローチのいずれかを用いなければならないからである。結局は、どんな評価モデルも目的は資産の評価であることに変わりはない。違いは、どういったものを資産とし、各資産にどういった価値を付与するかのみである。清算価値評価では、既存資産にのみ注目し、類似資産の市場価格を基にその価値を割り出す。一方、伝統的なDCF評価では、すべての資産が考察対象となり、予想される成長可能性も含んだ評価が行われる。実際には、評価対象企業が成長資産を持たず、市場による評価に期待キャッシュフローが反映されている場合、いずれのアプローチを使っても同じ結果が得られる場合もある。

実例2.2　間違った類似企業が使われた場合の影響

　あるアナリストが、コンピュータソフトウエア会社の新規株式公募

（IPO）価格を決定するケースを想定しよう。同業の公開企業の株価収益率は以下のとおりである（数値は1992年末の実際のPERの値）。

企業名	倍率
アドビ・システムズ社	23.2
オートデスク社	20.4
ブローダーバンド社	32.8
コンピュータ・アソシエーツ社	18.0
ロータス・ディベロップメント社	24.1
マイクロソフト社	27.4
ノベル社	30.0
オラクル社	37.8
ソフトウエア・パブリッシング社	10.6
システム・ソフトウエア社	15.7
平均PER	*24.0*

　10社すべての平均PERは24だが、いくつかの企業を除くと平均PERは大幅に変わってくる可能性がある。例えば、PERの低いほうから2企業（ソフトウエア・パブリッシング社とシステム・ソフトウエア社）除くと、平均PERは27に上昇し、高いほうから2企業（ブローダーバンド社とオラクル社）除くと、平均PERは21に下がる。

条件つき請求権評価

　評価の発達過程における最も画期的な進歩は、キャッシュフローがイベントの発生に左右されるとするならば、少なくともいくつかのケースにおいては資産の価値が期待キャッシュフローの現在価値を上回る場合のあることが認識されたことである。この認識に大きく寄与したのがオプション価格モデルである。オプション価格モデルはもともとは市場で取引されているオプションの評価に使われていたが、近

年、このモデルを伝統的評価にも拡張利用しようという動きが見られるようになった。人々のなかには、特許や未開発埋蔵量といった資産はリアルオプションであり、これらの資産の評価には伝統的なDCFモデルではなく、それに見合った手法を使うべきであると主張する者も多い。

原理

条件つき請求権、つまりオプションとは、ある条件の下でのみ利益を得ることのできる請求権のことをいう。コールオプションであれば、原資産価値があらかじめ定められた価値を上回ったとき、プットオプションであれば、下回ったときに利益を得ることができる。オプション評価モデルの開発は過去20年間にわたって行われ、現在ではオプション類似資産であればいかなるものでもオプション価格モデルで評価することができる。

図2.1はコールオプションとプットオプションのペイオフを原資産の関数として表したものである。オプションの価値計算には次の変数が必要になる——原資産の現在価値とその分散、行使価格と満期までの残存期間、リスクフリーレート。オプション価格モデルを初めて開発したのはフィッシャー・ブラックとマイロン・ショールズで、1972年のことである。それ以来、さまざまな改良が重ねられ多くの変形が生み出された。開発当初のブラック・ショールズ・オプション価格モデルでは、配当は考慮されず、オプションは満期日以前には権利行使されないとの仮定が設けられていたが、これらのいずれをも含むように改良することも可能である。ブラック・ショールズ・オプション価格モデルの離散時間変形モデルが二項オプション価格モデルである。

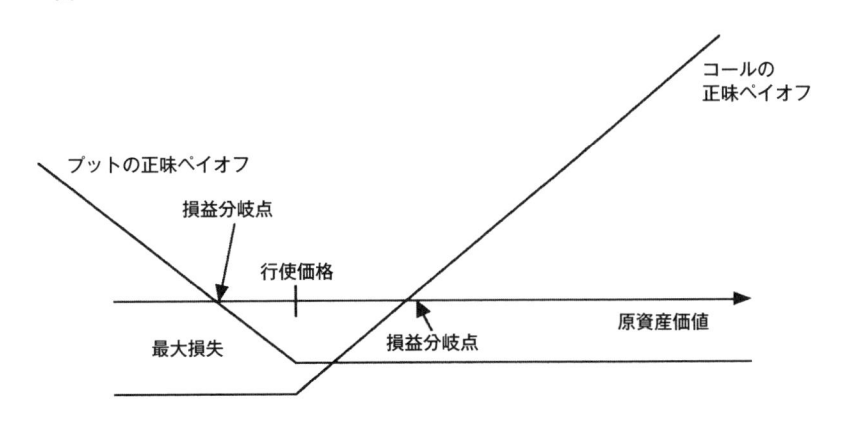

図2.1　コールオプションとプットオプションのペイオフ・ダイアグラム（損益図）

（図：プットの正味ペイオフ、コールの正味ペイオフ、損益分岐点、行使価格、最大損失、原資産価値）

　ペイオフが原資産価値の関数として表される資産はオプションとして評価することができる。原資産価値があらかじめ定められた水準を上回ったとき、その資産がその差額分だけの価値を持つものがコールオプションで、一方、原資産価値があらかじめ定められた水準を下回るときに価値を持ち、上回ったときには無価値になるものが、プットオプションである。

条件つき請求権評価の基礎

　オプション価格モデルが注目を浴びるようになった背景には、イベントの発生を条件にペイオフが生じるような資産の価値はDCFモデルでは過小評価される傾向があるという事実がある。簡単な例として、エクソン社の未開発石油埋蔵量を考えてみよう。この埋蔵量の価値は将来の石油価格の期待値に基づいて評価することができるが、その推定値にはエクソン社は石油価格が上昇すればこの埋蔵石油を開発するが、下落すれば開発しないという事実が反映されていない。オプション価格モデルでは、こういった事実を織り込んだ価格が算出される。

オプション価格モデルを用いて特許や未開発天然資源埋蔵量などの資産を評価する場合、市場はこういったオプションを正しく認識し、市場価格にこれらの価値が反映されるほど成熟しているものと仮定する。たとえ今はそうでなくても、将来的には必ずそうなると想定する。なぜなら、こういった修正が行われて初めて、このようなモデルを使う意味が出てくるからである。

オプション価格モデルの分類

オプションはまず原資産が金融資産か実物資産かによって大きく分類される。上場オプションのほとんどは、シカゴ・オプション取引所に上場されているオプションであろうとコーラブル債であろうと、株式や債券といった金融資産を対象とするオプションである。一方、コモディティ、不動産、あるいは投資プロジェクトのような実物資産を対象とするオプションもあり、これをリアルオプションという。

最初の分類と若干重複するが、2番目の分類方法として、原資産が市場で取引されているかいないかによって分類する方法がある。最初の分類方法と重複するのは、ほとんどの金融資産は市場で取引されているためである。金融資産に対して、実物資産は市場ではほとんど取引されていない。原資産が市場で取引されているようなオプションは一般に評価が簡単で、オプション価格モデルへの入力量も金融市場から取得することができる。しかし、原資産が市場で取引されていないオプションは、原資産についての入力量が市場から得られないため、評価は前者よりもはるかに難しい。

オプション価格モデルの適用可能性と限界

オプションの分かりやすい例を、いくつか挙げてみよう。まずは

LEAPSは。これは市場で取引されている株式を対象とする長期株式オプションである。不確定価額受領権（CVR_S）は株主を株価の下落から保護するものである。また、ワラントは企業が発行する長期コールオプションである。

　資産のなかには、オプションとは見なされないがオプション的性質を持つものがいくつかある。例えば株式は、負債の額面を行使価格と見なし、負債の期間をオプションの満期までの期間と見なせば、その企業の価値を原資産とするコールオプションと考えることができる。また、特許は、プロジェクトを推進するのに必要な設備投資を行使価格と見なし、特許の有効期間をオプションの満期までの期間と見なせば、プロダクトコールオプションと考えられる。

　市場で取引されていない資産を対象とする長期オプションは、オプション価格モデルによる評価には限界がある。等分散と配当利回りについての仮定は、短期オプションではそれほど問題なく満たすことができるが、オプションの期間が長い場合、仮定に従うことが難しくなる。また、原資産が市場で取引されていない場合、原資産価値とその分散の値は金融市場からは得られず、推定しなければならない。したがって、長期オプションの評価をオプション価格モデルを用いて行った場合、原資産が市場で取引されている短期オプションに比べて最終的な評価額に含まれる推定誤差が大きくなる。

まとめ

　評価方法には互いに関連性のある3つの基本的なアプローチがある。そのひとつがDCF評価で、これはキャッシュフローをリスク調整済み割引率で割り引いて価値を推定するものである。この手法では、期待株主資本キャッシュフローを株主資本コストで割り引くことで、純粋に投資家の視点に立った分析が可能となり、一方、期待企業

キャッシュフローを加重平均資本コストで割り引けば、請求権保有者すべての視点に立った分析が可能となる。2つ目が相対評価である。これは、評価対象企業の株主資本価値を、類似企業の利益、キャッシュフロー、純資産、売上高などに対する相対価値を基に評価するというものである。そして3つ目が条件つき請求権評価である。このアプローチでは、オプション類似資産の価値をオプション価格モデルを使って評価する。評価に関心のあるアナリストならば、少なくともいずれかのアプローチに評価ツールとしての価値を見いだせるはずである。

練習問題

1. DCF評価は「資産価値は資産から発生する期待キャッシュフローを、そのリスク度を反映させた割引率で現在価値に割り引いた水準に決まる」という考え方を基本とするものである。次に述べるDCFについての記述は正しいか、間違っているか。ただし、各文中で述べられているひとつの変数を除き、そのほかの変数はすべて一定とする。

    a．割引率が上昇すると、資産価値も上昇する。
       正_____　誤_____
    b．キャッシュフローの期待成長率が上昇すれば、資産価値も上昇する。
       正_____　誤_____
    c．資産の耐用期間が長くなれば、資産価値は上昇する。
       正_____　誤_____
    d．期待キャッシュフローの不確実性が高まるにつれ、資産価値は上昇する。
       正_____　誤_____

e．耐用期間が無限の（つまり、永久に存続する）資産は無限の価値を持つ。
正_____　誤_____

2．DCF評価は次に述べるような企業の評価には向かない。その理由を述べよ。
　a．所有者が企業売却を計画している非公開企業。
　b．今は製品も売上高もないが、パイプラインに関する将来的に有望な特許をいくつか所有しているバイオテクノロジー会社。
　c．景気後退時の景気循環型企業。
　d．大きな赤字を計上し、数年は黒字転換の見込みのない経営難企業。
　e．自己資産の一部を売却し、財務構成の変更を行っている事業再編過程にある企業。
　f．今現在は未活用だが価値のある土地を大量に保有している企業。

3．次の表は、ある企業の次の5年間にわたる株主資本キャッシュフローと企業キャッシュフローの推定値をまとめたものである。

年	株主資本CF	金利（1－税率）	企業CF
1	$250.00	$90.00	$340.00
2	$262.50	$94.50	$357.00
3	$275.63	$99.23	$374.86
4	$289.41	$104.19	$393.60
5	$303.88	$109.40	$413.28
終価	$3,946.50		$6,000.00

（終価は5年たった時点の株主資本価値、もしくは企業価値）

株主資本コストを12%、資本コスト（WACC）を9.94%として、下記の問いに答えよ。
　　a．この企業の株主資本価値を求めよ。
　　b．企業価値を求めよ。

4．パラマウント社の評価に使用するPERを、類似企業の平均PERを使って推定するものとする。エンターテイメントビジネスに従事する各企業のPERは以下のとおりである。

企業	PER
ウォルト・ディズニー社	22.09
タイム・ワーナー社	36.00
キング・ワールド・プロダクションズ社	14.10
ニュー・ライン・シネマ社	26.70

　a．平均PERを求めよ。
　b．平均PERの算出にはすべての企業のPERを使うべきか。また、その理由を述べよ。
　c．業界平均PERを使ってパラマウント社を評価する場合、どんな仮定を設ければよいか。

第3章 財務諸表を理解しよう

Understanding Financial Statements

　財務諸表とは企業の基本情報を提供する計算書のことで、評価に関する問題を分析し、質問に答えるうえで必要なものである。したがって、これらの計算書の原則を理解することは極めて重要である。その原則を次の4つの質問に集約してみた。

1. 企業の保有する資産の価値は？　企業の保有する資産は次の3つに分類できる。土地・建物など長期的に保有する資産、棚卸し資産など短期的に保有する資産、特許や商標など収益を生み出す無形資産、の3つである。
2. これらの資産の取得に必要な資金を企業はどのように調達するのか。企業は、企業所有者の資本（株主資本）や借入金（負債）を使ってこれらの資産を取得することができる。株主資本と負債の構成比は、資産の老朽化に伴って変わってくる。
3. これらの資産の収益性は？　良い投資はコストよりも大きなリターンを生み出す投資である。既存投資の良しあしを評価するには、これらの投資から生み出されるリターンを推定する必要がある。
4. これらの資産に内在する不確実性（つまり、リスク）は？　まだリスク問題については詳しく触れていないが、既存投資のリスク

度、そしてそれが企業に与える影響を推定することが、リスクを考えるうえでの第一ステップとなるのは明らかである。

これらの質問に対する回答は、会計上と評価上とでは異なる。その理由のひとつとして、会計と評価では目的が異なることが挙げられる。会計士の仕事は企業の現状と少し前の過去の業績を測定することにあり、一方、評価の目的は企業の将来を予測することにある。本章では、これらについて詳しく検証していく。

基本的な財務諸表

企業の情報を集約した財務諸表には３つの基本的な計算書がある。そのひとつが、ある時点における企業の所有する資産とその価値、そしてこれらの資産を賄うための資金調達構成（負債と株主資本）を報告する貸借対照表で、図３.１に示してある。

次が図３.２に示した損益計算書である。これは、ある期間における企業の収益と費用、そして収益から費用を差し引いた利益を報告するものである。よく使われる期間は、１四半期（四半期損益計算書の場合）と１年（年次報告書の場合）である。

３つ目が、キャッシュフロー計算書で、図３.３に示してある。これは、ある期間における企業の営業活動、投資活動、財務活動から発生する企業全体のキャッシュの源泉と使途とを報告するものである。この報告書の目的は、ある期間におけるキャッシュフローの詳細と、キャッシュバランスの変動を説明することにあると考えてよいだろう。

資産の測定と評価

　企業の分析に欠かせないのが、その企業の保有する資産のタイプとその価値、そしてその価値に内在する不確実性についての情報である。

図3.1　貸借対照表

資産		負債	
耐用年数の長い実物資産	固定資産	流動負債	短期負債
耐用年数の短い資産	流動資産	固定負債	長期負債
他社の証券と資産に対する投資	金融投資	その他の負債	その他の長期負債
特許、商標など非有形	無形資産	株主資本	株主が出資した資金

図3.2　損益計算書

製品・サービス販売から得られる総収益	収益
収益を生むために必要な費用	－営業費用
当期の営業利益	＝営業利益
借入れとその他の資本調達にかかる費用	－財務費用
課税所得に対する税金	－税金
普通株と優先株に対する当期利益	＝特別損益控除前純利益
営業外から生じる損益	－（＋）特別損失（利益）
会計規則の変更に伴い発生する損益	－会計規則の変更に伴う利益変動
優先株株主への配当金	－優先株配当金
	＝普通株・株主に対する純利益

図3.3　キャッシュフロー計算書

```
┌─────────────────────────┐
│ 営業活動から得られる純キャッシュフロー │   営業活動から生み出される
│   （税金・支払利息控除後）   │   キャッシュフロー
└─────────────────────────┘

┌─────────────────────────┐
│ 実物資産の売却・取得（資本支出） │
│ や金融資産の売却・購入から    │  ＋投資活動から生み出される
│ 発生する純キャッシュフロー    │   キャッシュフロー
│   （他社の買収を含む）       │
└─────────────────────────┘

┌─────────────────────────┐
│ 株式の発行・買い戻しや       │
│ 社債の発行・償還から発生する   │  ＋財務活動から得た
│ 純キャッシュフロー（配当支払い後）│   キャッシュフロー
└─────────────────────────┘

                          ＝キャッシュバランスの純変動額
```

　財務諸表は、資産の分類を見る分には極めて有用な資料であるが、その価値についてはあまり正確な数値は得られず、資産価値の不確実性については何らの情報も得られない。本節では、まず資産の分類と測定の基礎となる会計原則について解説したあと、資産の関連情報を得るには財務諸表では限界があることを説明する。

資産測定の基礎となる会計原則

　資産とは、将来のキャッシュ・インフローを生み出すか、もしくは将来のキャッシュ・アウトフローを低減する潜在能力のある資源のことをいう。この定義による資産には、ほぼすべての資産が含まれるが、会計上では、企業が以前に取得し、ある程度の正確さで将来の利益を数値化できるものも含む、というただし書きが添えられる。会計上の資産価値は、ほぼ例外なく取得原価を基に決定される。取得原価は、資産の当初取得価格に、その後の価格の上昇や資産の老朽化による減

価などに伴い会計上の調整を施したものである。この取得原価のことを簿価という。資産評価のためのGAAP（一般会計原則）では資産の種類によって評価方法が異なるが、財務諸表における資産の価値評価は、次の3つの原則に基づく。

1. **簿価第一の原則**　財務諸表における資産価値はすべて簿価を基に計算される。したがって、特別な理由がないかぎり、会計士は取得原価を資産価値のベストな推定値と見なす。
2. **市場価値や推定価値を信用してはならない**　現在の市場価値が簿価と異なる場合、市場価値を信用しないのが会計上の習わしである。市場価値は極めてボラティリティの高いものであるうえ操作されやすいため、資産価値の推定値としては使えないというのがその理由である。資産価値を将来の期待キャッシュフローを基に推定する場合は特に市場価値の信用度は低くなる。
3. **価値は高めに見積もるよりも、低めに見積もるほうがよい**　資産を評価するにはいくつかの方法があるが、会計では高い推定値よりも控えめな(低い)推定値を使うという習わしがある。したがって、市場価値も簿価も入手可能な場合、会計ではいずれか小さいほうの数値を使わなければならない。

資産価値の測定

　財務諸表のなかで、資産価値を集計して報告するものが貸借対照表である。資産価値がどのように測定されるかを調べるに当たり、まずは貸借対照表で資産がどのように分類されているかを見てみることにしよう。貸借対照表では、資産は固定資産、流動資産、金融投資、無形資産の4つに大別される。固定資産には、工場、設備、土地、建物など企業の保有する長期資産が含まれる。流動資産は、棚卸し資産（原

料、仕掛品、製品、売掛金［企業が受け取るべき金銭の総称］）とキャッシュなどの短期資産である。また、金融投資は他社の資産や有価証券に対する投資である。無形資産はそれほど厳密には規定されておらず、このなかには将来的に収益やキャッシュフローを生み出すと思われる特許や商標だけでなく、企業買収によって発生するのれん代（営業権）をはじめとする会計独特の資産が含まれる。

固定資産

米国のGAAPの下では、固定資産の価値は取得原価を基に算出しなければならない。取得原価に、資産の老朽化に伴う減価を加味したものがその資産の価値となる。老朽化に対する資産の調整は、理論上は資産の収益能力の低下を正確に反映すべきであるが、実際には会計規則と会計慣行に従って行われることが多く、これを減価償却という。減価償却の方法には大きく分けて、定額法（資産の耐用年数にわたって、毎年一定額を減価償却費として計上）と加速償却法（価格下落のペースが速い初期に多額の減価償却を行い、そのペースが鈍化する後期に少額の減価償却費を計上する）の2種類ある。少なくとも米国では、税法上は、企業による資産の耐用年数や減価償却方法の自由選択は規制されているが、会計報告目的ではかなり自由な選択が認められている。したがって、年次報告書の減価償却方法と税務報告書の減価償却方法は異なるのが一般的である。

固定資産は簿価で評価された価値から減価償却費を差し引いたものがその価値となるため、固定資産の価値は減価償却期間とその方法に大きく左右される。米国では、財務諸表では定額法を用い、税務報告書には加速償却法を用いる企業が多い。なぜなら、少なくとも資産取得直後は定額法のほうが高い利益を計上できるからである（減価償却費は会計費用として計上される。したがって、定額法──資産取得後の最初の数年は、計上額は加速償却法よりも低くなる──を適用した

場合、費用は低く利益は高くなる)。これに対して、日本やドイツでは、いずれの報告書にも加速償却法を用いる企業が多い。日本やドイツの企業の公表利益が米国企業よりも低いのはこのためである。

流動資産

流動資産には棚卸し資産、現金、売掛金などが含まれる。価値評価に会計士が市場価値を最もよく使うのはこの分野の資産、特に市場性有価証券に対してである。

売掛金

売掛金とは、商品を信用で売った時点で、購入者側が販売者側に対して支払い義務が生じる金銭の総称である。例えば、ホーム・デポ社が建築業者に製品を販売し、支払いまでに数週間の猶予を与えた場合、売掛金が発生する。会計慣行によれば、売掛金は企業が受け取る権利を持つ金銭として、信用販売時点の請求額で計上しなければならない。評価上、そして会計上で生じる唯一の問題点は、売掛金が回収不可能になったとき、それをいつ認識すべきかということである。企業は収入の一部を信用販売による貸し倒れ準備金に充てることができるので、回収不可能になった売掛金はこの準備金で減額する。あるいは、貸し倒れをそれが発生した時点で認識し、その額に応じて売掛金の額を減らすことも可能である。問題なのは、貸し倒れの決定がなされないときで、この場合、企業は回収不可能と分かっていながらも売掛金をそのままの額で計上しなければならない。

現金

現金は会計士と金融アナリストの間で評価額が一致する数少ない資産のひとつである。キャッシュバランスの価値に推定誤差の入り込む余地はない。とはいえ、現金を従来の形態(例えば、銀行における通

貨預金や要求払い預金）で保有する企業はますます減少しつつあることに注目しなければならない。企業はリターンを得るため、現金を利付預金口座や国債に投資するケースが多い。いずれの場合も、市場価値と簿価との間にずれが生じる可能性がある。特に、長期投資の場合はその可能性が高い。いずれの投資にも真の意味でのデフォルトリスクは存在しないが、金利変動によって価値に影響が出る場合がある。市場性有価証券の評価については、本章の後半で説明する。

棚卸し資産

GAAPで認められている棚卸し資産の評価法には3つの基本的な方法がある。FIFO（先入先出法）、LIFO（後入先出法）、加重平均法の3つである。

1. **FIFO**　FIFOでは、売上原価はその期の最初に購入した原材料費を基に評価され、棚卸し資産原価はあとで購入した原材料の仕入価格を基に評価される。したがって、棚卸し資産の評価額は再取得価格に近い値となる。インフレ期にFIFOを適用すると、3つの方法のなかで売上原価の評価は最も低く、純利益は最も高くなる。
2. **LIFO**　LIFOでは、売上原価はその期の最後に購入した原材料の仕入価格によって評価されるため、その評価額は現在のコストに極めて近い値となる。しかし、棚卸し資産は最初に購入した原材料費を基に評価される。LIFOを採用すると、インフレ期には売上原価は3つの方法のなかで最も高く、純利益は最も低くなる。
3. **加重平均法**　加重平均法では、棚卸し資産も売上原価もその期に購入したすべての原材料の平均仕入価格を基に評価される。在庫がすばやく売りさばかれたとき、このアプローチはLIFOよりもFIFOに極めて近い手法といえる。

インフレ時には、企業は節税効果を得るためにLIFOを採用するケースが多い。この場合、売上原価は会計期間期末の仕入価格を適用するので高くなり、その結果、キャッシュフローは増加するが、報告される課税所得額と純利益は減少する。調査結果を見ると、原材料費と労務費が上昇し、在庫の変動が大きく、そのほかの繰越欠損金のない大企業は、LIFOを適用する傾向が特に強い。

　棚卸し資産の評価方法が違えば所得やキャッシュフローに及ぼす影響も違ってくることを考えると、異なる評価法を採用している企業間の収益性を比較するのは難しい場合が多い。しかし、3つの方法の違いを調整する方法がひとつだけある。棚卸し資産の価値評価にLIFOを採用している企業に対して、FIFOとLIFOを使った場合の評価額の違いをLIFO準備金として注記に明記させるのである。こうすることで期首棚卸し資産と期末棚卸し資産間の調整、ひいては売上原価の調整も可能となり、FIFOベースの所得を割り出すことができる。

(金融)投資と市場性有価証券

　投資や市場性有価証券には、他社の有価証券や資産に対する投資と、TビルやTボンドなどの市場性有価証券が含まれる。これらの資産の評価方法は、運用方法と投資の目的によって異なる。一般に、他社の有価証券に対する投資は、少数株主パッシブ投資、少数株主アクティブ投資、過半数株主アクティブ投資に分類され、会計規則はそれぞれの運用方法によって違ってくる。

少数株主パッシブ投資

　他社の有価証券や資産に対する投資比率が、被投資企業全体の所有権の20％に満たない投資は少数株主パッシブ投資として処理される。これらの投資には取得価額が存在する。これはその有価証券の当初取得時に支払った代価を指し、通常は市場価格である。会計原則によれ

ば、これらの資産は、満期まで保有目的投資、売却可能投資、売却目的投資に分類しなければならない。評価原則はそれぞれの場合で異なる。

- 満期まで保有目的投資の場合、評価は取得原価、つまり簿価を基にして行われ、投資から発生する利息もしくは配当は損益計算書に計上される。
- 売却可能投資の場合、評価は市場価格を基にして行われ、含み損益が株主資本の一部として貸借対照表に計上されるが、損益計算書には計上されない。したがって、含み損があれば株主資本の簿価が減少し、含み益があれば増加する。
- 売却目的投資の場合、評価は市場価格を基にして行われ、含み損益が損益計算書に計上される。

　投資の分類は企業の自由裁量に任されているため、評価方法も任意に選べる。投資のこういった分類方法によって、例えば投資銀行のようにその資産の大部分が取引目的のために保有している他社証券であるような企業は、各期ごとにこれらの投資の大部分を市場価値で再評価しなければならない。これは値洗いと呼ばれ、財務諸表において簿価よりも市場価格が重視される数少ない例のひとつである。

少数株主アクティブ投資

　他社の有価証券や資産に対する投資比率が、被投資企業全体の所有権の20％から50％の投資は少数株主アクティブ投資として処理される。これらの投資には取得価額が存在するが、被投資企業の純損益に対する持ち分（所有権比率に基づく）に比例して取得価額は調整される。加えて、その投資から得られる配当があれば、取得価額からその分が差し引かれる。このアプローチを持ち分法と呼ぶ。

これらの投資が市場価値で評価されるのは、売却するときである。この時点で、調整済み取得価額と売却価格との差額、つまり売却損益がその期の利益の一部として計上される。

過半数株主アクティブ投資

　他社の有価証券や資産に対する投資比率が、被投資企業全体の所有権の50％を上回る投資は過半数株主アクティブ投資として処理される。この場合、投資はもはや金融投資ではなく、被投資企業の資産あるいは負債となる。この場合、これら2企業の資産と負債は合算され、ひとつの貸借対照表に計上される（企業はこれまで、他社株式の所有を全所有権の50％未満にすることで、連結を避けてきた）。これがいわゆる連結法である。ほかの投資家による株主資本の持ち分は貸借対照表の負債の部に少数株主持ち分として計上される。同様に、キャッシュフロー計算書も、累積キャッシュ・インフローとキャッシュ・アウトフローとを連結させたものにまとめなければならない。これに対して、少数株主アクティブ投資に用いられる持ち分法では、その投資から得られた配当のみがキャッシュフロー計算書にキャッシュ・インフローとして計上される。

　少数株主アクティブ投資同様、この投資も持ち分が売却されるまで市場価格では評価されない。売却された時点で、持ち分の市場価格と正味価値との差額がその期の損益として計上される。

無形資産

　無形資産には、特許から商標、のれん代（営業権）にいたるまで、さまざまな資産が含まれる。会計基準はそれぞれの無形資産によって異なる。

特許と商標

　特許と商標は、自ら創案して取得したものか、外部から購入したものかによって評価方法が異なる。自社の研究によって創出したものであれば、耐用年数が複数の会計期間にまたがるものであっても、開発にかかる費用はその期の必要経費として計上される。したがって、無形資産は貸借対照表には計上されない。反対に、無形資産を外部から購入した場合は資産と見なされる。

　無形資産はその期待耐用年数で償却しなければならない。償却法としては一般に定額法が用いられる。のれん代や特に決められた耐用年数のないその他の無形資産については、税務目的での償却は一般に認められていないが、近年の税法改正によって多少の柔軟性は認められるようになった。

のれん代

　無形資産が企業買収の副産物である場合もある。ある企業が他企業を買収すると、まず購入価格は有形資産に割り当てられ、純資産額を超える代価を支払った場合の超過支出は、特許や商標など何らかの無形資産に割り当てられる。これらの処理を行ったうえでなおも残る残差分がのれん代として処理される。会計原則では、特定できない無形資産をのれん代として扱っているが、現実には資産の簿価とその資産を保有する企業の市場価値との差額がのれん代である。このアプローチはパーチェス会計と呼ばれており、この会計処理によって創出されるものが無形資産（のれん代）であり、これは長期にわたって償却される（訳注　現在は減損テストによる方法に変更されている）。2000年まで、企業は課税を逃れるためにプーリング会計を採用していた。プーリング会計では、貸借対照表に購入価格を計上する必要はなく、その代わりに、合併した２つの企業の簿価を合算する（2001年、FASB［財務会計基準審議会］はプーリング会計を廃止し、のれん代

の償却期間も40年から20年に短縮した）。

実例3.1　ボーイング社とホーム・デポ社の資産価値

下の表は、1998会計年度末におけるボーイング社（大手航空機製造メーカー）とホーム・デポ社（建設資材小売業）の貸借対照表を基にした資産価値の一覧表である（単位：100万ドル）。

	ボーイング社	ホーム・デポ社
純固定資産	$8,589	$8,160
のれん代	$2,312	$140
投資と受取手形	$41	$0
繰り延べ税金	$411	$0
前払い年金費用	$3,513	$0
顧客ファイナンシング	$4,930	$0
その他の資産	$542	$191
流動資産		
現金	$2,183	$62
短期市場性投資	$279	$0
売掛金	$3,288	$469
当期分の顧客ファイナンシング	$781	$0
繰り延べ税金	$1,495	$0
棚卸し資産	$8,349	$4,293
その他の流動資産	$0	$109
流動資産の合計	$16,375	$4,933
資産合計	$36,713	$13,424

これらの資産価値についての注意事項は以下のとおりである。

1. **のれん代**　ボーイング社は1996年にロックウェル社を、1997年にマクダネル・ダグラス社を買収したが、ロックウェル社の買収に関してはパーチャス会計を行い、マクダネル・ダグラス社の買収ではプーリング会計を行った。のれん代はロックウェル社につい

ては、買収価格の簿価に対する超過分を計上し、30年で償却する。一方、マクダネル・ダグラス社に関しては、買収で支払ったプレミアムは計上されていない。

2. **顧客ファイナンシングと売掛金**　ボーイング社は顧客に航空機の購入資金を融資したり、航空機をリースするといったことをよく行う。こういった契約は数年に及ぶため、融資に対する将来の返済額やリース料の現在価値は顧客ファイナンシングとして計上される。これらの当期支払い分は売掛金として計上される。ホーム・デポ社も顧客に掛け売りをするが、短期契約であるため、これらに関する支払いはすべて売掛金として計上される。

3. **棚卸し資産**　ボーイング社は棚卸し資産を加重平均法で評価するが、ホーム・デポ社はFIFOを用いる。

4. **市場性有価証券**　ボーイング社は短期投資を売却目的投資に分類し、市場価値で計上する。一方、ホーム・デポ社は売却目的投資、売却可能投資、満期まで保有目的投資を組み合わせた運用を行っているため、簿価と市場価値とを使って評価する。

5. **前払い年金費用**　ボーイング社は予想される年金支払額に対する年金基金資産の余剰分を資産として計上する。

　最後にもう一点。ボーイング社の貸借対照表には非常に重要な資産、つまり過去の研究開発（R&D）費用の効果が計上されていない。会計慣行によれば、R&D費用はそれが発生した期に費用計上しなければならず、資産計上してはならないことになっているため、研究開発費用は貸借対照表には計上されていないのである。第9章では、研究開発費用を資本化する方法とそれが貸借対照表上に及ぼす効果について述べる。

資金調達構成

2つ目の質問は資金調達についてであった。通常、企業は負債と株主資本とで資金を調達するが、その内訳とそれぞれの現在価値について見ていくことにしよう。これらについての情報は、貸借対照表の負債の部と注記から取得することができる。

負債と株主資本の測定に関する会計原則

資産価値の測定同様、負債と株主資本も会計上は厳密な原則に基づいて分類される。**原則その1　債務はその性質によって、負債もしくは株主資本に厳密に分類される**。負債として計上する場合、次の3つの条件を満たさなければならない。

1．その負債によって、将来の特定日にキャッシュ・アウトフローを生じるか、キャッシュ・インフローの減損が生じる可能性があること。
2．企業にとって不可避な債務であること。
3．債務を生じる取引がすでに発生していること。

資産価値は控えめに見積もる、という前述の原則に従い、会計士は企業にとって避けることのできない債務を持つキャッシュフローのみを負債として認識する。

原則その2　企業の負債と株主資本の価値は、将来の期待キャッシュフローもしくは市場価値を用いるよりも、取得原価に会計上の調整を施したものとして算出するほうがより正確な推定値が得られる。会計士が企業の負債や株主資本を測定するプロセスは、資産価値の評価と密接な関係がある。資産は基本的に取得原価もしくは簿価で評価

するため、負債と株主資本も基本的には簿価で評価される。次節では、負債と株主資本の会計上の測定方法について見ていく。

負債と株主資本の測定

会計上、負債は流動負債、長期負債、負債にも株主資本にも相当しない長期負債とに分類される。以下、これらの測定方法について見ていくことにしよう。

流動負債

流動負債には1年以内に返済しなければならないすべての債務が含まれる。内訳は次のとおりである。

- ●買掛金　メーカーをはじめとするベンダーに対する未払額。記載された金額は、これらの債権者に対する債務を表す。簿価と市場価値はほぼ一致する。
- ●短期借入金　事業もしくは流動資産の必要に対する資金調達のための短期ローン（返済期限は1年以内）。計上された金額は、これらのローンに対する債務を表す。企業のデフォルトリスクが借入日以降劇的に変化しないかぎり、簿価と市場価値はほぼ一致する。
- ●長期借入金のうちの短期借り入れ分　長期負債もしくは債券のうち、返済期限が1年以内のもの。記載された金額は、これらのローンに対する債務の実際額。期限が近づくにつれ、簿価と市場価値は近づく。
- ●その他の短期負債　企業が将来的に支払い義務を持つと考えられるその他の短期負債のすべて。このなかには、従業員の給料や税金も含まれる。

貸借対照表の項目のなかでも流動負債は、不正がないかぎり、会計上の推定値である簿価と財務上の推定値である市場価値とがほぼ一致するはずである。

長期負債

　企業の長期負債には2種類ある。銀行をはじめとする金融機関からの長期ローンと、その企業の発行する長期社債である。長期社債の場合、債権者は債券を購入した投資家である。これらの会計上の価値は、ローンの借り入れや社債の発行時点における債務の現在価値に基づいて測定される。銀行ローンの場合、その価値はローンの名目価値に等しいが、社債の場合は、3つの測定方法がある。例えば、社債が額面発行の場合、その価値は一般に名目債務（借入元本）である。また、プレミアムあるいは割引価格で発行された場合、その社債は発行価格で計上されるが、プレミアムあるいは割引額は社債の満期までの期間にわたって償却される。極端な例としてはゼロクーポン債が挙げられる。この場合、この社債は発行価格で計上されるが、発行価格は満期日の元本（額面）をかなり下回るため、発行価格と額面との差額は各期ごとに償還され、非現金支払利息として税控除の対象となる。

　これらのいずれのケースにおいても、負債の価値はその期間内の金利変動の影響は受けない。市場金利が変動すれば、ローンの債務はその変動に応じて下落もしくは上昇するはずであるが、こういった変動を加味した負債の市場価値は貸借対照表には計上されない点に注意しよう。負債が満期前に償還された場合、簿価と償還時支払額との差額は、損益計算書に特別損益として計上される。

　最後に、企業が外貨建ての長期負債を保有している場合、簿価は為替レートの変動に応じて調整しなければならない。為替レートの変動は、その大元の金利変動を反映するため、この負債の評価額は国内通貨による負債よりも市場価値により近い。

その他の長期負債

　一般に企業は長期負債項目には含まれない長期負債を持っていることが多い。リース資産の貸し手に対する債務、従業員に対する未払いの年金基金や健康保険給付金、繰り延べ税金などがこれに当たる。この20年間、会計士たちの間ではこれらの負債を数値化して長期負債として計上しようという動きが活発化してきた。

リース

　長期資産については、企業は買うよりもリースを選択する場合が多い。リース料からは、負債に対する支払利息と同類の債務が生じるため、負債と同様に取り扱う必要がある。企業がその資産の大部分をリースによって賄っているにもかかわらず、それを財務諸表に計上しない場合、その財務諸表からはその企業の財務力について誤った情報しか得られないことになる。こういった状況を勘案し、会計規則ではリース債務も帳簿に計上するよう義務づけるようになった。

　リースの計上方法には2種類ある。オペレーティングリースの場合、貸し手（所有者）は借り手に対して資産を使用する権利のみ譲渡し、リース期間終了時に、借り手はその資産を貸し手に返却する。この場合、借り手は所有に関するリスクをまったく負っていないため、リース費用は損益計算書に営業費用として計上され、貸借対照表には計上されない。これに対してキャピタルリースの場合、借り手は所有に関するリスクを負う分、便益も得る。したがってこの場合のリースは、契約した時点で資産あるいは負債（リース料に対する）と見なされ貸借対照表に計上される。企業は毎年その資産の減価を見積もって計上すると同時に、リース料の利払い分も毎年差し引く。一般に、キャピタルリースはそれと等価なオペレーティングリースに比べ、費用の認識が早期に発生する。

　企業としては、できれば帳簿にリースを計上しないか、場合によっ

ては費用を繰り延べたほうが都合が良い場合もあるため、リースをすべてオペレーティングリースとして報告しようとする企業が増えるのも致し方ない。そこで財務会計基準審議会は、リースが次の4つの条件のいずれかひとつを満たす場合はキャピタルリースとして取り扱わなければならないことを定めた。

1. リース期間がその資産の耐用期間の75％を超える。
2. リース期間終了時に所有権が借り手に移転する。
3. リース期間終了時にその資産を割引価格で買い取る選択権がある。
4. リース料の現在価値を適切な割引率で割り引いた値がその資産の適正市場価値の90％を超える。

　リースをキャピタルリースとして扱うべきか、オペレーティングリースとして扱うべきかを判断する貸し手側の基準もこれと同じで、リースはその基準に応じて会計処理される。リースがキャピタルリースの場合、貸し手は将来のキャッシュフローの現在価値を収益として計上し、その費用を認識する。このリース債権は貸借対照表にも資産として計上され、その利息収入は、そのリース期間にわたって、支払われたものとして認識される。

　税金面では、リースがオペレーティングリースの場合にかぎり、貸し手はリースした資産に対する税制上の恩恵を受けられるが、税法上のオペレーティングリースの定義は会計上のものとは若干異なる（リースは次の条件を満たすとき、税法上、オペレーティングリースと見なされる──1．リース期間終了時、その資産を借り手以外の人物が使用することができる、2．借り手は割引価格買取選択権を使ってその資産を買い取ることはできない、3．貸し手はリース物件に対して最低20％の資本リスクを負っている、4．貸し手は税金免除とは

無関係にそのリースから正のキャッシュフローを得ることができる、5．借り手はそのリースに投資していない)。

従業員給付金

事業主は従業員に対して年金と健康保険金を給付することができる。通常、これらの給付金に対する債務は多額であるため、その債務に対する準備金不足は財務諸表で報告する必要がある。

年金制度

年金制度の下では、企業は確定拠出型（事業主が毎年一定額を年金基金に拠出する。基金による給付額は事前には確定されない）もしくは確定給付型（事業主による給付額が事前に確定される）のいずれかの方法で、従業員に退職後の給付金を支払うことができる。後者の場合、事業主は確定給付金を支払えるだけの十分な資金を毎期、基金に積まなければならない。

確定拠出型年金の場合、事業主は基金に規定額を拠出した段階で債務は完了するが、確定給付型年金の場合、事業主の債務は、従業員が受け取る権利を持つ給付額、事業主による事前拠出額とその拠出金の運用利益、当期拠出金に対する収益率など、多数の変数によって決まるため推定が難しい。これらの変数は変動するため、年金基金資産は年金基金債務（確定された給付金の現在価値を含む）を上回る場合もあれば、下回る場合もあり、また一致する場合もある。資産が負債を上回る基金は積立金過剰で、その逆の基金は積立金不足である。こういった情報は財務諸表で開示しなければならない（一般には注記に記載）。

年金基金が積立金過剰の場合、企業にはいくつかのオプションがある。基金から余剰資産を引き出すこともできるし、基金に対する拠出をストップすることもできる。あるいは、過剰状態は一過性の現象で

次期にはこの現象は消失するものとし、拠出を継続することもできる。一方、基金が積立金不足の場合、企業には債務が発生するが、会計基準によれば、累積年金基金債務（予定給付債務――アクチュアリーが推定する将来の給付金額――は含まれていない。したがって、総年金債務をはるかに下回る）が年金基金資産を超過する分のみを負債として貸借対照表に計上すればよい。

健康保険給付金

企業は次のいずれかの方法で健康保険金を給付することができる。ひとつは、健康保険基金に確定拠出金を支払うという方法である。ただし、給付額は事前に確定されない（確定拠出型年金に相当）。もうひとつは、一定額の健康保険金の給付を約束し、その支払いに必要な資金を積み立てるという方法（確定給付型年金に相当）である。健康保険給付金の会計処理は、年金の場合とほぼ同じである。

繰り延べ税金

会計処理方法が、税務目的と財務報告とで異なる企業が多い。したがって、納税債務は一体どのように報告すべきなのかという疑問が生じる。税務会計目的で加速償却法や企業に有利な棚卸し資産評価法を用いた場合、税金の繰り延べが発生するため、財務諸表で報告される所得税は一般に実際の納税額をはるかに上回る。所得と費用とをマッチングさせるという発生主義会計の原則に従えば、繰り延べ所得税は財務諸表で認識されなければならない。したがって、例えば税務会計に基づく課税対象所得に対する納税額が5万5000ドルであるのに対し、財務諸表に計上された所得に基づいて計算すると納税額が7万5000ドルになるような場合、その差額分（2万ドル）は繰り延べ税金として計上しなければならないことになる。ただし、繰り延べ税金は後に必ず支払われるものであるため、認識されるのは実際に支払った

時点となる。

　実際の納税額が財務諸表で報告した額よりも多い企業には、繰り延べ税金資産と呼ばれる資産が発生する。これがなぜ資産になるかというと、この繰り延べ税金はその企業にとっては貸方勘定になるため、将来の利益が増加する、というのがその理由である。

　ここで、繰り延べ税金負債が真の負債と言えるかどうかについて考えてみよう。企業は繰り延べ税金として計上された金額はいかなる実体に対しても義務を負っていない。したがって、これを負債として扱えばその企業は実際よりもリスキーな企業と見なされてしまう。しかし、繰り延べ税金はゆくゆくは支払わなければならないものであるため、やはり負債として扱うのが堅実な方法であろう。

優先株

　企業が優先株を発行すると、その企業には一般に優先株に対して一定の配当金を支払う義務が生じる。優先株配当金の支払いが不能になったとしても企業が倒産することはないため、会計規則では優先株は負債とは見なされない。これに加え、優先株配当金は無配の間の分を請求できる累積型であるため、普通株よりも厄介である。つまり、優先株は一種のハイブリッド証券であり、株主資本と負債双方の性質を併せ持っている。

　貸借対照表における優先株の評価額は当初発行価格に未払いの累積配当金を加味した額となる。転換権つき優先株も同様に扱われるが、普通株に転換したときには株主資本として扱われる。

株主資本

　株主資本は会計上は取得原価で評価する。貸借対照表に計上された株主資本価値は、企業が株式発行当初に受け取った金額にそれ以降発生した利益を加え（もしくは損失があればそれを差し引き）、その間

に支払われた配当金を差し引いた額である。いわゆる株主資本簿価はこれら3つの項目によって決定されるが、この推定値については次の3点に注意する必要がある。

1. 株式の再発行もしくはオプション行使に対する支払いを目的として企業が短期間だけ株式を買い戻す場合、買い戻した株式は金庫株として保有することができ、株主資本簿価がその分減少する。金庫株は帳簿上には一定期間以上にわたって計上することはできず、株式を買い戻したような場合は、簿価は買い戻した株式の価値だけ減額しなければならない。買い戻し価格は現在の市場価格で評価されるため、簿価は大幅な減額になることもある。
2. 長期にわたって巨額の損失を出しつづけていたり、株式を大量に買い戻しするような企業は、株主資本簿価がマイナスに転じることもある。
3. 市場性証券の話に戻るが、売買可能証券に分類されている市場性証券の未現実損益は、貸借対照表には株主資本簿価の増額もしくは減額として現れる。

　財務諸表の一部として、企業は当期における株主持ち分の変動をまとめた報告書を提示する。これは株主資本価値の会計上のすべての変動をまとめたものである。
　ワラント債や株式オプション（多くの企業が経営陣に対して与えるいわゆるストックオプションなど）が株主資本簿価に与える効果については、会計規則ではまだ本格的な取り組みは行われていないように思える。ワラント債が発行されれば、これによって得られる手取り額は株主資本簿価の一部として計上される。もっと一般的に行われているケースとして、オプションを経営陣に対して与えるストックオプションの場合、株主資本簿価には何らの影響もない。オプションが行

使された場合、これによって生じるキャッシュ・インフローは株主資本簿価に含められ、発行済み株式数に変動が生じることもある（企業が新規株式を発行した場合）。同じことが転換社債についても言える。転換社債は普通株に転換されるまでは負債として取り扱われるが、転換された時点で株主資本となる。これに対して行われる会計上の処理として特に注意しなければならないのは、発行済みオプションの効果が明らかになるのは、利益と簿価が1株当たりで計算される時点であるということである。計算は2種類の方法で行われる。ひとつは現在の発行済み株式数（当初発行済み株式数）をベースとするもので、もうひとつがオプションがすべて行使されたあと（完全希薄化後）の発行済み株式数をベースとするものである。

　株主資本について最後にもう1点述べておこう。会計規則では、確定配当つき優先株はいまだに株主資本もしくはそれに匹敵するものとして扱われている。優先株配当金はデフォルトリスクなしに繰り延べあるいは累積することができるというのがその主な理由である。（倒産とは異なり）企業が経営管理能力低下の状態にあるかぎり、優先株といえども普通株と同程度の無担保負債的特徴を持っていると考えるべきであろう。

実例3.2　負債と株主資本の測定

次の表はボーイング社とホーム・デポ社の1998会計年度の負債と株主資本の会計上見積額をまとめたものである（単位：100万ドル）。

	ボーイング社	ホーム・デポ社
買掛金とその他の負債	$10,733	$1,586
未払い給料と費用	0	$1,010
費用を上回る前受金	$1,251	$0
未払い税金	$569	$247
短期負債と当期の長期負債	$869	$14
流動負債の合計	$13,422	$2,857
未払い健康保険給付金	$4,831	0
その他の長期負債	0	$210
繰り延べ所得税	0	$83
長期負債	$6,103	$1,566
少数株主持ち分	$9	$0
株主資本		
株主資本の額面価格	$5,059	$37
余剰払込資本	$0	$2,891
留保利益	$7,257	$5,812
株主資本の合計	$12,316	$8,740
負債の合計	$36,672	$13,465

ボーイング社とホーム・デポ社の最大の違いは、ボーイング社の欄にある未払い健康保険給付金である。これは将来的に従業員に対して支払い義務のある健康保険給付金が健康保険資産を超過する分の現在価値を示すものである。株主資本については、いずれの企業の数値も株主資本簿価を表しており、市場価値とは大きく異なる。1998年末における株主資本簿価と市場価値との違いをまとめたものが次の表である（単位：100万ドル）。

	ボーイング社	ホーム・デポ社
株主資本の簿価	$12,316	$8,740
株主資本の市場価値	$32,595	$85,668

最後に、ホーム・デポ社の負債について注意点をひとつ挙げておこう。同社にはかなりの額のオペレーティングリースがあるが、これらのリースは営業費用として扱われているため、貸借対照表には計上されていない。しかし、これらのリースに対して同社は将来的に支払い義務があるため、オペレーティングリースは資本化して負債として扱うべきだろう。この問題については第9章で詳しく述べる。

利益と収益性の測定

　企業はどの程度の収益性を持っているのか。投資資産からはどの程度の利益が得られたのか。私たちが財務諸表から得たいのは、こういった基本的な疑問に対する答えである。企業の特定期間における事業活動に関する情報は損益計算書を通じて知ることができる。損益計算書とは、企業が既存資産から得た利益を報告するものである。本節では利益と収益率の測定に関する会計原則と実際の測定方法について見ていく。

利益と収益性の測定に関する会計原則

　会計上の利益と収益率の測定においては2つの重要な原則がある。そのひとつが発生主義の原則である。発生主義会計では、製品やサービスの販売で生じる収益は製品を販売したりサービスを提供した期に（すべて、あるいは大部分が）認識される。費用もできるだけ収益に対応づけて処理しなければならない（費用――例えば、管理費用――と収益との対応づけが難しい場合、費用は通常、それが支出された期に費用として認識される）。これとは反対に、現金主義会計では、収

益は支払いを受けた時点で認識され、費用は実際に現金が支払われたときに記録される。

2番目の原則は、費用は営業費用、資金調達費用、資本支出に分類しなければならないということである。営業費用は、少なくとも理論的には、当期にのみ利益を生じる費用である。この良い例が、当期に売られる製品を製造するのに使われる労働と原材料の費用である。資金調達費用は事業資金を調達するための非株式による資金調達にかかる費用である。最も一般的な例として、支払利息がこれに当たる。資本支出は複数期にわたって利益を生じる費用である。例えば、土地・建物の購入費用がこれに当たる。

当期の収益から営業費用を引いたものが営業利益である。そして、営業利益から資金調達費用を引いたものが株式投資家に対する利益、つまり純利益となる。資本支出は耐用年数（利益を生み出す期間）にわたって減価償却される。

会計利益と収益性の測定

収益を生み出す源泉は多数あるため、GAAPに従って損益計算書は4つの項目に分類しなければならない。つまり、継続事業から生じる収益、廃止事業から生じる収益、特別損益、会計原則の変更に伴う修正の4項目である。

GAAPによれば、収益は支払いを受ける対象となるサービスの一部あるいは全部が提供され、企業がその見返りとして観測可能かつ測定可能な現金などを実際に受け取ったときに認識されなければならない。収益の発生に直接関係する費用（例えば、労務費や原材料費）は、収益が認識された期と同じ期に認識される。一方、収益の発生に直接関係しない費用は、その企業がその費用を支出した期に認識される。

発生主義会計は、製品の製造・販売を手がける企業にとっては実に

分かりやすい制度だが、提供する製品やサービスの性質によっては、発生主義会計では処理が複雑になることがある。例えば、顧客と長期契約を結んだ企業は、完了した工事の割合に応じて収益を認識することができる。収益が工事進行ベースで認識されるため、それに対応する費用も同様の割合で認識される。製品あるいはサービスの購買者が対価を支払う能力があるかどうかがはっきりしない場合、製品あるいはサービスを提供する側の企業は販売価格の一部を割賦基準に基づいて回収したときにのみ収益として認識する。

　資本支出と営業費用との違いに話を戻すと、営業費用には当期に収益を生み出す費用のみを含むべきであるが、実際にはこれに当てはまらない費用が営業費用に分類されているケースは多い。その最も良い例が減価償却費と償却費である。資本支出は多期にわたって減価償却するという考え方は道理にはかなっているが、当初取得原価を基に計算される会計上の減価は実際の経済的減価とは異なることが多い。もうひとつの例が、研究開発費である。米国の会計基準では研究開発費は営業費用に分類される。しかし、研究開発費が多期にわたって便益を生み出すことは明らかである。研究開発費が営業費用に分類される根底には、そこから得られる便益は測定できない、つまり簡単には数値化できないという考え方がある。

　財務分析は企業の将来の期待利益を基に行われるのが一般的であり、期待利益の推定値を計算するときの出発点となるのが当期利益である。したがって、当期利益のうち、継続事業から発生する分と、規則的には生じない一過性のイベントによる分とを把握しておく必要がある。この観点からすれば、費用は営業費用と一時的費用とに分類するのが便利である。なぜなら、推定に用いられるのは特別項目が加算される前の利益だからである。一時的費用には次のようなものがある。

- **異例または反復頻度の低い項目**　資産や部門の売却、償却費用あるいはリストラ費用によって生じる損益。企業はこれらの項目を営業費用に含める場合もある。例えば、1997年、ボーイング社はマクダネル・ダグラス社の買収によって得た資産価値を調整するため14億ドルの償却を行ったが、これを営業費用として計上した。
- **異常損益項目**　性質的に異例で、反復頻度が低く、かつ重大な影響を及ぼすイベントによる損益。この例としては、ハイクーポン債からロークーポン債への借り換えに関連する会計上の利益、企業が保有する市場性証券から発生する損益などが挙げられる。
- **廃止事業に関連する損失**　段階的廃止期に生じる損失と事業の売却による推定損失の双方を含む。ただし、この項目に匹敵するのは、事業が企業から分離可能な場合のみ。
- **会計方針の変更に伴う損益**　企業が自発的に行った会計方針の変更（例えば、棚卸し資産の評価方法の変更）と、会計基準の変更に伴う会計方針の変更によって生じる利益の変動。

実例3.3　利益の測定

次の表はボーイング社とホーム・デポ社の1998会計年度における損益計算書をまとめたものである（単位：100万ドル）。

	ボーイング社	ホーム・デポ社
売り上げとその他の営業収益	$56,154	$30,219
－営業コストと費用	$51,022	$27,185
－減価償却費	$ 1,517	$ 373
－研究開発費	$ 1,895	$ 0
営業利益	$ 1,720	$ 2,661
＋その他の収益（金利収入を含む）	$ 130	$ 30
－支払利息	$ 453	$ 37
税引前利益	$ 1,397	$ 2,654
－所得税	$ 277	$ 1,040
純利益（損失）	$ 1,120	$ 1,614

　ボーイング社では研究開発費は営業費用として扱われているため、営業利益は研究開発費の分だけ減額されている。ホーム・デポ社の営業費用にはオペレーティングリースが含まれている。前述したように、これらの項目の扱い方によって利益は変わってくる。こういった費用が存在する場合の利益の調整方法については、第9章で詳しく述べる。

収益性の評価測度

　損益計算書を見ることで企業の収益性を金額ベースで推定することができるが、企業の収益性を収益率として算出することも重要である。収益率を測定する基本的な比率が2つある。ひとつは投下資本に対する収益性を見る投資収益率である。これは、株式投資家のみの視

点に立って分析することもできるし、企業全体の視点に立って行うこともできる。もうひとつが売り上げに対する収益性で、いわゆる利益率である。

総資産利益率と資本利益率

ROA（総資産利益率）は資産から利益を生み出す営業効率を測定したものである。ただし、金利収益は除く。

総資産利益率＝EBIT（1－税率）÷総資産

EBIT（支払利息・税金控除前利益）は損益計算書の営業利益の会計上の尺度で、総資産は会計規則に従って算出した資産、つまりほぼすべての資産の簿価（BV）を使って算出した資産である。総資産利益率は次にように書くこともできる。

総資産利益率＝［純利益＋支払利息（1－税率）］÷総資産

金利収益を事業活動から切り離すことで、総資産利益率はこれらの資産の収益率を見るうえでのより明確な尺度となる。

ROAは税引前ベースで計算することもできるが、これによって一般性が損われることはない。この場合、計算に用いるのはEBITの税引前利益である。

税引前ROA＝EBIT÷総資産

企業もしくは部門が税率の異なる企業の買収対象として評価される場合にはこの指標が役立つ。

収益率を見る指標としてさらに便利なのが、営業利益を総資本で

割った比率である。この場合の資本とは負債と株主資本の簿価の合計である。これはROC（資本利益率）と呼ばれ、企業の負債の大部分が流動負債（買掛金など）もしくは無利子負債の場合、投下資本に対する真の収益率を見るよりも優れた尺度である。

$$ROC = EBIT(1-t) \div (負債の簿価 + 株主資本の簿価)$$

ROA、ROCのいずれの場合も、簿価としては期首の簿価、もしくは期首と期末の簿価の平均のいずれを使ってもよい。

実例3.4　資本利益率の推定

次の表はボーイング社とホーム・デポ社の税引後総資産利益率と資本利益率の推定値を示したものである。いずれも平均と期首の資本簿価（1998年度）の両方で計算してある（単位：100万ドル）。

	ボーイング社	ホーム・デポ社
税引後営業利益	$ 1,118	$ 1,730
資本の簿価（期首）	$19,807	$ 8,525
資本の簿価（期末）	$19,288	$10,320
資本の簿価（平均）	$19,548	$ 9,423
資本利益率（平均ベース）	5.72%	18.36%
資本利益率（期首ベース）	5.64%	20.29%

税引後ベースで見た場合、ボーイング社の資本利益率は惨憺たるものである。これに対して、ホーム・デポ社の数値はかなり良い。

ROCの分解

ROCは売り上げに対する営業利益率と資本回転率の関数として表すこともできる。

ROC = EBIT(1 − t) ÷ 総資本
　　= {EBIT(1 − t) ÷ 売り上げ} × {売り上げ ÷ 総資本}
　　= 税引後営業利益率 × 資本回転率

この式から、ROCの値を上げるには、利益率を上げるか資本を効率的に利用して売り上げを伸ばせばよいことが分かる。一口に売り上げを伸ばすといっても、そこには競争力や技術力にかかわる制約が加わることもある。こういった制約下においても、利益率と資本回転率をうまい具合に組み合わせることでROCを最大化することは可能である。利益率や資本回転率は企業によって異なるため、ROCが企業によっても、業種によっても大きく異なることは言うまでもない。

> **mgnroc.xls**：米国企業の営業利益率と資本回転率とROCを産業別にまとめたデータがウエブサイトで閲覧可能。

株主資本利益率

ROCが企業全体の収益性を見る指標であるのに対し、ROE（株主資本利益率）は株式投資家の目から見た企業の収益性である。ROEは株式投資家の利益（支払利息・税金控除後の純利益）を投資額の簿価で割った比として表される。

ROE = 純利益(NI) ÷ 普通株の簿価

優先株株主は企業に対して普通株株主とは異なる請求権を持っているため、純利益の数値としては優先株配当金控除後の数値を用い、普通株には優先株の簿価を含めてはならない。つまり、分子には優先株配当金控除後の純利益を、分母には普通株の簿価を用いればよい。

ROEの決定要素

ROEは支払利息控除後の利益に基づくため、企業のプロジェクトに対する資本調達構成の影響を受ける。一般に、プロジェクトの資金調達のために借り入れをし、その借入金に対する課税後利子率を上回るROEを達成できるような企業は、借り入れによるROE向上効果を期待できる。ROEは次のように書き換えることができる。

$$ROE = ROC + (D \div E)[ROC - i(1 - t)]$$

ただし、
　　$ROC = EBIT(1 - t) \div (負債簿価 + 株主資本簿価)$
　　$D \div E = 負債簿価 \div 株主資本簿価$
　　$i = 負債に対する支払利息 \div 負債簿価$
　　$t = 通常所得に対する税率$

$ROC + D \div E[NI + Int(1 - t)] \div (D + E)$
$+ D \div E\{[NI + Int(1 - t)] \div (D + E) - Int(1 - t) \div D\}$
$= \{[NI + Int(1 - t)] \div (D + E)\}(1 + D \div E) - Int(1 - t) \div E$
$= NI \div E + Int(1 - t) \div E - Int(1 - t) \div E = NI \div E = ROE$

$D \div E$ は財務レバレッジを示している。

第3章 財務諸表を理解しよう

実例3.5　　株主資本利益率の計算

次の表はボーイング社とホーム・デポ社の1998年の株主資本利益率をまとめたものである（単位：100万ドル）。

利益率	ボーイング社	ホーム・デポ社
純利益	$ 1,120	$1,614
株主資本簿価（期首）	$12,953	$7,214
株主資本簿価（期末）	$12,316	$8,740
株主資本簿価（平均）	$12,635	$7,977
株主資本利益率（平均ベース）	8.86%	20.23%
株主資本利益率（期首ベース）	8.65%	22.37%

前例と同じく、株主資本利益率についてもボーイング社の数値はさえない。これに対してホーム・デポ社のほうはかなりよい数値である。前述したように、株主資本利益率は各要素に分解して算出することもできる（調整後の期首の数値を使用）。

	ボーイング社	ホーム・デポ社
税引後ROC	5.82%	16.37%
負債／株主資本比率	35.18%	48.37%
支払金利×（1−税率）	4.22%	4.06%
株主資本×利益率	6.38%	22.33%

ROCと支払金利の計算には税率35％を使った。このアプローチによる株主資本利益率は純利益と株主資本簿価を使って算出した数値と異なることに注意しよう。

---

rocroe.xls：米国企業のROC、負債・株主資本比率、簿価金利、ROEを産業別にまとめたデータがウエブサイトで閲覧可能。

リスクの測定

企業がそれまで行ってきた投資にはどれくらいのリスクが内包されているのだろうか。また、株式投資家のリスクは？ 投資分析を進めるにあたり、考えなければならない問題はさらに2つある。会計報告書では通常、リスクをシステマティックに測定し定量化することは必要とされない。企業に内包されるリスクが存在する可能性のあることを注記に記載するだけでよい。本節では会計士がリスクを評価するのに用いる方法をいくつか紹介しよう。

リスク測定に関する会計原則

会計報告書や比率のなかでリスクを測定しようとする場合、原則は2つある。

ひとつは、測定しようとしているリスクはデフォルトリスクであるということ。デフォルトリスクとは、既存の債務に対する利子や元本の返済といった固定債務の支払い能力不能に陥るリスクをいう。株主資本の概念においてもう少し広義にとらえたリスク、つまり実際のリターンの期待リターンに対する分散はあまり注目されていないようである。したがって、プラスの利益を出し、固定債務が皆無もしくはほとんどなく、株主資本のみで構成された企業は、利益が予測不可能であるにもかかわらず、一般に会計上の観点からするとリスクの低い企業と言える。

もうひとつの原則は、会計上のリスクはある時点における企業の債務遂行能力を見るための尺度として静的にとらえたものである、ということだ。例えば、企業のリスクを評価するのに比率を用いる場合、用いられる比率はほぼ例外なく1期の損益計算書と貸借対照表に基づくものである。

会計上のリスク測度

会計上のリスク測度は大きく2つのグループに分けられる。ひとつは、貸借対照表の注記で開示される潜在的な債務や価値の減少についての情報である。これは、潜在的な投資家あるいは既存投資家に巨額の損失を被る可能性のあることを警告するのが目的である。もうひとつの測度が流動性リスクとデフォルトリスクの目安となる比率である。

財務諸表における開示

企業が将来的な債務に対して開示しなければならない情報は近年とみに増加してきている。例えば、偶発的債務のケースを考えてみよう。偶発的債務とはある条件の下で発生する可能性のある潜在的な債務のことをいう。一例を挙げるならば、企業が訴訟の被告になるといったケースである。慣例によれば、リスクヘッジとなる偶発的債務は無視するのが一般的である。というのは、条件つき請求権に対する債務はいずれは何らかの便益で相殺されるからである（ヘッジは適切に設定されているものと仮定する。ヘッジは適切に設定されなければ、企業に対してコストを生じることになりかねない）。しかし最近になって、ヘッジしたはずのデリバティブのポジション（オプションや先物）から巨額の損失が発生するというケースを受け、FASBではこれらのデリバティブを財務諸表で開示することを義務づけるようになった。事実、年金基金や健康保険債務は以前は注記に記載するだけでよかったが、今では実際の債務として計上されるようになった。

財務比率

財務諸表はこれまで長年にわたり、企業の収益性やリスク、レバレッジの指標となる財務比率を推定するときのベースとして用いられてき

た。利益について述べたこの前の節では、収益性を表す2つの比率、つまりROEとROCについて見てきた。本節では、企業の財務リスクの指標となる財務比率のいくつかを紹介する。

短期流動性リスク

短期流動性リスクは主として当期事業に対する資金調達の必要性から生じるリスクである。企業は自社が提供する商品やサービスに対する対価の支払いを受ける前にメーカーに対して支払いをしなければならないため、現金不足が生じる。この不足分は通常短期借入金によってまかなわれる。こういった運転資本需要に対する資金調達はほとんどの企業で日常的に行われているが、企業が短期債務に対する支払い不能に陥るリスクを、どの程度抱えているかということをしっかりと把握する必要がある、として考案されたのが各種財務比率である。短期流動性リスクの測定によく使われる比率が、流動比率と当座比率である。

流動比率

流動比率は流動資産（現金、棚卸し資産、売掛金）を流動負債（次期までに支払わなければならない債務）で割った比率で表す。

流動比率＝流動資産÷流動負債

例えば、流動比率が1未満であれば、その企業は現金化できる資産よりも翌年に支払わなければならない債務のほうが大きいということになる。したがって、流動比率は流動リスクの指標と考えてもよい。

従来の分析によれば、流動比率は2以上であることが望ましいが、流動リスクを最小化すれば純運転資本における現金の流動性が低下（純運転資本＝流動資産－流動負債）するので両者のトレードオフを

考慮する必要がある。実際に、流動比率が非常に高い企業は棚卸し資産を減少させなければならないという問題を抱えた企業と言える。近年、企業は流動比率を低減し純運転資本の運用を強化する傾向にある。

　流動比率に頼りすぎるのも問題だ。まず、流動比率は簡単に操作できるという点に注意すべきである。財務報告時期になると、企業はこの比率を操作して安全な企業に見せかけようとする。次に、流動資産と流動負債は同量だけ変動することもあるが、こういった変動が流動比率に与える影響は変動前の比率の水準に依存するという点である（流動資産と流動負債が同量だけ増加すれば、流動比率は増加の前に1よりも大きかった場合は減少し、1未満だった場合は増加する）。

当座比率（酸性試験比率）

　当座比率（酸性試験比率）は流動比率の変形である。流動比率との違いは、当座比率では直ちに現金化できる流動資産（現金、市場性証券）と直ちに現金化できない流動資産（棚卸し資産、売掛金）とを区別する点である。

当座比率＝（現金＋市場性証券）÷流動負債

　売掛金と棚卸し資産を含むかどうかについては厳密な決まりはない。直ちに現金化できることが証明できれば、当座比率に含めることができる。

回転率

　回転率とは運転資本がどれくらい効率的に運用されているかを見る指標で、売掛金、棚卸し資産の売上高、売上原価に対する比として表される。

売掛金回転率＝売上高÷売掛金の平均
棚卸し資産回転率＝売上原価÷平均棚卸し資産

これらの統計量は、企業がどれだけ速やかに売掛金を現金化したり、棚卸し資産を売上高に反映させることができるかを見る指標であると考えることができる。これらの比率は残存日数で表されることも多い。

売掛金残存日数＝365÷売掛金回転率
在庫日数＝365÷棚卸し資産回転率

買掛金についても同様の統計量を計算することができる。ただし、この場合は売上高に対してではなく仕入れに対する比率となる。

買掛金回転率＝仕入れ÷買掛金の平均
買掛金残存日数＝365÷買掛金回転率

売掛金と棚卸し資産は資産であり、買掛金は負債なので、これら3つの統計量（残存日数で標準化したもの）を組み合わせて、運転資本需要を満たすのに必要な資金調達額を推定することができる。

必要な資金調達期間＝売掛金残存日数＋在庫日数－買掛金残存日数

企業にとって必要な資金調達期間が長いほど、短期流動性リスクは高まる。

> **wcdata.xls** 米国企業の運転資本比率を産業別にまとめたデータがウエブサイトで閲覧可能。

> **finratio.xls** このワークシートを使って、財務諸表データに基づく運転資本比率を計算してみよう。

長期的支払い能力とデフォルトリスク

長期的支払い能力は、企業が長期にわたって利息と元本を支払う能力があるかどうかを調べようというものである。本章で先に論じた収益性比率が、この分析で重要な役割を果たすのは明らかである。企業の長期的支払い能力を測定するための比率は、企業の収益率と負債の支払い水準との比で表す。この比率を見れば、企業がどれくらいの余裕を持って支払い義務を果たすことができるのかが分かる。

インタレスト・カバレッジ比率

インタレスト・カバレッジ比率はEBITから利息を支払える能力が企業にあるかどうかを見る指標である。

インタレスト・カバレッジ比率＝EBIT÷支払利息

この比率が大きいほど、利益から利息を支払える能力が高いということになる。ただし、次の点に注意しなければならない。それは、EBITは変動しやすく、景気が後退すれば大幅に下落する可能性があるということである。したがって、2つの企業を比べた場合、インタレスト・カバレッジ比率が同じでも、リスクという観点から見るとまったく異なるというケースも生じる。

インタレスト・カバレッジ比率の分母は簡単に拡張でき、例えば、リース料の支払いといったその他の固定負債を含めてもよい。この場合、比率は固定費用カバレッジ比率という呼び名に変わる。

固定費用カバレッジ比率＝EBIT（固定費用控除前）÷固定費用

この比率は利益を使って表されているが、キャッシュフローで表すこともできる。それには、分子にEBITDA（支払利息・税金・減価償却控除前利益）を用い、分母にキャッシュ固定費用を用いればよい。

キャッシュ固定費用カバレッジ比率
＝EBITDA÷キャッシュ固定費用

インタレスト・カバレッジ比率にしても、固定費用カバレッジ比率にしても、資本支出を考慮していないという理由から批判の対象となっている。資本支出は、ごく短期間においては裁量が働くものの、企業が成長率を維持したいと考えている場合、長期においては難しいキャッシュフローであるといえる。このキャッシュフローの営業キャッシュフローに対する大きさを見るひとつの方法が、両者のレシオをとることである。

資本支出に対する営業キャッシュフローの比
＝営業キャッシュフロー÷資本支出

営業キャッシュフローについてはさまざまな定義があるが、利払い前・税金控除後・運転資本変動控除後の継続事業からのキャッシュフローをとるのが最も妥当である。

営業キャッシュフロー＝EBIT（1－税率）－⊿運転資本

> **covratio.xls** 米国企業のインタレスト・カバレッジ比率と固定費用カバレッジ比率を産業別にまとめたデータがウエブサイトで閲覧可能。

実例3.6　インタレスト・カバレッジ比率と固定費用カバレッジ比率

次の表はボーイング社とホーム・デポ社の1998年のインタレスト・カバレッジ比率と固定費用カバレッジ比率をまとめたものである。

	ボーイング社	ホーム・デポ社
EBIT	$1,720	$2,661
支払利息	$ 453	$ 37
インタレスト・カバレッジ比率	3.80	71.92
EBIT	$1,720	$2,661
オペレーティングリース料	$ 215	$ 290
支払利息	$ 453	$ 37
固定費用カバレッジ比率	2.90	9.02
EBITDA	$3,341	$3,034
キャッシュ固定費用	$ 668	$ 327
キャッシュ固定費用カバレッジ比率	5.00	9.28
営業キャッシュフロー	$2,161	$1,662
資本支出	$1,584	$2,059
キャッシュフロー/資本支出	1.36	0.81

1998年の営業利益ベースで考えた場合、ボーイング社はインタレスト・カバレッジ比率で見ても固定費用カバレッジ比率で見ても、ホーム・デポ社よりリスキーに思える。しかし、キャッシュフローベースで考えると、ボーイング社のほうがはるかに優良企業に見える。実際、資本支出を勘案した場合、ホーム・デポ社の比率のほうが低くなる。実はボーイング社の場合、1998年の営業利益は前年までに比べ減少し

たため、これがすべての比率を下げる要因になったのである。したがって、これらの比率を計算する場合、営業利益の長期にわたる平均を使ったほうが正確な分析ができるということになる。

> **finratio.xls** このワークシートを使って、財務諸表データに基づくインタレスト・カバレッジ比率と固定費用カバレッジ比率を計算してみよう。

負債比率

インタレスト・カバレッジ比率は企業の利息支払い能力を測る目安となるが、既存の債務の元本を償還する能力があるかどうかについてはこの比率を見ても分からない。未払い債務に対する元本償還能力を見る指標が負債比率で、負債を総資本もしくは株主資本で割った比として表す。最もよく使われる負債比率は次の2つである。

負債・資本比率＝負債÷（負債＋株主資本）
負債・株主資本比率＝負債÷株主資本

最初の比率は総資本に占める負債の割合を示したものであり、100％を超えることはない。2番目の比率は株主資本簿価に対する負債の割合を示したもので、次の関係式によって最初の比率から簡単に導くことができる。

負債・株主資本比率＝（負債・資本比率）÷（1－負債・資本比率）

これらの比率では資本は負債と株主資本のみで調達するものと仮定

されているが、例えば優先株などほかの調達手段も含むように改良することも可能である。優先株は、普通株とともに株主資本と同等に扱われることもあるが、これら２つの資金調達源ははっきりと区別し、優先株・資本比率（この場合の資本には負債、株主資本、優先株が含まれる）を計算したほうがよい。

負債比率には非常に似通った変化形がある。そのひとつが、負債として、総負債ではなく長期負債のみを用いるものである。短期負債は一過性のものであり、企業の長期的支払い能力には何の影響も与えないというのがその理由である。

長期負債・資本比率＝長期負債÷（長期負債＋株主資本）
長期負債・株主資本比率＝長期負債÷株主資本

短期負債の借り換えの容易性と、長期プロジェクトの資金調達源として多くの企業が短期の資金調達を好むことを考えれば、これらの変化形は企業の財務レバレッジ・リスクについて誤った情報を与えかねない。

負債比率の２番目の変化形は、簿価の代わりにMV（時価）を使ったものである。時価を用いるのは、企業によっては簿価が示すよりもはるかに大きな借り入れ余力を持っている企業もあるという事実を反映させようというのがその狙いである。

負債の時価の対資本比率
＝負債のMV÷（負債のMV＋株主資本のMV）
負債の時価の対株主資本比率＝負債のMV÷株主資本のMV

アナリストの多くは、時価は負債については入手が難しいだけでなく、ボラティリティも高いため信頼性に欠けるという理由から、その

使用に否定的である。これについての議論は絶えない。たしかに、債券が市場で取引されていない企業の場合、負債の時価を知るのは難しい。しかし、株主資本の時価は取得しやすいだけでなく、市場全体の変動と企業固有の変動を反映して常に更新されるという利点もある。さらに、債券が取引されていないケースにおいては、時価の代わりに簿価を使っても、時価ベースの負債比率の値が大きく変わることはない（株主資本の時価と簿価との相違は負債の時価と簿価の相違よりも大きく、負債比率の計算に大きな影響を及ぼす傾向がある）。

実例3.7　簿価負債比率とその変形──ボーイング社とホーム・デポ社

次の表は負債と株主資本の簿価を用いて計算したボーイング社とホーム・デポ社の各種負債比率の推定値をまとめたものである（単位：100万ドル）。

	ボーイング社	ホーム・デポ社
長期負債	$ 6,103	$1,566
短期負債	$ 869	$ 14
株主資本簿価	$12,316	$8,740
長期負債÷株主資本	49.55%	17.92%
長期負債÷（長期負債＋株主資本）	33.13%	15.20%
負債÷株主資本	56.61%	18.08%
負債÷（負債＋株主資本）	36.15%	15.31%

長期負債あるいは総負債のいずれで見ても、簿価負債比率はホーム・デポ社よりもボーイング社のほうが高い。

> **dbtfund.xls** 米国企業の簿価負債比率と市場価値負債比率を産業別にまとめたデータがウエブサイトで閲覧可能

財務諸表分析におけるそのほかの問題点

会計基準と会計慣行は国によって大きく異なる。企業を比較する場合、これらの違いに留意しなければならない。

会計基準と会計慣行の違い

会計基準の各国間における違いは利益計算に影響を及ぼす。アナリストによってはこれらの違いを強調する者もいるが、実際には彼らが言うほど大きな違いはなく、したがって評価の基本原理から大きく逸脱するもっともな理由にはならない（日本市場が絶頂期のころ、60倍以上の株価収益率を正当化する理由として、日本企業が利益を低く見積もる傾向のあることを挙げた投資家は多い。これらの企業が当期利益を減額するために用いる一般引当金と超過減価償却費を考慮しても、その多くの株価収益率は50倍を上回った。これは、将来の期待成長率が異常に高いか、過大評価のいずれかを意味するものである）。1990年にフレデリック・D・S・チョイ（Frederick D.S. Choi）、リチャード・M・レビッチ（Richard M. Levich）が行った先進国市場を対象とした会計基準調査によれば、会計報告書を作成するうえでは、ほとんどの国が一貫性、実現、取得原価の原則といった基本的会計概念に従っていることが分かった。**表3.1**は8つの主要金融市場における会計基準を比較したものである。表から、相違点よりも共通点のほうが多いことが分かる。

米国と極めて対照的なのがドイツと日本である。大きな違いを挙げ

ると、ひとつは米国企業が税目的と報告目的とで帳簿を区別している点である。その結果、これら２つの帳簿間の違いをカバーするための繰り延べ税金といった勘定項目が生じる。一方、ドイツと日本の企業は帳簿を使い分ける習慣はない。その結果、財務報告書において減価償却法として加速法を用いる傾向があり、利益は少なく計上されることになる。２つ目は、米国ではリースを資本化し、負債として計上することへの義務づけはドイツや日本よりはるかに厳しい。日本では、リースは一般にオペレーティングリースとして扱われることが多く、貸借対照表上に負債として計上されることはない。ドイツでは、リースは資本化することはできるが、オペレーティングリースとして扱うかキャピタルリースとして扱うかは米国ほど厳密な決まりはない。３つ目がのれん代についての規定である。米国ではのれん代は40年にわたって償却できる（現在は、米国会計基準の改訂により廃止されている）が、ドイツや日本では、償却期間が米国よりはるかに短く、このため計上利益は少なくなる。４つ目の違いは、米国では準備金は特別な目的がなければ積むことができないが、ドイツや日本では各期の利益を均等化するために一般的な準備金を積むことができる点である。このため、業績が良い年は利益は過小計上され、業績が悪い年は過大計上される。

　米国企業と米国外市場における企業とを比較する場合、これらの違いの多くは説明や調整が可能である。株価収益率などの統計量は帳簿に計上された未修正利益に基づいて計算されるため、比較企業間で会計基準が大きく異なる場合、間違った情報を与えかねない。

表3.1　会計原則の国際比較

会計原則	英国	米国	フランス	ドイツ	オランダ	スウェーデン	スイス	日本
1．一貫性──会計原則と手法は各期で同じものを適用する	イエス	イエス	イエス	イエス	イエス	PP	PP	イエス
2．認識──収益はその実現が確実になったときに認識される	イエス	イエス	イエス	イエス	イエス	イエス	PP	イエス
3．財務諸表には真実を記載しなければならない	イエス	イエス	イエス	イエス	イエス	イエス	イエス	イエス
4．取得原価の原則──取得原価を用いるという慣習と異なる場合にはその旨を開示しなければならない	イエス	イエス	イエス	イエス	イエス	イエス	RF	イエス
5．会計方針──状況変化がない場合の会計分も方針と手法の変更時は、過年度修正に基づいて計上する	イエス	ノー	イエス	MP	RF	MP	MP	ノー
6．固定資産──再評価──取得原価計算書では、固定資産はコストを超過した分の額を計上する。この額は不定期に再評価される	MP	ノー	イエス	ノー	RF	PP	ノー	ノー
7．固定資産──再評価──固定資産が取得原価計算書にコストを超過した分の額で計上された場合、再評価による減価は利益として計上する	イエス	ノー	イエス	ノー	イエス	イエス	ノー	ノー
8．のれん代は償却する	MP	イエス	イエス	イエス	M	イエス	MP	イエス
9．ファイナンスリースは資本化する	イエス	イエス	ノー	ノー	ノー	イエス	RF	ノー
10．短期市場性証券はコストもしくは市場価値の低いほうの額で計上する	イエス	イエス	イエス	イエス	イエス	イエス	イエス	イエス

PP＝一般に普及した慣行　MP＝あまり一般的ではない　M＝複数方式が混在　RF＝ほとんど使われない

次ページへ続く

表3.1 会計原則の国際比較

会計原則	英国	米国	フランス	ドイツ	オランダ	スウェーデン	スイス	日本
11. 棚卸し資産価値はコストもしくは市場価値の低いほうの額で計上する	イエス	イエス	イエス	イエス	イエス	イエス	イエス	イエス
12. 製造間接費は年末棚卸し資産に配分される	イエス	イエス	イエス	イエス	イエス	イエス	イエス	イエス
13. 棚卸し資産はFIFOで評価する	PP	M	M	M	M	PP	PP	M
14. 長期負債は満期が1年を超える負債である	イエス	イエス	イエス	ノー	イエス	イエス	イエス	イエス
15. 繰り延べ税金は会計上の所得と課税所得の発生時期が異なるときに認識される	イエス	イエス	イエス	ノー	イエス	ノー	ノー	イエス
16. 年金基金資産と負債は財務諸表には含めない	イエス	イエス	イエス	ノー	イエス	イエス	イエス	イエス
17. 研究開発費は費用として計上する	イエス	イエス	イエス	イエス	イエス	イエス	イエス	イエス
18. 一般目的の(純粋に任意の)準備金を積むことができる	ノー	ノー	イエス	イエス	イエス	イエス	イエス	イエス
19. 相殺——資産と負債の貸借対照表における相殺は、法的に認められたときのみ可能	イエス	イエス	イエス	イエス	イエス	イエス	PP	イエス
20. 異常損益は損益計算書に計上される	イエス	イエス	イエス	イエス	イエス	イエス	イエス	イエス
21. 外貨換算は決算日レート法に基づいて行われる	イエス	イエス	イエス	イエス	イエス	ノー	イエス	ノー

表3.1 会計原則の国際比較

会計原則	英国	米国	フランス	ドイツ	オランダ	スウェーデン	スイス	日本
22. 為替差損（差益）は当期所得に含む	イエス	イエス	MP	MP	MP	MP	MP	ノー
23. 過剰減価償却が可能	イエス	ノー	イエス	イエス	イエス	イエス	イエス	イエス
24. 基本的な計算書は取得原価の原則に基づく（価格水準の調整は行わない）	イエス	イエス	イエス	イエス	M	イエス	イエス	イエス
25. インフレ——財務諸表を調整する	MP	MP	ノー	ノー	MP	イエス	ノー	ノー
26. 長期投資 a. 所有権20％未満——原価法	イエス	イエス	イエス	イエス	ノー	イエス	イエス	
長期投資 b. 所有権20～50％——持ち分法	イエス	イエス	イエス	ノー	イエス	MP	M	
長期投資 c. 所有権50％超——完全連結	イエス	イエス	イエス	イエス	イエス	イエス	イエス	
27. 国内外を問わず、子会社は連結決算の対象となる	イエス	イエス	イエス	M	イエス	イエス	MP	イエス
28. 買収はパーチェス法に基づいて会計処理する	PP	PP	イエス	イエス	イエス	PP	イエス	イエス
29. 少数株主持ち分は連結利益には含めない	イエス	イエス	イエス	イエス	イエス	イエス	イエス	イエス
30. 少数株主持ち分は連結株主資本には含めない	イエス	イエス	イエス	イエス	イエス	イエス	イエス	イエス

PP＝一般に普及した慣行　MP＝あまり一般的ではない　M＝複数方式が混在　RF＝ほとんど使われない

まとめ

　投資家にとってもアナリストにとっても、最も重要な情報源は財務諸表である。しかし、企業についての重要な質問にどう答えるかは、会計分析と財務分析とでは異なる。

　最初の質問は、企業が所有する資産の性質と価値についてである。資産は、すでに行われた投資（既存資産）とまだ行われていない投資（成長資産）とに分類することができる。したがって、前者についての過去の情報は会計報告書から取得できるが、後者についてはほとんど分からない。会計報告書には資産は当初価格（簿価）で計上されるため、計上された値は市場価値とは大きく異なる。成長資産については、会計規則では社内調査によって生じる資産の価値は低く見積もるか、無価値とする規定になっている。

　2つ目の問題は収益性の測定である。利益の測定方法は主に2つの原則に基づく。ひとつは発生主義会計である。発生主義会計では、収益と費用はキャッシュの授受が行われた時点ではなく、取引が発生した時点で計上する。もうひとつが費用の分類方法である。費用は営業費用、財務費用、資本的費用に分類される。営業費用と財務費用は損益計算書に計上され、資本支出は複数期にわたって減価償却・償却費として計上される。会計基準では、オペレーティングリースと研究開発費は営業費用として計上することが規定されているが、これは間違いである（オペレーティングリースは財務費用として、研究開発費は資本的費用として計上すべき）。

　財務諸表には短期流動性リスクと長期デフォルトリスクについての情報も開示される。会計報告書では企業が支払うべき債務に対する支払い能力があるかどうかを調べることに重点が置かれており、株式投資家のリスクについてはほとんど考慮されない。

練習問題

次の表は1998年12月のコカ・コーラ社の貸借対照表である（単位：100万ドル）。この表を見て、問題1〜9に答えよ。

現金と現金相当物	$1,648	買掛金	$3,141
市場性証券	1,049	短期借入金	4,462
売掛金	1,666	その他の短期負債	1,037
その他の流動資産	2,017	流動負債の合計	8,640
流動資産の合計	6,380	長期借入金	687
長期投資	1,863	その他の長期負債	1,415
償却可能固定資産	5,486	非流動負債の合計	2,102
償却不能固定資産	199		
減価償却累計額	2,016	払込資本	3,060
固定資産の合計	3,669	留保利益	5,343
その他の資産	7,233	株主資本	8,403
資産の合計	19,145	負債と株主資本の合計	19,145

1. コカ・コーラ社の貸借対照表の資産の部を見て、次の問いに答えよ。

    a. 市場価値に最も近い評価が行われている資産はどれか。また、その理由を述べよ。

    b. コカ・コーラ社の固定資産の合計は36億6900万ドルである。同社がこれらの資産の取得に支払った金額を推定せよ。これらの資産の経過年数を知る方法はあるか。

    c. コカ・コーラ社は固定資産よりも流動資産に多額の投資をしているように思える。これは重要か。説明せよ。

    d. 1980年代初期、コカ・コーラ社はボトリング事業を売却し、ボトラーは独立した企業になった。これがコカ・コーラ社の貸借対照表の資産に及ぼした影響は？（工場はボトリング事業の一部と考えよ）

2. コカ・コーラ社の貸借対照表の負債の部を見て、次の問いに答えよ。
   a. 有利子負債の残高はいくらか（その他の短期負債は各種支払い勘定を表し、その他の長期負債は健康保険給付金と年金給付金を表す）。
   b. 金融市場で株式を最初に発行したときに取得した株主資本の額はいくらか。
   c. 留保利益は当初の払込資本よりもはるかに大きいが、これは重要な意味を持つか。
   d. コカ・コーラ社の株主資本の市場価値は1400億ドルである。株主資本の簿価はいくらか。株主資本の市場価値と簿価はなぜ大幅に異なるのか？

3. コカ・コーラ社の最も価値のある資産はブランド名である。貸借対照表のどの部分がこのブランド名の価値を表しているか。この価値を反映させるには貸借対照表をどのように調整すればよいか。

4. あなたはコカ・コーラ社の運転資本管理の分析を依頼された。次の問いに答えよ。
   a. 純運転資本と非現金運転資本を推定せよ。
   b. 流動比率を推定せよ。
   c. 当座比率を推定せよ。
   d. これらの数値からコカ・コーラ社の企業としてのリスク度を結論づけることはできるか。また、その理由を述べよ。

次の表は1997年と1998年のコカ・コーラ社の損益計算書である（単位：100万ドル）。

	1997年	1998年
純収益	$18,868	$18,813
売上原価	6,015	5,562
販売費と一般管理費（SG&A費）	7,852	8,284
支払利息・税金控除前利益	5,001	4,967
支払利息	258	277
営業外利益	1,312	508
支払所得税	1,926	1,665
純利益	4,129	3,533
配当金	1,387	1,480

上の表を見て、次の問いに答えよ。

5．「コカ・コーラ社の1998年の税引前営業利益はいくらか」。この質問は「1997年の利益はいくらか」という質問とどう違うのか、その違いについて説明せよ。

6．コカ・コーラ社の最大費用は広告費（G&A費の一部）である。これらの費用の大部分はコカ・コーラ社のブランド名を普及させるための費用である。広告費は営業費用として取り扱うべきか、あるいは資本的費用として取り扱うべきか。資本的費用として取り扱うと考えた場合、どのように資本化すればよいか（R&D費の資本化を参考にせよ）。

7．「コカ・コーラ社の1998年の実効税率はいくらか」。この質問と「1997年に支払った実効税率はいくらか」という質問はどう違うのか、その違いについて説明せよ。

8．あなたはコカ・コーラ社の企業としての収益性を評価するよう依頼された。評価を行うに当たり、まず1997年と1998年の税引前営

業利益と粗利益を推定せよ。この２年間の数値を比較してどんなことが分かるか。

9. コカ・コーラ社の1997年の株主資本の簿価は72億7400万ドルであった。また、有利子負債の簿価は38億7500万ドルであった。次の数値を推定せよ。
   a．1998年の株主資本利益率（年初）。
   b．1998年の税引前資本利益率（年初）。
   c．1998年の税引後資本利益率（年初）。実効税率は1998年のものを使用すること。

10. シーソー・トイズ社が発表した1998年末の株主資本簿価は15億ドルで、発行済み株式数は１億株であった。1999年、同社は1000万株を１株当たり市場価格40ドルで買い戻した。また、同社の1999年の純利益は１億5000万ドルで、支払った配当金は5000万ドルであった。次の数値を推定せよ。
    a．1999年末の株主資本簿価。
    b．株主資本利益率（株主資本の年初簿価ベース）。
    c．株主資本利益率（株主資本の平均簿価ベース）。

第4章 リスクの基礎

The Basics of Risk

　資産や企業を評価するときには、その資産や企業に生じるキャッシュフローのリスク度を反映させた割引率を用いなければならない。具体的にいえば、負債コストには負債が内包するデフォルトリスクのデフォルトスプレッドを織り込み、株主資本コストには株式リスクのリスクプレミアムを織り込まなければならないということである。しかし、デフォルトリスクや株式リスクはどのように測定すればよいのだろうか。さらに重要なのは、デフォルトリスクプレミアムや株式リスクプレミアムはどのように測定すればよいのか。

　本章では、評価におけるリスク分析の基本について述べる。また、リスクを測定し、それを企業が許容するハードルレートに換算するためのモデルも紹介する。まずは株式リスクについて論じたあと、株式リスクを3つのステップに沿って分析する。分析の第1ステップでは、リスクを統計用語で定義する。統計では、リスクは実際のリターンの期待リターン周りの分散と定義される。この分散が大きいほどリスクは大きいということになる。第2ステップは最も重要なステップで、リスクを分散可能リスクと分散不能リスクとに分類する。第3ステップでは、さまざまなリスクリターン・モデルに見られる分散不能リスクの測定方法の違いについて見ていく。最もよく使われるCAPM（資本資産価格モデル）とそのほかのモデルを比較し、リス

ク測定値の違いとその理由について考察するとともに、これらの違いが株式リスクプレミアムに及ぼす影響について見ていく。

最後に、デフォルトリスクと格付け会社によるデフォルトリスクの測定方法について紹介する。本章を読み終えるころには、いかなる企業の株式リスクも、さらにはデフォルトリスクも推定できるようになっているはずである。

リスクとは

私たち一般人にとってリスクとは、人生における運のゲームで好ましくない結果が生じる確率を意味する。例えば、車を運転中にスピードを出しすぎるとスピード違反のチケットを切られるリスクを負っていることになるし、運が悪ければ事故を引き起こす恐れもある。事実、『メリアム・ウェブスターズ・カレッジエイト・ディクショナリー(Merriam-Webster's Collegiate Dictionary)』では、リスク(動詞)は「ハザード、つまり危険にさらされる」と定義されている。このようにリスクという言葉には必ずと言ってよいほどネガティブなイメージがつきまとう。

金融におけるリスクは、一般的なリスクとは定義が異なるうえに、より広義にとらえられている。それは、ある投資から得られる実際のリターンが期待したリターンと異なる確率をいう。したがって、この場合のリスクには悪い結果(期待を下回るリターン)だけでなく、良い結果(期待を上回るリターン)も含まれる。前者をダウンサイドリスクといい、後者をアップサイドリスクというが、リスク測定においては両者を考慮する。金融におけるリスクの定義を最もよく表現しているのは次に示す中国語である。

危機

　最初の漢字は「危険」を意味し、2番目の漢字は「機会」を意味する。つまり、リスクとは危険と機会との複合物であるというわけである。投資家であれ企業であれ、機会の結果として生じるハイリターンと危険の結果として生じるハイリスクとのトレードオフを考慮しなければならないことを、この中国語は端的に表している。

　本章では、いかなる投資におけるリスクをも最良に測定できるモデルの決定と、測定したリスクを、危険を補償するのに必要な機会に変換することに重点を置いて議論を進める。金融用語では、危険は「リスク」、機会は「期待リターン」と言い換えることができる。

　リスクや期待リターンの測定が難しいのは、リスクというものがだれの視点に立って考えるかによって異なるためである。例えば、企業のリスクを分析しようとした場合、企業経営者の立場に立って測定することももちろん可能だが、企業の所有者が株主であることを考えるならば、株主の視点に立って分析することもできるし、むしろそのほうが理にかなっていると言えよう。株主の多くにとって、保有する株式は巨大ポートフォリオのごく一部にすぎない。これに対して、企業経営者は資本、人、財力の大部分をその企業に投資している。したがって、その企業のリスクに対する考え方が、一株主と企業経営者とで大きく異なるのは当然のことである。

　本章では、投資におけるリスクは投資家の視点に立って考えなければならないことについて議論する。各企業にはさまざまな考え方を持つ何千という投資家がいる。したがって、リスクを測定するに当たっては、どの投資家の視点でもよいというわけではなく、限界的投資家の視点を重視すべきであるのは明らかである。限界的投資家とは、任

意の時点で最も活発に株式のトレーディングを行っていると思われる投資家のことをいう。コーポレートファイナンスの目的は、企業価値と株価の最大化にある。この目的に従うならば、リスク測定は株価形成に重大な影響を及ぼす人々、つまり限界的投資家の視点に立って行わなければならないということになる。

株式リスクと期待リターン

金融におけるリスクのとらえ方を示すため、ここでは3つのステップに沿ってリスクを分析する。まず最初に、リスクを実際のリターンの期待リターン周りの分布と定義する。次に、リスクをある限定される固有のリスクと、セクションをまたいでより広域な投資に影響を及ぼすリスクとに分類する（限界的投資家が十分に分散投資している市場では、リターンを生み出すのは後者のリスク、つまり市場リスクのみである）。最後に、市場リスクとそれに伴う期待リターンを測定する代替モデルを決定する。

リスクの定義

資産を購入した投資家は、その資産の保有期間にわたってリターンが得られることを期待する。彼らが得る実際のリターンは、期待リターンとは大きく異なることがある。両者の違いがリスクの源泉となる。例えば、期待リターンが5％の1年物Tビル（もしくはデフォルトフリーのほかの1年物債）を購入し、保有期間が1年であると仮定しよう。この場合、1年間の保有期間終了時点における実際のリターンは5％で、期待リターンと同じである。この投資のリターン分布は**図4.1**に示したとおりである。これは無リスク投資である。

無リスク投資の対比として、今度はある企業、例えばボーイング社

の株を購入した投資家について考えてみよう。この投資家は自己分析の結果、保有期間1年に対する期待リターンは30%であると結論づけるかもしれない。しかし、実際のリターンが期待リターンの30%と同じになることはほとんどない。つまり、実際のリターンは期待リター

図4.1　無リスク投資のリターンの確率分布

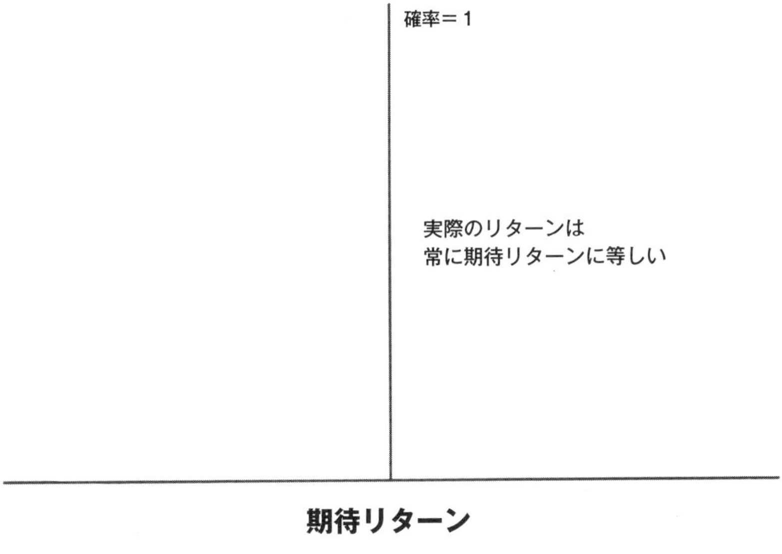

確率＝1

実際のリターンは
常に期待リターンに等しい

期待リターン

ンをはるかに上回るか、下回るかのいずれかになるということである。この投資のリターン分布を示したものが**図4.2**である。

　期待リターンに加え、投資家は次の点も考慮しなければならない。まず、この場合、実際のリターンが期待リターンとは異なる点に注目しよう。実際のリターンが期待リターンを中心にどのように分散しているかは、実際のリターン分布の分散もしくは標準偏差で測定することができる。実際のリターンの期待リターンからの偏差が大きいほ

ど、分散は大きくなる。次に考えなければならないのはリターンの偏りである。リターンが正のほうに偏っているか、負のほうに偏っているかは分布の歪度（非対称度）によって表される。**図4.2**の分布はリターンが負になる確率よりも正になる確率のほうが大きいため、正の歪度を持つ。3番目が分布の裾部の形状である。分布の裾部の形状は分布の尖度（とがり具合）で測定する。裾部が厚いほど、尖度は高くなる。

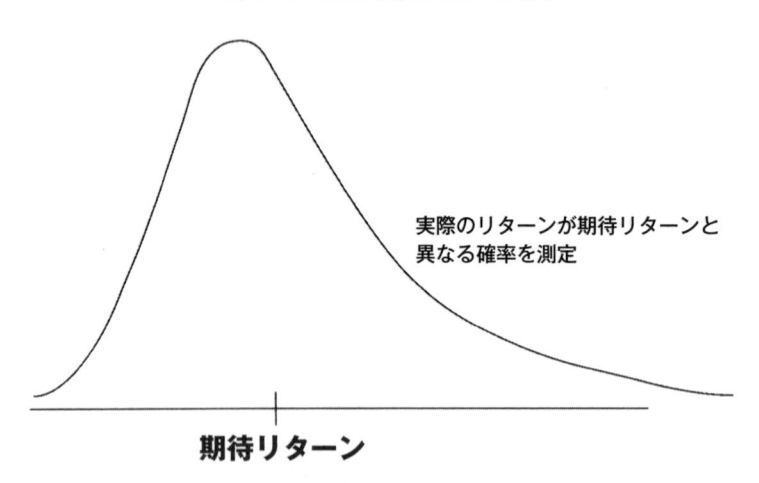

図4.2　リスク投資のリターン分布

実際のリターンが期待リターンと異なる確率を測定

期待リターン

　これは投資用語では、投資の価格がいずれかの方向にジャンプ（現在水準から上方もしくは下方にジャンプ）する傾向を表す。
　特殊なケース、つまりリターン分布が正規分布に従う場合、歪度がゼロ（正規分布は対称分布）で、尖度もゼロであるため、歪度も尖度も考慮する必要はない。**図4.3**はリターンが対称分布を持つ2つの投資のリターン分布を示したものである。
　リターン分布がこの形状をとる場合、いかなる投資の性質も2つの

変数——投資における機会を表す期待リターンと危険度を表す標準偏差もしくは分散——で測定することができる。このシナリオ下では、標準偏差が同じで期待リターンの異なる2つの投資のうちのひとつを選択しなければならない場合、理性のある投資家であれば必ず期待リターンの高い投資を選択する。

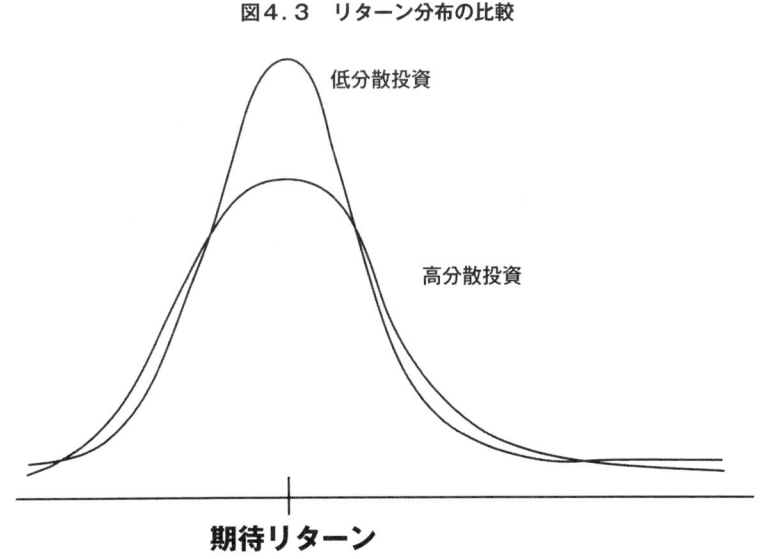

図4.3　リターン分布の比較

（低分散投資／高分散投資／期待リターン）

　リターン分布が対称的でもなく、正規分布にも従わない一般的なケースについて考えてみよう。この場合も、投資家は効用関数（投資家の選好を、いくつかの変数に基づき「効用」と呼ばれる一般的な用語で表すためのものである。例えば、このケースの場合、投資家の効用つまり満足度は富の関数として表される。こうすることで、次のような質問にうまく答えることができるようになる——投資家は富が2倍になれば2倍幸福になれるか、富が徐々に増加する場合、富の各限

界的増加によってもたらされる効用の増加は、富のその前の限界的増加によってもたらされる効用の増加よりも少ないか。効用関数が2次といった特殊なケースの場合、投資家の全体的な効用は富の期待値と富の標準偏差によって表すことができる)を持っていれば、期待リターンと分散のみに基づいて投資を選択するだろう。しかし、投資家は歪度が負の分布よりも正の分布、価格ジャンプの可能性が高い分布（尖度が大きい）よりも低い分布（尖度が小さい）を好む傾向のほうがはるかに強い。投資の世界では、投資家は常に善（期待リターンが大きく、歪度が正）と悪（分散と尖度が大きい）とのトレードオフを考えなければならないのである。

　最後に注意点をひとつ述べておこう。このあと、期待リターンと分散を実際に計算するが、期待リターンと分散は将来のリターンではなく過去のリターンを基に推定するという点に注意してほしい。ヒストリカルな分散を用いる場合、過去のリターン分布は将来のリターン分布を予想するうえでの良い指標になるという前提が設けられる。資産の性質が時間とともに大きく変化してしまった場合のように、この前提が崩れたとき、ヒストリカルな推定値はリスク測度としては使えなくなることもある。

実例4.1　過去のリターンを利用した標準偏差の計算——ボーイング社とホーム・デポ社

　投資例としてボーイング社とホーム・デポ社でどのように標準偏差と分散の計算をするか示した。計算を単純にするには、1991〜1998年までの年ベースのリターンに注目する。分析を始めるにあたり、まず各社の毎年のリターンを推定する。リターンは価格上昇と配当を組み込んで百分率で出す。

n年のリターン
＝（n年末の株価－n年始の株価＋n年の配当）÷n年始の株価

次に2社のリターンを表にする。

	ボーイング社のリターン	ホーム・デポ社のリターン
1991	5.00%	161.00%
1992	−16.00%	50.30%
1993	7.80%	−22.00%
1994	8.70%	16.50%
1995	66.80%	3.80%
1996	35.90%	5.00%
1997	−8.10%	76.20%
1998	−33.10%	107.90%
会計	67.00%	398.70%

この表の情報から2社のリターンの平均と標準偏差（91〜98年）を計算する。

ボーイング社の平均リターン＝67.00％÷8＝8.38％
ホーム・デポ社の平均リターン＝398.70％÷8＝49.84％

分散を求めるには各年の実際のリターンと平均リターンとの差をとる。分散の測定では期待を上回る偏差と期待を下回る偏差の両方を考慮するので、偏差を2乗する。

	ボーイング社の リターン	ホーム・デポ社 のリターン	$\left(\begin{array}{c}\text{ボーイング社の}\\ \text{リターン}\\ \text{ーボーイング社の}\\ \text{平均リターン}\end{array}\right)^2$	$\left(\begin{array}{c}\text{ホーム・デポ社の}\\ \text{リターン}\\ \text{ーホーム・デポ社}\\ \text{の平均リターン}\end{array}\right)^2$
1991	5.00%	161.00%	0.00113906	1.23571014
1992	−16.00%	50.30%	0.05941406	2.1391E−05
1993	7.80%	−22.00%	3.3063E−05	0.51606264
1994	8.70%	16.50%	1.0562E−05	0.11113889
1995	66.80%	3.80%	0.34134806	0.21194514
1996	35.90%	5.00%	0.07576256	0.20104014
1997	−8.10%	76.20%	0.02714256	0.06949814
1998	−33.10%	107.90%	0.17201756	0.33712539
合計			0.67686750	2.68254188

次の式はサンプルの分散を推定する一般的な方法である。2社のリターンの分散は、2乗した欄の合計を（n − 1）で割って推定する。nはサンプルにあるデータの数である。標準偏差は分散の平方根で計算できる。

	ボーイング社	ホーム・デポ社
分散	0.6768675/(8 − 1) = .0967	2.68254188/(8 − 1) = .3832
標準偏差	$\sqrt{0.0967}$ = .311 or 31.1%	$\sqrt{0.3832}$ = .619 or 61.9%

このデータに基づくと、1991〜98年にかけてホーム・デポ社はボーイング社よりも2倍のリスクがあったようだ。このことが教示しているのは何であろうか。数値自体は、過去に両社のリターンが平均からどれだけ逸脱しているかを測る尺度となる。過去が将来をよく示唆するとすれば、ホーム・デポ社はボーイング社よりもリスクのある投資となる。

---

optvar.xls：米国のさまざまなセクターにおける株式の標準偏差と分散についてのデータがウエブサイトで閲覧可能。

分散可能リスクと分散不能リスク

　実際のリターンはなぜ期待リターンと異なるのだろうか。これにはさまざまな理由があるが、理由は大別すると２種類に分類できる。企業固有のものと市場全体に関連するものの２つである。企業独自のアクションから発生するリスクはある投資に限定的にしか影響を及ぼさないが、市場全体に関連する理由によって発生するリスクは多くの投資、場合によってはすべての投資に影響を及ぼす。金融リスクを評価するとき、これら２つのリスクの違いをはっきりと区別することが重要である。

リスクの成分
　投資家は株式を購入するとき、つまりある企業における株式ポジションをとるとき、多くのリスクにさらされる。リスクのなかにはある企業もしくは２、３社の企業にのみ影響を及ぼすものがあり、これを企業固有リスクという。企業固有リスクにはさまざまなものがある。例えば、企業が顧客からの需要を読み間違えた場合のリスクをプロジェクトリスクと呼ぶ。一例として、ボーイング社のスーパージャンボ機に対する投資を考えてみよう。同社は航空会社からの大型航空機の需要を見込んで、スーパージャンボ機に対する巨額の投資を決めた。もしボーイング社のこの需要に対する判断が間違いだったとすれば、その判断ミスが同社の利益と価値に影響を及ぼすことは明らかであるが、市場の他企業には大した影響は及ぼさない。また、競合企業の競争力が予想を上回ったり下回ったりする場合のリスクを、競争激化リスクと呼ぶ。例えば、ボーイング社とエアバス社がカンタス航空（オーストラリアの航空会社）からの注文をめぐって競合している場合を想定しよう。エアバス社が落札する可能性がある場合、それはボーイング社やそのサプライヤーにとっては潜在的リスク源となるが、そ

のほかの企業にはほとんど影響を及ぼさない。最近、ホーム・デポ社は家庭用品を販売するオンラインショップを立ち上げた。これが成功するかどうかはホーム・デポ社とその競合企業にとっては重要であるが、そのほかの企業にはほとんど関係がない。あるセクター全体には影響を及ぼすが、影響がそのセクターのみに限定されるようなリスクもこの範疇に含むことができ、これをセクターリスクと呼ぶ。例えば、米国の防衛予算が削減されるとボーイング社を含む防衛関連産業全体に負の影響を及ぼすが、ほかのセクターにはあまり重大な影響は及ばない。これまで述べてきたプロジェクトリスク、競争激化リスク、セクターリスクの共通点は、いずれのリスクもほんの一部の企業にしか影響が及ばないことである。

　ところがリスクのなかには、影響がより広範にわたり、すべての投資とは言わないまでもかなり多数の投資に影響を及ぼすリスクがある。その一例が金利である。金利が上昇すると、程度の差こそあれ、すべての投資は負の影響を受ける。また、経済の弱体化はすべての企業に影響を及ぼす。なかでも、景気循環型企業（自動車、鉄鋼、住宅）に及ぼす影響は大きい。これらのリスクを市場リスクと呼ぶ。

　リスクには、影響を及ぼす資産の数によって企業固有リスクに分類されたり、市場リスクに分類されたりする、いわゆるグレーゾーンに位置するリスクがある。例えば、ドル高になれば海外事業活動を行っている企業の利益と価値は大きな影響を受ける。市場の企業のほとんどが海外事業活動を行っている場合、これは市場リスクになるが、海外事業活動を行っている企業がほんの２、３社しかない場合は企業固有リスクに分類される。図４．４は企業固有リスクと市場リスクのスペクトルを示したものである。

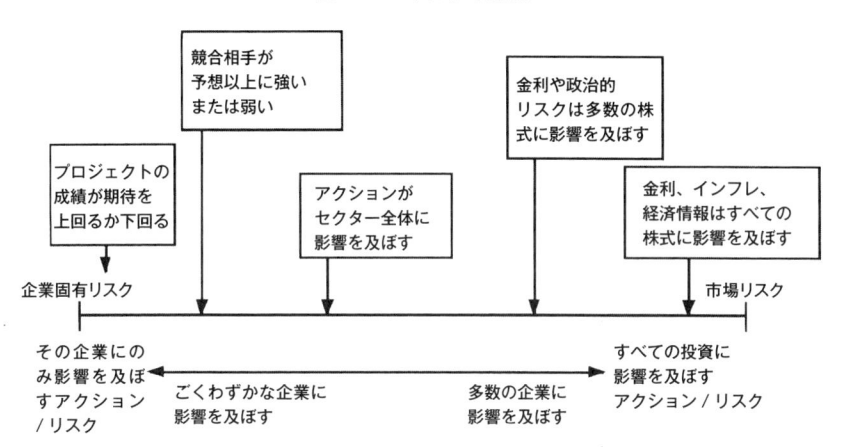

図4.4　リスクの分類

```
                 競合相手が                    金利や政治的
                 予想以上に強い                 リスクは多数の株
                 または弱い                    式に影響を及ぼす

   プロジェクトの                               金利、インフレ、
   成績が期待を      アクションが                経済情報はすべての
   上回るか下回る    セクター全体に              株式に影響を及ぼす
                    影響を及ぼす

   企業固有リスク                                市場リスク

   その企業にの                                 すべての投資に
   み影響を及ぼ                                 影響を及ぼす
   すアクション     ごくわずかな企業に  多数の企業に  アクション／リスク
   ／リスク        影響を及ぼす      影響を及ぼす
```

企業固有リスクはなぜ資産の分散化で低減もしくは除去できるのか――直観的説明

　投資家はひとつの資産のみでポートフォリオを構築することもできるが、そうすれば企業固有リスクと市場リスクの双方にさらされることになる。しかし、ポートフォリオにほかの資産や株式を組み込めば、分散効果が働くため、企業固有リスクに対するエクスポージャを低減することができる。分散化で企業固有リスクが減少したり、極端な場合、除去できたりするのには2つの理由がある。ひとつには、分散されたポートフォリオにおける各資産の投資比率は分散されていないポートフォリオに比べるとごくわずかということが挙げられる。ひとつの資産あるいは小さな資産グループのみの価値を上下させるアクションをとっても、ポートフォリオが分散されていればポートフォリオ全体における影響はごくわずかであるが、分散されていないポートフォリオではこういった資産価値の変動はポートフォリオ全体に大きな影響を及ぼす。もうひとつの理由は、ポートフォリオでは、企業固有のアクションがポートフォリオの各資産に及ぼす影響はいずれの資産に対しても、またいずれの期間においても正か負のいずれかになる

ということである。したがって、巨大ポートフォリオでは、このリスクは平均するとゼロになり、ポートフォリオの全体的な価値には影響を及ぼさない。

これとは反対に、市場全体の動きによる影響は程度の差こそあれ、ポートフォリオに含まれるほとんどの資産に対して同じ方向に働く。例えば、ほかの条件が一定の下で金利のみが上昇した場合、ポートフォリオに含まれるほとんどの資産の価値は下がる。つまり市場リスクは、たとえ資産を分散していたとしても除去できないのである。

分散化によるリスク低減の統計的分析

分散化がリスクに与える影響は、ポートフォリオを構成する資産数を増加させたときにポートフォリオの分散にどんな影響を与えるかを調べることで分かる。ポートフォリオの分散は、ポートフォリオにおける各資産の分散と、これらの資産の連動性によって決まる。後者は統計的には相関係数もしくは各資産間の共分散によって測定する。分散化によってなぜリスクが削減できるのか、またどのくらい削減できるのかを知るには、共分散項を見ればよい。

2つの資産で構成されたポートフォリオを考えてみよう。資産Aの期待リターンをμ_A、そのリターンの分散をσ^2_A、資産Bの期待リターンをμ_B、そのリターンの分散をσ^2_B、また、これら2つの資産のリターンの相関（2つの資産の連動性）をρ_{AB}とすると、このポートフォリオの期待リターンと分散はこれらの入力量と各資産の投資比率の関数で表すことができる。

$$\mu_{ポートフォリオ} = w_A \mu_A + (1 - w_A) \mu_B$$

$$\sigma^2_{ポートフォリオ} = w_A^2 \sigma^2_A + (1-w_A)^2 \sigma^2_B + 2 w_A (1 - w_A) \rho_{AB} \sigma_A \sigma_B$$

ただし、W_A = 資産Aの投資比率。

分散の式の最後の項は、次に示すように2つの資産のリターンの共分散で表されることもある。

$$\sigma_{AB} = \rho_{AB}\,\sigma_A\,\sigma_B$$

上の式は分散化に関するひとつの重要な性質を表している。つまり、ほかの条件が一定の下では、2つの資産のリターンの相関が高ければ高いほど、分散化による効果は小さくなるということである。

市場リスク測定モデル

コーポレートファイナンスで用いられているリスクリターン・モデルのほとんどは、リスク分析の最初の2つのステップについては考え方が一致している（つまり、リスクとは実際のリターンの期待リターン周りの分布具合であるということと、リスクは十分に分散投資した限界的投資家の視点に立って測定すべきであるということ）。しかし、分散不能リスク、つまり市場リスクの測定方法についてはモデルごとに異なる。本節では、金融において用いられる各種市場リスク測定モデルとその違いについて考察する。まず最初に、金融分野で市場リスクを測定する場合の標準的モデルであるCAPMについて述べ、次に過去20年間にわたって開発された代替モデルを紹介する。主としてこれらのモデルの違いに焦点を当てるが、共通点についても見ていく。

CAPM

現実世界における分析では最も長期にわたる実績を誇り、今でも標準モデルとして用いられているのがCAPMである。本節ではCAPM

が成立するうえでの仮定と、これらの仮定の下で定義される市場リスク測度について見ていく。

仮定

　分散化によって企業固有リスクに対するエクスポージャが低減できるとはいえ、ほとんどの投資家はわずか2、3の資産にしか分散投資していないのが実情である。大手ミューチュアルファンドでも200、300を超える銘柄を保有している例はほとんどなく、ファンドの多くが、保有する銘柄数はせいぜい10～20である。投資家が資産の分散を制限する背景には2つの理由がある。第一に、一般投資家であれミューチュアルファンドマネジャーであれ、彼らが分散化による最大の便益を得られるのは比較的小さなポートフォリオであるという事実が挙げられる。分散化による限界便益は、ポートフォリオを分散化すればするほど減少する。その結果、取引コストや監視コストを含む分散化の限界コストはこれらの便益ではカバーしきれなくなるのである。第二の理由は、投資家（そしてファンド）の多くが、過小評価されている資産を発見する自らの能力に自信を持ち、適正評価あるいは過大評価されていると思われるような資産を選択するようなことはしないと信じているからである。

　CAPMでは取引コストは存在せず、すべての資産が取引され、投資は無限分割可能（つまり、資産1単位の一部を買うことができる）であると仮定している。また、だれもが同じ情報を取得できるため、投資家は市場において過小評価もしくは過大評価されている資産を見つけることはできないと仮定している。こういった仮定を設けることで、投資家は追加コストを支払うことなく次々に分散化を進めることができる。極端な場合、彼らのポートフォリオには市場で取引されているすべての資産が含まれているだけでなく、リスク資産のウエイト（市場価値に応じて決まる）がすべて同じというケースもあり得る。

こういったポートフォリオを市場ポートフォリオと呼ぶが、こう呼ばれる理由は市場で取引されているすべての資産が含まれているからである。CAPMにおける分散化と、取引コストが存在しないことを考えれば、これは驚くには当たらないだろう。分散化によって企業固有リスクに対するエクスポージャを低減でき、ポートフォリオに含む資産を増やしてもコストがかからないとすれば、論理的には市場で取引されているすべての資産をポートフォリオに含め、それぞれの投資比率を小さくするのが最も効果的な分散化である。少し抽象的で分かりにくいというのであれば、市場ポートフォリオを株式と実物資産を保有する、十分に分散されたミューチュアルファンドと置き換えて考えてみるとよい。CAPMでは、すべての投資家はリスクの高い資産とこのミューチュアルファンドを組み合わせたポートフォリオを保有していることになる（無リスク資産をポートフォリオの構成に含めることの重要性と、どんなポートフォリオを選択すればよいかについて初めて言及したのはウィリアム・F・シャープ（William Forsyth Sharpe [1964]）とジョン・リントナー（John Lintner [1965]）である。したがって、CAPMはシャープ・リントナーモデルと呼ばれることもある）。

限界的投資家はなぜ分散投資していると見なされるのか

分散化によって投資家のリスクに対するエクスポージャが減少するということは、直感的にも統計学的にも明白であるが、これをさらによく説明してくれるのがリスクリターン・モデルである。リスクリターン・モデルでは、リスクは、いかなる時点においても最も活発にトレーディングを行っていると考えられる投資家、つまり限界的投資家の視点に立って考える。資産の価格はこういった限界的投資家によって形成されるため、限界的投資家は十分に分散投資している、というのがCAPMの考え方である。したがって、限界的投資家が考慮しなければならないのは、分散されたポートフォリオに加算されるリスク、つまり市場リスクのみとなる。この議論が正しいことを証明するのは簡単である。投資におけるリスクは分散投資している投資家より分散投資していない投資家のほうが常に高い。なぜなら、分散投資している投資家は企業固有リスクに対するエクスポージャを持たないのに対し、分散投資していない投資家は企業固有リスクにさらされているからである。どちらの投資家も資産から得られる将来的な利益やキャッシュフローに対して同じ認識を持っているとすると、分散投資している投資家は分散投資していない投資家よりその資産のリスクは低いと考えるため、その資産の価格が高くても進んで買うだろう。その結果、長期的に見れば、この資産は分散投資している投資家に保有されることになる。

この議論は、資産の取引が簡単に、しかも低コストで行えるような市場に対しては特に有効である。つまり、この理論は米国市場で取引されている株式についてはよく当てはまるということになる。米国市場では、かなりの低コストで分散投資が可能だからである。加えて、米国株式の大部分は機関投資家によって取引されている。機関投資家が分散投資しているのは言うまでもない。しかし、資産の取引が簡単には行えず、取引コストも高い市場の場合、この議論は通用しない。こういった市場では、限界的投資家は分散投資していない可能性もあり、したがっ

> て各投資を考える場合、企業固有リスクが依然として問題となる。例えば、ほとんどの国では実物資産は、分散投資していないために、富がこれらの投資に直結している投資家が保有している場合が多い。

CAPMにおける投資家のポートフォリオ

どの投資家も同じ市場ポートフォリオを保有しているとすると、投資家は各自のリスク回避度を投資にどのように反映させればよいのだろうか。CAPMでは、投資家はリスク選好を資産配分、つまり無リスク資産と市場ポートフォリオの投資比率で調整する。リスク回避度の高い投資家は富の多くあるいはすべてを無リスク資産に投資するだろうし、リスク許容度の高い投資家は、富の大部分あるいはすべてを市場ポートフォリオに投資するだろう。また、富のすべてを市場ポートフォリオに投資したうえ、さらにリスクを取りたいと考えている投資家は、リスクフリーレートで資金を借り入れて、ほかの投資家と同じ市場ポートフォリオに投資するだろう。

こういった投資スタイルは2つの追加的仮定に基づく。まずは、無リスク資産、つまり期待リターンが確定できる資産が存在するということ。もうひとつは、投資家は最適配分を達成するのに貸し出しや借り入れに同じリスクフリーレートを利用できるということである。リスクフリーレートによる貸し出しはTビルやTボンドを買うことで簡単に達成できるが、リスクフリーレートによる借り入れは個人投資家にとってはそう簡単にはいかない。こういった仮定を緩和しながらも、同じ結果を達成できるCAPMの変形モデルがある。

各資産の市場リスクの測定

投資家にとって各資産のリスクとは、その資産をポートフォリオに加えることでポートフォリオに追加されるリスクを意味する。すべての投資家が市場ポートフォリオを保有するCAPMの世界では、投資家にとっての各資産のリスクとは、その資産によって市場ポートフォリオに追加されるリスクということになる。つまり、ある資産が市場ポートフォリオとは独立した動きをする場合、その資産によって市場ポートフォリオに追加されるリスクは少ないと考えると分かりやすい。換言すれば、この資産に含まれるリスクの大部分は企業固有リスクであり、分散によって除去可能である。反対に、資産の動きが市場ポートフォリオに連動している場合、この資産によって市場ポートフォリオのリスクは増加することになる。この場合、この資産の持つ市場リスクは大きく、企業固有リスクは小さい。統計学的には、この追加されたリスクはこの資産と市場ポートフォリオとの共分散によって測定される。

分散不能リスクの測定

ポートフォリオが2つの資産——無リスク資産と市場ポートフォリオ——のみで構成されている場合、各資産のリスクは市場ポートフォリオに対する相対リスクとして測定される。つまり、いかなる資産のリスクもその資産によって市場ポートフォリオに追加されるリスクということになる。この追加されたリスクの適切な測度としてはどういったものが考えられるだろうか。σ_m^2をこの新しい資産を追加する前の市場ポートフォリオの分散、σ_i^2を市場ポートフォリオに加えられる資産の分散、w_iをこの資産の市場価値に基づくポートフォリオにおけるウエイト、σ_{im}をこの資産と市場ポートフォリオのリターンの共分散とすると、この資産を加える前と後の市場ポートフォリオの分散は次のように書くことができる。

資産 i を加える前の分散 = σ_m^2
資産 i を加えた後の分散 = $\sigma_{m'}^2$
$= w_i^2 \sigma_i^2 + (1-w_i)^2 \sigma_m^2 + 2 w_i (1-w_i) \sigma_{im}$

市場ポートフォリオには市場で取引されているすべての資産が含まれているため、各資産の市場ポートフォリオにおける市場価値に基づくウエイトは小さいはずである。したがって、上式の第1項はゼロに近づき、第2項は σ_m^2 に近づくはずで、その結果、第3項（共分散 $\sigma_{im'}$）が資産 i によって追加されたリスク量となる。

共分散の標準化

共分散はパーセンテージで表されるため、この数値を見ただけではある投資の相対リスクがどれくらいあるのかを判断するのは難しい。例えばボーイング社の市場ポートフォリオに対する共分散が55％だということが分かっていても、ボーイング社が平均的資産と比較してリスク度が高いのか低いのかは分からないということである。したがって、各資産の市場ポートフォリオに対する共分散は市場ポートフォリオの分散で割って標準化する。この標準化したリスク測度をその資産のベータという。

資産 i のベータ = 資産 i の市場ポートフォリオに対する共分散
÷市場ポートフォリオの分散 = $\sigma_{im} \div \sigma_m^2$

市場ポートフォリオのそれ自身に対する共分散はその分散であるため、市場ポートフォリオのベータは（拡張すれば、市場ポートフォリオにおける平均的資産のベータ）は1である。平均よりもリスク度が高い資産のベータは1よりも大きく、平均よりも安全な資産のベータは1よりも小さい。また、無リスク資産のベータはゼロである。

期待リターンの測定

どの投資家も無リスク資産と市場ポートフォリオを組み合わせたポートフォリオを保有しているという事実によって次の結論が導かれる。つまり、ある資産の期待リターンはその資産のベータと線形関係にある。具体的には、任意の資産の期待リターンはリスクフリーレートとその資産のベータの関数で表すことができる。

$$E(R_i) = R_f + \beta_i [E(R_m) - R_f]$$

ただし、
 $E(R_i)$ ＝資産 i の期待リターン
 R_f ＝リスクフリーレート
 $E(R_m)$ ＝市場ポートフォリオの期待リターン
 β_i ＝資産 i のベータ

CAPMによる分析では３つの入力量が必要になる。次章ではこれらの入力量の推定プロセスを詳しく見ていくが、以下に簡単にまとめておく。

- 無リスク資産とは、分析期間における期待リターンが確実に分かっている資産をいう。
- リスクプレミアムとは無リスク資産に投資する代わりに、市場におけるすべてのリスク資産を含む市場ポートフォリオに投資した場合に投資家が要求する期待リターンの上乗せ分である。
- ベータは各資産の共分散を市場ポートフォリオの分散で割ったものであり、この資産に投資することで市場ポートフォリオに追加されるリスクを測定するものである。

まとめると、CAPMではすべての市場リスクは市場ポートフォリオに対する相対リスク測度であるベータで表される。市場ポートフォリオは少なくとも理論的には市場で取引されているすべての資産をそれぞれの市場価値に応じた比率で含んでいなければならない。

APM（裁定価格モデル）

CAPMでは取引コストや個人の情報に関する制約があるうえ、モデル自体が市場ポートフォリオに依存しているため、学術研究者や実務家の間では疑問視されてきた。こういった状況のなか、1976年にスティーブン・A・ロス（Stephen A. Ross）がこれに代わるリスク測定モデルとして提唱したのがAPMである。

仮定

無リスクで投資し、リスクフリーレートを上回るリターンを得ることができるならば、その投資家は裁定機会を見つけたことになる。APMは、投資家がこうした裁定機会を利用し、その過程においてそういった裁定機会は消滅するという前提の下に成り立つ。リスクに対するエクスポージャが同じで、期待リターンが異なる２つのポートフォリオがあったとすると、投資家は期待リターンの大きいポートフォリオを買い、期待リターンの小さいポートフォリオを売り、その差を無リスク利益として獲得する。こういった裁定が生じないためには、２つのポートフォリオの期待リターンは同じでなければならない。

CAPM同様、APMもまずリスクを企業固有リスクと市場リスクに分けることから始める。CAPMの場合と同じように、企業固有リスクは主としてその企業に影響を与える情報のみを含み、市場リスクは多数のあるいはすべての企業に影響を及ぼす、国民総生産やインフレ率、金利など多数の経済変数の不測の変動を含む。両方のタイプのリ

スクを組み込んだリターンモデルは次のように書くことができる。

$$R = E(R) + m + \varepsilon$$

ただし、Rは実際のリターン、E（R）は期待リターン、mは不測のリスクの市場成分、εは企業固有成分を表す。これから分かるように、市場リスクや企業固有のアクションによって実際のリターンは期待リターンとは異なる。

市場リスクの源泉

CAPMもAPMも、企業固有リスクと市場リスクとを区別する点では一致するが、市場リスクの測定方法は異なる。CAPMでは市場リスクは市場ポートフォリオに含まれていると仮定するが、APMでは市場リスクの源泉は複数存在するとし、各源泉の変動に対する投資の感応度を測定する。一般に、不確実なリターンの市場成分は経済ファクターに分解することができる。

$$R = E(R) + m + \varepsilon = R + (\beta_1 F_1 + \beta_2 F_2 + \cdots + \beta_n F_n) + \varepsilon$$

ただし、
　β_j＝ファクターjの不測の変動に対する投資の感応度
　F_j＝ファクターjの不測の変動

各投資のマクロ経済ファクターに対する感応度はベータとして表され、この場合のベータをファクターベータと呼ぶ。ファクターベータは性質的にはCAPMの市場ベータと多くの共通点を持つ。

分散化の効果

分散化の効果についてはリスク分解（市場リスクと企業固有リスクに分ける）のところですでに述べた。分散効果について最も重要な点は、分散化によって企業固有リスクが消滅するという点であった。APMでは同じ論拠に基づき次のような結論が導き出された。ポートフォリオのリターンには予測不能なリターンの企業固有リスクは含まれないということである。ポートフォリオのリターンは2つの加重平均――ポートフォリオの予想されるリターンの加重平均と市場ファクターの加重平均――の和で表すことができる。

$$R_p = (w_1 R_1 + w_2 R_2 + ... + w_n R_n) + (w_1 \beta_{1,1} + w_2 \beta_{1,2} + ... + w_n \beta_{1,n}) F_1 + (w_1 \beta_{2,1} + w_2 \beta_{2,2} + ... + w_n \beta_{2,n}) F_2...$$

ただし、
w_j = 資産 j のポートフォリオに占めるウエイト（資産数は n）
R_j = 資産 j の期待リターン
$\beta_{i,j}$ = 資産 j のファクター i に対するベータ

期待リターンとベータ

このアプローチの最後のステップでは、期待リターンをベータの関数として表し、その値を推定する。このためにはまず、ポートフォリオのベータはそのポートフォリオに含まれる各資産のベータの加重平均であることに注目する。この性質と、市場に裁定機会が存在しないこととを考え併せると、期待リターンはベータの線形結合で表されるはずである。その理由を考えるに当たり、ファクターがひとつのみで、ポートフォリオが3つあるケースを想定しよう。ポートフォリオAのベータは2.0、期待リターンは20％、ポートフォリオBのベータは1.0、期待リターンは12％、ポートフォリオCのベータは1.5、期待リター

ンは14%とする。この場合、投資家が資産の半分をポートフォリオAに投資し、残りの半分をポートフォリオBに投資すると、結果的にはベータが1.5、期待リターンが16%のポートフォリオが得られる。したがって、このポートフォリオの資産価値が下落し、ポートフォリオCを加えれば期待リターンが再び16%に上昇するときまでポートフォリオCを加えようとは思わないだろう。同じ原理によって、いかなるポートフォリオの期待リターンもベータの線形結合で表されるはずである。もしそうでなければ、ほかの2つのポートフォリオ、つまりベータの高いポートフォリオと低いポートフォリオとを組み合わせれば、今考えているポートフォリオよりも高いリターンを得られるということになり、結果的に市場に裁定機会が生じてしまう。ファクターを複数に増やしても同じことが言える。したがって、任意の資産の期待リターンは次のように書くことができる。

$$E(R) = R_f + \beta_1[E(R_1) - R_f] + \beta_2[E(R_2) - R_f]\ldots + \beta_K[E(R_K) - R_f]$$

ただし、
　R_f = ゼロベータ・ポートフォリオの期待リターン
　$E(R_j)$ = ファクター j のファクターベータが1で、そのほかのファクターのファクターベータがすべてゼロであるようなポートフォリオの期待リターン（j = 1, 2, …, K）

ブラケットのなかの項は各ファクターのリスクプレミアムと考えることができる。

CAPMはAPMの特殊なケースと考えることができる。つまり、市場全体のリターンを決定する経済ファクターがただひとつのみ存在

し、市場ポートフォリオがそのファクターであるAPMが、市場資産価格モデルというわけである。

$$E(R) = R_f + \beta_m [E(R_m) - R_f]$$

実務におけるAPM

APMでは、リスクフリーレートに加え、各ファクターベータとファクターリスクプレミアムの推定値を求めなければならない。実務では、これらの入力量は資産リターンのヒストリカルデータとファクター分析を使って求める。ファクター分析とは簡単にいえば、ヒストリカルデータから広範囲にわたる資産グループに影響を及ぼす共通するパターンを見つけ出すための分析であり、この分析からは次に述べる2つの数値が特定できる。

1. ヒストリカルリターン・データに影響を及ぼした共通ファクターの数。
2. 各投資の各共通ファクターに対するベータと、各ファクターによって生じる実際のリスクプレミアム。

しかしファクター分析では、どういった経済ファクターを用いればよいかは特定することはできない。まとめると、APMでは、市場リスクは不特定多数のマクロ経済変数に対する相対リスクとして測定し、各投資の各ファクターに対する感応度はベータで測定する。ファクターの数、ファクターベータ、ファクターリスクプレミアムはファクター分析を使って推定することができる。

マルチファクター・リスクリターン・モデル

APMがモデル内でファクターを具体的に特定しないという事実は

統計的にみれば強みとなるが、直感的に分かりにくいのが弱点である。この問題を解決するのは簡単で、特定されない統計的ファクターを特定の経済ファクターで置き換えればよい。その結果、APMの利点を残しながら、経済ベースのモデルが得られることになる。これはまさにマルチファクターモデルの目標とするものである。

マルチファクターモデルの導出

一般にマルチファクターモデルは経済モデルからではなく、ヒストリカルデータから導かれる。APMでファクターの数が決まれば、これらのファクターの長期にわたる振る舞いはヒストリカルデータから推定することができる。次に、これら不特定のファクターの長期にわたる振る舞いを同じ期間におけるマクロ経済変数の振る舞いと比較して、特定されたファクターと長期にわたって相関関係を持つマクロ経済変数が存在するかどうかを調べる。

例えば、ナイ・フー・チェン（Nai-Fu Chen）、リチャード・ロール（Richard Roll）、ロス（1986）は、次のマクロ経済変数はファクター分析によって特定されたファクターと高い相関性を持つと指摘する——工業生産、デフォルトプレミアムの変動、期間構造の変動、不測のインフレ、実質収益率の変動。つまり、これらの変数はリターンと相関を持つと考えられるので、企業固有ベータを各変数に対する相対ベータとして計算した、次に示す期待リターンモデルが導き出される。

$$E(R) = R_f + \beta_{GNP}[E(R_{GNP}) - R_f] + \beta_1[E(R_1) - R_f]\ldots + \beta_\delta[E(R_\delta) - R_f]$$

ただし、

β_{GNP} ＝工業生産の変動に対する相対ベータ

E（R_{GNP}）＝工業生産に対するベータが1で、そのほかのファクターに対するベータがすべてゼロであるポートフォリオの期待リターン

β_I＝インフレ率の変動に対する相対ベータ

E（R_I）＝インフレファクターに対するベータが1でそのほかのファクターに対するベータがすべてゼロであるポートフォリオの期待リターン

APMからマクロ経済マルチファクターモデルに移行した場合の欠点は、ファクターの選択過程で過ちを犯す恐れがあるということである。モデルにおける経済ファクターは、各経済ファクターに関連するリスクプレミアム同様、長期的に見れば変動する可能性がある。例えば、石油価格の変動は1970年代においては期待リターンの決定要素となる重要な経済ファクターであったが、そのほかの期間においてはそれほど重要ではない。マルチファクターモデルで間違ったファクターを使ったり、重要なファクターを含み損ねた場合、正確な期待リターンを推定することができなくなる。

まとめると、APMと同じくマルチファクターモデルでも、市場リスクを最もよく説明するのに、複数のマクロ経済ファクターと各ファクターに対する相対ベータを前提にしている。APMとの違いは、マルチファクターモデルでは市場リスクの決定要素としてマクロ経済ファクターを明確に特定する点である。

回帰（代理）モデル

これまでに紹介したモデルでは、まず市場リスクを広義に定義することからスタートし、次にこの市場リスクを最もよく測定できるモデルを構築するという点ですべて一致している。これらのモデルではいずれも、市場リスク測度（ベータ）はヒストリカルデータから求めた。

最後に紹介するリスクリターン・モデルは、まずリターンからスタートし、長期間にわたる各株式間のリターンの違いを市場価値や株価倍率（市場価格を利益もしくは簿価で割ったもの。研究結果によれば、株価収益率もしくは株価純資産倍率の低い株式はほかの株式よりも高いリターンが得られるということが分かっている）をはじめとする各企業の特性を使って説明しようとするものである。このモデルは、ほかの投資よりも常にハイリターンな投資が存在するならば、その投資はほかの投資よりもハイリスクであるはず、という考え方を基本とするものである。したがって、ハイリターンな投資に共通する特徴を考察し、これらの特徴を市場リスクの間接的測度、つまり代理と見なすのである。

1992年、ユージン・F・ファーマ（Eugene F. Fama）、ケネス・R・フレンチ（Keneth R. French）はCAPMに関する研究結果を発表し、大きな反響を呼んだ。そのなかで特に注目すべき点は、1963年から1990年までの実際のリターンが純資産・株価倍率（株主資本簿価を株主資産の市場価値で割ったもの）やサイズと高い相関性を持っていた点である。この間におけるハイリターン投資は時価総額が低く、純資産・株価倍率の高い企業への投資であるという傾向が見られた。ファーマ、フレンチはこれらの測度をリスクの代理として用いることを提唱し、NYSE（ニューヨーク証券取引所）で取引される株式の月次リターンに関する次の回帰モデルを発表した。

$$R_t = 1.77\% - 0.11 \ln(MV) + 0.35\ln(BV \div MV)$$

ただし、
　$\ln$ ＝自然対数
　MV ＝株主資本の市場価値
　$BV \div MV$ ＝株主資本の簿価÷株主資本の市場価値

各企業の株主資本の市場価値の値と純資産・株価倍率の値をこの回帰モデルに代入すれば、月次期待リターンが求められる。

各種リスクリターン・モデルの比較

図4.5は金融で用いられる各種リスクリターン・モデルを比較したものである。最初の2つのステップは各モデルとも共通しているが、市場リスクの定義方法が異なっている点に注目してほしい。

図4.5　金融で用いられるリスクリターン・モデル

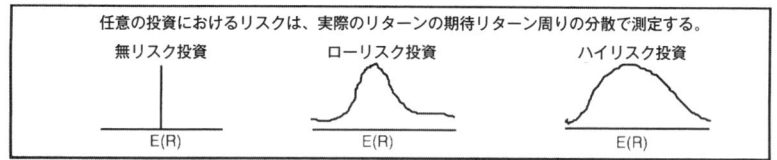

ステップ1：リスクの定義
任意の投資におけるリスクは、実際のリターンの期待リターン周りの分散で測定する。 無リスク投資　　ローリスク投資　　ハイリスク投資 E(R)　　　　　　E(R)　　　　　　E(R)

ステップ2：リターンに関連するリスクと関連しないリスクを分類
ある投資に固有のリスク（企業固有リスク）はポートフォリオの分散化によって消滅させることができる。　　すべての投資に影響を及ぼすリスク（市場リスク）は、すべての資産がその影響を受けるため分散投資によって消滅させることはできない。 1.各投資のポートフォリオ全体に占める割合は小さい。 2.リスクはポートフォリオに含まれるすべての資産間で平均化される。 限界的投資家は分散したポートフォリオを保有していると仮定する。したがって、市場リスクのみがリターンを生み出すものとして評価される。

ステップ3：市場リスクの測定			
CAPM	**APM**	**マルチファクター・モデル**	**回帰モデル**
1.非公開情報は存在しない 2.取引コストは存在しない 最適分散ポートフォリオには市場で取引されているすべての資産が含まれる。どの投資家もこの市場ポートフォリオを保有する 市場リスク＝任意の投資が市場ポートフォリオに加えられることによって追加されるリスク	市場に裁定機会が存在しないとの仮定の下では、いかなる資産の市場リスクもすべての投資に影響を及ぼすファクターに対する相対ベータによって表される。	市場リスクはほぼすべての投資に影響を及ぼすため、それはマクロ経済ファクターから生じるリスクである。 市場リスク＝任意の資産のマクロ経済ファクターに対するリスク・エクスポージャ	効率的市場では、長期間にわたるリターンの違いは市場リスクの違いに起因する。リターンと相関のある変数は、このリスクの代理として使える。 市場リスク＝代理変数によって表される
資産の市場ポートフォリオに対するベータ（回帰分析）	資産の特定されない市場ファクターに対するベータ（ファクター分析）	資産の特定されたマクロ経済ファクターに対するベータ（回帰分析）	リターンと代理変数との関係式（回帰分析）

図4.5のなかでも述べたように、本章で紹介したリスクリターン・モデルではいくつかの共通の仮定が設けられる。そのなかでも最も重要なものが、市場リスクのみがリターンを生み出すというものであ

る。この仮定に基づき、これらのモデルではすべて期待リターンを市場リスクの関数として表す。CAPMでは、市場メカニズムに関する制約条件が最も厳しいが、リスクを決定するファクターはひとつのみで、したがって推定が必要なパラメータもこのファクターのみであるため、モデルは最も簡単である。これに対して、APMは、制約条件は少ないが、推定が必要なパラメータの数だけを考えてみても、モデルの複雑さがうかがい知れる。CAPMは、ひとつのファクターのみを用い、そのファクターが市場指数で測定されるというAPMの特殊なケースと考えることができる。一般に、CAPMはモデルを簡単に構築でき、扱いも簡単であるという利点があるが、投資が市場指数ではとらえきれない経済ファクターに敏感に反応する場合、APMに比べるとパフォーマンスは劣る。例えば、リスクの大部分が原油価格の変動に依存する石油会社の株は、CAPMモデルで分析するとベータは低く、期待リターンも低い。しかし、APMを使って、ファクターのひとつで原油やほかの商品価格の動きを測定すれば、リスクはより正確に推定でき、期待リターンも高くなる（J・フレッド・ウェストン［J. Fred Weston］、トーマス・コープランド［Thomas Copeland］［1992］はこれら2つのモデルを使って1989年における石油会社の株主資本コストを計算した。その結果、CAPMでは14.4％、APMでは19.1％という数値が得られた）。

　果たして、どのモデルが最もパフォーマンスが高いのだろうか。ベータはリスクの代理として使えるのか、また、期待リターンと相関性を持つのだろうか。こういった疑問については過去20年にわたって幅広く議論されてきた。CAPMに対して行われた最初の検定では、ベータとリターンは正の相関性を持つが、実際のリターンの違いを説明するのは、ほかのリスク測度（例えば分散）であるという結果が出た。この矛盾は、検定技術の未熟さに原因があった。1977年、ロスはCAPM検定について言及し、次のように批判した。市場ポートフォ

リオが観測不可能なのだから、CAPMを検定できるはずはない。したがって、CAPMに対して行われた検定はすべて、そのモデル自身と検定に使われた市場ポートフォリオのジョイントテストだったことになる。要するに、CAPM検定から分かるのは、市場ポートフォリオの代理が既知として、モデルが機能するかどうかということだけである。ここから次のことが言える。CAPMに対して否定的な結論を出した実証検定も、実はモデル自体に対してノーを突きつけたのではなく、用いられた市場ポートフォリオの代理に対してノーという結果を出したという可能性もあるわけである。ロールは次のように指摘する。CAPMがうまく機能するかどうかを証明する方法はなく、したがってこのモデルの有用性を経験的に立証することは不可能である。

　ファーマ、フレンチ（1992）は1963年から1990年までのベータとリターンの関係について調査した結果、両者の間には関係がないという結論に達した。この調査結果に対してはこの分野における3組の権威から反論があった。まずヤコブ・アミハド（Yakov Amihud）、ベン・ジェスパー・クリスチャンセン（Bent Jesper Christensen）、H・メンデルソン（H. Mendelson）（1992）は同じデータを用いて異なる統計的検定を行った。その結果、同期間におけるリターンの違いはベータの違いで説明がつくことを示した。一方、S・P・コタリ（S.P. Kothari）、ジェイ・シャンクン（Jay Shanken）（1995）は多くの検定で用いられる測定間隔よりも短い測定間隔の年次データを用いてベータを推定し、各投資のリターンの相違の大部分はベータで説明がつくという結論に達した。また、ルイス・K・C・チャン（Louis K.C. Chan）、ジョセフ・ラコニショック（Josef Lakonishok）（1993）はより長期間（1926年から1991年まで）の時系列リターンデータを用いてベータを推定し、ベータとリターンとが無関係であったのは1982年以降の期間のみであることを発見した。また、1926年から1991年までの期間のうち最も劣悪な10カ月において、最もリスクの高い企業（ベー

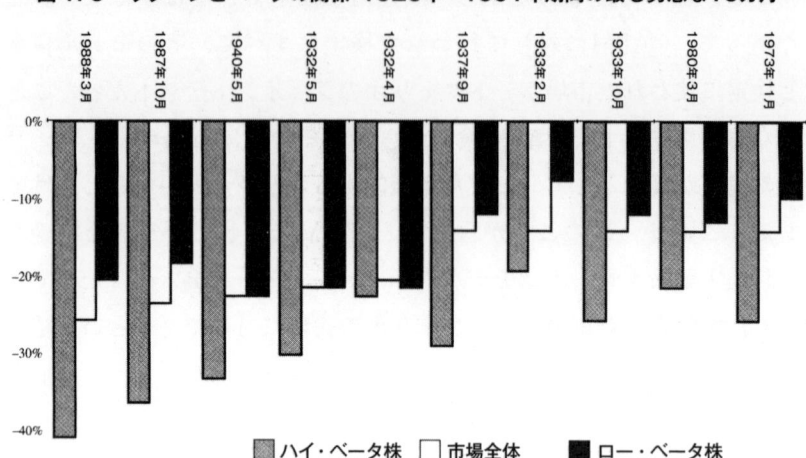

図4.6 リターンとベータの関係：1926年〜1991年期間の最も劣悪な10カ月

| 1988年3月 | 1987年10月 | 1940年5月 | 1932年5月 | 1932年4月 | 1937年9月 | 1933年2月 | 1933年10月 | 1980年3月 | 1973年11月 |

■ ハイ・ベータ株　□ 市場全体　■ ロー・ベータ株

出所：ルイス・K・C・チャン、ジョセフ・ラコニショック

タの高い順から10％の企業）が全体的に市場よりもはるかに低いパフォーマンスであったことから、ベータは極端な市況においては有益なリスク指標となることも見いだした（図4.6参照）。

　APMの初期検定によれば、APMはリターンの違いを説明することにかけてはCAPMよりも優れていることが分かったが、このモデルを過去のリターンの違いを説明するのに用いる場合と将来の期待リターンを推定するのに用いる場合とでははっきり区別する必要がある。APMではCAPMとは違ってひとつのファクターのみに制限されることがないため、過去のリターンの説明においてはCAPMよりも明らかに優れている。しかし、将来の期待リターンを推定しようとした場合、複数のファクターを用いるAPMには問題がある。各ファクターに対するベータとプレミアムを推定する必要が生じるからである。ベータとファクタープレミアムはそもそもボラティリティが高く、そのため推定誤差が生じるため、CAPMの代わりにより複雑なモデルを用いる利点が失われてしまうのである。CAPMのもうひと

つの代替法として提唱された回帰モデルについても同じことが言える。1期間の市場リスクの代理として最も効果的な変数（例えば、時価総額）は次期には使えないため、新たに推定しなければならないという問題がある。

結果的には、CAPMが現実世界におけるデフォルトモデルとして最もよく用いられているということは、直感的に分かりやすいということと、ほかの複雑なモデルにおける期待リターンの推定問題が改善されなかったことを立証するものである。結局、CAPMはヒストリカルデータに依存しすぎることなく賢明に使えば、近代コーポレートファイナンスにおけるリスクの取り扱いにおいては最も効果的な手法であると言えるだろう。

デフォルトリスク・モデル

本章でこれまでに議論してきたリスクは、実際に得られるキャッシュフローが期待キャッシュフローと異なることに関連するリスクであった。しかし、投資のなかには得られるキャッシュフローが投資をした時点で確定するものもある。例えば、企業に貸し出しを行った場合、つまり社債を買った場合がこれに相当する。この場合、借り手が借入金に対する金利や元本の支払い不能に陥ることがある。一般に、デフォルトリスクの高い借り手はデフォルトリスクの低い借り手よりも高い借入金利を支払わなければならない。本節では、デフォルトリスクの測定と、デフォルトリスクと借入金利との関係について考察する。

市場リスクが期待リターンに及ぼす影響を測定する一般的な株式のリスクリターン・モデルとは異なり、デフォルトリスク・モデルは企業固有のデフォルトリスクが約束されたリターンに及ぼす影響を測定する。企業固有リスクが株式の期待リターンに反映されない理由は分

散化で説明がついたが、企業固有のイベントが生じた場合、値上がりの可能性は限定されていても、値下がりの可能性が値上がりの可能性をはるかに凌ぐ証券に対しては同じ原理は適用できない。値上がり可能性が限定的であるとはどういう意味なのだろうか。ここで、ある企業が発行した社債に投資した場合を考えてみよう。クーポン、つまり、この債券に対して約束されたキャッシュフローは発行時点で確定する。投資家であるあなたにとってのベストケースシナリオは、約束されたキャッシュフローが得られることである。ただし、企業の業績が予想以上に良くても、投資家は約束されたキャッシュフローを上回る額のキャッシュフローを手にすることはできないことに注意しよう。これ以外のシナリオは程度の差こそあれ、これよりも悪くなる。つまり、実際に得られるキャッシュフローが約束された額を下回るということである。要するに、社債の期待リターンはその発行体である企業に固有のデフォルトリスクを反映するものと考えることができる。

デフォルトリスクの決定要素

企業のデフォルトリスクは2つの変数の関数で表される。2つの変数とは、事業活動からキャッシュフローを生み出す能力と、金利と元本の支払いを含む金融債務（金利や元本の支払いなど、その企業が法的な支払い義務を持つすべての支払い債務をいう。配当支払いや新規資本支出をはじめとする裁量可能なキャッシュフローは、繰り延べあるいは遅延しても、経済的問題は生じるにしても法的な問題は生じないため、金融債務には含まれない）である。金融債務を上回るキャッシュフローを生み出す企業は、金融債務を下回るキャッシュフローを生み出す企業よりもデフォルトリスクは小さいはずである。したがって、多くのキャッシュフローを生み出す既存投資を多く保有する企業は、そういった投資を保有しない企業よりもデフォルトリスクは小さ

い。

　デフォルトリスクは企業のキャッシュフローの大きさのみならず、これらのキャッシュフローのボラティリティにも影響を受ける。キャッシュフローの安定度が高いほど、その企業のデフォルトリスクは小さくなる。したがって、予測可能で安定した事業に携わる企業は、ほかの条件は同じでも、景気循環型事業、言い換えればボラティリティの高い事業に携わる企業よりもデフォルトリスクは小さくなる。

　ほとんどのデフォルトリスク・モデルでは、キャッシュフロー・カバレッジ（キャッシュフローの債務に対する大きさ）を測定したり、キャッシュフローの変動性を数値化できるように業界による影響の調整に財務比率を用いる。

債券の格付けと金利

　企業のデフォルトリスクの測度として最も広く使われているのがその企業の発行する債券の格付けで、これは一般に、独立した格付け会社が付与する。最も知名度の高い格付け会社はスタンダード・アンド・プアーズ社（S&P社）とムーディーズ社である。何千社という企業の格付けがこの2つの機関によって行われており、その格付けは金融市場でも重視されている。

格付けのプロセス

　債券の格付けはまず、発行企業が格付け会社に格付けの依頼をするところから始まる。依頼を受けた格付け会社は、財務諸表などの公開情報やその企業からの直接情報を収集し、格付けを決定する。企業が格付け結果に不服な場合は、追加情報を提示することができる。図4.7はスタンダード・アンド・プアーズ社の格付けプロセスを図示したものである。

図4.7 格付けのプロセス

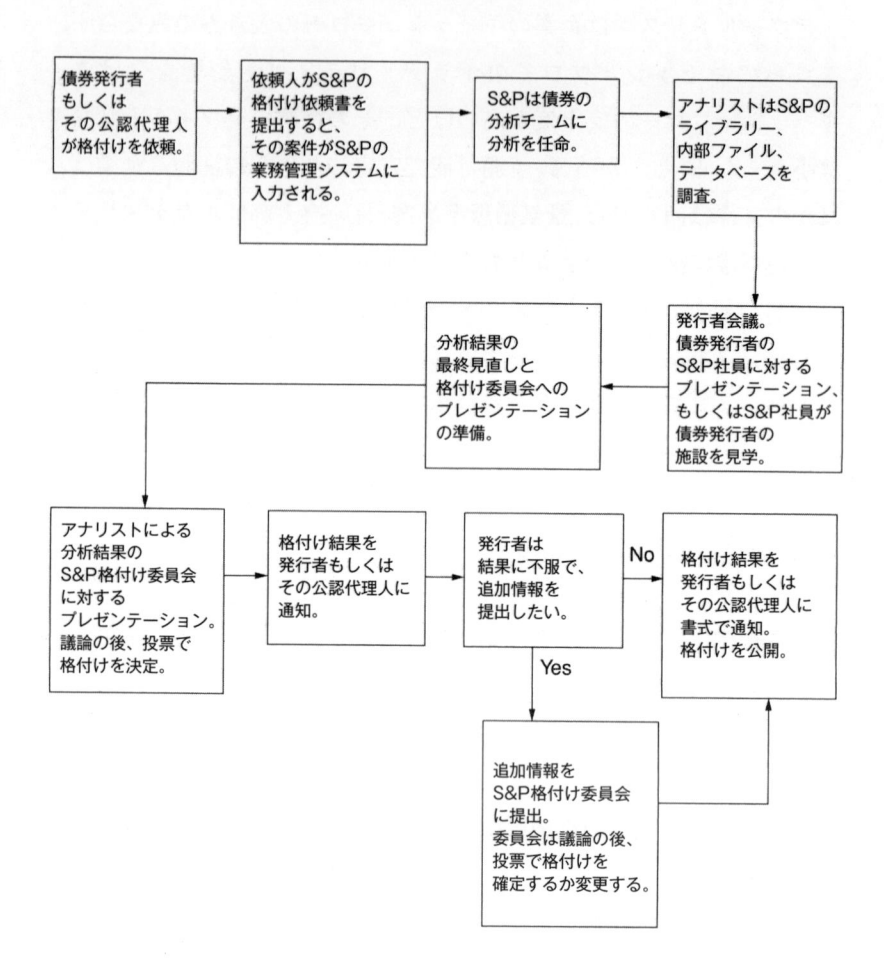

```
┌─────────────┐    ┌─────────────┐    ┌─────────────┐    ┌─────────────┐
│債券発行者   │    │依頼人がS&Pの│    │S&Pは債券の  │    │アナリストはS&P│
│もしくは     │───▶│格付け依頼書を│───▶│分析チームに │───▶│のライブラリー、│
│その公認代理人│    │提出すると、 │    │分析を任命。 │    │内部ファイル、│
│が格付けを依頼。│   │その案件がS&Pの│  │             │    │データベースを│
│             │    │業務管理システムに│ │             │    │調査。       │
│             │    │入力される。 │    │             │    │             │
└─────────────┘    └─────────────┘    └─────────────┘    └─────────────┘
                                                                 │
                                                                 ▼
                         ┌─────────────┐                  ┌─────────────┐
                         │分析結果の   │                  │発行者会議。 │
                         │最終見直しと │                  │債券発行者の │
                         │格付け委員会への│◀──────────────│S&P社員に対する│
                         │プレゼンテーション│                │プレゼンテーション、│
                         │の準備。     │                  │もしくはS&P社員が│
                         │             │                  │債券発行者の │
                         │             │                  │施設を見学。 │
                         └─────────────┘                  └─────────────┘
                                │
                                ▼
┌─────────────┐    ┌─────────────┐    ┌─────────────┐  No  ┌─────────────┐
│アナリストによる│   │格付け結果を │    │発行者は     │─────▶│格付け結果を │
│分析結果の   │    │発行者もしくは│    │結果に不服で、│      │発行者もしくは│
│S&P格付け委員会│──▶│その公認代理人に│─▶│追加情報を  │      │その公認代理人に│
│に対する     │    │通知。       │    │提出したい。 │      │書式で通知。 │
│プレゼンテーション。│ │             │    │             │      │格付けを公開。│
│議論の後、投票で│   │             │    │             │      │             │
│格付けを決定。│    │             │    │             │      │             │
└─────────────┘    └─────────────┘    └─────────────┘      └─────────────┘
                                            │ Yes                  ▲
                                            ▼                      │
                                    ┌─────────────┐                │
                                    │追加情報を   │                │
                                    │S&P格付け委員会│               │
                                    │に提出。     │────────────────┘
                                    │委員会は議論の後、│
                                    │投票で格付けを│
                                    │確定するか変更する。│
                                    └─────────────┘
```

これらの機関による格付けは文字で表される。スタンダード・アンド・プアーズ社の場合はAAA、ムーディーズ社の場合はAaaが最高格で、デフォルトリスクの最も低い企業に付与される。デフォルトリスクが高くなるにつれ、格付けはD（スタンダード・アンド・プアーズ社の場合、倒産を意味する）に向かって下がっていく。スタンダード・アンド・プアーズ社の基準でBBBを超える格付けは、平均を上回る格付けに分類される。つまり、BBBを超える格付けを付与された企業は、好ましい投資対象と見なされ、その企業が発行した債券に投資してもデフォルトリスクはほとんどないというお墨つきを与えられたことになる。

債券格付けの決定要素

格付け会社が付与する債券の格付けは主に公開情報に基づくものである。もちろん、企業によって提示された非公開情報も審査の対象にはなる。企業の債券に付与される格付けは主として財務比率に基づく。財務比率は企業が債務を支払い、予測可能な安定したキャッシュフローを生み出す能力があるかどうかを見る指標だからである。財務比率にはさまざまなものがあるが、デフォルトリスクの測定によく用いられるものを**表4.1**にまとめた。

債券の格付けと財務比率との間には強い関連性がある。**表4.2**は製造業をS&Pの格付けクラス別に分類し、1997年から1999年までの格付けのメジアン（中央値。スタンダード・アンド・プアーズ社のウェブサイト www.standardandpoors.com/ratings/criteria/index.htm を参照のこと）を計算したものである。

表4.1 デフォルトリスクの測定に用いられる財務比率

比率	説明
税引前インタレスト・カバレッジ	＝（継続事業から生じた税引前利益＋支払利息）/粗利子
EBITDAインタレスト・カバレッジ	＝EBITDA/粗利子
事業活動から生じた資金/総負債	＝（継続事業から生じた純利益＋減価償却費）/総負債
営業フリーキャッシュフロー/総負債	＝（事業活動から生じた資金－資本支出－運転資本の変動）/総負債
税引前永久資本利益率	＝（継続事業から生じた税金前利益＋支払利息）/（長期負債と短期負債、少数株主持ち分、株主資本の年初と年末の平均）
営業利益/売上高（％）	＝（売上高－減価償却費控除前売上原価－販売費－管理費－R&D費）/売上高
長期負債/資本	＝長期負債/（長期負債＋株主資本）
総負債/総資本	＝総負債/（総負債＋株主資本）

出所：スタンダード・アンド・プアーズ社

表4.2 3年間（1997年〜1999年）のメジアン

	AAA	AA	A	BBB	BB	B	CCC
EBITインタレスト・カバレッジ(X)	17.5	10.8	6.8	3.9	2.3	1.0	0.2
EBITDAインタレスト・カバレッジ(X)	21.8	14.6	9.6	6.1	3.8	2.0	1.4
資金フロー／総負債（％）	105.8	55.8	46.1	30.5	19.2	9.4	5.8
営業フリーキャッシュフロー／総負債(%)	55.4	24.6	15.6	6.6	1.9	(4.5)	(14.0)
資本利益率（％）	28.2	22.9	19.9	14.0	11.7	7.2	0.5
営業利益／売上高（％）	29.2	21.3	18.3	15.3	15.4	11.2	13.6
長期負債／資本（％）	15.2	26.4	32.5	41.0	55.8	70.7	80.3
総負債／資本（％）	26.9	35.6	40.1	47.4	61.3	74.6	89.4
企業数	10	34	150	234	276	240	23

出所：スタンダード・アンド・プアーズ社
注：税引前インタレスト・カバレッジ比率とEBITDAインタレスト・カバレッジ比率は稼得した利息の倍数で表し、その他の比率は％で表している。

債務負担よりも大きな利益とキャッシュフローを生み出す収益性の高い企業で、かつ財務比率の低い企業は、こういった特徴を持たない企業よりも格付けが高いのは当然だろう。しかしなかには、財務比率の数値に一致しない格付けを付与される企業もある。これは、最終的な格付けの決定には格付け会社の主観が持ち込まれるからである。したがって、今は財務比率が悪くても、次期には大幅に改善する見込みのある企業の格付けは現在の財務状況に見合う格付けよりも高くなる。しかし、大概の企業は財務比率に見合った格付けが付与される。

債券の格付けと金利

社債の金利は、格付けで測定されるデフォルトリスクの関数で表すのが妥当である。債券の格付けがデフォルトリスクを見るうえでの良い指標であるとするならば、格付けの高い債券は低い債券よりも低い金利が設定されるはずである。事実、デフォルトリスクのある債券の金利とデフォルトリスクのない国債との違いは、デフォルトスプレッドとして表される。デフォルトスプレッドは債券の満期によって異なるだけでなく、経済の状況によって時期ごとにも異なる。第7章では、デフォルトスプレッドの最良の推定方法と、デフォルトスプレッドが時間とともにどう変化するかについて考える。

> **ratingfins.xls**：データが入手可能な直近の期における米国企業の財務比率を債券の格付け別にまとめたデータがウエブサイトで閲覧可能。

まとめ

リスクは、金融における定義が示すように、実際の投資リターンの期待リターンからの偏差を基に測定される。リスクには2つのタイプがある。ひとつは株式リスクと呼ばれ、キャッシュフローは約束されないが、期待キャッシュフローが存在する投資に発生するリスクである。もうひとつがデフォルトリスクで、これはキャッシュフローが約束された投資に発生する。

株式リスクを持つ投資におけるリスクは、実際のリターンの期待リターン周りの分散で測定するのが最も良い。分散が大きいほどリスクは大きくなる。このリスクは限られた投資にのみ影響を及ぼす企業固有リスクと、多数の投資に影響を及ぼす市場リスクとに分解することができる。投資家は分散投資によって企業固有リスクを減少させることができる。限界的なトレーディングを行っている投資家は十分に分散投資した投資家であると仮定するならば、株式投資において考慮しなければならないリスクは市場リスクということになる。本章で紹介した株式リスクモデルは、市場リスクを測定するという目的では一致しているが、測定方法はそれぞれのモデルで異なる。CAPMモデルでは、市場リスクに対するエクスポージャは市場ベータで測定される。市場ベータとは、市場で取引されているすべての資産を含むポートフォリオに任意の投資を追加した場合に、ポートフォリオ全体のリスクがどのくらい増えるかを推定するものである。APMとマルチファクターモデルでは市場リスクの源泉は複数存在するので、各源泉に対するベータを各投資ごとに求める。回帰（代理）モデルでは、過去のハイリターンと相関のあった企業の特性（例えば、企業の規模）を使って市場リスクを測定する。これらのモデルのいずれにおいても、株式投資からの期待リターンの推定にはこれらのリスク測度が用いられる。この期待リターンは企業の株主資本コストと見なすことができ

る。

　デフォルトリスクのある投資におけるリスクは、約束されたキャッシュフローが得られない確率で測定する。デフォルトリスクの高い投資の金利は高く設定され、リスクフリーレートを上回って要求されるプレミアムをデフォルトスプレッドという。ほとんどの米国企業のデフォルトリスクは企業格付けという形で格付け会社によって決定される。つまり、企業の借入金利はこの格付けによって決まるということになる。格付けされていない企業の場合でも、その企業の借入金利には、貸し手が評価したその企業のデフォルトリスクを反映させたデフォルトスプレッドが含まれる。デフォルトリスク調整済み金利はその企業の借り入れ（負債）コストを表す。

練習問題

1. 次の表は1989年から1998年までのマイクロソフト社の株価を示したものである。ただし同社はこの間には配当は支払っていない。

年	株価
1989	$ 1.20
1990	$ 2.09
1991	$ 4.64
1992	$ 5.34
1993	$ 5.05
1994	$ 7.64
1995	$10.97
1996	$20.66
1997	$32.31
1998	$69.34

　　a．平均年次リターンを求めよ。
　　b．年次リターンの標準偏差と分散を求めよ。

c．今日マイクロソフト社に投資したとすると、その投資の標準偏差と分散は過去の数値と同じだろうか。また、その理由を述べよ。

2．ユニコム社はイリノイ州北部でサービスを提供する政府規制下の公益事業会社である。次の表は1989年から1998年までの同社の株価と配当金を示したものである。

年	株価	配当金
1989	$36.10	$3.00
1990	$33.60	$3.00
1991	$37.80	$3.00
1992	$30.90	$2.30
1993	$26.80	$1.60
1994	$24.80	$1.60
1995	$31.60	$1.60
1996	$28.50	$1.60
1997	$24.25	$1.60
1998	$35.60	$1.60

a．平均年次リターンを求めよ。
b．年次リターンの標準偏差と分散を求めよ。
c．今日ユニコム社に投資したとすると、その投資の標準偏差と分散は過去の数値と同じだろうか。また、その理由を述べよ。

3．次の表はサイエンティフィック・アトランタ社（衛星、データ機器メーカー）とAT&T（電気通信最大手）の1989年から1998年までの年次リターンを示したものである。

年	サイエンティフィック・アトランタ社	AT&T
1989	80.95%	58.26%
1990	−47.37%	−33.79%
1991	31.00%	29.88%
1992	132.44%	30.35%
1993	32.02%	2.94%
1994	25.37%	−4.29%
1995	−28.57%	28.86%
1996	0.00%	−6.36%
1997	11.67%	48.64%
1998	36.19%	23.55%

a．各社の平均年次リターンとその年次リターンの標準偏差を求めよ。

b．2社のリターンの共分散と相関を求めよ。

c．各社を同じ比率で組み込んだポートフォリオの分散を求めよ。

4．あなたの住む世界には金と株式の2種類の資産しか存在しないとする。あなたはいずれかの資産、あるいは両方の資産に投資することを考えている。そこであなたは、これら2つの資産の過去6年間のデータを集めた。そのデータは以下のとおりである。

	金	株式
平均リターン	8%	20%
標準偏差	25%	22%
相関	−0.4	

a．どちらかひとつの資産しか選べないとしたら、あなたはどちらの資産を選ぶか。

b．友人のひとりがあなたの決断は間違いであると言う。別の資産を選んだほうが大きな利益が得られるというのである。さ

て、あなたはどうすべきか。

c．金と株式を同じ比率で組み込んだポートフォリオの平均と分散を求めよ。

d．あなたのつかんだ情報によれば、GPEC（金産出国カルテル）は米国株価に基づいて金の産出量を変更しようとしていることが分かった（GPECは株価が上昇すれば金の産出量を減らし、下落すれば増やすことを計画している）。これはあなたのポートフォリオにどんな影響を及ぼすか。また、その理由を述べよ。

5．あなたは、コカ・コーラ社とテキサス・ユーティリティーズ社の2銘柄で株式ポートフォリオを構築したいと考えている。過去10年のデータを見ると、コカ・コーラ株の平均年次リターンは25％、リターンの標準偏差は36％で、一方のテキサス・ユーティリティーズ株の平均年次リターンは12％、標準偏差は22％であった。また、これら2つの株式のリターンの相関は0.28である。

a．過去のリターンを使って推定した平均リターンと標準偏差が将来も同じ値を維持すると仮定する。この場合、コカ・コーラ株60％、テキサス・ユーティリティーズ株40％の投資比率で構築したポートフォリオの将来の平均リターンと標準偏差を求めよ。

b．コカ・コーラ社の海外分散投資によって相関が0.20に低下し、コカ・コーラのリターンの標準偏差が45％に上昇すると仮定する。そのほかの条件は変わらないとした場合、前問 a のポートフォリオの1σの値を求めよ。

6．あなたは資産の半分をタイムズ・ミラー社（メディア会社）に、残りの半分をユニリーバ社（消費財メーカー）に投資したと仮定

しよう。これら2つの投資の期待リターンと標準偏差は以下のとおりである。

	タイムズ・ミラー社	ユニリーバ社
期待リターン	14%	18%
標準偏差	25%	40%

相関係数の関数として表されるこのポートフォリオの分散を求めよ（相関は－1からスタートし、0.2ずつ＋1まで増加させる）。

7. 次の3つの資産で構成されたポートフォリオの標準偏差の分析を依頼されたとしよう。

	期待リターン	標準偏差
ソニー社	11%	23%
テソロ・ペトロリアム社	9%	27%
ストレージ・テクノロジー社	16%	50%

また、これら3つの投資の相関は以下のとおりである。

	ソニー社	テソロ・ペトロリアム社	ストレージ・テクノロジー社
ソニー社	1.00	−0.15	0.20
テソロ・ペトロリアム社	−0.15	1.00	−0.25
ストレージ・テクノロジー社	0.20	−0.25	1.00

これら3つの資産を同じ比率で含むポートフォリオの分散を求めよ。

8. 各証券のリターンの分散の平均が50、共分散の平均が10であると

する。5、10、20、50、100の証券で構成されたポートフォリオの期待分散を計算せよ。リスクが最小値よりもわずか10%だけ上回るポートフォリオを構築するには、いくつの証券を含めばよいか。

9. あなたは今現在、全資産（100万ドル）をヴァンガード500インデックスファンドに投資しており、その期待年次リターンは12%、リターンの標準偏差が25%であるとする。しかし、あなたはよりリスク回避的になったため、このインデックスファンドの20万ドルをＴビルに移すことにした。Ｔビルレートは5％である。あなたの新しいポートフォリオの期待リターンと標準偏差を求めよ。

10. CAPMでは、すべての投資家は市場ポートフォリオと無リスク資産を組み合わせたポートフォリオを保有している。市場ポートフォリオの標準偏差は30%、ポートフォリオの期待リターンは15%であるとする。次に挙げる投資家に対して、あなたは、市場ポートフォリオと無リスク資産の投資配分をどのようにアドバイスするか（ただし、無リスク資産の期待リターンは5％とする）。

　　a．標準偏差がゼロのポートフォリオを構築したい投資家。
　　b．標準偏差が15%のポートフォリオを構築したい投資家。
　　c．標準偏差が30%のポートフォリオを構築したい投資家。
　　d．標準偏差が45%のポートフォリオを構築したい投資家。
　　e．期待リターンが12%のポートフォリオを構築したい投資家。

11. 次の表は1989年から1998年までの各年の市場ポートフォリオとサイエンティフィック・アトランタ社のリターンを示したものである。

年	サイエンティフィック・アトランタ社	市場ポートフォリオ
1989	80.95%	31.49%
1990	–47.37%	–3.17%
1991	31.00%	30.57%
1992	132.44%	7.58%
1993	32.02%	10.36%
1994	25.37%	2.55%
1995	–28.57%	37.57%
1996	0.00%	22.68%
1997	11.67%	33.10%
1998	36.19%	28.32%

　　a．サイエンティフィック・アトランタ社と市場ポートフォリオのリターンの共分散を求めよ。
　　b．各投資のリターンの分散を求めよ。
　　c．サイエンティフィック・アトランタ社のベータを求めよ。

12. ユナイテッド・エアライン社のベータは1.5、標準偏差は66％、市場ポートフォリオの標準偏差は22％である。
　　a．ユナイテッド・エアライン社と市場ポートフォリオの相関を求めよ。
　　b．ユナイテッド・エアライン社のトータルリスクに占める市場リスクの割合を求めよ。

13. APMを使ってベスレヘム・スティール社の期待リターンを求めようとしている場合を想定しよう。ファクターベータとリスクプレミアムについては以下の推定値が得られた。

ファクター	ベータ	リスクプレミアム
1	1.2	2.5%
2	0.6	1.5%
3	1.5	1.0%
4	2.2	0.8%
5	0.5	1.2%

a．ベスレヘム・スティール社はどのリスクファクターに対して最も大きなエクスポージャを持っているか。APMの枠内で、リスクファクターを特定する方法はあるか。

b．リスクフリーレートを5％として、ベスレヘム・スティール社の期待リターンを求めよ。

c．CAPMで求めたベスレヘム・スティール社のベータが1.1、市場ポートフォリオのリスクプレミアムが5％であると仮定する。CAPMを使って期待リターンを求めよ。

d．2つのモデルを使って求めた期待リターンが異なる理由を述べよ。

14．マルチファクターモデルを使ってエマーソン・エレクトリック社の期待リターンを求めようとしている場合を想定しよう。ファクターベータとリスクプレミアムについては以下の推定値が得られた。

マクロ経済ファクター	測度	ベータ	リスクプレミアム ($R_{factor} - R_f$)
金利水準	Tボンドレート	0.5	1.8%
期間構造	Tボンドレート−Tビルレート	1.4	0.6%
インフレ率	消費者物価指数	1.2	1.5%
経済成長率	国民総生産成長率	1.8	4.2%

リスクフリーレートを6％として、エマーソン・エレクトリック社の期待リターンを求めよ。

15. 次の式は1963年から1990年までのリターンについて調査したファーマ、フレンチの調査結果から導き出されたものである。以下の問いに答えよ。

$$R_t = 1.77 - 0.11 \ln(\text{MV}) + 0.35 \ln(\text{BV} \div \text{MV})$$

ただし、MVは株主資本の市場価格（単位：100万ドル）、BVは株主資本の簿価（単位：100万ドル）。リターンは月次リターンとする。

a. ルーセント・テクノロジーズ社の年次期待リターンを求めよ。ただし、同社の株主資本の市場価値は1800億ドル、簿価は735億ドルとする。
b. ルーセント・テクノロジーズ社のベータは1.55である。リスクフリーレートが6％、市場ポートフォリオのリスクプレミアムが5.5％であるとした場合の期待リターンを求めよ。
c. 2つのアプローチから得られる期待リターンが異なる理由を説明せよ。

第5章 オプション価格理論とモデル

Option Pricing Theory and Models

　一般に、いかなる資産の価値もその資産に対する期待キャッシュフローの現在価値として表される。本章では、このルールが当てはまらない、次の2つの特徴を持つ資産について考察する。

1. 価値がほかの資産の価値によって決まる。
2. 資産から生じるキャッシュフローが特殊なイベントの発生を条件とする。

　このような資産をオプションといい、こういった資産の期待キャッシュフローの現在価値は真の価値を下回る。本章ではオプションのキャッシュフローの特徴について説明するとともに、オプションの価値を決める要素とオプションの最良の評価方法について考察する。

オプション価格付けの原理

　オプションとは原資産をあらかじめ決められた価格（ストライクプライス、または行使価格という）で、満期時あるいは満期以前に一定量だけ買う、または売る権利のことをいう。オプションは権利であっ

て義務ではないので、保有者は権利を行使することなく、契約をそのまま消滅させることもできる。オプションにはコールオプションとプットオプションの２種類がある。

コールオプションとプットオプション ──説明とペイオフ・ダイアグラム（損益図）

コールオプションとはオプションの満期日以前であればいつでもその行使価格で原資産を買うことのできる権利である。購入者は購入時にその権利に対して対価を支払う。満期日に原資産価値が行使価格を下回った場合、権利は行使されず利益はゼロとなる。一方、原資産価値が行使価格を上回った場合は権利が行使される──つまり、投資家は原株を行使価格で買い、その資産価値と行使価格との差額を総利益として取得する。純利益は総利益からコール購入当初に支払った額を差し引いた額となる。

ペイオフ・ダイアグラムは満期日におけるオプションのキャッシュ・ペイオフを示したものである。コールの場合、原資産価値が行使価格を下回った場合、純利益は負となる（つまり、オプション購入時に支払った対価の分だけ損をする）。原資産価値が行使価格を上回った場合、原資産価値と行使価格の差が総利益となり、オプション保有者は総利益とコール価格との差額を純利益として確保できる。これを示したものが**図5.1**である。

図5.1　コールオプションのペイオフ

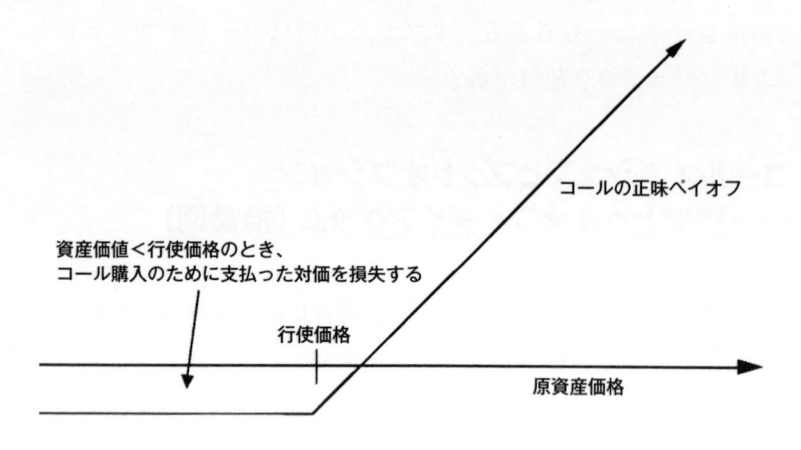

コールの正味ペイオフ

資産価値＜行使価格のとき、
コール購入のために支払った対価を損失する

行使価格

原資産価格

　これに対して、プットオプションはオプションの満期日以前であればいつでも、原資産をあらかじめ決められた価格（行使価格）で売ることのできる権利である。コール同様、購入者は購入時にその権利に対して対価を支払う。プットの場合、原資産価格が行使価格を上回った場合、権利は行使されず利益はゼロとなるが、原資産価格が行使価格を下回った場合は権利が行使される。つまり、オプション保有者は原株を行使価格で売ることで、行使価格とその資産の市場価値との差額を総利益として確保できる。純利益は総利益からオプション購入当初に支払った対価を差し引いた額となる。

　プットの場合、原資産価値が行使価格を上回ると純利益は負となり、資産価値が行使価格を下回った場合、行使価格と原資産価値との差額が総利益となる。これを示したものが**図5.2**である。

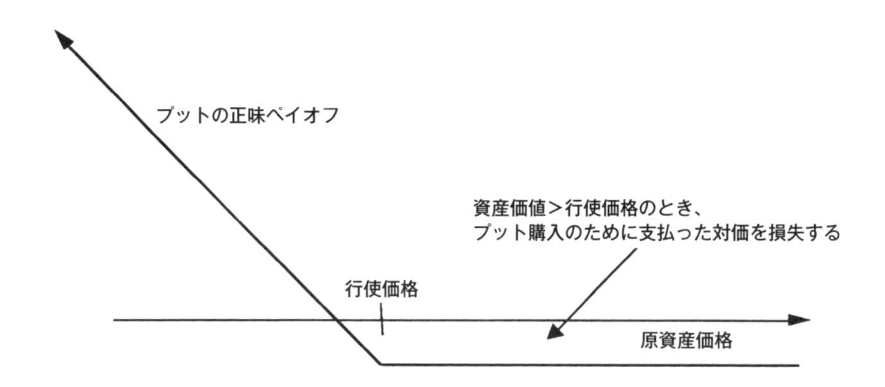

図5.2 プットオプションのペイオフ

プットの正味ペイオフ

資産価値＞行使価格のとき、
プット購入のために支払った対価を損失する

行使価格

原資産価格

オプション価値の決定要素

オプションの価値は原資産と金融市場に関連する6つの変数によって決まる。

1. **原資産の現在価値** オプションはその価値が原資産価値によって決まる。したがって、オプションの価値は原資産価値の変動の影響を受ける。コールは原資産をあらかじめ決められた価格で買う権利であるため、原資産価値が上昇すると、その価値も上昇する。一方、プットの場合は、原資産価値が上昇するとその価値は下落する。

2. **原資産価値の分散** オプション購入者はあらかじめ決められた価格で原資産を買う、または売る権利を取得する。原資産価値の分散が大きいほど、オプション価値は上がる（分散が大きくなると、原資産価値が下がる場合もあることに注意しよう。コールオプションはイン・ザ・マネーになるほど、その価値は原資産の価値に近づく。ディープ・イン・ザ・マネーのコールオプションは、

分散が大きくなると価値は下がる）。これはコールにもプットにも共通する特徴である。リスク測度（分散）が大きくなると価値が上がるというのは直感的には矛盾するように感じるかもしれないが、オプションの場合、その購入者は支払った対価を上回る損失を被ることがないため、ほかの証券とは異なる。事実、オプションの場合、大きな価格変動から大きなリターンを得られる場合もある。

3. **原資産に対して支払われた配当** 原資産価値はオプションの期間中に配当が支払われた場合には減少することが予想される。つまり、コール価値は期待配当の減少関数であり、プットは期待配当の増加関数である。配当支払いについてもう少し分かりやすく言うならば、コールの場合、配当支払いはオプションがイン・ザ・マネーになったときに即座に権利行使できないことに対するコストと考えることができる。具体例として、株式オプションの場合を考えてみよう。コールオプションがイン・ザ・マネー（つまり、オプション保有者は権利を行使すれば正の利益を確定することができる）になったとき、即座に権利を行使すればオプション保有者は株式と、その後の期間に継続的にその株式に対して支払われる配当を受け取ることができる。しかし権利を行使できなければ、これらの配当は失われる。

4. **オプションの行使価格** オプションの説明に欠かすことのできないものが行使価格である。あらかじめ決められた価格で買う権利を得るコールの場合、行使価格が上がるとコール価値は減少する。一方、あらかじめ決められた価格で売る権利を得るプットの場合、行使価格が上がるとプットの価値も上がる。

5. **オプションの満期までの期間** コールの場合もプットの場合も、満期までの期間が長いほど価値は高くなる。つまり、満期までの期間が長ければ、原資産価値が変動する期間も長くなるため、い

ずれのタイプのオプション価値も上昇するというわけである。加えて、満期日にあらかじめ決められた価格を支払わなければならないコールの場合、オプションの期間が長いほど、この決められた価格の現在価値が低くなるため、コール価値は上がる。

6. **オプションの期間に対応するリスクフリーレート** オプション購入者は事前に対価を支払うため、その対価には機会コストが含まれている。このコストは金利水準とオプションの満期までの期間に依存する。行使価格はコール（プット）が満期を迎えるまで支払う（受け取る）必要がないため、行使価格の現在価値を計算するときにもリスクフリーレートが用いられる。したがって、金利が上昇するとコールの価値は上がり、プットの価値は下がる。

表5．1はこれらの変数とそれがコール価格とプット価格に与える影響をまとめたものである。

表5．1 変数がコール価格とプット価格に及ぼす影響

ファクター	影響	
	コール価値	プット価値
原資産価値の上昇	増加	減少
原資産の分散の増加	増加	増加
行使価格の上昇	減少	増加
配当支払いの増加	減少	増加
満期までの期間の増加	増加	増加
金利の上昇	増加	減少

アメリカンオプションとヨーロピアンオプション ——早期行使に関連する変数

アメリカンオプションとヨーロピアンオプションの最大の違いは、

アメリカンオプションの場合は満期以前であればいつでも権利行使ができるのに対して、ヨーロピアンオプションの場合は権利行使が満期日に限定される点である。アメリカンオプションは早期行使が可能であるため、同じ条件のヨーロピアンオプションよりも大きな利益を得られる場合がある。しかし、このためにアメリカンオプションの評価はヨーロピアンオプションの評価よりも難しくなる。ヨーロピアンオプションの評価式を使ってアメリカンオプションを評価しても問題のない場合がひとつだけある。それは転売である。オプションの期間中にオプション価値が上昇するというタイムプレミアムと取引コストを考えると、満期前に権利行使するのが必ずしもベストであるとはいえない場合がある。換言すれば、イン・ザ・マネーのオプションの保有者は権利行使するよりも、転売したほうが有利になるということである。

オプション価格モデル

オプション価格理論は、1972年、フィッシャー・ブラックとマイロン・ショールズが配当支払いのないヨーロピアンオプションの評価モデルに関する画期的な論文を発表して以来、飛躍的に進歩した。ブラックとショールズが用いたのは、「複製ポートフォリオ」——原資産と無リスク資産とで構成された、評価対象となっているオプションと同じキャッシュフローが得られるポートフォリオ——と、無裁定価格付け理論である。彼らの評価式を導出するのは数学的にかなり難しいが、同じ理論に基づく二項モデルを用いればオプションは簡単に評価できる。

二項モデル

二項オプション価格モデルは、資産価格の動きをいかなる期間においても2方向に限定するという簡単な資産価格プロセスを基にしたものである。二項プロセスに従う株価プロセスの一般式は**図5.3**に示したとおりである。この図で、Sは現在株価を表す。株価はいかなる期間においても、確率pで上昇してSuになるか、確率1－pで下落してSdになるかのいずれかである。

複製ポートフォリオの作成

複製ポートフォリオを作る目的は、無リスクの借り入れ／貸し出しと原資産とを組み合わせて、評価対象となっているオプションと同じキャッシュフローを生み出すポートフォリオを構築することにある。裁定原理を適用すると、オプションの価値は複製ポートフォリオの価値に等しくならなければならない。株価がいかなる期間においても、上昇してSuになるか下落してSdになるかのいずれかになる**図5.3**に示した一般式の場合、行使価格Kのコールオプションの複製ポートフォリオはBドルを借り入れて原資産をΔだけ購入するという構成になる。ここで、原資産の購入量Δは次式で表される。

Δ = 購入した原資産の単位数 = $(C_u - C_d) \div (Su - Sd)$

ただし、
  C_u = 株価がSuになったときのコール価値
  C_d = 株価がSdになったときのコール価値

図5.3　二項株価プロセスの一般式

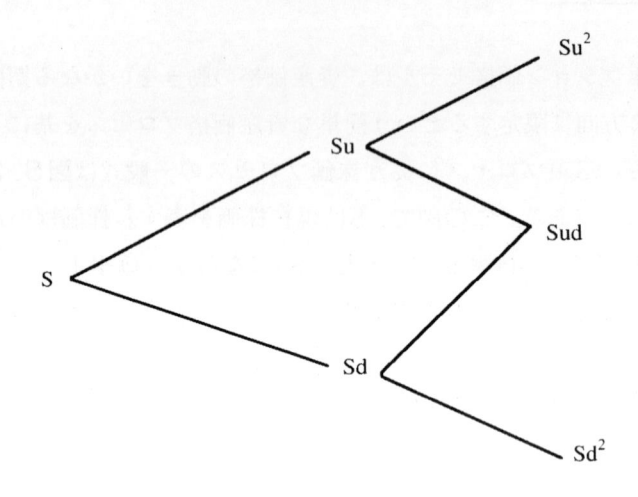

```
                    Su²
              Su
         S         Sud
              Sd
                    Sd²
```

　多期間二項プロセスでは、評価は反復計算によって行う（つまり、最終期間からスタートして、逐次、代入を繰り返しながら現時点まで時間をさかのぼる）。各ステップでオプションの複製ポートフォリオを作成・評価することで、その期間におけるオプションの価値が求められる。二項オプション価格モデルから得られる最終結果は、次に示すように原資産の株式Δ株（オプションデルタ）と無リスク借り入れ／貸し出しとで構成された複製ポートフォリオで表されるオプション価値である。

コールの価値＝原資産の現在価値×オプションデルタ
**　　　　　－オプションの複製に必要な借入額**

実例 5.1　二項オプション評価

2期間で満期になる権利行使価格50ドルのコールを評価する。原市場の現在値が50ドルのとき、二項プロセスは次のようになると考えられる。

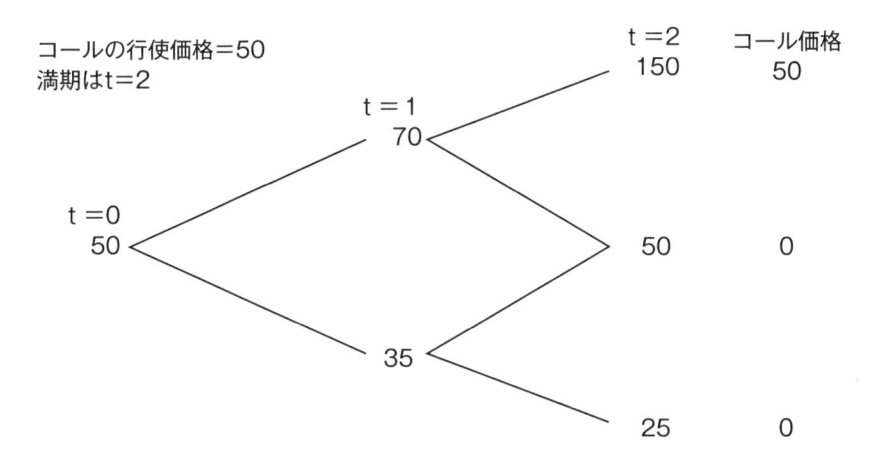

```
コールの行使価格＝50                    t＝2        コール価格
満期はt＝2                              150            50
                        t＝1
                         70
    t＝0
     50
                                         50             0
                         35
                                         25             0
```

金利が11％として、次の定義を加える。

Δ ＝複製したポートフォリオにおける株数
B ＝複製したポートフォリオで借り入れている額（ドル）

権利行使価格50ドルのコールからキャッシュフローを複製するために、株数Δと借入額Bを組み合わせる。最終期間から始まり、二項ツリーをさかのぼって計算することを繰り返す。

ステップ1 最後の結節点で始まり、さかのぼって計算する。

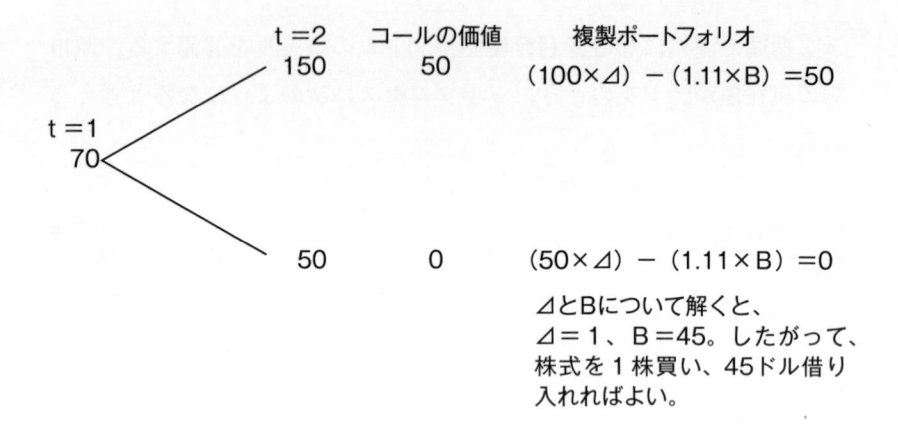

```
                t = 2      コールの価値      複製ポートフォリオ
                 150          50           (100×Δ) − (1.11×B) =50
        t = 1
         70
                  50           0           (50×Δ) − (1.11×B) =0
                                           ΔとBについて解くと、
                                           Δ＝1、B＝45。したがって、
                                           株式を1株買い、45ドル借り
                                           入れればよい。
```

　株価が70ドルで t＝1の場合、45ドルを借りて1株を買うことが、コールを買っているのと同じキャッシュフローをもたらす。したがって、株価が70ドルの場合、t＝1時点でのコールの価格は次のようになる。

コール価格＝複製ポジションの価格＝70Δ−B＝70−45＝25

　t＝1時点での二項ツリーのもうひとつの節を考えてみよう。

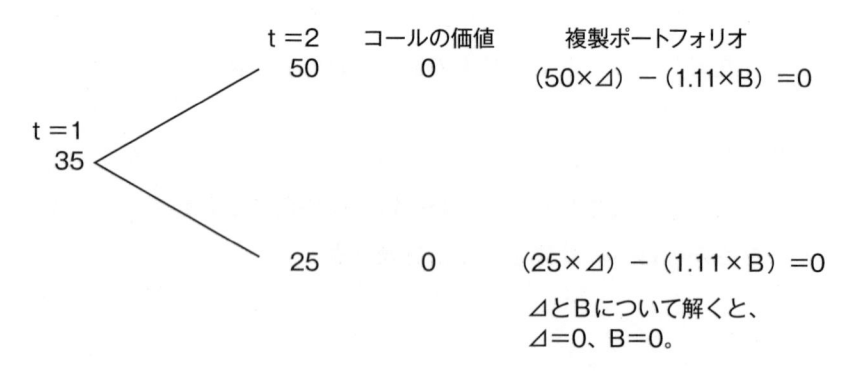

```
                t = 2      コールの価値      複製ポートフォリオ
                  50           0           (50×Δ) − (1.11×B) =0
        t = 1
         35
                  25           0           (25×Δ) − (1.11×B) =0
                                           ΔとBについて解くと、
                                           Δ＝0、B＝0。
```

　t＝1時点で株価が35ドルであれば、コールに価値はなくなる。

ステップ2 早い時期にさかのぼり、オプションがもたらすキャッシュフローをもたらすであろう複製ポートフォリオを作る。

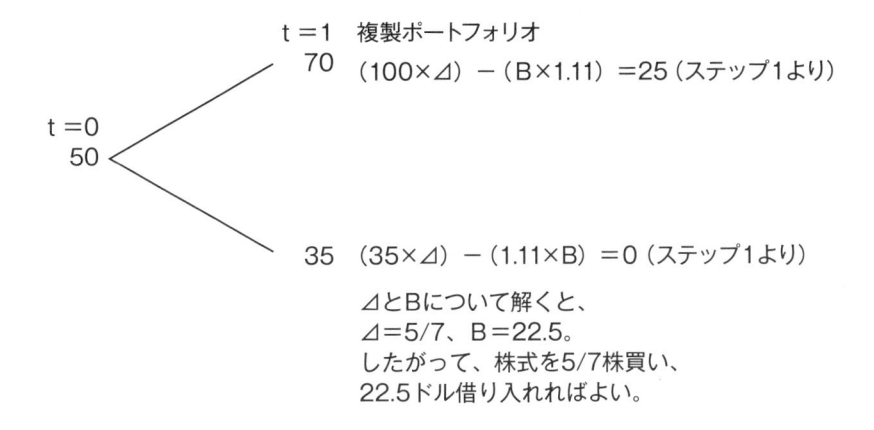

```
                t =1    複製ポートフォリオ
              ╱  70    (100×Δ) − (B×1.11) =25 (ステップ1より)
t =0
  50 ＜
              ╲
                 35    (35×Δ) − (1.11×B) =0 (ステップ1より)
                       ΔとBについて解くと、
                       Δ=5/7、B=22.5。
                       したがって、株式を5/7株買い、
                       22.5ドル借り入れればよい。
```

　言い換えれば、22.50ドルを借り入れて7分の5株を買うことが、権利行使価格50ドルのコールと同じキャッシュフローをもたらす。したがって、コールの価値はこのポジションを作るコストと同じになる。

コール価格＝複製ポジションの価格＝5/7×現在の株価
−借り入れ＝5/7×50−22.5＝13.21ドル

価値の決定要素

　二項モデルはオプション価値の決定要素についての重要なヒントを与えてくれる。それは、オプション価値は原資産の期待価値ではなく現在価格で決まるということである。もちろん、現在価値が将来についての予想を反映しているのは言うまでもない。これは、裁定という

ことを考えれば当然と言えよう。オプション価値が複製ポートフォリオの価値から離れると、投資家は裁定を取ることができる（つまり、投資家は何の投資をすることもなく、無リスクで正のリターンを確保できる）。一例を挙げよう。コールの複製ポートフォリオがコールの市場価格よりも高い場合、投資家はコールを買い、複製ポートフォリオを売ることで、その差額を利益として確保することができる。これら２つのポジションから生じるキャッシュフローは相殺されるので、そのあとの期間にキャッシュフローは生じない。また、満期までの期間が長く、価格変動率（uとd）が大きく、また金利が高くなるほど、コールオプションの価値も上昇する。

　二項モデルはオプション価値の決定要素を考えるうえでの重要なヒントを与えてくれるが、各ノードにおける期待価格を推定しなければならないため、多数の入力量を必要とする。しかし、二項モデルにおいて各期間の長さを短くすれば、資産価格に関してひとつの仮定が成り立つ。つまり、各期間の長さがゼロに近づくにつれ、価格変動は無限小になるため、価格過程は連続価格過程で近似できるということである。あるいは、各期間の長さが短くなっても、価格変動は依然として大きいと仮定することもできる。この場合、価格はジャンプ過程（どの期間においても価格が急激にジャンプする可能性がある）に従うことになる。本節では、価格がこの２つの仮定に従う場合のオプション価格モデルについて考察する。

ブラック・ショールズ・モデル

　価格過程が連続のとき（つまり、各期間の長さが短くなるにつれ、価格変動が小さくなる）、二項オプション価格モデルはブラック・ショールズ・モデルに収束する。開発者フィッシャー・ブラックとマイロン・ショールズの名にちなんで命名されたこのモデルでは、いか

なるオプションの価値も少数の入力量で推定することができる。このモデルの有効性は、多くの上場オプションについて実証済みである。

ブラック・ショールズ・モデル

ブラック・ショールズ・モデルの導出は非常に複雑であるため本書では触れないが、このモデルの基本的な考え方だけはしっかり頭に入れておいてもらいたい。このモデルは、評価対象となるオプションが、それと同じキャッシュフローを生み出す。したがってかかるコストも同じで、原資産と無リスク資産とで構成されたポートフォリオで置き換えられるという考え方に基づくものである。ブラック・ショールズ・モデルでは、コール価値は次の5つの変数の関数で書き表すことができる。

S＝原資産の現在価値
K＝オプションの行使価格
t＝オプションの満期までの期間
r＝オプションの期間に対応するリスクフリーレート
σ^2＝ln（原資産価値）の分散

コール価値は次式で表される。

コール価値 = $SN(d_1) - Ke^{-rt}N(d_2)$

ただし
$$d_1 = \frac{\ln\left(\frac{S}{K}\right) + \left(r + \frac{\sigma^2}{2}\right)t}{\sigma\sqrt{t}}$$
$$d_2 = d_1 - \sigma\sqrt{t}$$

e^{-rt}は現在価値ファクターであり、コールオプションの行使価格は満期まで支払う必要がないという事実を反映したものであることに注意しよう。N（d_1）とN（d_2）は標準累積正規確率分布を使って推定した確率を表し、d_1とd_2はそれぞれのオプション固有の値である。**図5.4**は累積分布を示したものである。

　近似的には、これらの確率はオプションが行使されたときに正のキャッシュフローを生じる（つまり、コールの場合はS＞K、プットの場合はK＞S）確率を表す。この式が意味するものは、コールオプションの複製ポートフォリオを構築するには、原資産をN（d_1）単位買い、Ke^{-rt}N（d_2）だけ借り入れればよいということである。複製ポートフォリオはコールオプションと同じだけのキャッシュフローを生み出すため、その価値もコールオプションの価値に一致する。複製ポートフォリオの構築に必要な原資産の単位数を表すN（d_1）はオプションデルタと呼ばれている。

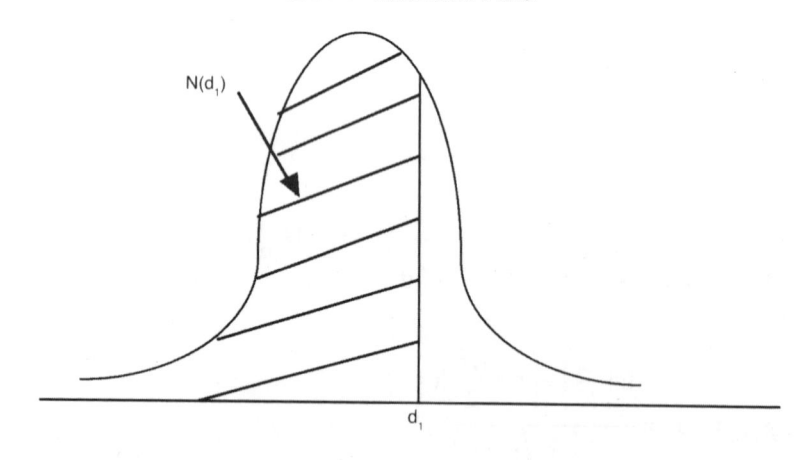

図5.4　累積正規確率分布

ブラック・ショールズ・モデルの入力量を推定する場合の注意点

ブラック・ショールズ・モデルでは入力量はすべて同じ時間尺度で測定したものでなければならない。このルールが適用される箇所は2つある。ひとつは、モデルが離散時間ではなく連続時間に基づくものであるという事実に関連する部分である。現在価値として、離散時間で表した$(1+r)^{-t}$ではなく、連続時間で表した$\exp^{-rt}$を用いるのはこのためである。また、リスクフリーレートなどの入力量も連続時間量に修正しなければならない。例えば、1年物Tボンドレートが6.2%だとすると、ブラック・ショールズ・モデルで用いられるリスクフリーレートは次式のようになる。

連続リスクフリーレート=ln(1+離散リスクフリーレート)
=ln(1.062)=0.06015または6.015%

もうひとつが入力量の推定期間に関連する部分である。例えば、前述のレートは年次レートである。したがって、モデルに用いる分散も年次換算しなければならない。ln(資産価格)から推定した分散は、系列相関がゼロであるとするならば時間と線形関係にあるため、年次換算するのは簡単である。例えば、分散の推定に月次もしくは週次価格が用いられている場合、分散にそれぞれ12もしくは52をかければ年次換算値が求められる。

実例 5.2　ブラック・ショールズ・モデルを用いてのオプション評価

　2001年3月6日、シスコ社の株価は13.62ドルだった。CBOE（シカゴオプション取引所）で当日2ドルで売買されていた同株7月限15コールの価格評価を試みた。そのオプションのパラメータは次のとおりである。

■前年のシスコ社の株価の年次標準偏差は81％だった。この標準偏差は、その年の週足を用いて推測されている。この数字は次のようにして年次換算された。

週次標準偏差＝11.23％
年次標準偏差＝11.23％×$\sqrt{52}$＝81％

■オプションの満期日は2001年7月20日金曜日である。したがって、満期までの期間は103日で、この期間に対応するＴビルの年次レートは4.63％である。

　したがって、ブラック・ショールズ・モデルに用いる入力量は次のようになる。

現在株価（Ｓ）＝13.62ドル
オプションの行使価格＝15ドル
オプションの期間＝103／365＝0.2822
ln（株価）の標準偏差＝81％
リスクフリーレート＝4.63％

　これらの値をモデルに代入すると、

$$d_1 = \frac{\ln\left(\frac{13.62}{15.00}\right) + \left(.0463 + \frac{.81^2}{2}\right).2822}{.81\sqrt{.2822}} = .0212$$

$$d_2 = .0212 - .81\sqrt{.2822} = -.4091$$

が得られる。正規分布から、N（d_1）とN（d_2）の推定値は次のようになる。

$N(d_1) = .5085$

$N(d_2) = .3412$

したがって、コールの価値は

シスコ社のコール・オプションの価値
$= SN(d_1) - Ke^{-rt}N(d_2)$
$= 13.62(.5085) - 15e^{-(0.463)(.2822)}(.3412)$
$= \$1.87$

コールの市場価格は2ドルなので、用いた標準偏差の推定値が正しいと仮定するならば、このコールは若干過大評価されていると言える。

インプライド・ボラティリティ

ブラック・ショールズ・モデルの入力量のなかで唯一、投資家の間で大きな意見の食い違いが見られるのが分散である。分散はヒストリカルデータを使って推定するのが一般的だが、そのヒストリカルな分散を用いて算出したオプションの価値は、市場価格と異なる場合がある。いかなるオプションも、オプション価値の推定値と市場価格が一致する分散が存在する。これをインプライド分散という。

実例5.2で評価したシスコ社のオプションを考えてみよう。標準偏差が81％のとき、行使価格15ドルのこのコールオプションの価値は1.87ドルであった。この計算値より市場価格のほうが高いため、標準偏差を徐々に上げてオプション価値が2ドル（市場価格）になるような標準偏差を求めたところ85.40％となった。このような標準偏差をインプライド標準偏差もしくはインプライド・ボラティリティという。

モデルの限界と解決法

ブラック・ショールズ・モデルは権利行使が満期日に限定され、原資産の配当支払いのないオプションの価値を評価するためのものである。また、権利行使が原資産の価値に影響を及ぼさないという仮定も設けられる。しかし実際には、資産には配当支払いが伴い、オプションは満期以前に行使されることもあり、権利行使が原資産の価値に影響する場合もある。ブラック・ショールズ・モデルをこういった現実に適合するように、完全ではないにしても部分的に修正する方法をいくつか紹介しよう。

配当

配当の支払いによって株価は下落する。一般に、原株の配当権利落

ち日には株価は下落するのが普通である。したがって、期待配当額が増加すると、コールオプションの価値は下がり、プットオプションの価値は上がる。ブラック・ショールズ・モデルにおける配当の取り扱い方法は2つある。

1. **短期オプションの場合** 配当を取り扱うひとつのアプローチとして、オプションの期間中に支払われる原資産の期待配当額の現在価値を推定し、それを資産の現在価値から差し引いて、得られた値をモデルのSの代わりに用いるという方法がある。

修正株価＝現在株価
－オプションの期間中に支払われる期待配当額の現在価値

2. **長期オプションの場合** オプションの期間が長くなると配当額の現在価値を推定するのはあまり実用的でないため、代替的手法がとられる。原資産の配当利回り（y＝配当/資産の現在価値）がオプションの期間中変わらない場合、ブラック・ショールズ・モデルは配当支払いを含むように修正することができる。

$$C = S e^{-yt} N(d_1) - K e^{-rt} N(d_2)$$

ただし
$$d_1 = \frac{\ln\left(\frac{S}{K}\right) + \left(r - y + \frac{\sigma^2}{2}\right)t}{\sigma\sqrt{t}}$$
$$d_2 = d_1 - \sigma\sqrt{t}$$

これらの調整が2つの効果を持つのは明らかである。第一に、資

産価値を配当利回りで割り引いて現在価値に引き直すことで、配当支払いによって生じる資産価値の期待下落量がモデルに織り込まれるということである。第二に、金利を配当利回りで相殺することで、その資産を（複製ポートフォリオのなかに）保有することで生じるキャリーコストの減少を反映させることができるということである。正味効果としては、このモデルを用いて評価したコール価値は低くなることになる。

実例 5.3　配当支払いがある場合の短期オプションの評価 ——改良版ブラック・ショールズ・モデル

現在日を2001年3月6日とする。この日、AT&Tは1株当たり20.50ドルで取引されていた。この株式を対象とする、行使価格20ドル、満期日2001年7月20日のコールオプションを考えてみよう。過去の株価を用いて算出したAT&Tの対数株価の標準偏差は60％である。配当支払いは1回、その支払額は0.15ドルで23日後に支払われるものとする。

期待配当額の現在価値 $= 0.15/1.0463^{23/365} = 0.15$ ドル
配当調整済み株価 $= 20.50 - 0.15 = 20.35$ ドル
満期までの期間 $= 103/365 = 0.2822$
$\ln$(株価)の分散 $= 0.6^2 = 0.36$
リスクフリーレート $= 4.63\%$

ブラック・ショールズ・モデルを用いて計算したコール価値は次のとおりである。

$d_1 = 0.2548$　　$N(d_1) = 0.6006$
$d_2 = -0.0639$　　$N(d_2) = 0.4745$

コール価値 $= 20.35(0.6006) - 20\exp^{-(0.0463)(0.2822)}(0.4745)$
$= 2.85$ ドル

その日のコールオプションの市場価格は2.60ドルだった。

実例5.4　配当支払いがある場合の長期オプションの価値評価 ——プライムとスコア

　CBOEでは近年、より長期の株式コールオプションと株式プットオプションが取引されるようになった。例えば、2001年3月6日に、2003年1月17日に満期をむかえるAT&Tのコールオプションを購入したとしよう。AT&Tの現在株価は(前例と同じく)20.50ドルである。以下に、行使価格20ドルのコールオプションの価値評価を示す。翌2年間にわたって支払われる配当の現在価値を推定する代わりに、この間のAT&Tの配当利回りを2.51％、2年物Tボンドのリスクフリーレートを4.85と仮定する。ブラック・ショールズ・モデルの入力量は以下のとおりである。

　　S＝原資産の現在価値＝20.50ドル
　　K＝行使価格＝20ドル
　　満期までの期間＝1.8333年
　　ln（株価）の標準偏差＝60％
　　リスクフリーレート＝4.85％　　配当利回り＝2.51％

ブラック・ショールズ・モデルを用いて求めたコール価値は以下のようになる。

$$d_1 = [\ln(20.50 \div 20.00) + (0.0485 - 0.0251 + 0.6^2 \div 2)$$
$$\times 1.8333] \div 0.6\sqrt{1.8333} = 0.4894 \qquad N(d_1) = 0.6877$$
$$d_2 = .4894 - 0.6\sqrt{1.8333} = -0.3230 \qquad N(d_2) = 0.3734$$

コール価値
$$= 20.50\exp^{-(0.0251)(1.8333)}(0.6877) - 20\exp^{-(0.0485)(1.8333)}(0.3734)$$
$$= 6.63 \text{ドル}$$

2001年3月8日現在のコール・オプションの市場価値は5.80ドルだった。

---

stopt.xls このワークシートを使って、オプションの期間に支払われる期待配当が推定できる場合の短期オプションの価値を推定してみよう。

ltops.xls このワークシートを使って、原資産が一定の配当利回りを持つ場合のオプションの価値を推定してみよう。

満期前の権利行使

　ブラック・ショールズ・モデルは満期日にしか権利行使のできないオプションを評価するためのものである。こういった特徴を持つオプションをヨーロピアンオプションという。しかし、実際に最もよく取引されているのは、満期前であればいつでも権利を行使できるオ

プションである。このようなオプションをアメリカンオプションという。前述したように、アメリカンオプションは満期前に権利を行使することができるため、同じ条件のヨーロピアンオプションよりも価値が高くなる。しかしアメリカンオプションの持つこういった性質のせいで、ヨーロピアンオプションよりも評価は難しくなる。一般に、取引されているオプションに関しては、満期前に権利を行使するよりも転売したほうが大きな利益が得られる場合がほとんどである。これはオプションの持つタイムプレミアムによる（つまり、行使価格よりも転売価格のほうが高い）。しかし、例外が2つある。ひとつは、原資産の配当支払いが大きいため、資産の期待価値が減少する場合である。この場合、タイムプレミアムが配当支払いによる資産価値の予想減価額を下回るのであれば、コールオプションは配当権利落ち日の直前に行使される。もうひとつの例外は、金利が高いときに、投資家が原資産とディープ・イン・ザ・マネーのプットオプション（つまり、行使価格が原資産の現在価値をはるかに上回るプット）の両方を保有している場合である。この場合、このプットのタイムプレミアムは、満期前に権利を行使し、行使価格に対する利息を得ることによって生じる潜在的な利益を下回ることもある。

　満期前の権利行使を扱う基本的な方法は2つある。ひとつは、未調整のブラック・ショールズ・モデルを使ってオプションを評価し、得られた値を真の値の下限もしくは控えめな推定値と見なすことである。もうひとつの方法は、満期前に権利が行使される可能性を見込んでオプションの価値を調整することである。これを行うには2つのアプローチがある。ひとつは、ブラック・ショールズ・モデルを使って、考えられるそれぞれの権利行使日までのオプション価値を算出するというものである。株式オプションの場合、各配当権利落ち日までのオプション価値を算出し、算出したコール価値のなかから最大のものをオプション価値と見なすのが一般的である。もうひとつは、改良版二

項モデルを使って、満期前の権利行使を織り込むという方法である。この改良版モデルの場合、各期間における資産価格の上昇率と下落率は分散と各期間の長さから推定する（σ^2を ln［株価］の分散とすると、二項ツリーの株価の上昇率と下落率は次式によって求めることができる。

$$u = \mathrm{Exp}\,[(r - \sigma^2/2)(T/m) + \sqrt{(\sigma^2 T/m)}]$$
$$d = \mathrm{Exp}\,[(r - \sigma^2/2)(T/m) - \sqrt{(\sigma^2 T/m)}]$$

ただし、uとdはそれぞれ二項ツリーの単位時間当たりの上昇率と下落率、Tはオプションの期間、mはオプション期間内の期数である）。

アプローチ1　擬似アメリカン評価法

ステップ1　配当の支払い時期と支払額を決める。

ステップ2　前述した配当支払い分を調整したアプローチ（株価が期待配当の現在価値だけ減少する）を使って、各配当権利落ち日までのコールオプションの価値を算出する。

ステップ3　算出した各配当権利落ち日のコールオプション価値のなかから最大のものを選ぶ。

実例 5.5　擬似アメリカンオプション評価法による満期前権利行使に対する調整

取引価格40ドルの株式を対象とする、行使価格35ドルのオプションを考えてみよう。対数株価の分散は0.05、リスクフリーレートは4％

である。オプションの期間は8カ月で、この間3回の配当支払いが予定されている。

期待配当額	配当権利落ち日
0.80ドル	1カ月後
0.80ドル	4カ月後
0.80ドル	7カ月後

まず、最初の配当権利落ち日直前のコール価値を算出する。

S = 40ドル　　K = 35ドル　　t = 1/12　　$\sigma^2 = 0.05$　　r = 0.04

ブラック・ショールズ・モデルを適用すると、

　　コール価値 = 5.131ドル

となる。

次に、2番目の配当権利落ち日直前のコール価値を算出する。

調整株価 = $40 - 0.80/1.04^{1/12} = 39.20$ ドル
K = 35ドル　　t = 4/12　　$\sigma^2 = 0.05$　　r = 0.04

したがって、コール価値は、

コール価値 = 5.073ドル

続いて、3番目の配当権利落ち日直前のコール価値を算出する。

調整株価 = $40 - 0.80/1.04^{1/12} - 0.80/1.04^{4/12} = 38.41$ ドル

$K = 35$ ドル　　$t = 7/12$　　$\sigma^2 = 0.05$　　$r = 0.04$

したがって、コール価値は、

コール価値 = 5.128 ドル

最後に満期のコール価値を算出する。
調整株価 = $40 - 0.80/1.04^{1/12} - 0.80/1.04^{4/12} - 0.80/1.04^{7/12}$
= 37.63 ドル
$K = 35$ ドル　　$t = 8/12$　　$\sigma^2 = 0.05$　　$r = 0.04$

したがって、コール価値は、

コール価値 = 4.757 ドル

以上より、擬似アメリカン評価法によるコールオプションの価値 = Maximum(5.131 ドル, 5.073 ドル, 5.128 ドル, 4.757 ドル) = 5.131 ドル

となる。

アプローチ2　二項モデルによる評価

　二項モデルでは、満期におけるキャッシュフローのみならず各期間におけるキャッシュフローを考察するため、満期前行使の取り扱いに関しては、ブラック・ショールズ・モデルよりもはるかに優れている。二項モデルの最大の問題は、各期間終了時点における株価を計算しなければならない点である。しかし、推定した分散から株価の変動率を推定できる変形モデルを用いることで、この問題は解決できる。これ

は4つのステップに沿って行う。

ステップ1　ブラック・ショールズ・モデルの入力量として推定した分散を、次式を使って二項モデルの入力量に変換する。

$$u = e^{\sigma\sqrt{dt}+\left(r-\frac{\sigma^2}{2}\right)dt} \qquad d = e^{-\sigma\sqrt{dt}+\left(r-\frac{\sigma^2}{2}\right)dt}$$

ただし、uとdは二項モデルにおける単位時間当たりの株価の変動率、dtは各年（単位時間）における期間数を表す。

ステップ2　配当支払いのある期間を特定し、その期間には株価は支払った配当分だけ下落すると仮定する。

ステップ3　配当権利落ち日直前に満期前権利行使が行われる可能性のあることを考慮して、ツリーの各ノードにおけるコールの価値を求める。オプションの残存するタイムプレミアムが配当支払いによるオプション価値の予想下落量を下回る場合は、満期前に権利行使が行われる。

ステップ4　通常の二項モデルの手法によって、時点0におけるコール価値を算出する。

> **bstobin.xls**　このワークシートを使って、ブラック・ショールズ・モデルのパラメータから二項モデルのパラメータを推定してみよう。

権利行使が原資産価値に与える影響

ブラック・ショールズ・モデルでは、オプションの権利行使は原資産価値に影響しないことを前提にしている。上場株式オプションについてはこの前提は有効かもしれないが、オプションによってはこの前提が成り立たない場合がある。例えば、ワラントを行使すると発行株

式数が増加するため、発行企業には新たなキャッシュフローが流れ込み、株価は増加した株式と流入したキャッシュフローの双方の影響を受けることになる（ワラントは、経営陣との報酬契約の一環として、あるいは資金調達を目的に、企業が発行するコールオプションである）。ワラントの場合、権利を行使することで、予想されるネガティブな影響（希薄化）によってワラントの価値は下落する。株価の希薄化に対する調整はブラック・ショールズ・モデルでは簡単に行うことができる。株価を、オプションを行使したときに予測される希薄化分だけ調整すればよい。ワラントの場合は、次のようになる。

希薄化調整後 $S = (Sn_s + Wn_w) \div (n_s + n_w)$

ただし、
 S ＝現在株価
 n_w ＝発行済みワラント数
 W ＝発行済みワラント価値
 n_s ＝発行済み株式数

ワラントが行使されると、発行株式数が増えるため株価は下がる。上式の分子は発行済み株式と発行済みワラントの両方を含む株主資本の価値を表している。Sの価値が下がると、コールオプションの価値も下がる。

　この分析には循環論法的要素が含まれている。つまり、ワラントの価値を求めるには希薄化調整後Sの値が必要で、希薄化調整後Sを求めるにはワラントの価値の値が必要なのである。この問題を解決するには、あらかじめ想定したワラントの価値（例えば、ワラントの行使価格もしくは現在の市場価格）を初期値として分析を開始すればよい。すると新たなワラントの価値が算出されるので、この推定値を使っ

てワラントの価値を再評価する。この手順をワラントの価値が収束するまで続ける。

ブラック・ショールズ・モデルから二項ツリーへの変換

ブラック・ショールズ・モデルの連続的分散を二項ツリーの分散に変換するのは極めて簡単である。例えば、現在の市場価値が30ドルの資産を保有しており、この資産の年次標準偏差が40％、年次リスクフリーレートが５％であるとしよう。簡単にするため、今評価しようとしているオプションの満期までの期間は４年、二項ツリーの各期間は１年とする。この４年間の各年終了時点における価格を推定するに当たり、まず二項過程の価格変動率を求める。

$$u = \exp[0.4\sqrt{1} + (0.05 - 0.4^2 \div 2)1 = 1.4477]$$
$$d = \exp[-0.4\sqrt{1} + (0.05 - 0.40^2 \div 2)1 = 0.6505]$$

これらの推定値から、ツリーの最初のノード（１年後）における価格は次のように求められる。

上昇したときの価格 = 30(1.4477) = 43.43ドル
下落したときの価格 = 30(0.6505) = 19.52ドル

逐次代入を繰り返せば、ツリーの各ノードにおける価格は次のようになる。

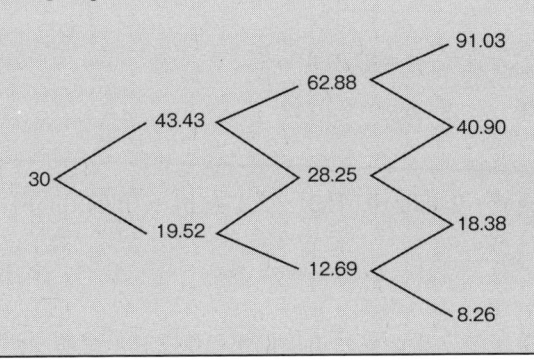

```
                            91.03
                     62.88
              43.43         40.90
       30            28.25
              19.52         18.38
                     12.69
                            8.26
```

実例 5.6　　アヴァテック社のワラントの価値評価

不動産会社アヴァテック社の発行済み株式数は1963万7000株で、1株当たりの現在価値は0.38ドルである。2001年3月現在、同社の発行済みオプション数は180万、オプションの満期までの期間は4年、行使価格は2.25ドルであった。株式には配当支払いはなく、対数株価の標準偏差は93%であった。また、4年物Tボンドレートは4.9%であった（分析当時のワラント1枚当たりの価格は0.12ドル）。

ワラント評価モデルの各パラメータの値は次のとおりである。

$S = (0.38 \times 19.637 + 0.12 \times 1.8) / (19.637 + 1.8) = 0.3582$
$K =$ ワラントの行使価格 $= 2.25$
$t =$ ワラントの満期までの期間 $= 4$ 年
$r =$ オプションの期間に対応するリスクフリーレート $= 4.9\%$
$\sigma^2 =$ 株価の分散 $= 0.93^2$
$y =$ 株の配当利回り $= 0.0\%$

ブラック・ショールズ・モデルによるこのオプションの評価額は以下のとおりである。

$d_1 = 0.0474$　　$N(d_1) = 0.5189$
$d_2 = -1.8126$　　$N(d_2) = 0.0349$

ワラントの価値 $= 0.3582(0.5189) - 2.25\exp[-(0.049)(4)(0.0349)]$
$= 0.12$ ドル

2001年3月現在のワラントの市場価格は0.12ドルであった。評価モ

デルを使って算出した値は市場価格に等しいため、これ以上反復計算の必要はない。もし両者の値が違っている場合は、調整後株価の値とワラントの価値を再評価する必要がある。

> **warrant.xls** このワークシートを使って、権利行使によって希薄化が生じる可能性のある場合のオプションの価値を推定してみよう。

ブラック・ショールズ・モデルによるプットの評価

行使価格も満期日も同じプットの価値は、コールの価値から求めることができる。

$$C - P = S - Ke^{-rt}$$

ただし、Cはコールの価値、Pはプットの価値を表す。上式に示したプットとコールの関係をプットコール・パリティという。この関係が崩れると、投資家はそれを利用して無リスクで裁定利益を確保することができる。なぜプットコール・パリティが成り立つのかを考えるために、次のようなポジションを想定してみよう。コールを1枚売り、プットを1枚買う（行使価格と満期日はそれぞれKとt）と同時に、原資産1単位を現在価格Sで買う。このポジションから得られるペイオフは無リスクで、満期日（t）には必ずKを獲得できる。ここで、満期日の株価をS*と仮定しよう。このポートフォリオにおける各ポジションのペイオフは次のように書くことができる。

ポジション	S*>Kのときの満期日tにおけるペイオフ	S*<Kのときの満期日tにおけるペイオフ
コールの売り	$-(S^* - K)$	0
プットの買い	0	$K - S^*$
株の購入	S^*	S^*
合計	K	K

このポジションからは確実にKの利益を確保できるので、このポジションを持つのにかかるコストと、Kをリスクフリーレートで現在価値に割り引いた値（Ke^{-rt}）は等しくなければならない。

$$S + P - C = Ke^{-rt}$$
$$C - P = S - Ke^{-rt}$$

コール価値を求めるブラック・ショールズ式をこの式に代入すると、次式を得る。

$$\text{プットの価値} = Ke^{-rt}[1 - N(d_2)] - Se^{-yt}[1 - N(d_1)]$$

$$\text{ただし } d_1 = \frac{\ln\left(\frac{S}{K}\right) + \left(r - y + \frac{\sigma^2}{2}\right)t}{\sigma\sqrt{t}}$$

$$d_2 = d_1 - \sigma\sqrt{t}$$

上の式から分かるように、プットの複製ポートフォリオは株式［$1 - N(d_1)$］枚の空売りと無リスク資産に対する$Ke^{-rt}[1 - N(d_2)]$の投資で構築される。

実例5.7 プットコール・パリティによるプットの価値評価 ──シスコ社とAT&T

実例5.2で評価したシスコ社のコールをもう一度見てみよう。このコールの行使価格は15ドル、満期までの期間は103日、評価額は1.87ドルであった。また、株価は13.62ドルで、リスクフリーレートは4.63％であった。この場合、プットの価値は以下のように計算できる。

プットの価値
$= C - S + Ke^{-rt} = 1.87 - 13.62 + 15e^{-(.0463)(.2822)} = 3.06$ ドル

その日のプットの市場価格は3.38ドルであった。

また、**実例5.4**ではAT&Tの長期コールを評価した。このコールの行使価格は20ドル、満期までの期間は1.8333年、評価額は6.63ドルであった。また、株価は20.50ドルで、この間における配当利回りは一定で2.51％、リスクフリーレートは4.85％であった。この場合のプットは以下のように計算できる。

プットの価値 $= C - Se^{-yt} + Ke^{-rt}$
$= 6.63 - 20.5e^{-(.0251)(1.8333)} + 20e^{-(.0485)(1.8333)} = 5.35$ ドル

その日のプットの市場価格は3.80ドルであった。以上から分かるように、プットもコールも推定値は市場価格とは異なる。これは私たちが推定した株価のボラティリティの値に推定誤差があったことを意味する。

株価がジャンプ過程に従う場合のオプション価格モデル

　二項モデルにおいて期間の長さを短くしても株価変動が依然として大きい場合、株価が連続価格過程に従うという仮定はもはや成り立たない。株価変動が依然として大きい場合、不連続な価格の飛びを考慮した株価過程を想定するほうがより現実的である。コックス、ロス（1976）は株価が純粋なジャンプ過程に従う場合のオプションを評価した。ただし、株価はプラス方向にのみジャンプするものと仮定した。したがって次の期間では、株価はある確率でプラス方向に大きくジャンプするか、ある確率でマイナス方向にドリフトするかのいずれかの動きをとることになる。

　一方、ロバート・C・マートン（Robert C. Merton）（1976）は連続株価過程に価格の飛びを重ね合わせた分布を考えた。ジャンプの起こる確率をλ、ジャンプの平均的な大きさをk（株価のパーセンテージで測定）として考案された彼のオプション評価モデルをジャンプ拡散モデルという。このモデルでは、オプションの価値はブラック・ショールズ・モデルで使われた5つの変数に加え、ジャンプ過程のパラメータ（λとk）とによって決定される。残念ながら、ジャンプ過程のパラメータ推定値には大きなノイズが含まれる企業が多いため、この現実的なモデルから得られるメリットを上回るものは得られないのが実情である。したがって、実務においては、ジャンプ拡散モデルはごく限定的なケースにしか応用できない。

オプション価格モデルの拡張

　これまで、ブラック・ショールズ・モデルをはじめ、二項モデルやジャンプ拡散モデルなどいくつかのオプション価格モデルを紹介してきたわけだが、これらのモデルはすべて市場で取引されている資産を原資

産とする、行使価格と満期の分かっているオプションを評価するためのモデルである。しかし、私たちが投資分析や投資評価で実際に扱うオプションは金融資産を対象とするオプションよりも、実物資産を対象とするオプションのほうが多い。実物資産を対象とするオプションはリアルオプションと呼ばれ、金融資産を対象とするオプションよりもはるかに複雑である。本節ではこういった変形オプションのいくつかを見ていくことにする。

キャップつきオプションとバリアオプション

通常の簡単なコールオプションでは、コールの購入者が得られる利益に上限が設けられることはない。少なくとも理論的には資産価格は上昇を続け、ペイオフもそれに応じて上昇する。しかし、コールオプションのなかには、オプション購入者の利益に上限が設定されるものがある。例えば、行使価格K_1のコールオプションを考えてみよう。得られる利益に制限のないコールオプションでは、原資産価格がK_1を超えて上昇するにつれてオプションのペイオフは上昇する。しかし、原資産価格がK_2に達した時点でペイオフが($K_2 - K_1$)の一定水準に制限されるようなオプションを想定すると、そのペイオフ・ダイアグラムは**図5.5**に示したようなものになる。

図5.5 キャップつきコールのペイオフ

資産価値がK_2を上回ったとき、コールのペイオフの上限は$K_2 - K_1$

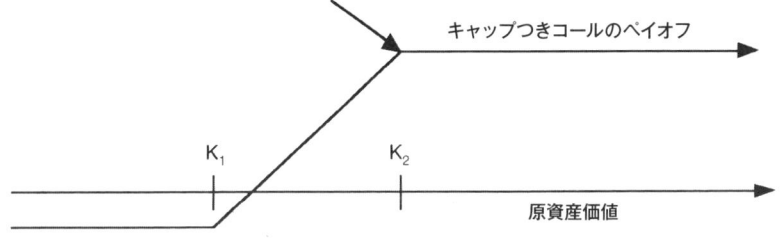

キャップつきコールのペイオフ

K_1　　K_2

原資産価値

このようなオプションをキャップつきコールという。このオプションで注目すべき点は、原資産価格がいったんK_2に達すれば、このオプションを保有しつづけても、もはやタイムプレミアムは期待できないので、この時点でオプションは必ず行使されるということである。キャップつきオプションはバリアオプションと呼ばれるオプションの一種である。バリアオプションとは、ペイオフとオプションの期間が、その原資産価格が所定期間内に一定の水準に達するかどうかに依存するオプションである。

キャップつきオプションの価値は、ペイオフに制限のない同じ条件のコールオプションの価値よりも必ず低くなる。キャップつきオプションの価値は、コールを2回評価することでその近似値を得ることができる。1回は与えられた行使価格で評価し、もう1回はキャップで評価し、その差がオプションの価値となる。したがって、前述の例で取り上げたキャップつきオプションの価値は、行使価格がK_1、キャップがK_2のとき、次式で表される。

キャップつきオプションの価値
＝コールの価値($K = K_1$) － コールの価値($K = K_2$)

バリアオプションにはさまざまな種類がある。ノックアウトオプションは、原資産価値が一定水準に達した時点でオプションが消滅する。コールオプションの場合、ノックアウト価格は通常、行使価格よりも低い値に設定される。こういったオプションをダウン・アンド・アウト・オプションという。一方、プットオプションの場合、ノックアウト価格は行使価格よりも高い値に設定され、このようなオプションをアップ・アンド・アウト・オプションという。キャップつきオプション同様、こういったオプションの価値はペイオフに制限のない等価なオプションよりも低くなる。リアルオプションの多くはペイオフ

に上限が設けられる(ノックアウトが設定される)ため、この制限を無視すれば、オプション価値の過大評価につながる。

複合オプション

オプションのなかには、その価値が原資産ではなく、ほかのオプションに依存するオプションがある。オプションを原証券とするこのようなオプションを複合オプションという。複合オプションには次の4つの種類がある。コールを対象とするコール、プットを対象とするプット、プットを対象とするコール、コールを対象とするプットの4つである。ゲスケ(1979)は、計算時に単純なオプション評価モデルで使われる標準正規分布を2変数正規分布で置き換えて複合オプション価値の解析式を開発した。

例えば、第29章で論じるプロジェクト拡張オプションについて考えてみよう。このオプションの評価には通常のオプション価格モデルを用いるが、実際にはプロジェクトの拡張には多数段階を要し、各段階が次の段階に対するオプションとなる。この場合、オプションを複合オプションではなく単純なオプションととらえれば、オプションを過小評価することになる。

とはいえ、複合オプションは加えられるオプションの数が増えるにつれ、その評価は次第に難しくなる。したがって、多数の推定誤差のせいで評価が暗礁に乗り上げるよりは、単純な評価モデルで得られた推定値を価値の下限として受け入れる方法を取るほうが賢明である。

レインボーオプション

簡単なオプションでは、原資産価格が唯一の不確実要素である。しかし、オプションのなかには2つ以上の不確実要素を含むものもあ

る。こういったオプションをレインボーオプションという。レインボーオプションの評価に通常のオプション価格モデルを使うと推定値に偏りが生じてしまうことがある。一例として、未開発石油埋蔵量をオプションとして考えてみよう。この資源を開発する権利は資源を所有する企業にある。ここには2つの不確実要素が含まれる。そのひとつが原油価格であることは言うまでもない。もうひとつの不確実要素が可採埋蔵量である。この未開発埋蔵量を評価するに当たっては、単純化するために可採埋蔵量が既知であるという前提を設けることもできるが、実際にはどれくらいの資源が埋蔵されているのかははっきりとは分からず、このオプションの価値はその可採埋蔵量の影響を受けるため、行使するかどうかの決定は難しくなる（株式を対象とする上場オプションの場合だと、オプションを行使するときに株価がはっきりと分からないケースに相当する。株価が不確実であればあるほど、オプションを行使するときの判断、つまり確実に利益が確保できるかどうかの判断に過ちの入り込む余地が増える）。

まとめ

オプションは、原資産価値にペイオフが依存する資産である。コールオプションはあらかじめ決められた価格で原資産を買う権利をいい、プットオプションはあらかじめ決められた価格で原資産を売る権利をいう。いずれの場合もオプションの満期以前であればいつでも権利を行使できる。オプションの価値は6つの変数で決まる。原資産の現在価値とその分散、原資産に対する期待配当、オプションの行使価格と期間、リスクフリーレートの6つである。オプションの評価方法には二項モデルとブラック・ショールズ・モデルがある。ブラック・ショールズ・モデルでは、原資産と無リスク貸し出し／借り入れで構成される複製ポートフォリオを構築することでオプションを評価す

る。これらのモデルはオプションと同様の性質を持つ資産の評価にも適用できる。

練習問題

1. 次の数値は配当支払いのないマイクロソフト社の株式を対象とするオプション価格を示したものである。

	コール		プット	
	$K = 85$	$K = 90$	$K = 85$	$K = 90$
1カ月物	2.75	1.00	4.50	7.50
3カ月物	4.00	2.75	5.75	9.00
6カ月物	7.75	6.00	8.00	12.00

現在株価は83ドルで、年次リスクフリーレートは3.8%である。また、対数株価の標準偏差（ヒストリカルデータから算出）は30%である。

a．行使価格85ドルの3カ月物コールの価値を求めよ。
b．ブラック・ショールズ・モデルで求めた入力量を使って、このコールの複製ポートフォリオを作成せよ。
c．このコールのインプライド標準偏差を求めよ。
d．行使価格85ドルのコールを1枚買って行使価格90ドルのコールを1枚売った場合、このポジションのペイオフ・ダイアグラムを描け。
e．プットコール・パリティを使って、行使価格85ドルの3カ月物プットの価値を求めよ。

2. 行使価格30ドルのメルク社の3カ月物コールとプットの価値を評価するものとする。同社の現在株価は28.75ドルで、1株当たり

0.28ドルの年4回の配当のひとつが2カ月後に支払われる予定である。年次リスクフリーレートは3.6％、対数株価の標準偏差は20％である。
   a．コールとプットの価値をブラック・ショールズ・モデルを用いて求めよ。
   b．予定されている配当支払いはコール価値にどんな影響を及ぼすか。プット価値にはどんな影響を及ぼすか。また、その理由を述べよ。

3．前の問題で述べたメルク社のオプションは満期前に行使される可能性がある。
   a．擬似アメリカンコールオプション評価法を用いて、満期前の権利行使がコール価値に影響を与えるかどうかを判断せよ。
   b．オプションはなぜ満期前に行使される可能性があるのか。満期前に行使される可能性の最も高いオプションはどういったタイプのオプションか。

4．以下は3カ月物コールについてのデータである。
   $S = 95$ $K = 90$ $t = 0.25$ $r = 0.04$
   $N(d_1) = 0.5750$ $N(d_2) = 0.4500$
   a．このコールの買いを複製する場合、いくらの借入金が必要か。
   b．このコールの買いを複製する場合、何株の株式を買う必要があるか。

5．ビデオメーカー、ゴー・ビデオ社の1994年5月現在の株価は4ドルで、発行済み株式数は1100万株であった。また、行使価格4.25ドルの発行済み1年物ワラント数は55万であった。株価の標準偏

差は60％で配当支払いはない。リスクフリーレートは5％である。
a．希薄化を考慮しない場合のワラントの価値を求めよ。
b．希薄化を考慮した場合のワラントの価値を求めよ。
c．希薄化を考慮するとなぜワラントの価値は下がるのか。

6．5年後に満期を迎える、行使価格275のNYSE総合株価指数を対象とする長期コールオプションの価値を評価するものとする。この指数の現在水準は250、株価の年次標準偏差は15％である。また、この指数の平均配当利回りは3％でむこう5年間、この水準は変わらないものとする。5年物Tボンドレートは5％である。
a．この長期コールオプションの価値を求めよ。
b．同じ条件のプットの価値を求めよ。
c．このオプションの評価にブラック・ショールズ・モデルを用いる場合、暗黙の前提としてどういったことを設定するか。設定した前提のうち、最も崩れやすい前提は何か。その前提が崩れることで、オプション評価にどういった影響が及ぶか。

7．AT&Tが発行した新しい証券では、むこう3年間にわたってAT&T株に対するすべての配当を受け取ることができる。利益の上限は20％に設定されているが、10％を上回る損失を被ることがないように下限も設定されている。AT&Tの現在株価は50ドルで、3年物のコールオプションとプットオプションの取引価格は以下のとおりである。

	コールオプション		プットオプション	
K	1年物	3年物	1年物	3年物
45	$8.69	$13.34	$1.99	$3.55
50	$5.86	$10.89	$3.92	$5.40
55	$3.78	$8.82	$6.59	$7.63
60	$2.35	$7.11	$9.92	$10.23

あなたなら、この証券がいくらであれば買うか。

第6章 市場効率性——定義、検定、実証的証拠

Market Efficiency —— Definiton, Tests, and Evidence

　効率的な市場とはどういった市場のことをいうのだろう。また、投資や評価モデルにとって、それはどんな意味を持つのか。市場効率性は異論が多く、賛否両論のある概念であることは明らかである。これは一部には個人投資家の間でその真の意味について考え方が異なるためであり、また一部には各投資家の投資戦略を決定するうえで最も重要な概念でもあるからである。本章では市場効率性を定義し、効率的市場が投資家にとってどんな意味を持つのかを考え、投資手法の検定に用いる基本的アプローチをいくつか見ていくことで、市場効率性仮説が正しいかどうかについて検証する。また、市場効率性についてなされた多数の研究結果も併せて紹介する。

市場効率性と投資評価

　市場は効率的なのか。効率的でないとすれば、市場には非効率性が存在することになるが、市場のどこに非効率性は存在するのか。これらの問題は投資を評価するうえで極めて重要である。市場が効率的であるとするならば、市場で最も効率的な価格形成が行われると考えられるため、市場価格が正しいことを立証することが評価プロセスの中核をなすことになる。反対に市場が効率的ではない場合、市場価格は

真の価値とは異なるため、真の価値を適正に推定することが評価プロセスの中心となる。評価能力の高い投資家とは過小（過大）評価されている企業を見つけ出す能力に長けた投資家であり、彼らはほかの投資家よりも高いリターンを上げることができる。しかし、彼らが高いリターンを上げるためには、市場が最終的には自己修正する（効率的になる）ことが必要になる。その修正に6カ月かかるか5年かかるかで、投資家が用いる評価手法とそこから成果が得られるまでにかかる時間は大きく変わってくる。

　市場の非効率的な部分に注目した市場効率性の研究からは、多くのことを学ぶことができる。こうした非効率性は株式母集団のなかから、過小評価されている株式を最も多く含むと思われる副標本をサンプリングするときの基本となる。株式母集団のサイズが分かっている場合、市場の効率性を利用することはアナリストにとって過小（過大）評価されている株式を見つけ出す時間を短縮できるだけでなく、そういった株式を確実に見つけ出せる確率も大幅に上昇する。例えば、市場効率性についてのいくつかの研究によれば、機関投資家に無視されている株式は過小評価されている傾向が強く、そのため超過リターンを見込めるということが分かっている。つまり、機関投資家による投資率（発行株式数のパーセンテージで表す）の低い企業をピックアップして機関投資家に無視された企業の副標本を作り、次にこの副標本に含まれる企業を評価モデルを用いて評価すれば、過小評価された企業のポートフォリオを構築することができるというわけである。リサーチが正しければ、この副標本から過小評価された企業を見つけ出せる確率は高くなるはずである。

効率的な市場とは

　効率的な市場とは、市場価格がその投資の真の価値の偏りのない推

定値であるような市場をいう。この言葉の背景にはいくつかの重要な概念が含まれている。

- 一般的な考え方に反し、効率的な市場では市場価格はいかなる時点においても真の価値と必ずしも一致する必要はない。市場が効率的であるための条件は、市場価格の誤差に偏りがないことだけである。つまり、市場価格と真の価値との差がランダムであれば、市場価格は真の価値よりも高くても、低くてもよいということである。
- 市場価格の真の価値からの偏差がランダムであるということは、大雑把に言えば、すべての株式はいかなる時点においても同じ確率で過小評価あるいは過大評価される可能性があるということで、これらの偏差は観測可能ないかなる変数を使っても修正されないことを意味する。例えば、効率的な市場では、PER（株価収益率）の低い株式がPERの高い株式よりも過小評価される可能性が高いということも低いということもあり得ない。
- 市場価格の真の価値からの偏差がランダムであるとするならば、いかなる投資家グループがいかなる投資戦略を使っても、過小（過大）評価されている株式をコンスタントに見つけ出すことはできないということである。

市場効率性を定義する場合、考察対象となっている市場だけでなく、投資家グループについても明確に定義しなければならない。すべての市場がすべての投資家にとって効率的であるということはまずあり得ないが、特定の市場（例えば、ニューヨーク証券取引所）が平均的な投資家にとって効率的であるということは十分にあり得る。また、市場自体が効率的であるものと、そうでないものがあるだろうし、ある投資家にとっては効率的でも、ほかの投資家にとっては効率的ではない市場もあるだろう。これは、適用税率や取引コストの違いによっ

て生じる現象、つまり税率や取引コスト面でほかの投資家よりも優位に立てる投資家がいるという事実を反映したものである。

市場効率性の定義は、投資家が入手できる情報や価格に反映される情報についての仮定とも関係がある。例えば、公開、非公開情報を問わず、すべての情報が市場価格に反映されていることを前提とした市場効率性の厳密な定義によれば、効率的な市場では確実な内部情報を持った投資家でさえ市場に打ち勝つことはできないとされる。市場効率性をいくつかのレベルに分類した最初の研究者のひとりがファーマ (1971) である。彼は、市場の効率性レベルを、価格に反映される情報によって3つに分類した。ウィーク・フォームの効率性の下では、現在株価は過去のすべての株価情報を反映したものであり、過去の株価のみに基づくチャート分析やテクニカル分析では割安株を発見することはできない。また、セミ・ストロング・フォームの効率性の下では、現在株価は過去の株価情報だけでなく、公開されたすべての情報（財務諸表や企業が公表する情報を含む）を反映したものであり、こういった情報の利用・加工に基づくアプローチでも割安株の発見は不可能である。そして、ストロング・フォームの効率性の下では、現在株価は公開、非公開を問わず、すべての情報を反映したものであり、いかなる投資家であれ割安株をコンスタントに見つけ出すことはできない。

市場効率性が意味するもの

市場効率性とはつまり、いかなる投資家グループも一般的な投資戦略ではコンスタントに市場に打ち勝つことはできないことを主張するものである。また、市場効率性は多くの投資戦略を否定するものでもある。

●効率的な市場では、株式リサーチや評価はコストがかかるだけで、何の便益ももたらさない。価格形成における誤差がランダムであるため、割安株を見つけられるかどうかの確率は常にフィフティ・フィフティである。情報収集と株式リサーチからは、良くてせいぜいリサーチコストをカバーできるだけの便益しかもたらされない。
●効率的な市場では、手当たり次第に株式を分散したり指数連動型投資を行うといった戦略は情報コストがまったく、あるいはほとんどかからず、実行コストも最小限に抑えることができるため、情報コストや実行コストのかかるほかの戦略よりも優位性がある。ファンドマネジャーや投資戦略家による付加価値の入り込む余地はない。
●効率的な市場では、取引量を最小限にとどめる（つまり、ポートフォリオを構築し、キャッシュが必要にならないかぎりトレーディングは行わない）といった戦略は、頻繁な取引を必要とする戦略よりも効果がある。

したがって、市場効率性の概念がファンドマネジャーやアナリストの強い反発を受けるのは当然である。彼らにとって、この概念は彼らの存在を否定する以外の何物でもないのである。

また、市場効率性では説明できない次に述べるような現象を明確にすることも重要である。

●株価が真の価値から逸脱することはあり得ない。しかし実際には、株価は真の価値から大きく離れることがある。市場効率性が成立する唯一の条件は、株価の真の価値からの偏差がランダムであることである。
●いかなる投資家も常に市場に打ち勝つことはできない。しかし、取引コストを差し引く前の段階で考えると、ほぼ半数の投資家はいつでも市場に打ち勝つことができるはずである（負のリターンの上

限が−100％に制限されているため、大きな正のリターンが生じる確率のほうが大きな負のリターンが生じる確率よりも大きい。つまり、リターンは正の方向に偏っているため、市場に打ち勝つことのできる投資家の数は全投資家数の半数を下回ることになる）。
● いかなる投資家も長期的に見れば市場に打ち勝つことはできない。金融市場に存在する投資家の数を考えると、確率の法則によって、かなり多くの投資家が長期にわたって市場を上回る利益をコンスタントに上げつづけることになるが、これは彼らの投資戦略が優れているだけではなく、運が良いからでもある。しかし、あまりに多くの投資家が同じ投資戦略を用いれば、彼らはコンスタントに市場に打ち勝つことはできなくなる（市場の効率性を否定する不滅の証明のひとつが、1950年代のベンジャミン・グレアムから教訓を得た多くの投資家が打ち立てたパフォーマンス記録である。いかなる確率統計学をもってしてもいまだに彼らの記録の一貫性と優等性を説明できてはいない）。

効率的な市場では、いかなる投資から得られる期待リターンも長期的に見ればその投資にかかわるリスクに一致するが、短期的に見れば期待リターンとリスクとは一致しない。

市場効率性が成立するための条件

市場は放っておけば自動的に効率的になるわけではない。市場を効率的にするものは、割安株を嗅ぎ分けて市場に打ち勝つ計画を実行に移すという投資家のアクションである。市場から非効率性を消滅させるための必要条件は次に示すとおりである。

● 市場の非効率性は、市場に打ち勝ち超過リターンを上げるという手

法の基本をなすものでなければならない。このためには、
1、非効率性を生み出す源泉となる資産が取引されなければならない。
2、手法を実行に移すのに必要な取引コストは、手法の実行から得られる期待リターンを下回るものでなければならない。
● 最大利益を追求する投資家が存在しなければならない。こういった投資家は、
1、超過リターンの可能性を認識している。
2、超過リターンを生み出す、市場に打ち勝つ手法を繰り返し実行することができる。
3、非効率性が消滅するまで株の売買を行えるだけの資金を持っている。

効率的な市場では市場に打ち勝つことはできないとしながら、最大利益を追求する投資家に対して市場に打ち勝つ方法を模索して市場を効率的にすることを要求するのは内部矛盾であると、これまで多くの者が指摘してきた。市場が本当に効率的ならば、投資家は市場を再び非効率に導くような非効率性を探すようなことはしないだろう。効率的な市場は自己修正メカニズムを持つと考えるのが妥当である。自己修正メカニズムを持つ効率的市場では、非効率性は定期的に現れはするが、投資家がそれを発見して利用すればたちまち消滅する。

市場効率性に関する命題

市場が効率的になるための条件から、投資家が金融市場のどこに最も非効率性を発見しやすいかについての一般的な命題が導かれる。

命題1 資産市場で非効率性を見つけられる確率は、資産が取引し

やすくなればなるほど低下する。公開市場が存在しないか、取引をしにくくするような大きな障害が存在することで投資家による資産取引が困難な場合、価格形成における非効率性は長期にわたって続く可能性がある。

　この命題は異なる資産市場の違いを考えるうえでのヒントとなる。例えば、不動産取引に比べると株式取引のほうがはるかに簡単である。株式のほうが市場がオープンで、単位価格も安く（新規トレーダーが参入しやすい）、資産そのものが取引ごとに異なるということがないからである（IBM株1株の価格が取引によって異なることはないが、不動産価格は場所がほんの少し離れただけで大きく異なることがある）。こういった市場間の違いによれば、不動産市場のほうが非効率性（過小評価あるいは過大評価）を見つけられる確率は高い。

命題2　資産市場で非効率性を見つけられる確率は、非効率性を模索するのに必要な取引コストと情報コストが上昇するにつれて高くなる。情報収集コストと取引コストは市場間によって大きく異なるだけでなく、同じ市場でも投資案件によって異なる。これらのコストが上昇するほど、非効率性を見つけることのメリットは減る。

　例えば、一般的な通念に次のような言葉がある――「値下がり」株（過去のある期間にパフォーマンスがひどく悪かった株）に投資すれば超過リターンを得られる。これはたしかにコスト調整前のリターンで考えれば正しいかもしれないが、こういった株式はほかの株式に比べると取引コストが格段に高い傾向がある。理由は以下のとおりである。

- 低価格株であることが多いため、取引コストや費用が高くなる。
- 呼び値スプレッド、つまり購入時に支払った取引コストが株の購入代金の総額のかなりの部分を占める。
- こういった株式は薄商いになる場合が多い。取引高が小さければ価

格変動が生じやすく、結果的に高く買って、安く売ることになりかねない。

推論1　コスト面で優位性（情報収集コストあるいは取引コスト）を持つ投資家は、こういった優位性を持たない投資家よりも小さな非効率性を見つけやすい。

　大口取引が価格に与える効果を調査した研究は数多く存在する。その研究結果からは、大口取引はたしかに価格には影響するが、取引回数とそれにかかるコストが高くなるため、投資家はこういった非効率性を利用しないということが分かっている。こういった問題は、即座にしかもローコストまたはノーコストで取引が可能な、取引所のフロアにいるようなスペシャリストには当てはまらない。しかし、市場がスペシャリストにとって効率的であるならば、取引所の会員権の価値にはスペシャリストであることによって得られると思われる便益の現在価値が反映されていなければならないことを指摘しておこう。

　この推論からさらに分かることは、コスト面での優位性、とくに情報収集コストについての優位性を持つ投資家は、この優位性によって超過リターンを獲得できるかもしれないということである。したがって、ほかのファンドマネジャーに先駆けて日本市場やアジア市場に参入したジョン・テンプルトンは、こういった情報収集面での優位性を活用することで超過リターンを得ることができたのかもしれないということになる。

命題3　非効率性が消滅する速さは、非効率性の探索手法がほかの投資家によっていかに簡単に模倣できるかということと直接的な関係がある。手法が簡単に模倣できるかどうかは、それを実行するのに必要な時間と資源、情報によって決まる。取引を通じて非効率性を排除する資源を独力で持てる投資家はほとんどいないため、非効率性の探

索に用いられる手法が分かりやすく、ほかの投資家が模倣できるものであるほど、非効率性の消滅速度は高まる。

この点を分かりやすく説明するために、株式分割が行われた次の月にはその株式からは必ず超過リターンが得られると仮定しよう。株式分割は企業によって一般公表され、どの投資家も分割直後に株式を購入できるため、この非効率性が長期にわたって存続することはあり得ない。これと好対照なのが、指数先物を買い（売り）、その指数の株式を空売りする（買う）といった指数裁定取引を行う裁定ファンドによって達成される超過リターンである。この戦略では、投資家は指数に関する情報を入手でき、価格を常にモニターできるとともに、指数先物の取引能力と株式の空売り能力（証拠金と資金面で）を持ち合わせ、裁定機会が消滅するまで大きなポジションを取り、保有できるだけの資金があることが要求される。結果的に、指数先物の価格形成における非効率性は、少なくとも、最低のコストで実行を最もスピーディーに行える最も効率的な裁定者にとっては長期にわたって持続する傾向がある。

市場の効率性検定

市場の効率性検定は、特定の投資戦略によって期待リターンが生み出されるかどうかを検証するものである。検定によっては取引コストや実行が可能かどうかを勘案するものもある。投資から得られる超過リターンとはその投資に対する実際のリターンと期待リターンとの差であるため、市場の効率性検定では当然ながらこの期待リターンを推定するモデルも考察対象となる。期待リターンは資本資産価格モデルや裁定価格モデルを使ってリスクを調整する場合もあれば、類似のあるいは等価な投資から得られるリターンに基づいて推定される場合もある。いずれの場合でも、市場の効率性検定が市場の効率性と期待リ

ターンの推定に用いられるモデルの有用性とのジョイントテストであるということでは一致している。市場の効率性検定で超過リターンが得られることを立証できたとするならば、それは市場が非効率的であるか、期待リターンの計算に使われたモデルが間違っていたかのいずれか、あるいはその両方を意味する。これは解決不可能なディレンマを生みそうだが、この検定結果がモデルを変えても変わらない場合、モデルの選定を誤った可能性は低く、検定結果は市場の非効率性によって導かれた可能性が高い。

　市場効率性の検定方法は多数あり、どの方法を用いるかは主として検定対象となる投資手法に依存する。情報イベント（株式分割、決算発表、企業買収の発表など）を利用する投資手法の検定には「イベントスタディ」という方法が用いられることが多い。これは、イベントによって生じるリターンを綿密に調べ上げ、そのイベントが超過リターンを生み出すものであるかどうかを検証しようというものである。一方、企業の観察可能な特性（PER、PBR［株価純資産倍率］、配当利回りなど）を利用する手法はポートフォリオアプローチを使って検定することが多い。ポートフォリオアプローチとは、これらの特性を持つ株式でポートフォリオを構築し、そのポートフォリオによって超過リターンが生み出されるかどうかを長期にわたって追跡調査するものである。これらのアプローチの主要ステップを以下にまとめた。また、これらの検定の使用あるいは実行における留意点についても見ていく。

イベントスタディ

　イベントスタディは企業が発表する情報イベントに対する市場の反応と生じる期待リターンを検証するものである。情報イベントは、例えばマクロ経済指標の発表といった市場関連の情報の場合もあれば、

配当についての発表といった企業固有情報の場合もある。イベントスタディは次の５つのステップに沿って行う。

1. 検討すべきイベントとそのイベントが発表された日を明確に特定する。イベントスタディでは、イベントの発生時点が正確に分かっていることが前提となる。金融市場はイベントそのものよりもイベントに関する情報に敏感に反応するため、ほとんどのイベントスタディはイベントの発表日（ほとんどの金融取引では、イベントの発表日はその発生日より数日、場合によっては数週間早い傾向がある）を中心に実施される。

発表日
―――――――――――――｜―――――――――――――

2. イベントの発表日が特定できたら、次は発表日前後のリターンを標本に含まれる企業ごとに収集する。これを行うに当たっては、２つのことを決める必要がある。まずアナリストは、週次リターン、日次リターン、あるいはもっと短い間隔のリターンを収集するのかを決めなければならない。これは、イベントの発生日がどれくらい正確に分かっているか（イベントの発生日が正確であればあるほど、測定間隔の短いリターンが使われる）と、情報がどれくらいすばやく価格に反映されるか（価格調整が速やかであればあるほど、用いるリターンの測定間隔は短くなる）による。次に、アナリストは発表日前後のどれくらいの期間のリターンを収集するかをイベントウィンドウ要素のひとつとして決定しなければならない。これもまたイベント発生日の確実さによる。イベント発生日が不確実であるほど、ウィンドウの幅を広く取らなければならない。

```
    R₋ⱼₙ ……………     Rⱼ₀    …………… R₊ⱼₙ
_____|_____|_____|_____
        リターンウィンドウ ：−n to +n
```

ただし、R_{jt} = 期間 t における企業 j のリターン（ t = − n ,…,0,…, + n ）

3. 発表日前後の期間ごとのリターンを市場パフォーマンスとリスクに対して調整して、標本に含まれる各企業の超過リターンを求める。例えば、リスク調整にはCAPMを用いる。

期間 t における超過リターン = t 日におけるリターン
− (リスクフリーレート + ベータ × t 日における市場リターン)

```
    ER₋ⱼₙ ……………    ERⱼ₀   …………… ER₊ⱼₙ
_____|_____|_____|_____
        リターンウィンドウ ： −n to +n
```

ただし、ER_{jt}
= 期間 t における企業 j の超過リターン（ t = − n ,…,0,…, + n ）
= $R_{jt} - E(R_{jt})$

4. 期間ごとの超過リターンを標本に含まれるすべての企業について平均して、標準誤差を計算する。

t 日における平均超過リターン = $\sum_{j=1}^{j=N} \dfrac{ER_{jt}}{N}$

t 日における超過リターンの標準誤差 = $\sum_{d=1}^{d=N} \dfrac{(ER_{dt} - 平均ER)^2}{(N-1)}$

ただし、N＝当該イベントスタディにおけるイベント（企業）の数

5. 発表日前後における超過リターンがゼロから乖離しているかどうかを知るには、各期間のt統計量を求めればよい。t統計量は平均超過リターンを標準誤差で割ったものである。

t日における超過リターンに対するt統計量
＝平均超過リターン÷標準誤差

t統計量が統計的に有意である場合、そのイベントはリターンに影響を及ぼすということになる。その影響が正であるか負であるかは、超過リターンの符号による。t統計量の標準的な有意水準は以下のとおり。

有意水準	片側検定	両側検定
1%	2.33	2.55
5%	1.66	1.96

実例6.1　イベントスタディの例
──オプションの上場が株価に与える影響

　オプションの上場が株価ボラティリティに与える影響については、学術研究者や実務家の間で長い間議論されてきた。オプションは投機家にとって魅力ある商品であるため株価ボラティリティを上昇させると主張する者もいれば、オプションは投資家の選択の幅を広げると同時に金融市場に流れ込む情報量を増加させるため、株価ボラティリティは下がり株価は上がると主張する者もいる。
　こういった仮説を検定するひとつの方法がイベントスタディであ

る。この手法を使ってオプションの上場が原株価格に与える影響を調べることができる。コンラッド（1989）は次のステップに沿ってイベントスタディを実施した。

ステップ1　特定の株式を対象とするオプションがシカゴオプション取引所に上場することが発表された日を特定。

ステップ2　発表日とその前後10日間の原株（j）の価格データを収集。

ステップ3　原株のリターン（R_{jt}）を各取引日について計算。

ステップ4　イベントウィンドウ外の期間（イベント日の前後100日）のリターンを使って原株のベータ（β_j）を計算。

ステップ5　株価指数のリターン（R_{mt}）を前述の21取引日の各日について計算。

ステップ6　超過リターンを前述の21取引日の各日について計算。計算式は以下のとおり。

$$ER_{jt} = R_{jt} - \beta_j R_{mt} \qquad t = -10、-9、-8、\cdots、+8、+9、+10$$

ステップ7　オプションを上場したすべての株式の超過リターンの平均と標準偏差を前述の21取引日の各日について計算。各取引日の平均と標準偏差を使ってt統計量を計算。次の表はオプション上場の発表日前後の平均超過リターンとt統計量をまとめたものである。

取引日	平均超過リターン	累積超過リターン	t 統計量
−10	0.17%	0.17%	1.30
−9	0.48%	0.65%	1.66
−8	−0.24%	0.41%	1.43
−7	0.28%	0.69%	1.62
−6	0.04%	0.73%	1.62
−5	−0.46%	0.27%	1.24
−4	−0.26%	0.01%	1.02
−3	−0.11%	−0.10%	0.93
−2	0.26%	0.16%	1.09
−1	0.29%	0.45%	1.28
0	0.01%	0.46%	1.27
1	0.17%	0.63%	1.37
2	0.14%	0.77%	1.44
3	0.04%	0.81%	1.44
4	0.18%	0.99%	1.54
5	0.56%	1.55%	1.88
6	0.22%	1.77%	1.99
7	0.05%	1.82%	2.00
8	−0.13%	1.69%	1.89
9	0.09%	1.78%	1.92
10	0.02%	1.80%	1.91

これらの超過リターンからは、上場の発表が取引日のみに影響を与えたということは証明できないが、発表日を含む前後の取引日全体に対してはプラスの効果があったということは言えそうである（ t 統計量は5％水準でぎりぎり有意）。

ポートフォリオスタディ

投資戦略のなかには、特定の性質を持つ企業はそういった性質を持たない企業よりも過小評価される傾向が強く、そのため超過リターンが見込める企業と見なすものもある。こういった投資戦略の良しあしを検定するには、ある期間の期首にこういった性質を保有する企業で

構成されたポートフォリオを構築し、その期間全体にわたってリターンを観察すればよい。結果が1期間のみの特異性に左右されないようにするために、分析は多数期間にわたって行う。ポートフォリオスタディは以下の7つのステップに沿って実施される。

1. 用いた投資戦略を基に、企業の分類基準となる変数を決める。変数は数値的なものである必要はないが、観測可能なものでなければならない。変数の例としては、株主資本の市場価値、債券の格付け、株価、PER、PBRなどが挙げられる。
2. 検定期間の期首における、定義された母集団（母集団のサイズについては実務的には限度があるが、プロセスのこの段階で偏見が含まれないように注意する必要がある。例えば、検定期間においてパフォーマンスの良かった株式のみを母集団として選べば、明らかに偏見が含まれることになる）に含まれる各企業の変数データを収集し、変数の大きさに基づいて企業を各ポートフォリオに分類する。例えば、PERを変数に選んだ場合、企業はPERの低いクラスから高いクラスの順に分類され、各PERクラス別ポートフォリオが構築される。ある程度の分散化を実現するために各ポートフォリオには十分な数の企業が含まれていなければならないため、企業を何クラスに分類するかは母集団のサイズによって異なる。
3. 各ポートフォリオに含まれる各企業の検定期間におけるリターンデータを収集する。各ポートフォリオにおける各企業のウエイトは等しいと仮定したうえで、各ポートフォリオのリターンを求める。
4. 各ポートフォリオのベータ（シングル・ファクター・モデルの場合はひとつ、マルチ・ファクター・モデルの場合は複数）を求める。ベータは、各ポートフォリオに含まれる各株式のベータの平

均をとるか、各ポートフォリオのリターンを1期間前（例えば、検定期間の前の1年間）の市場リターン上に回帰させて求める。
5．各ポートフォリオから得られる超過リターンと、超過リターンの標準誤差を求める。
6．平均超過リターンが本当にポートフォリオ間で異なるかどうかを調べるための統計検定は多数あり、パラメトリックな手法（パラメトリック検定のひとつがF検定で、これはグループ間で平均が等しいかどうかを調べるものである。F検定では、各グループの分散が等しい、もしくは異なるという仮定が設けられる）──超過リターンの分布に仮定が設けられる──とノンパラメトリックな手法（ノンパラメトリック検定のひとつがランク・サム検定である。これは、標本全体のリターンをランク付けして、各グループごとにランクを合計し、ランキングがランダムかシステマティックかを調べるものである）とに分けられる。
7．最終検定として、極端なポートフォリオを比較して、これらのポートフォリオ間で統計的に有意な差があるかどうかを調べる。

実例6.2　ポートフォリオスタディの例── PER

　実務家は、PERの低い株式は一般に割安株であり、市場あるいはPERの高い株式を上回るリターンを挙げることができると主張してきた。この仮説はポートフォリオアプローチを使って検定することができる。

　ステップ1　1987年末以降のPERデータを使って、ニューヨーク証券取引所に上場している企業をPERの低い順に5つのグループに分類。PERが負の企業は無視した（結果を歪めるおそれがあるため）。

ステップ2 1988年から1992年までのデータを使って、各ポートフォリオのリターンを計算。倒産もしくは上場廃止になった株式のリターンは−100%とした。

ステップ3 1983年から1987年までの月次リターンを使って、各ポートフォリオに含まれる各株式のベータを計算し、各ポートフォリオの平均ベータを推定。ただし、ポートフォリオにおける各株式のウェイトはすべて等しいと仮定。

ステップ4 1988年から1992年までの株価指数のリターンを計算。

ステップ5 1988年から1992年までの各ポートフォリオの超過リターンを計算。次の表は1988年から1992年までの各年における各ポートフォリオの超過リターンをまとめたものである。

PERクラス	1988	1989	1990	1991	1992	1988–1992
最低	3.84%	−0.83%	2.10%	6.68%	0.64%	2.61%
2	1.75%	2.26%	0.19%	1.09%	1.13%	1.56%
3	0.20%	−3.15%	−0.20%	0.17%	0.12%	−0.59%
4	−1.25%	−0.94%	−0.65%	−1.99%	−0.48%	−1.15%
最高	−1.74%	−0.63%	−1.44%	−4.06%	−1.25%	−1.95%

ステップ6 各ポートフォリオクラスのリターンのランキングを見ると、PERの低い株式がハイリターンを上げるという仮説は正しいように思えるが、ポートフォリオ間のリターンの差が統計的に有意であるかどうかを確認する必要がある。このための検定方法はいくつかあるが、そのなかから3つの方法を紹介する。

● F検定は、平均リターンがポートフォリオ間で同じであるという仮定を棄却するのが適切であるかどうかの決定に利用できる。Fの値

が高い場合、ポートフォリオ間の差は大きすぎるためランダムではないと結論づけることができる。
- χ^2 検定はノンパラメトリック検定で、平均が5つのポートフォリオクラス間で同じであるという仮説の検定に利用できる。
- 最低PERと最高PERの株式を抜き出してt統計量を求めることで、これら2つのポートフォリオ間で平均が異なるかどうかを調べることができる。

市場効率性検定で犯しやすい過ち

　投資戦略の検定プロセスでは、避けなければならない過ちが多数ある。そのなかでも特に重要な6つの過ちは以下のとおりである。

1. **投資戦略を支持するか否定するかの決定に裏づけのない証拠を用いる**　裏づけのない証拠は二様に解釈できるので、同じ仮説を支持するのにも否定するのにも利用できてしまう。株価データにはノイズが含まれており、いかなる投資手法も（いかにバカげたものでも）成功するときもあれば失敗するときもあるため、同じ手法でもうまくいくケースと失敗するケースとが必ずある。

2. **投資戦略を、その投資戦略を選ぶのに使ったのと同じデータ、同じ期間について検定する**　これは悪徳な投資アドバイザーのやり口である。用いる投資手法を、特定期間のデータの検証結果に基づいて選定する。この手法が適切かどうかを同じ期間について検定すれば、結果など見るまでもなく予測できてしまう（この手法は驚くほどパフォーマンスが高く、巨大なリターンを生み出す）。
　投資手法は必ず、それを導き出すのに使った期間以外の期間、もしくはそれを導き出すのに使った母集団とは異なる母集団を

使って検定しなければならない。

3. **偏った標本を選ぶ** 検定を行う標本は偏っていることがある。標本に含む候補となる株式は何千と存在するため、リサーチャーは小さい標本を選ぶ傾向がある。標本がランダムであれば結果に及ぶ被害はある程度抑えられるが、標本に偏りがあれば、母集団の統計量を正しく推定することはできない。

4. **市場パフォーマンスに対する調整を怠る** 市場全体のパフォーマンスに対する調整を怠った場合、良いリターンを生み出すという理由だけで、選んだ投資手法がうまく機能すると結論づけたり（ほとんどの手法は、市場全体のパフォーマンスが良いときには良いリターンを生み出す。しかし実際には、その手法そのものが期待を上回るリターンを生み出す手法かどうかが問題なのである）、逆に悪いリターンを生み出すという理由だけで、うまく機能しないと結論づけたりすることになりかねない。したがって、投資手法を検定するときには、検定期間における市場パフォーマンスに対する調整を行うことが重要である。

5. **リスクに対する調整を怠る** リスクに対する調整を怠れば、ハイリスクな投資手法を支持し、ローリスクな投資手法を否定するという傾向に陥りかねない。超過リターンという概念が欠如していれば、当然ながら前者は市場を上回るリターンを上げ、後者は市場を下回るリターンしか上げられないということになる。

6. **因果関係の相関を見誤る** 前節で取り上げたPERによる株式調査をここでもう一度振り返ってみよう。調査の結果、PERの低い株式はPERの高い株式よりも高い超過リターンを上げることができるという結論が出た。しかし、ハイリターンと低いPERとの関係はその株式への投資に伴うハイリスクによってもたらされたものであるため、低いPERが必ず高い超過リターンを生み出すと結論づけるのは早計である。換言すれば、ハイリスクは観測

された両方の現象——つまり、低いPERと高いリターン——の原因となるファクターであるということである。したがって、何が何でもまずはPERの低い株を買うという戦略には注意が必要である。

問題になり得る小さな過ち

1. **残存する偏見** ほとんどのリサーチャーは公開企業という既存の母集団を出発点に、そこから時間をさかのぼって投資戦略を検定する。しかし、この手法では検定期間中に倒産し、明らかに負のリターンしか生み出さないような企業が自動的に削除されるため、わずかながらも偏りが生じる可能性がある。その投資手法が高い倒産リスクを抱えた企業を選ぶ傾向が強い場合、その手法によって生み出されるリターンは過大評価されることもあり得る。

   例えば、その投資手法が、利益が大幅にマイナスの株式は業績改善による便益が最も大きいという理由で、こういった株式に投資することを推奨しているとしよう。このポートフォリオに含まれる企業のいくつかは倒産するだろう。したがって、これらの企業を考慮に入れなければ、この手法から得られるリターンは過大評価されることになる。

2. **取引コストを考慮に入れない** 投資手法のなかには、取引コスト（執行手数料、呼び値スプレッド、価格インパクト）が高いため、ほかの手法よりも高くつくものがある。首尾徹底した検定であれば、このコストを勘案したうえで戦略に対する最終的な結論を出す。しかし、これは口で言うほど簡単ではない。投資家によって取引コストは異なり、検定にどの投資家の取引コスト表を使えばよいかもはっきりしないからである。取引コストを無視するリサーチャーの言い分はこうである。自分たちの取引コストは分

かっているのだから、投資戦略が正当化できるだけの超過リターンを得られるものかどうかは個人投資家自らが決めることだ。
3. **実行の難しさを勘案しない**　戦略によっては、理論上は素晴らしく思えても、いざ実行に移すとなると、取引上の障害が存在したり、取引によって価格インパクトが生じるため、実行が難しいものもある。例えば、極めて小さな企業に投資する戦略は理論上は超過リターンを生み出すかもしれないが、価格インパクトが大きいためこのような超過リターンは実際には存在しない。

市場効率性の実証的証拠

　市場の効率性については数々の研究が行われ、市場は効率的であるとする結果が提示されている。本章ではその論拠についてまとめる。総括的とまではいかないものの、論証は次の4つのカテゴリーに分類することができる——価格変動の時系列特性についての研究、情報イベントに対する市場の反応の効率性についての研究、企業間や異なる時点間におけるリターンのアノマリー、インサイダー、アナリスト、マネーマネジャーのパフォーマンス分析。

価格変動の時系列特性

　金融市場が誕生して以来、投資家たちは株価チャートや株価パターンを使って将来の株価の動きを予測してきた。したがって、市場効率性についての初期の研究が、そうした予測の有効性を調べるのに長期にわたる株価変動の関係に重点を置いてきたとしても不思議ではない。こうした検定のなかには、長期にわたる株価の変動がランダムウォークに従うことを説いた株価変動のランダムウォーク理論によって拍車のかかったものもある。そのひとつが株価の時系列特性の研究

である。株価の時系列特性に関する研究がますます増加するなか、その論証は2つのカテゴリーに分類することができる。ひとつは、株価の短期の振る舞い（日中、日次、週次の株価の動き）に焦点を当てた研究で、もうひとつが長期の振る舞いに焦点を当てたものである。

株価の短期の動き

今日の株価の動きは明日の株価の動きを示唆するものであるという考え方は、多くの投資家の心理に根づいている。この仮説を金融市場で検定する方法はいくつかある。

系列相関

系列相関は、1時間ごと、日次、週次といった違いは問わず、連続期間における株価変動の相関を測定するもので、任意の期間における株価変動がその前の期間の株価変動にどれだけ依存しているかを見る基準となる。したがって、系列相関がゼロの場合、連続期間における株価変動は無相関で、投資家が過去の株価変動から将来の株価変動を予測できるという仮説は棄却される。系列相関が正でかつ統計的に有意である場合、それは市場に価格モメンタムが存在することを意味する。つまり、前の期間のリターンが正（負）であれば、次の期間のリターンも正（負）になる傾向があるということである。一方、系列相関が負でかつ統計的に有意である場合、それは価格反転の可能性を示唆している。つまり、前の期間のリターンが負であれば次の期間には正に転じる、あるいはその逆の可能性があるということである。

投資戦略の観点からすれば、系列相関は超過リターンの獲得に利用することができる。例えば、正の系列相関は、リターンが正であった期間のあとには買い、リターンが負であった期間のあとには売るという戦略に応用できるし、負の系列相関は、リターンが負であった期間

のあとには買い、リターンが正であった期間のあとには売るという戦略に応用できる。ただし、これらの戦略には取引コストがかかるため、相関は取引コストを差し引いてもなお利益が得られるほど大きいことが条件となる。したがって、リターンが系列相関を持っていたとしても、ほとんどの投資家が超過リターンを得ることができない可能性はあるわけである。

　系列相関の研究に最初に着手したのはアレクサンダー（1963）、ポール・クートナー（Paul Cootner［1962］）、ファーマ（1965）らである。彼らは全員が米国大型株に注目し、株価における系列相関は小さいという結論に達した。例えば、ファーマはダウ工業株30種を調査し、そのうち８つの株式が負の系列相関を持つことを発見すると同時に、系列相関のほとんどが0.05未満であることを見いだした。ほかの研究からも、米国の小型株だけでなく、ほかの市場においてもファーマの発見を裏づけるような結果が出ている。例えば、ジェナーグレン、エージ・コルスボルド（Age Korsvold）（1974）はスウェーデンの株式市場における系列相関が低いことを報告しており、クートナー（1961）はコモディティ市場でも系列相関が低いことを結論づけている。これらの相関のいくつかは統計的に有意かもしれないが、残念ながら超過リターンを生み出すほど十分な大きさの相関ではない。

　短期リターンの系列相関は市場の流動性と、呼び値スプレッドがあるかないかによって影響を受ける。ある指数に含まれるすべての株式が流動性を持つというわけではなく、場合によってはある期間にはまったく取引のない株式もある。その株式がその次の期間で取引された場合、その結果生じる株価の変動は正の系列相関を生み出す可能性もある。その理由を考えるために、市場が１日目には急上昇したが、その指数に含まれる３つの株式がその日には取引されなかったと仮定しよう。２日目にこれらの株式が取引されたとすると、その株価は前日の市場の上昇を反映して上昇する可能性が高い。つまり結果とし

て言えることは、流動性のない株価指数の日次あるいは時間ごとのリターンには正の系列相関があると見るべきだということである。

一方、呼び値スプレッドの場合、リターンの計算に取引価格が使われたとすると、価格の終値が買い呼び値である場合と売り呼び値である場合は同じ確率で生じるため、市場の流動性のケースとは反対方向の偏りを生じる。確率が同じであるため価格にバウンド——つまり、買い呼び値から売り呼び値へ、そしてまた買い呼び値へという動き——が生じるため、リターンは負の系列相関を持つことになる。ロール（1984）はこの関係を測るための簡単な測度を提供した。

呼び値スプレッド $= -\sqrt{2(リターンの系列共分散)}$

ただし、リターンの系列共分散は連続期間におけるリターンの変動間の共分散である。リターンの測定間隔が非常に短い場合、系列相関に現れるこの偏りのために、連続期間における株価変動は負の相関性を持つといった誤った考え方を導く恐れがある。

フィルタールール

フィルタールールとは、株価が前の最安値からＸ％上昇したら買い、前の最高値からＸ％下落したら売るという戦略である。トレーディングを促すシグナルとなる変動幅（Ｘ％）はフィルタールールごとに異なり、変動幅が小さいほど１期間当たりの取引量は多くなり、したがって取引コストも増加する。**図６.１**は典型的なフィルタールールを示したものである。

この戦略は、価格変動は系列相関を持ち、価格がモメンタムを持つ（つまり、過去に大きく上昇した株はそのまま上がりつづける傾向がある）という前提の下に成り立つ。**表６.１**は0.5％から20％のフィルタールールを用いたトレーディング戦略の取引コスト差し引き前と差

し引き後のリターンの調査結果をまとめたものである（ファーマ、ブルーム［1966］、Jensen and Bennington［1970］。0.5％ルールを見てみると、株は前の最安値から0.5％上昇した時点で買われ、前の最高値から0.5％下落した時点で売られていることが分かる）。

図6.1 フィルタールール

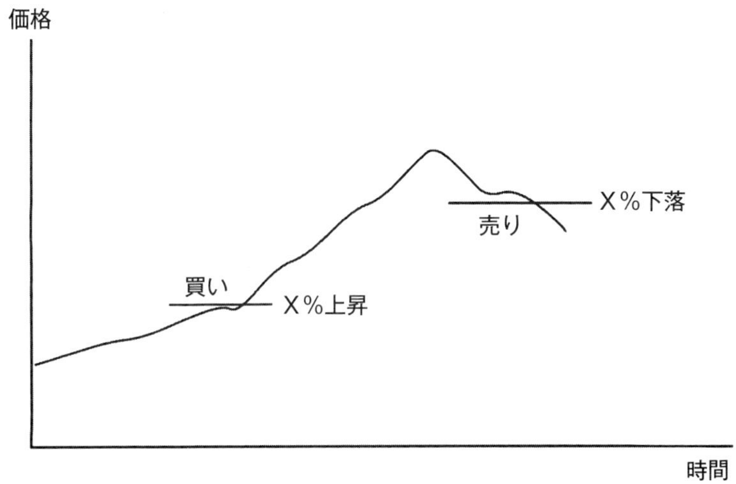

価格

売り ― X％下落

買い ― X％上昇

時間

表6.1　フィルタールール戦略によるリターン

Xの値	この戦略による リターン	バイ・アンド・ホールド によるリターン	この戦略の トレーディング回数	取引コスト差し引き 後のリターン
0.5%	11.5%	10.4%	12,514	−103.6%
1.0%	5.5%	10.3%	8,660	−74.9%
2.0%	0.2%	10.3%	4,764	−45.2%
3.0%	−1.7%	10.1%	2,994	−30.5%
4.0%	0.1%	10.1%	2,013	−19.5%
5.0%	−1.9%	10.0%	1,484	−16.6%
6.0%	1.3%	9.7%	1,071	−9.4%
7.0%	0.8%	9.6%	828	−7.4%
8.0%	1.7%	9.6%	653	−5.0%
9.0%	1.9%	9.6%	539	−3.6%
10.0%	3.0%	9.6%	435	−1.4%
12.0%	5.3%	9.4%	289	2.3%
14.0%	3.9%	10.3%	224	1.4%
16.0%	4.2%	10.3%	172	2.3%
18.0%	3.6%	10.0%	139	2.0%
20.0%	4.3%	9.8%	110	3.0%

　バイ・アンド・ホールド戦略からのリターンを上回るリターンを上げている唯一のルールは0.5％ルールだが、これは取引コスト差し引き前の話である。この戦略によるこの期間のトレーディング回数は１万2514回で、投資家の当初投資額を上回る多額の取引コストがかかっている。この検定は時代遅れであるうえ、短期トレーディングを頻繁に行わなければならないという戦略上の基本的な問題点も浮き彫りにしている。この戦略は取引コスト差し引き前の段階では超過リターンを生み出す可能性はあるものの、コスト調整後は超過リターンなど吹き飛んでしまうことも十分にあり得る。

　フィルタールールの変形として投資家たちの間でよく使われている指標が相対力である。これは、株式をはじめとする最新の投資価格の、特定期間（例えば、６カ月間）における平均価格またはその期間の期首における価格との関係を示したものである。相対力の大きい株式が好ましい投資対象と見なされる。この投資戦略も価格がモメンタムを持つことを前提にしたものである。

ラン検定

ラン検定は系列相関を調べる一種のノンパラメトリック手法で、ラン（価格上昇あるいは価格下落の連続発生）のカウント数をベースにしたものである。例えば、次に示す時系列価格変動（Uは価格上昇、Dは価格下落を表す）のランは下線で示したものである。

UUU DD U DDD UU DD U D UU DD U DD UUU DD UU D UU D

この33期間にわたる時系列価格データには18のランがあることが分かる。時系列価格データの実際に観測されたラン数を、同じ長さの時系列データにおける予想ラン数と比較する。ただし、価格変動はランダムであると仮定する（価格変動がランダムであるとの仮定の下で、任意の長さの系列における予想ラン数をまとめた統計表がある）。比較の結果、実際のラン数のほうが予想ラン数よりも大きい場合、価格変動は負の相関性を持つことになり、逆に小さい場合、価格変動は正の相関性を持つことになる。1966年、ニーダーホッファー（Victor Niederhoffer）、オズボーン（M.F.M. Osborne）はダウ工業株30種平均の価格変動を、リターンの測定間隔を日次、4日、9日、16日として調査し、次表のような結果を得た。

	リターンの測定間隔			
	日次	4日	9日	16日
実際のラン数	735.1	175.7	74.6	41.6
予想ラン数	759.8	175.8	75.3	41.7

この結果から日次リターンには正の相関性があることが分かるが、測定間隔の長いリターンが正規性から逸脱するという証拠は得られない。

この検定も時代遅れの感はあるものの、価格上昇や価格下落の連続

発生はランダムウォークに従う価格の動きと一致するため、価格のこういった振る舞い自体は、市場がランダムではないことの十分な証拠にはなり得ないことを示している点では役立つものである。こういった価格の連続的変動が再び現れれば、価格の振る舞いがランダムではないことの証拠と見なすことができる。

長期的な価格の動き

　価格の振る舞いについての初期の研究のほとんどは、短いリターン測定間隔に焦点を当てたものである。しかし最近では、長期間（1年から5年）にわたる価格の動きが注目されるようになった。興味深いのは、その期間の定義の仕方によって結果が二分することである。「長期」を数カ月と定義した場合、系列相関が正になるか価格モメンタムが発生する傾向がある。しかし、「長期」を数年と定義すれば、リターンは大きな負の相関性を持つ。これはつまり、市場は時間がたてば反転することを示している。

　ファーマ、フレンチ（1988）は1931年から1986年までの5年ごとのリターンを調べ、この現象を裏づけるさらなる証拠を見いだした。株式を市場価格で分類して調査した結果、1年ごとのリターンよりも5年ごとのリターンのほうが負の相関性は高く、また大型株よりも小型株のほうが負の相関性がはるかに高いことが判明したのである。図6.2はニューヨーク証券取引所の上場株式をサイズ別に分類したファーマ、フレンチの調査結果から1年ごとのリターンと5年ごとのリターンの系列相関についてまとめたものである。この調査はほかの市場でも行われたが、同様の結果が得られている。

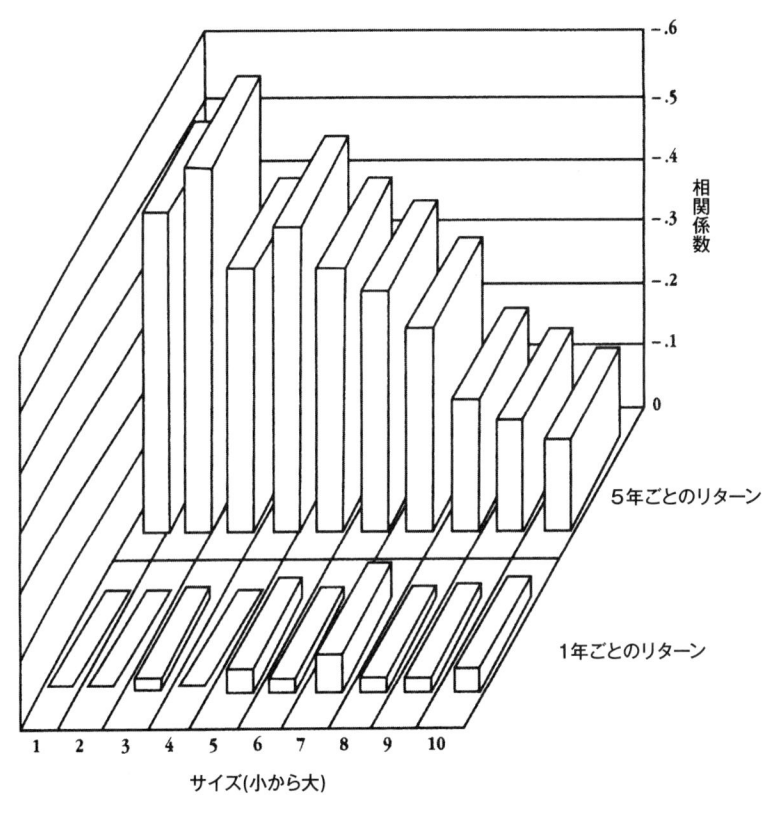

図6.2　株式リターンの系列相関

出所：ファーマ、フレンチ（1988）

ウィナーポートフォリオとルーザーポートフォリオ

　市場全体で見た場合、株価は時間がたてば自然と反転するという証拠が得られた今、そういった株価の反転が、ある市場における各株式クラスにおいても生ずるのかを調べてみるのは価値のあることだ。例えば、前の期間にほとんど上昇しつづけた株式は、そうではない株式に比べると次の期間も上昇する傾向が強いのだろうか。あるいはその反対はどうか。株価の反転が、極端なポートフォリオに与える影響を調べるために、ワーナー・F・M・デボン（Werner F. M. De

Bondt)、リチャード・セイラー（Richard Thaler）(1985) は前年のほとんどの期間において上昇した35の株式からなるウィナーポートフォリオと、前年のほとんどの期間において下落した35の株式からなるルーザーポートフォリオを1933年から1978年までの各年ごとに構築し、構築の翌月から60カ月にわたってポートフォリオのリターンを調べた。**図6.3**はこれらのポートフォリオの超過リターンをまとめたものである。

図6.3　ウィナーポートフォリオとルーザーポートフォリオの超過リターン

ポートフォリオ構築後の月数
（1933年から1978年までの1月を起点に複製した46のポートフォリオの平均）

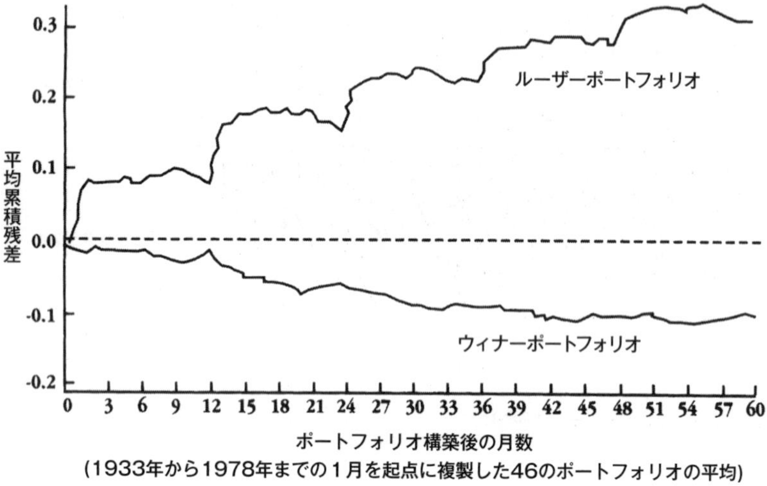

出所：デボン、セイラー（1985）

　この分析によれば、ポートフォリオ構築後の60カ月間ではルーザーポートフォリオのほうが明らかにウィナーポートフォリオを上回るパフォーマンスを上げていることが分かる。これは、長い測定間隔のリターンでは、市場は過剰反応し、リターンが相関性を持つという事実に一致する。ナラシム・ジェガディース（Narasim Jegadeesh）、シェリダン・ティットマン（Sheridan Titman）(1993) も同じ現象が発

生することを発見した。ただし、彼らのポートフォリオの場合、ウィナー（ルーザー）ポートフォリオは構築後8カ月間上昇（下落）しつづけ、反転が生じるのはそのあとの期間であるという興味深い結果が出ている。

これらの結果は興味深いものであることは確かだが、ルーザーポートフォリオの潜在的なリターンが過大評価されていると指摘する者は、実務家のみならず学術研究者のなかにも多い。例えば、ルーザーポートフォリオには低価格株（株価が5ドルを下回る株）が多く含まれている傾向が強い。低価格株は取引コストが高くつき、リターンも大きく偏る傾向がある（つまり、超過リターンはパフォーマンスが一定の株式からではなくて、極めてリターンの高いほんのいくつかの株式から生じるということ）。さらに、ルーザーポートフォリオの超過リターンの大部分は低価格株によるものと見なすことができ、パフォーマンスはポートフォリオが構築された時期によって大きく異なる。毎年12月に構築されたルーザーポートフォリオは毎年6月に構築されたルーザーポートフォリオよりもはるかに高いリターンを上げる。

投機バブル、大暴落、パニック

長期にわたって金融市場の動きを調査してきた歴史家は、効率的市場仮説の背景にある合理性という前提に異議を唱えた。投資家が一時的な流行銘柄を追って一攫千金を狙う戦略に打って出るたびに投機バブルが生じるが、歴史家たちは投機バブルの発生する頻度と、バブル終焉時の大暴落を指摘し、今日の金融市場においてはこれらの現象を止める手立てはないと言う。市場参加者の非合理性を説いた論文のなかにその証拠が示されている。

合理性の実証研究

　最近の実証研究から、市場効率性と合理性についての極めて興味深い証拠が示された。ほとんどの実証研究ではトレーダーは合理的であるという結果が出されているが、なかには非合理的な振る舞いの例が示されているものもある。

　そういった実証研究のひとつがアリゾナ大学で行われたものである。この実験ではトレーダーたちに、各取引日終了後に、その日の利益率を4つの可能性（0セント、8セント、28セント、60セント）のうちのひとつから選んでもらった。各取引日の平均利益率を計算すると24セントであった。したがって、15日間にわたる実験の第1日目の株式の期待値は3.6ドル（24セント×15）で、第2日目は3.36ドル、……となる。トレーダーたちは毎日トレードすることができるものとした。こういった実験を60回繰り返した結果を示したものが**図6.4**である。

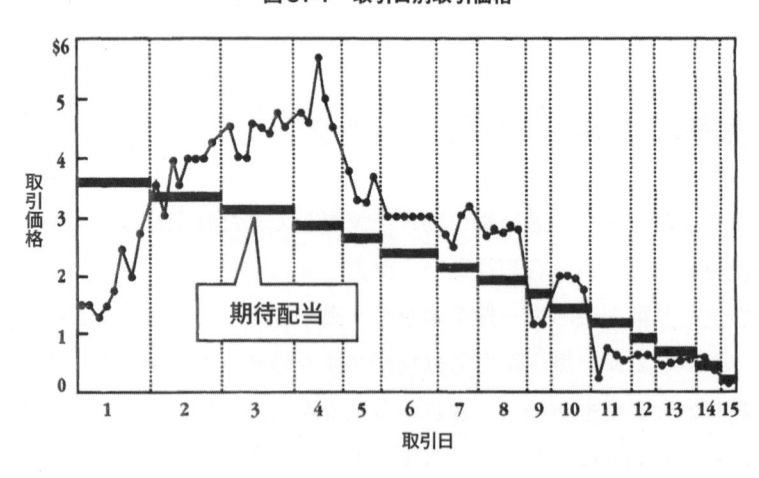

図6.4　取引日別取引価格

　図6.4を見ると分かるように、第3期から第5期にかけて取引価

格が期待値を大きく上回っていることから、この期間に投機バブルが発生しているのは明らかである。投機バブルはやがてははじけ、その期間の終わりには取引価格は期待値に近づく。すべての投資家が同じ情報を入手できる単純な市場でこういったミスプライスが起こり得るとするならば、入手できる情報が投資家間で異なり、期待値の不確実性がさらに大きい実際の金融市場でもこういったミスプライスが生じることは明白である。

これらの実験はいくつかは学生を対象に実施され、いくつかはトゥーソン市のビジネスマンを対象に実施されたことを指摘しておこう。しかし、いずれのグループを対象にした実験も結果はほとんど同じであった。さらに、15セントの価格曲線を導入した場合、好況期はさらに長く続いた。これは、価格が1期間に15セント以上下落することはないことを投資家たちが知っていたからである。つまり、価格制限によって投機バブルはコントロールできるという考え方は誤っていると言える。

行動ファイナンス

投資家が時折見せる非合理性は、行動ファイナンスというまったく新しい金融の一分野を生み出した。リサーチャーたちは、行動心理学から導き出された実証的証拠を用いて投資家の情報に対する反応をモデル化するとともに、彼らの反応の結果として株価がどのように変動するかについての予測を試みた。彼らの試みは2回目よりも1回目のほうがうまくいった。例えば、行動心理学から得られた実証的証拠からは、次のようなことが言える。

● 投資家は自分の間違いを認めたがらない。その結果、彼らは値下がりを続ける株を長く保有しすぎたり、場合によっては株価が下落すると賭け（投資）を倍増させるといった傾向がある。

●情報量が増えれば必ずしも投資に対する決定能力が向上するわけではない。投資家は情報過多の弊害を受けるとともに、最新の情報に反応しやすい傾向がある。いずれも長い目で見れば、リターンを低下させる決定につながる。

投資家の振る舞いに対する証拠がそれほどはっきりとしているのなら、なぜ、これらのモデルから導き出される予測にはノイズが含まれるのか、と疑問に思う人もいるだろう。これは、おそらくは、人間の弱点や非合理性を予測するいかなるモデルも本質的には不安定なものだからである。行動ファイナンスは株価が真の価値から逸脱する理由を説明する最後の切り札としては使えるかもしれないが、投資戦略を策定するうえで役立つかどうかについては疑問の余地がある。

行動ファイナンスと評価

1999年、ロバート・シラーの著書『投機バブル 根拠なき熱狂』(ダイヤモンド社)は学術研究者や投資信託会社の間で大きな波紋を呼んだ。この本の論旨を一言でいうならば、投資家はただ単に非合理的なだけでなく、予想どおりの非合理さを見せる——ある情報に過剰に反応し、群れをなして買い売りする——というものである。彼の著書は心理学と統計学、ファイナンスをミックスした、今発展過程にある行動ファイナンスの理論と証拠の一部を形成するものである。

彼の著書は投資家の非合理さに対する強力な証拠を提示しながらも、評価についての内容には手薄感がある。割引キャッシュフロー評価法は資産価値がその資産が生み出す期待キャッシュフローの現在価値であるという立場を取るため、いわば行動ファイナンスの対極と考えてもよいだろう。評価という文脈のなかでは、行動ファイナンスについては次の2つの見方がで

きる。
1. 価格が（割引キャッシュフローモデルで予測された）真の価値から逸脱する理由は、非合理な振る舞いによって説明できる。したがって、非合理な振る舞いは、予測した価値を基に決定を下す合理的な投資家が超過リターンを得られることの根拠を示すものである。ただしここには、市場は最終的には自らの非合理性を認識しそれを自ら是正するという前提が含まれる。
2. 割引キャッシュフローによる価値が（倍率を用いて予測した）相対価値から逸脱する理由も、非合理な振る舞いによって説明できる。相対価値は類似資産が市場によってどのように価格付けされているかを見ることで予測されるため、非合理性が存在すれば、その非合理性はその資産の価値に必ず織り込まれる。

情報イベントに対する市場の反応

　市場の効率性を調べる最も有効な検定はイベントスタディである。これは前述したとおり、情報イベント（決算発表や買取発表など）に対する市場の反応を調査し、市場に非効率性がないかどうかを検証するものである。新情報に反応を示す市場は効率的な市場と言えるが、この場合、反応は即座にしかも偏りなく起こる必要がある。**図6.5**は情報開示に対する市場の3種類の反応を比較したものである。

　図6.5に示した市場の反応のうち、効率的な市場と言えるものは最初の市場だけである。2番目の市場では、情報開示のあと価格は徐々に上昇しているため、投資家には情報が開示されたあとで超過リターンを獲得する機会が与えられる。これは学習速度の遅い市場であり、

価格がドリフトしている間に超過リターンを得る投資家が存在する。3番目の市場では、価格は情報開示に対して即座に反応を示してはいるものの、その数日後には調整されている。これはつまり、最初の価格変動は情報に対する過剰反応であったことを意味する。この市場でも、積極的な投資家であれば情報が開示されたあと空売りを行い、そのあとの価格調整によって超過リターンを獲得できるはずである。

図6.5　情報と価格調整

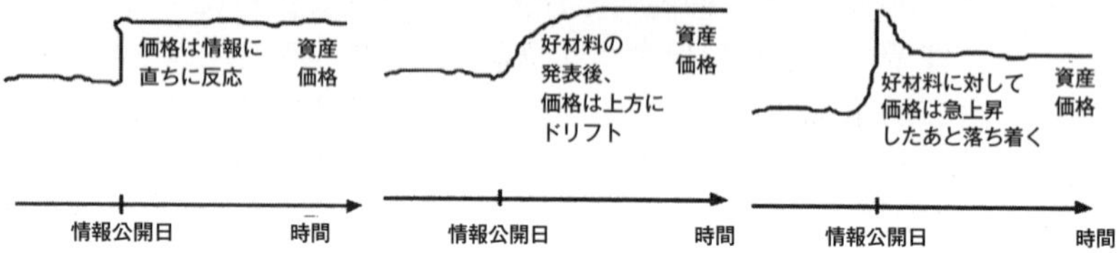

価格は情報に直ちに反応　資産価格	好材料の発表後、価格は上方にドリフト　資産価格	好材料に対して価格は急上昇したあと落ち着く　資産価格
情報公開日　　時間	情報公開日　　時間	情報公開日　　時間

決算発表

　企業が決算発表を行うということは、その企業の現在と将来の見通しを金融市場に対して提供することを意味する。その情報の大きさとそれに対する市場の反応の大きさは、報告された利益が投資家の期待をどれくらい上回っているか、あるいは下回っているかに依存する。効率的な市場では、決算報告が驚くべき情報を含んだものであれば直ちに反応があり、その情報が意外な好材料であれば価格は上がり、思わぬ悪材料であれば価格は下がる。

　利益イベントスタディでは、実際の利益が投資家の期待値と比較されるため、期待値の測定がこのイベントスタディのひとつのカギとなる。以前のスタディでは利益の期待値の測定値として前年の同じ四半期の利益を用いていた（つまり、利益が前年比で増加している企業は好材料となり、減少している企業は悪材料となる）。最近のスタディ

では、アナリストの利益予測が利益期待値として用いられ、それを実際の利益と比較する。

図6.6はアーニングサプライズに対する価格の反応を、その意外性の大きさに基づき「最も悪材料な」決算報告（グループ1）から「最も好材料な」決算報告（グループ10）の10グループに分類したものである。このグラフ結果はほとんどの決算発表の調査結果に一致する。

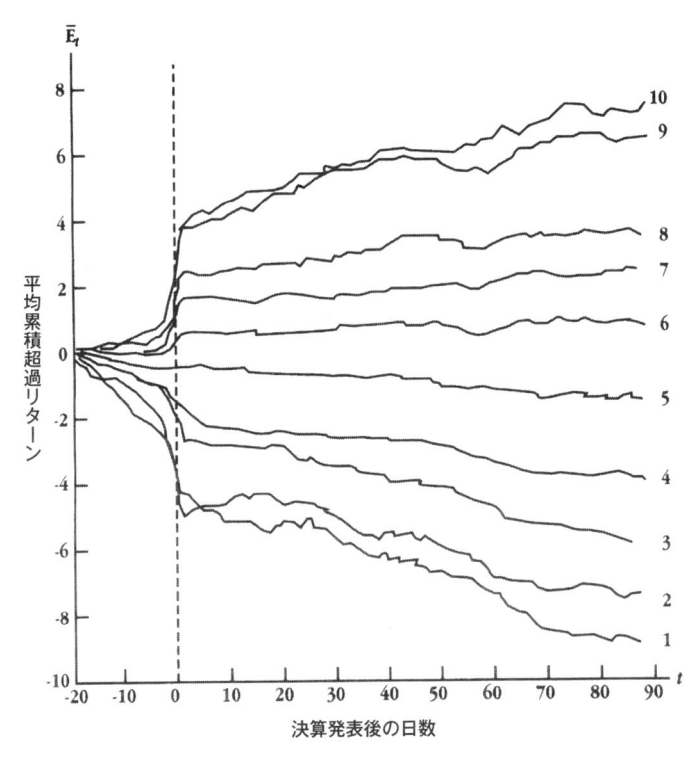

図6.6　四半期決算報告に対する市場の反応

出所：レンドルマン、ジョーンズ、ラトレイン（1982）

●決算発表が金融市場に対して価値のある情報を提供するものであることは明白である。つまり、好材料な発表のあとでは超過リターン

（累積異常リターン）は正になり、悪材料な発表の前後では超過リターンは負になる。
- 決算発表の前日の市場の反応は発表内容の性質と一致するという傾向がある（つまり、好材料な発表の前日には価格は上昇し、悪材料な発表の前日には価格は下落する傾向がある）。これはつまり、インサイダートレーディングや情報漏洩、あるいは発表日の誤認のいずれかが存在する証拠と考えることができる（ウォール・ストリート・ジャーナル紙は決算発表日の情報源としてよく用いられる。決算発表についての情報が同誌発表の前日に行き交うような場合、発表日を読み違えることがあり、そのため発表日の前日にリターンのドリフトが生じる）。
- 決算発表後に価格ドリフトが生じる傾向も微弱ではあるが観測されている。したがって、好材料な発表に対する発表当日の市場の反応は良く、発表後の超過リターンは若干正方向に傾く。悪材料な決算発表についても同様のことが言える。

企業経営者は決算発表の時期については慎重で、発表のタイミングが期待リターンに影響を及ぼすという証拠がある。1989年、筆者は決算報告を発表日の曜日ごとに分類して調査した。この調査結果によれば、金曜日に行われた決算報告や配当報告はそのほかの曜日に比べ悪材料を含んでいる場合が多いことが分かった。図6.7はこの結果を示したものである。

予定日よりも遅れて発表された決算報告は予定どおりもしくはそれ以前に発表された決算発表よりも悪材料を含む場合が多いことを提示したのがチャンバー、ペンマン（1984）である。これを示したのが図6.8である。この図によれば、予定日よりも7日以上遅れて行われた決算発表は予定どおりもしくはそれ以前に行われた決算発表よりも悪材料を含み、失望売りを引き起こす傾向が強いことが分かる。

図6.7　曜日別決算と配当報告

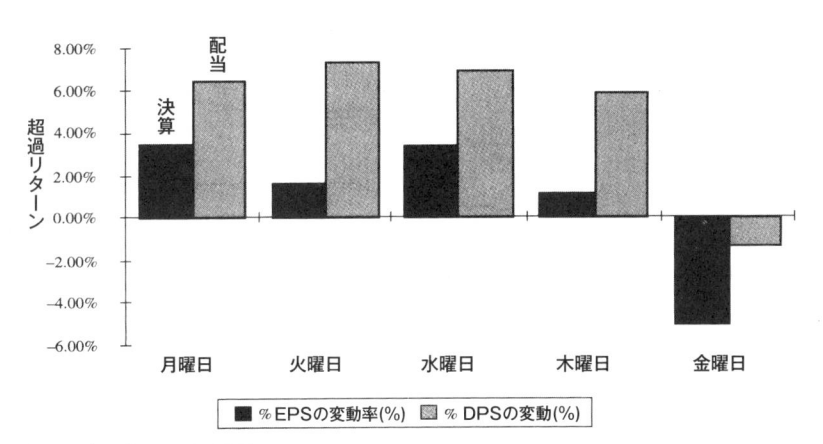

出所：ダモダラン（1989）

図6.8　累積異常リターンと決算発表の遅れ

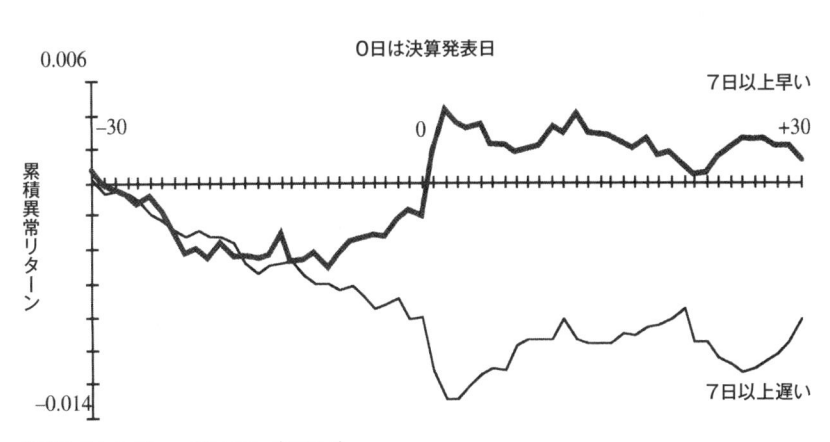

出所：チャンバー、ペンマン（1984）

投資とプロジェクトに関する発表

　企業はプロジェクトや研究・開発に対する投資の意向を発表することが多い。金融市場はこういった企業発表に敏感に反応することが観測されている。市場の展望が長期的なのか短期的なのかを知るひとつの手立てが、市場の反応を見ることである。金融市場が評論家の言うように短期的展望に立つものであれば、研究・開発に対する投資を発表した企業に対する反応は否定的であるはずである。しかし、実際の市場ではこれとは反対の現象が観測されている。**表6.2**は市場の反応を企業の投資発表内容別にまとめたものである。

　この表には大概の企業が行う最大の投資である企業買収が含まれていない。しかし、企業買収発表に対する市場の反応はそれほど芳しくない。企業買収発表のおよそ55％において、買収側企業の株価は買収発表日に下落している。これは、企業は買収に金を払いすぎる傾向があるという市場の考え方を反映していると言えよう。

表6.2　投資発表に対する市場の反応

発表内容	異常リターン	
	発表日	発表月
ジョイント・ベンチャー	0.399%	1.412%
R&D支出	0.251%	1.456%
製品戦略	0.440%	−0.35%
資本支出	0.290%	1.499%
すべて	0.355%	0.984%

出所：チャン、マーティン、ケンシンガー (1990); マコーネル、マスカレラ (1985)

市場アノマリー

『メリアム・ウェブスターズ・カレッジエイト・ディクショナリー』によれば、アノマリーとは「一般法則からの逸脱」を意味する。市場効率性の研究では、現存するリスクリターン・モデルとは整合せず、説明のつかない市場の振る舞いの例が数多く報告されている。市場の振る舞いに見られるこうした特異なパターンのなかには繰り返し観測されるものもいくつかある。このように繰り返し観測されるアノマリーの少なくとも一部は、金融市場の振る舞いそのものではなく、用いたリスクリターン・モデルが不適切であったことが原因であると考えられる。本節では、米国をはじめとする各国金融市場でよく観測されるアノマリーのいくつかを紹介する。

企業属性によるアノマリー

アノマリーのなかには、例えば株主資本の市場価値、PER、PBRなど、観測可能な企業属性に関するものが数多く存在する。

小規模企業効果

リスク（市場ベータで測定）が同じである場合、規模（株主資本の市場価格）の大きな企業よりも小規模企業のほうが高いリターンが得られることがバンズ（1981）やドナルド・ブルース・カイム（Donald Bruce Keim）（1983）などによって報告されている。図6.9は1927年から1983年までの株式リターンを10の市場価値クラス別にまとめたものである。

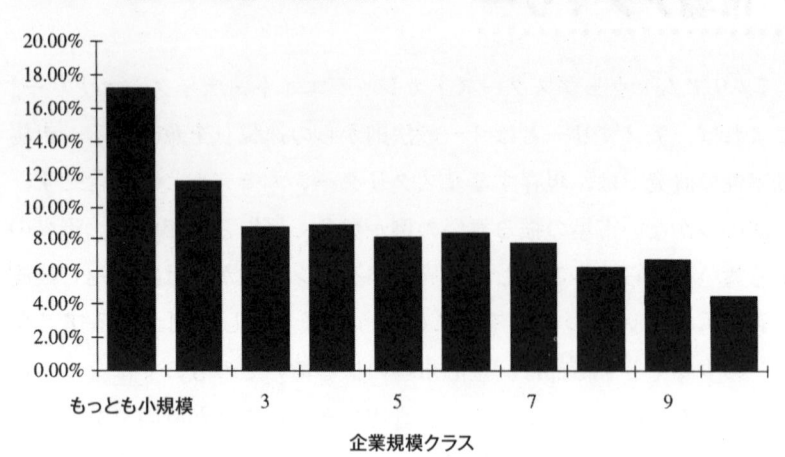

図6.9 企業の規模別年次リターン（1927年～1983年）

企業規模クラス

　小規模企業プレミアムは時期によって異なるものの、全般的にプラスである。最も高かったのは1970年代から1980年代初頭にかけてであり、最も低かったのは1990年代である。こういったプレミアムが一貫して存在するのはなぜなのか。可能な説明をいくつか挙げてみよう。

1. 小型株に投資する場合の取引コストは大型株の場合に比べてはるかに高い。プレミアムは取引コスト差し引き前の推定値である。これは一般的には正しいものの、時期によってプレミアムの大きさが異なることは取引コストの違いで説明がつくとは思えないし、投資期間が長くなれば取引コストの違いはそれほど重要ではなくなる。研究のなかで観測される小規模企業プレミアムをリアルタイムで複製することの難しさを示したのが**図6.10**である。これは、仮想上の小規模企業ポートフォリオ（CRSP小型株ポートフォリオ）のリターンと小型株へのパッシブ運用を中心とする小企業ミューチュアルファンド（DFA小型株ファンド）の実際のリターンとを比較したものである。

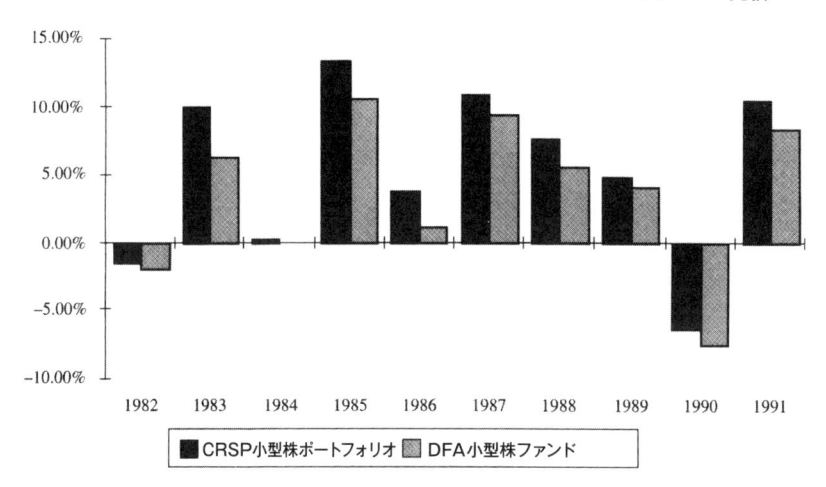

図6.10 CRSP小型株ポートフォリオとDFA小型株ファンドのリターンの比較

2. リスクモデルとしてCAPMを用いるのは適切ではないかもしれないし、リスク測度としてのベータは小型株の実際のリスクを過小評価する傾向がある。つまり小規模企業プレミアムとは、ベータがいかにリスクをとらえきれていないかを示す指標なのである。小型株に関連する別のリスク源としてはいくつか考えられる。第一に、小規模企業のベータを推定するときに生じる推定リスクが大規模企業に比べてはるかに大きいことが挙げられる。つまり、小規模企業プレミアムはこの推定リスクに対する補償と考えることもできる。第二に、小型株に関して入手できる情報は大型株に比べると格段に少ないため、小型株への投資は大きな投資リスクを伴うということが挙げられる。事実、アナリストや機関投資家が見向きもしないような銘柄からは小規模企業プレミアムに匹敵する超過リターンを獲得できるという調査結果がある。

小規模企業プレミアムは米国以外の市場でも観測されている。エルロイ・ディムソン（Elroy Dimson）、ポール・マーシュ（Paul Marsh）（1986）は1955年から1984年までの英国株式を調査した

結果、小型株のリターンは大型株のリターンを年次ベースで6％上回っていたことが分かった。また、1971年から1988年までの日本株の小規模企業プレミアムはおよそ5％であることが、チャン、浜尾泰、ラコニショック（1991）によって報告されている。

PER（株価収益率）

投資家の間では、PERの低い銘柄は過小評価されている傾向が強く超過リターンを獲得できる、と昔から言われてきた。例えば、投資の古典ともいうべきベンジャミン・グレアムの著書『賢明なる投資家』（パンローリング刊）では、過小評価されている銘柄の選択基準として、低いPERが用いられている。PERと超過リターンとの関係を調べた研究（バス［1977］、［1983］）でも、前例の結果に整合する結果が報告されている。**図6.11**は1967年から1988年までの年次株式リターンをPERクラス別にまとめたものである。低いPERクラスに属する企業の同時期の平均リターンは16.26％で、高いPERクラスに属する企業の平均リターンは6.64％であった。

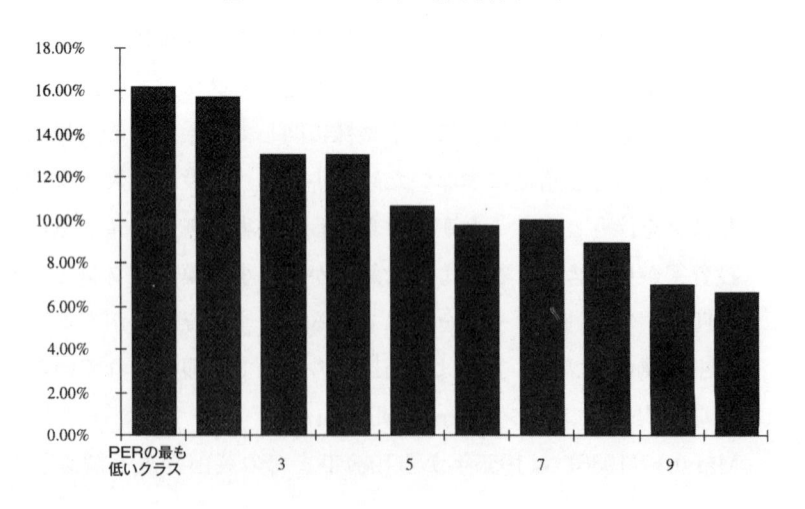

図6.11　PERクラス別年次リターン

PERの低い銘柄が超過リターンを生み出すという現象はほかの国際市場でも観測されている。**表6.3**は米国以外の市場における観測結果をまとめたものである。

表6.3　低PER銘柄の超過リターンの国別比較(1989～1994年)

国	PERが最も低い株式による 年次プレミアム(最小五分位点)
オーストラリア	3.03%
フランス	6.40%
ドイツ	1.06%
香港	6.60%
イタリア	14.16%
日本	7.30%
スイス	9.02%
英国	2.40%

年次プレミアムとは1989年1月1日から1994年12月31日までの各国市場におけるインデックス(組み込み銘柄の比率は均等)を上回るリターン。数値はメリルリンチ・サーベイ・オブ・プロプライエタリー・インディシーズ

　低PER銘柄から得られる超過リターンは小型株に使われた理論(つまり、低PER銘柄のリスクはCAPMでは過小評価される)では正当化するのは難しい。一般に、低PER銘柄は低成長率、大規模、安定した事業といった特徴を持つが、これらの性質はすべて、リスクを増加させる方向ではなく低下させる方向に働くはずである。効率的市場の性質と一致するこの現象を説明する唯一の方法が、低PER銘柄は一般に配当利回りが高い、というものである。配当は税率が高いため、配当利回りが高いということは大きな税負担を生じる、というのがその理由である。

PBR(株価純資産倍率)

　投資家たちが投資戦略によく用いるもうひとつの統計量がPBRである。昔から、低いPBRは過小評価されている銘柄を示す信頼度の

高い指標と考えられてきた。PERの研究では、リターンとPBRとの関係を調べる研究も並行して行われてきた。これらの研究からは、リターンとPBRとの間には負の関係があるという一貫した結果が導き出されている。つまり、PBRの低い銘柄は高い銘柄よりも大きなリターンを生み出すということである。

　バー・ローゼンバーグ（Barr Rosenberg）、ケネス・リード（Keneth Reid）、ロナルド・ランスタイン（Ronald Lanstein）(1985) からは、米国株式の平均リターンが企業の簿価・時価比率と正の関係があることが報告されている。1973年から1984年までの期間、純資産株価倍率の高い（PBRの低い）銘柄を選択するという戦略は、1カ月当たり36bpの超過リターンを上げた。ファーマ、フレンチ（1992）は1963年から1990年における株式の期待リターンのクロスセクション分析を行った。その結果、一変量検定でも多変量検定でも純資産株価倍率と平均リターンとの間には正の関係が観測され、リターンを説明するうえでは規模効果よりも説得力のあることが分かった。彼らは銘柄を純資産株価倍率クラス別に12のポートフォリオに分類した。1963年から1990年までの期間では、最も低い純資産株価倍率（最も高いPBR）クラスに属する銘柄の平均月次リターンは0.30％で、最も高い純資産株価倍率（最も低いPBR）クラスに属する銘柄の平均月次リターンは1.83％であった。

　スー・チャン（Su Chan）、浜尾、ラコニショック（1991）は簿価・時価比率は日本株の平均リターンのクロスセクションを説明するうえで極めて有効であることを見いだした。カポール、ローリー、シャープ（1993）はPBRの分析をほかの国際市場に拡大して調査した結果、1981年から1992年までの期間においてバリュー株（PBRの低い銘柄）はどの市場でも超過リターンを獲得したことを報告している。PBRの低い銘柄が獲得した株価指数を上回る超過リターンを年次換算したものが次の表である。

国	PBRの低い銘柄で構成された ポートフォリオの超過リターン
フランス	3.26%
ドイツ	1.39%
スイス	1.17%
英国	1.09%
日本	3.43%
米国	1.06%
ヨーロッパ全体	1.30%
世界全体	1.88%

　ここで注意しておきたいのは、ファーマ、フレンチは低いPBRはリスク測度として使えることを指摘している点である。なぜなら、市場価格が簿価を大幅に下回る企業は問題を抱えていることが多く、廃業に追い込まれる可能性もあるからである。したがって、投資家としては、こういった企業が生み出す超過リターンが投資リスクを十分に正当化できる性質のものであるかどうかを自らの目で見極める必要がある。

一時的なアノマリー

　リターンが暦上の時期によって異なるという特異な現象も数多く観測されている。これらの現象は説明が難しいだけでなく、非効率性の存在を示唆するものでもある。さらに、これらの一時的なアノマリーのなかには、前節で述べた小規模企業効果に関連するものもある。

1月効果
　米国をはじめとする主要金融市場におけるリターンについてはいくつかの研究が行われてきた（ロール［1983］、ホーガン、ラコニショック［1988］）が、いずれの研究からも、リターンが月によって大きく異なるという同じ結果が報告されている。**図6.12**は1926年から1983

年までの月別平均リターンをまとめたものである。1月のリターンがほかの月のリターンに比べると異常に高いことが分かる。この現象は年末効果あるいは1月効果と呼ばれ、1月の最初の2週間にその要因がある。

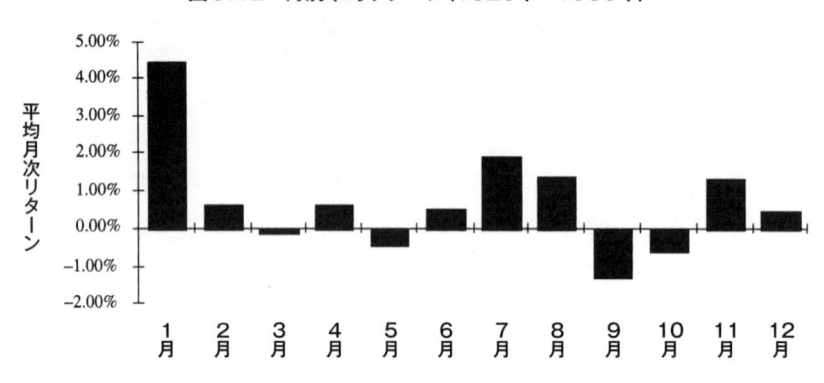

図6.12　月別平均リターン(1926年～1983年)

1月効果に小規模企業効果との関係（クム［1983］、レインガナム［1983］）が絡んでくると、この現象はさらに複雑化する。1月効果は大規模企業よりも小規模企業において特に顕著で、前節で述べた小規模企業プレミアムのおよそ半分は1月の最初の2週間の間に生じる。**図6.13**は1935年から1986年までの1月のリターンを企業規模とリスク・クラス別にグラフ化したものである。

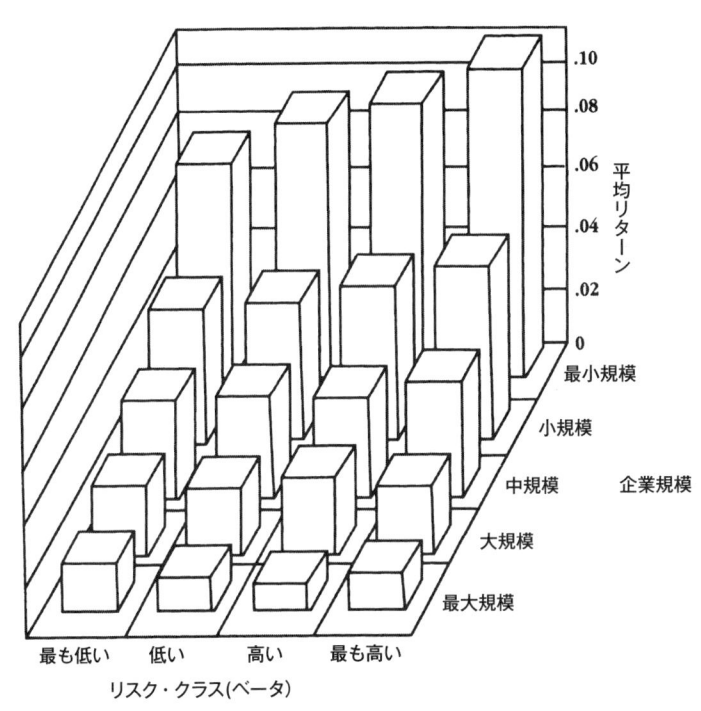

図6.13 企業規模とリスク・クラス別の1月のリターン(1935年～1986年)

出所：リッター、コプラ (1989)

　1月効果についてはこれまでさまざまな説明がなされてきたが、完璧に説明できたものはほとんどない。レインガナムの説明によると、年末になるとキャピタルゲインを得るために損失を出した銘柄を売るという税金効果のための売りが発生する。そのため、株価は12月には真の価値を下回ると思われる水準まで下落する。1月に同じ銘柄を買い戻せば、高いリターンを確保できるというわけである（45日以内における同じ銘柄の売り買いを禁止する同時売買ルールによって、いくつかの銘柄は入れ替えなければならない。したがって、例えば投資家1が銘柄Aを売り、投資家2が銘柄Bを売ったとすると、買い戻しの段階では、投資家1は銘柄Bを買い、投資家2は銘柄Aを買う）。1

月効果が、前年のパフォーマンスが悪かった銘柄において顕著であるという事実は、この説明を裏づけるものである。しかし、これに対する反証もいくつかある。ひとつは、オーストラリアなど、税務上の会計年度が異なるにもかかわらず1月効果が観測される国があるということである。また、1月効果は平均的に見ると、株式市場のパフォーマンスが悪かったあとの年で特に顕著に見られるわけではない。

　1月効果についてのもうひとつの説明は、年の変わり目における機関投資家の振る舞いに関連するものである。例えば、機関投資家の買い・売り比率は年が変わる前の数日間では平均を下回る水準にまで下落するが、その後の数カ月では平均を上回る水準に上昇するという現象がこれまで注目されてきた。これをグラフ化したものが**図6.14**である。機関投資家による買いが年末の数日間になければ株価は下落し、年明けの数日間になければ株価は上昇すると言われている。

図6.14　年末年始の機関投資家の買い・売り比率

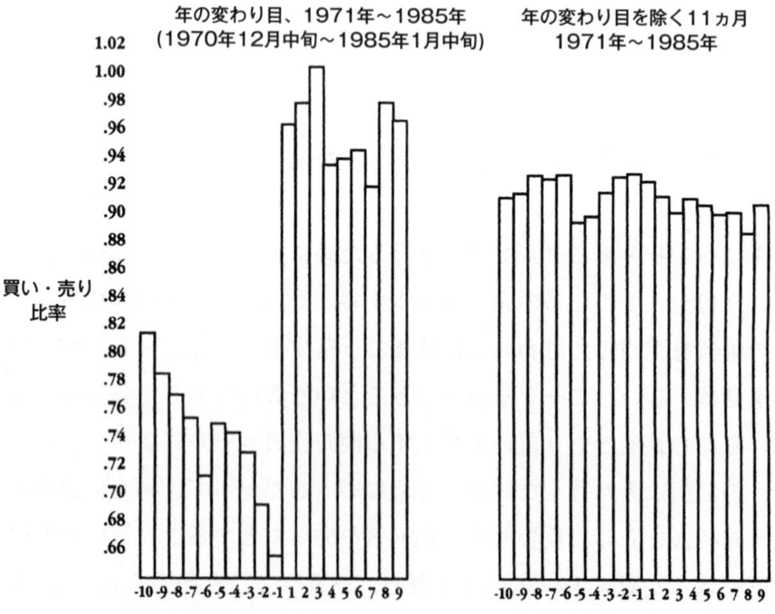

図6.15は1月効果の普遍性を示したものである。世界の主要金融市場における1月のリターンとそのほかの月のリターンを調査した結果、1月効果はどの市場でも観測されることが分かった（ホーガン、ラコニショック［1988］、M・N・ガルテキン、N・B・ガルテキン［1983］）。

図6.15　主要金融市場における1月のリターンとそのほかの月のリターンとの比較

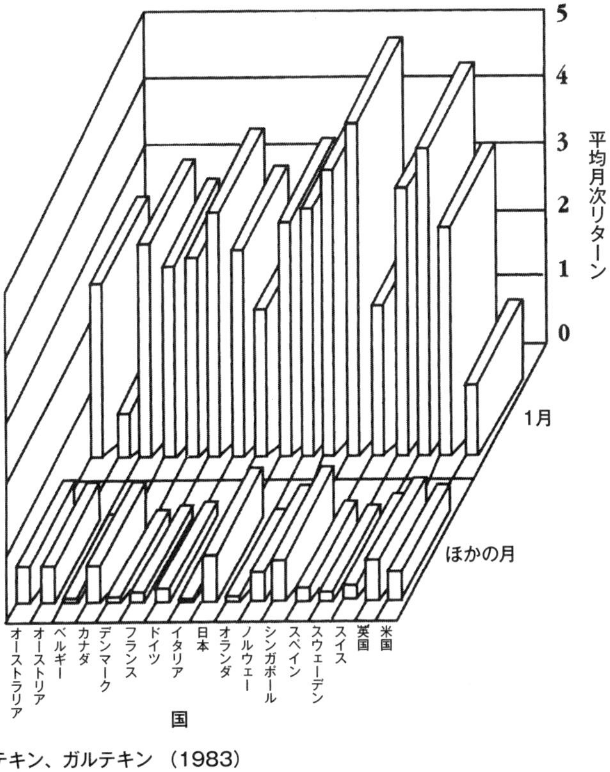

出所：ガルテキン、ガルテキン（1983）

週末効果

週末効果もリターンに見られるもうひとつの現象である。かなりの長期にわたって持続するのが特徴で、数多くの国際市場で観測されている。これは、月曜日とほかの曜日のリターンとの間に差があることを意味するものである。図6.16は1962年から1978年までの曜日ごと

のリターンをグラフ化したものである（ギボンズ、ヘス［1981］）。図から、月曜日のリターンとそのほかの曜日のリターンとの間には大きな違いがあることが分かる。

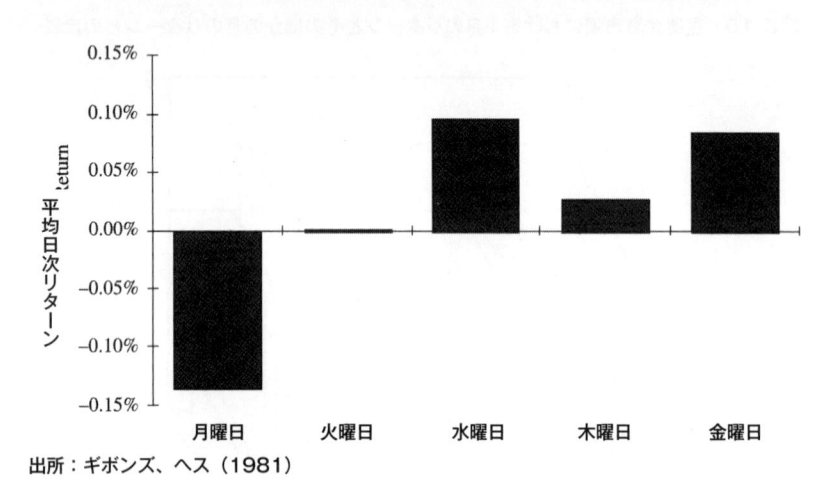

図6.16　曜日別平均日次リターン（1962年～1978年）

出所：ギボンズ、ヘス（1981）

　図を見ると分かるように、月曜日のリターンは極端に大きなマイナスになっており、そのほかの曜日とは大きく異なる。月曜効果についてはこのほかにもこれを裏づける数多くの発見がなされている。第一に、月曜効果とは実際には週末効果を意味するということである。負のリターンの大部分は金曜日の取引終了時から月曜日の取引開始時までの間に生じるからである。負のリターンを生じる原因は月曜日の日中のリターンではないのである。第二に、月曜効果は大型株よりも小型株で顕著に現れるということである。そして第三に、週末が2日間の場合と3日間の場合とを比較すると、3日間の週末のあとのほうが週末効果が顕著に現れるとは必ずしも言えないということである。

　週末効果は金曜日の取引終了後から週末にかけて悪材料が出る結果として現れる現象だと言う者もいる。彼らの主張の拠り所は悪材料と

なる決算報告が金曜日の取引終了後に発表される傾向があることを示す**図6.7**である。これが市場でよく観測される現象だとしても、リターンの振る舞いは合理的な市場のものとは一致しない。合理的な投資家であれば週末にかけて悪材料が出るという予想は週末前にすでに価格に織り込んであるため、週末効果の影響を受けることはない。

図6.17に示したように、週末効果は主要な国際市場のほとんどでかなり顕著に現れる。日本では調査期間の一部の土曜日で取引が可能であったが、強い週末効果が観測されている。つまり、月曜日のリターンがマイナスになるのは週末にかけて悪材料が出るといったこと以上にもっと直接的な原因があると考えられる。

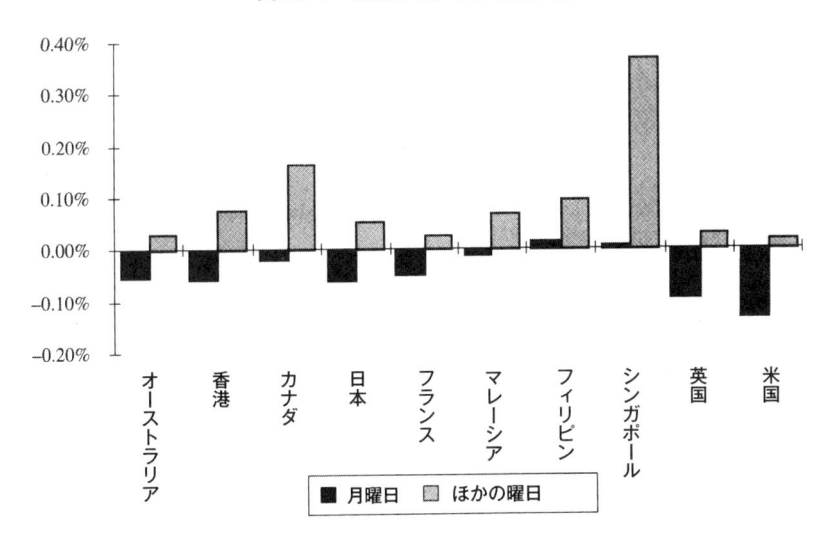

図6.17　国際市場における週末効果

最後にもう一点、月曜日のリターンがマイナスになるという現象は週末に取引がないことだけが原因ではないことを指摘しておこう。一般に休日明けの数日の営業日におけるリターンは負ではなく、正である。**図6.18**は主要な祝日のあとの数日の営業日におけるリターンを

まとめたもので、前述のパターンを裏づけるものである。

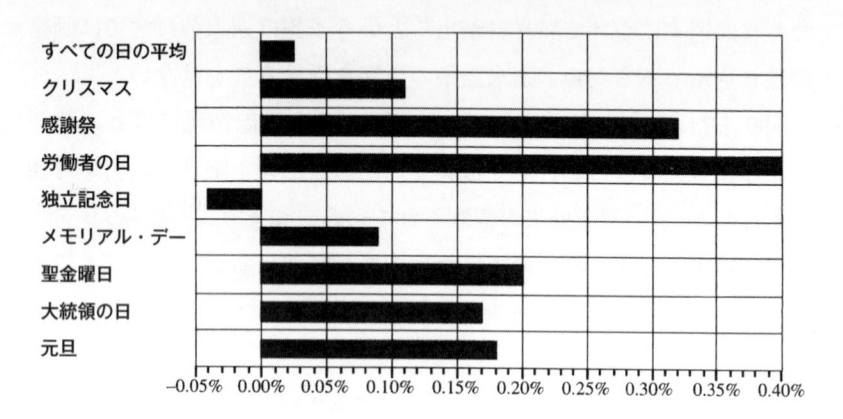

図6.18 祝日効果？　祝日後の市場の平均リターン

- すべての日の平均
- クリスマス
- 感謝祭
- 労働者の日
- 独立記念日
- メモリアル・デー
- 聖金曜日
- 大統領の日
- 元旦

−0.05%　0.00%　0.05%　0.10%　0.15%　0.20%　0.25%　0.30%　0.35%　0.40%

インサイダーと投資専門家に関する実証的証拠

　インサイダーやアナリスト、ファンドマネジャーは市場の平均的投資家に比べると優位な立場にあり、この優位性を利用して超過リターンを稼得できると考えるのは一般的だろう。こういった投資家のパフォーマンスに関しては、驚くほどさまざまな観測が報告されている。

インサイダートレーディング

　証券取引委員会（SEC）の定義によれば、インサイダーとは会社役員や主要株主（その企業の発行済み株式の5％を上回る株式の保有者）のことをいう。インサイダーはその立場上知り得た未公開の情報を利用して取引することが禁じられており、その企業の株式の売買のときにはSECへの書類提出が義務づけられている。インサイダーがそ

の企業についてほかの投資家よりも優れた情報を入手でき、その結果として優れた価値判断ができるのは当たり前のようにも思えるが、もしこう仮定するならば、インサイダーによる株式売買の決断が株価に影響を与えるのは必至である。**図6.19**はジャッフェ（1974）によるインサイダートレーディングの初期の実態調査を示したものである。彼は、インサイダートレーディングの内容に基づき株式を2つのグループに分類し、それぞれの超過リターンを調査した。「買いグループ」は買いが売りよりも大幅に上回る株式グループで、「売りグループ」は売りが買いを大幅に上回る株式グループである。

図6.19　インサイダートレーディングが行われたあとの累積リターン──買いグループと売りグループとの比較

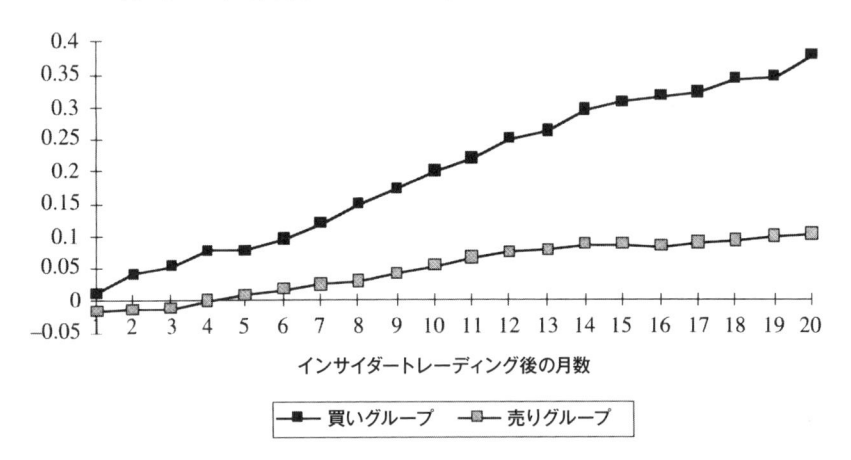

出所：ジャッフェ（1974）

　この調査によれば、売りグループよりも買いグループのほうが格段に高いパフォーマンスを上げているように思えるが、情報技術の進歩によってインサイダートレーディングに関するこういった情報はますます多くの投資家によって知られるようになった。インサイダートレーディングに関して行われた最近の研究（セイフン［1998］）では、

インサイダーがSECに報告した日の前後と、一般投資家が広報によって情報を入手した日の前後の超過リターンを調査している。**図6.20**はこれら2つのイベント日前後のリターンを比較したものである。

図6.20　インサイダーによる報告日と広報発表日前後の異常リターン

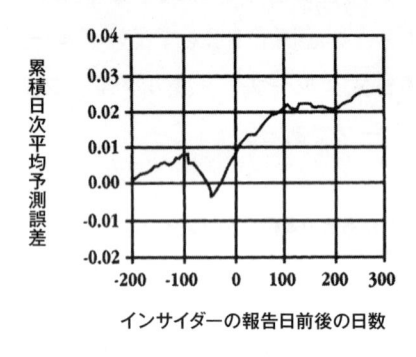

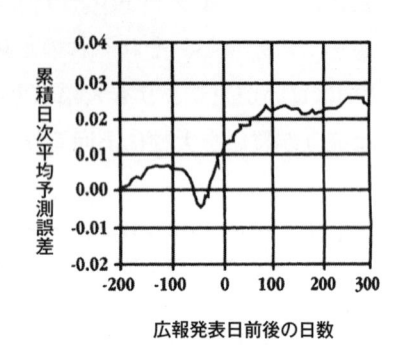

（左図：縦軸 累積日次平均予測誤差、横軸 インサイダーの報告日前後の日数）
（右図：縦軸 累積日次平均予測誤差、横軸 広報発表日前後の日数）

インサイダーがSECに報告をした日に買うチャンスが与えられたならば、一般投資家はわずかながらも超過リターンを確保できるであろうが、広報発表日まで待たなければならない場合、リターンは減少し、統計的な有意性はなくなる。

　前述したいずれの調査も、インサイダー自身が超過リターンを獲得できるかどうかについては調べていない。現在SECによって規定されている報告手順では、合法的かつ利益の低い取引はきちんと報告されることが多いが、非合法で利益の高い取引は報告されないことが多い。これに関しては直接的な証拠は提示することはできないが、非公開情報を利用して非合法に行うインサイダートレーディングが超過リターンを獲得できることは確実とみて間違いないだろう。

アナリストの推奨

アナリストが情報に対して優位な立場にあり、公開情報のみならず非公開情報をも駆使して活動を行っているのは明らかである。彼らはこれらの情報を使って株価を分析し、クライアントに売り推奨や買い推奨を出し、クライアントはその推奨に基づいてトレーディングを行う。

買い推奨にしろ売り推奨にしろ、株価に影響を与えるという点では一致しているが、買い推奨による株価上昇効果よりも、売り推奨による株価下落効果のほうがはるかに大きい。ウォマック（1996）による興味深い調査結果を紹介しよう。買い推奨による価格効果はすぐに現れる傾向があり、そのあとの株価のドリフトは見られないが、売り推奨のあとは株価はじわじわ下げつづけるというものである。**図6.21**は彼の調査結果をグラフ化したものである。買い推奨が出された当日には株価はおよそ３％上昇するが、売り推奨の当日にはおよそ４％下落する（グラフの「推奨から３日以内」）。推奨から６カ月後には、売り推奨の場合はさらに５％下落し、買い推奨の場合は推奨から３日以内の水準に戻る。

アナリストは非公開情報の収集という点で価値あるサービスを提供するが、クロスセクションで見ると、アナリストが情報を提供するからこそと言ったほうがよいかもしれないが、株式によって得られるリターンとその株式を担当するアナリスト数の間には負の関係が成り立つ。同じ関係は、利害のもうひとつの指標である機関投資家による株式の保有とリターンの間にも成り立つ。この関係（アーベル、ストレベル［1983］）から次のことが言える。つまり、無視された銘柄──アナリストによってほとんどフォローされることがなく、機関投資家によってあまり保有されることのない銘柄──はフォローされ保有される銘柄よりも高いリターンを生み出すということである。

図6.21 アナリストの推奨に対する市場の反応(1989年~1990年)

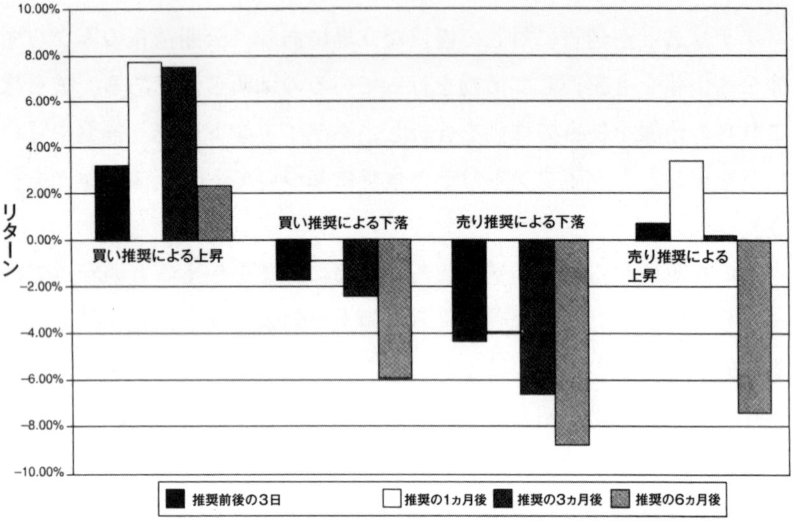

出所：ウォーマック（1996）

マネーマネジャー

　マネーマネジャーは投資のエキスパートである。一般投資家に比べると、彼らの情報量は豊富で取引コストも低く、したがって平均的に高いパフォーマンスを上げられるはずである。しかし、ジャンセン（1968）によるミューチュアルファンドを対象にした最初の調査によれば、実際にはこのとおりにはいかないことが分かっている。**図6.22**は彼の調査結果をまとめたもので、ミューチュアルファンドの超過リターンを示したものである。この図を見ると、平均的なファンドマネジャーの1955年から1964年におけるパフォーマンスは市場を下回っていたことが分かる。

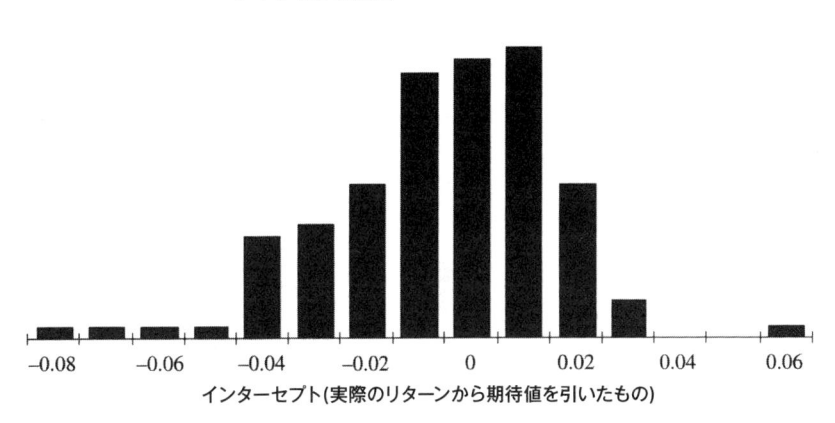

図6.22 ミューチュアル・ファンドのパフォーマンス(1955～1964年)――ジャンセンの調査

[ヒストグラム: 横軸 インターセプト(実際のリターンから期待値を引いたもの)、-0.08から0.06の範囲]

出所：ジャンセン（1968）

　これらの結果に多少の調整を加えても結果は同じだった。最も優れたマネーマネジャーの場合でも取引コスト調整後のパフォーマンスは市場ととんとんで、最悪なマネーマネジャーになると取引コスト調整前でも市場を下回った。

　パフォーマンスを別の方法で分類しても、結果は変わらなかった。例えば、**図6.23**は1983年から1990年までの超過リターンとマネーマネジャーが市場に打ち勝ったパーセンテージを投資スタイル別にグラフ化したものである。どの投資スタイルをとったマネーマネジャーのパフォーマンスも市場指数を下回っている。

　図6.24はアクティブ運用のペイオフを、アクティブ・トレーディングによる付加価値を1年間にわたって計算した数値として表したものである。リターンは1年間で0.5～1.5％低下していることが分かる。

図6.23 エクイティ・ファンドのパフォーマンス（1983〜1990年）

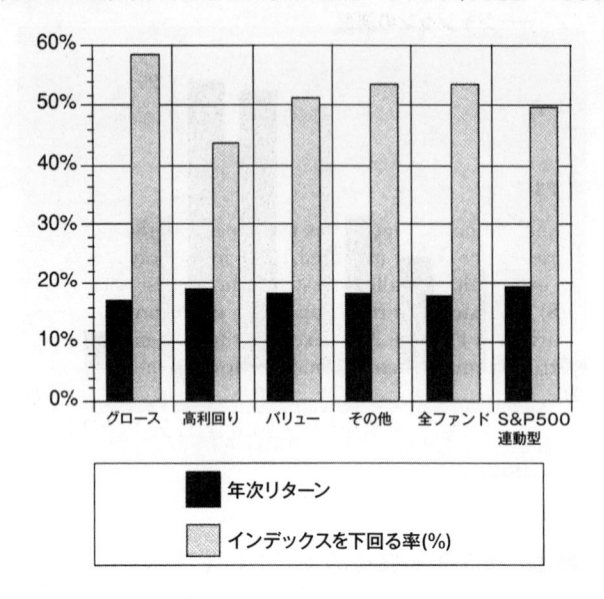

	グロース	高利回り	バリュー	その他	全ファンド	S&P500連動型
年次リターン	約17%	約19%	約18%	約18%	約18%	約19%
インデックスを下回る率(%)	約58%	約43%	約51%	約53%	約53%	約49%

図6.24 アクティブ運用のペイオフ——エクイティ・ファンド

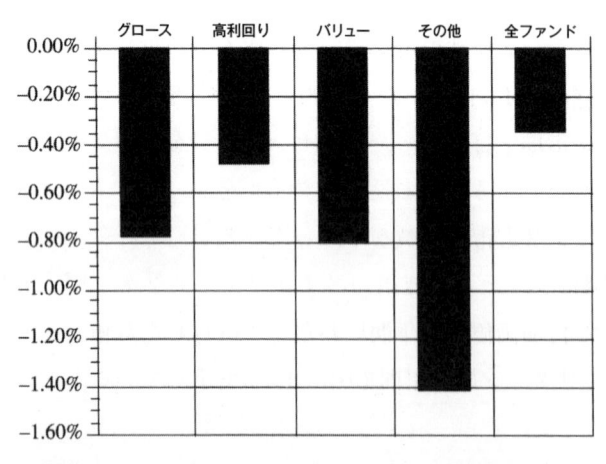

グロース	高利回り	バリュー	その他	全ファンド
−0.78%	−0.47%	−0.80%	−1.43%	−0.35%

数値はエクイティ・ファンドの実際のリターンと調査期間の初めに凍結した仮想ポートフォリオのリターンの差をとったものである。

パフォーマンスがこのままずっと同じ状態で持続するかどうかについては、はっきりとは分からない。マネーマネジャーをパフォーマンスに基づいて4つのランクに分類し、あるランクから別のランクに移行する確率を1983年から1990年の各年について調査した結果を示したものが**表6.4**である。

表6.4　あるランクから別のランクに移行する確率

今期ランキング	次期ランキング			
	1	2	3	4
1	26%	24%	23%	27%
2	20%	26%	29%	25%
3	22%	28%	26%	24%
4	32%	22%	22%	24%

表から、ある期にランク1にいたマネーマネジャーが次の期にもランク1にいる確率は26％で、最低のランク4に下がる確率は27％であることが分かる。最低ランクにいたマネーマネジャーが次の期に突如ランク1にランクアップするという現象は実際に観察されているが、その理由のひとつとして考えられるのが、よりハイリスクなポートフォリオを構築した結果ではないかということである。

まとめ

効率的市場が投資管理やリサーチに対して持つ意味を考えると、市場が効率的かどうかを改めて問うことは極めて挑発的である。市場価格が真の価値の偏りのない推定値である市場を効率的市場と定義するならば、ほかの市場よりも常に効率的な市場が存在し、特定の投資家にとってより効率的な市場が存在することは明らかである。したがっ

て、市場が非効率性を是正する能力は、トレーディングのしやすさ、取引コスト、その市場で利益を追求する投資家の節度に依存している部分もあると言える。

　市場の効率性を検定する方法はいろいろある。そのなかでも代表的なものが、イベントスタディとポートフォリオスタディである。イベントスタディは情報イベントに対する市場の反応を調べるもので、ポートフォリオスタディは観測可能な特徴に基づいて構築されたポートフォリオのリターンを調べるというものである。ただし、これらのスタディには意図的であるなしにかかわらず、さまざまな方法で偏見の入る余地があり、間違った結果、ともすればまったく無用な投資戦略が導かれるおそれがあるため、注意を要する。

　市場の振る舞いには、規模やPER、PBR、時間（1月効果や週末効果）などのシステマティックなファクターに関連する変則的事象が数多く観測されている。これらの変則的事象は非効率性を証明するものである一方、その非効率性を利用できる立場にある投資プロのマネーマネジャーでさえも、市場に打ち勝つことが極めて難しいという事実を浮き彫りにするものでもある。こうした変則性やマネーマネジャーが市場に打ち勝つことができないといった事実を考え合わせると、理論上の実証検定と実世界における資金運用との間にはギャップが存在するか、用いられるリスクリターン・モデルが不適切であるということになる。

市場の非効率性とマネーマネジャーのパフォーマンス

　市場では互いに矛盾するさまざまな現象が観測される。株価にはいろいろなパターン（長期的に見た場合の株価の反転、1月の株価が高いなど）が見られ、アノマリー（PBRとPERの低い小型株からは市場を上回る超過リターンを獲得しやすい）も観測されている一方、マネーマネジャーがこういった発見を利用して市場に打ち勝つことができるかというと、必ずしもそうではない。

　これらの現象についてはさまざまな説明が考えられるが、最も説得力があるのは、仮説に関する研究で必ずといってよいほど登場する非効率性の存在と、この非効率性を利用して優れたポートフォリオを構築できたとしても、それにかかる取引コストや実行にかかわる問題が超過リターンを上回ってしまうというものである。2番目の説明としては、これらの研究のほとんどが長期的視点に立った研究（多くは20年から50年のスパン）であるということが挙げられる。短期的に見れば、小型株が大型株をアウトパフォームするかどうかや、収益率の悪かった銘柄を買えば超過リターンを獲得できるかどうかについては、不確実性が増すことは確実である。短期間に必ず利益を約束できるような投資戦略は存在しないのである。ブラデューマン（2000）はこの現象の説明に、小型株が大型株をアンダーパフォームしたのは過去50年においては4年に一度しかなかったことを挙げている。また、バーンスタイン（1998）は、バリュー投資（PERとPBRの低い株式への投資）は長期的に見れば超過リターンを上げられるかもしれないが、過去30年を5年区切りで見た場合、グロース投資がバリュー投資をアウトパフォームした年が多かったことを指摘している。3番目の説明として挙げられるのは、ファンドマネジャーは一貫してひとつの戦略で通すことはなく、戦略をあれこれ変更するため、コストは上昇し、長期的に超過リターンを獲得できる確率は下がるというものである。

練習問題

1. 次の文章のなかで市場の効率性を表すものはどれか（答えは1つとはかぎらない）。
   a．資源が企業間で効率的に配分されている（資源が最大限に活用されている）。
   b．いかなる時期においても、市場に打ち勝つことのできる投資家はいない。
   c．コンスタントに市場に打ち勝つことのできる投資家はいない。
   d．リスク調整後においてコンスタントに市場に打ち勝つことのできる投資家はいない。
   e．リスクと取引コスト調整後においてコンスタントに市場に打ち勝つことのできる投資家はいない。
   f．リスクと取引コスト調整後においてコンスタントに市場に打ち勝つことのできる投資家グループは存在しない。

2. 売り上げパターンが季節によって大きく異なる小売株を担当しているとしよう。あなたは、その株価も季節によって大きく異なると思うか。

3. 市場の効率性検定は2つの仮説――市場が効率的であるという仮説と期待リターンモデル――のジョイントテストであるとよく言われる。これについて説明せよ。また、市場の効率性は単独で検定することも可能か（資産価格モデルの検定は行わない）。

4. あなたは今、チャーティストと激しく議論している。本来価値を求めようとするあなたに対して、チャーティストはあなたが経済

学の基本的な法則を犯していると非難する。「株価は需給関係によって決まるものであって、本来価値で決まるものではない」とチャーティストは言う。本来価値を求めることは需給関係と矛盾するのだろうか。

5．あなたは企業の合併発表が株価に与える影響を次の手順に沿って検証している（イベントスタディ）。
　　ステップ１　その年の最大企業合併を20件選ぶ。
　　ステップ２　調査期間の中心日として、合併の発効日を選定する。
　　ステップ３　合併の発効日後の５日間のリターンを調べる。

　　得られたリターン（0.13％）を見て、あなたは合併発表からは超過リターンは得られなかっただろうと結論づけた。この検定に不備があれば指摘せよ。また、その不備はどうすれば是正できるか。もっと効果的な検定方法はあるか。

6．効率的な市場では、市場価格が真の価値の「偏りのない推定値」である。これが意味するものを次のなかから選べ（１つ）。
　ａ．市場価格は常に真の価値に等しい。
　ｂ．市場価格は真の価値とは無関係。
　ｃ．市場は間違いを犯すことがあり、投資家はこれらの間違いを利用することで利益を得ることができる。
　ｄ．市場価格には誤差が含まれているが、これらの誤差はランダムであるため投資家は誤差を利用して利益を得ることはできない。
　ｅ．市場に打ち勝つことのできる者はだれひとりとしていない。

7. 次のアクションによって株式市場の効率性は向上するか、低下するか、あるいは変わらないか。また、その理由を述べよ。
   a．政府がすべての株取引に1％の取引税を課す。
      効率性は向上＿＿＿　効率性は低下＿＿＿　変わらない＿＿＿
   b．証券取引規制当局が投機の蔓延を防ぐため空売りに対する規制を設ける。
      効率性は向上＿＿＿　効率性は低下＿＿＿　変わらない＿＿＿
   c．オプション市場（コールとプット）が開設され、取引所に上場している多くの株式を対象とするオプションの取引が行われるようになった。
      効率性は向上＿＿＿　効率性は低下＿＿＿　変わらない＿＿＿
   d．株式市場において外国人投資家による株式の購入・保有に関するすべての規制が排除される。
      効率性は向上＿＿＿　効率性は低下＿＿＿　変わらない＿＿＿

8. 次のグラフは大企業による資産分割発表前後の累積異常リターンを示したものである。市場の反応を説明せよ。

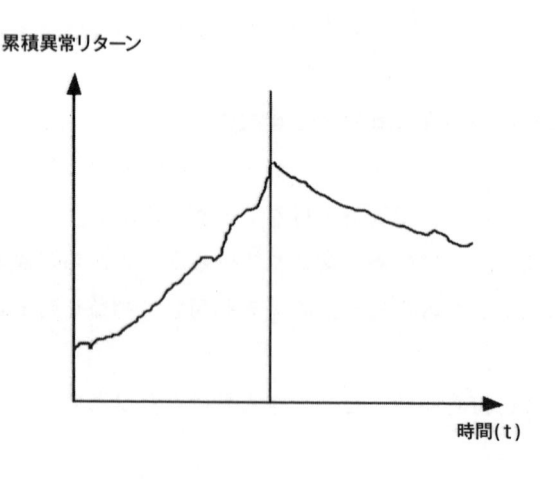

a．発表日前の振る舞い。
　　b．発表当日の反応。
　　c．発表日後の反応。

9. 株式リターンにおける規模効果とは何か。また、規模効果は年の変わり目効果とどんな関係があるか。小型株が、ベータ調整後も依然として大型株よりも大きなリターンを生み出す理由を述べよ。このアノマリーを利用するにはどんな戦略をとればよいか。また、どんなファクターに注意すべきか。

10. アーニングサプライズに対する市場の反応を調べたところ、株価は意外な利益が発表されたあとはドリフトする傾向があることが分かった。この結果から、市場はイベントや新情報からどんなことを学ぶ能力のあることが分かるか。市場のこの学習能力にはセクションごとに違いはあると思うか（要するに、企業のタイプによって株価のドリフトの程度が違うと思うか）。また、その理由を述べよ。このアノマリーをあなたならどのように活用するか。また、それにかかるコストについても述べよ。

11. 年の変わり目効果、つまり1月効果のひとつの説明として、税務上の会計年度に関連する売りや買いが挙げられる。
　　a．この税務効果についての仮説を説明せよ。
　　b．調査によれば、1月効果は万国共通のものであることが分かった。税務上の会計年度が1月からスタートしない国でもこの1月効果は観測されている。これに対する納得のいく理由を述べよ。

12. 次の表は2つのポートフォリオ——高利回りのポートフォリオと

低利回りのポートフォリオ——の予想株価上昇率と配当利回りを示したものである。

ポートフォリオ	期待株価上昇率	期待配当利回り
高利回り	9%	5%
低利回り	12%	1%

あなたは課税投資家で、配当に対する税率は40%である。これら2つのポートフォリオのいずれを選んでも得られる成果が同じであるためには、キャピタルゲインに対する税率は何%であればよいか。

13. 次の文章は正しいか、間違っているか。

　a．PERの低い株式は平均的に期待値を上回るリターンを生み出し、PERの高い株式は期待値を下回るリターンしか生まない。これは主としてPERの低い株式のリスクが低いことによる。

　　　正＿＿＿　誤＿＿＿

　b．小規模企業効果とは小規模企業が平均的に正の超過リターンを生み出すというものであるが、これは極めて高い正のリターンを生み出すほんの2、3社の小規模企業によるものである。

　　　正＿＿＿　誤＿＿＿

　c．投資家は一般にアナリストの推奨に従っても利益を得ることはできない。なぜなら、株価はアナリストの推奨には影響されないからである。

　　　正＿＿＿　誤＿＿＿

14. あなたは今、2つのミューチュアルファンドのパフォーマンス

を調べている。ひとつはADバリューファンドで、これは1988年1月1日に設立され、主にPERが低く、配当利回りの高い株式に投資している。もうひとつがADグロースファンドで、これも同じく1988年1月1日に設立されたが、こちらは主に成長率が高く、PERも高く、低配当もしくは無配当の株式に投資している。これらのファンドの過去5年間のパフォーマンスは以下のとおりである。

この間の平均リスクフリーレートは6％で、現在のリスクフリーレートは3％である。

	1988年から1992年までの平均		
	株価上昇率	配当利回り	ベータ
NYSE総合株価指数	13%	3%	1.0
ADバリュー	11%	5%	0.8
ADグロース	15%	1%	1.2

a．これらのファンドのリスク調整後のパフォーマンスを求めよ。

b．各ファンドの当初販売手数料は5％である（つまり、今日これらのファンドにそれぞれ1000ドルずつ投資したとすると、当初販売手数料を差し引くと950ドルしか投資していないことになる）。問いa．で計算した超過リターンは将来もそのまま維持されるものと仮定し、市場を上回るリターンを上げたファンドに投資するものとする。投資したファンドが市場ととんとんのレベルになるまでの年数を計算せよ。

第7章 リスクフリーレートとリスクプレミアム

Riskless Rates and Risk Premiums

　金融におけるリスクリターン・モデルはすべて、投資家が無リスク投資から得られるリターンと、平均的リスクを持つ資産に投資するときに要求すべきリスクプレミアム（あるいは単にプレミアム）を基に構築される。市場ポートフォリオに含まれる市場リスクの源泉がひとつしかないCAPM（資本資産価格モデル）では、リスクプレミアムは投資家がそのポートフォリオに投資するときに要求するプレミアムである。マルチファクターモデルの場合、リスクプレミアムは複数存在し、それぞれのリスクプレミアムは特定の市場リスクファクターに対するエクスポージャに対して、投資家が要求するプレミアムを測定したものである。本章ではリスクフリーレートのベストな測定方法とこれらのモデルで用いられるリスクプレミアム（プレミアム）の推定方法について考察する。

　第4章で述べたように、リスクは債券に内在するデフォルトリスクとして測定される。そして、このデフォルトリスクは企業がリスクフリーレートを上回って支払わなければならないデフォルトスプレッドとして表される。本章の締めくくりとしては、このデフォルトスプレッドとそれが時間とともに変動するその原因となるファクターの推定方法について検証する。

リスクフリーレート

金融におけるリスクリターン・モデルのほとんどにおいては、まず無リスク資産について定義し、その資産の期待リターンをリスクフリーレートとして用いる。次に、リスク投資の期待リターンを測定する。その値とリスクフリーレートとの差が、リスクフリーレートに上乗せされる期待リスクプレミアムである。しかし、なぜ資産は無リスクになり得るのだろうか。また、そういった無リスク資産を見つけ出すことができなかった場合はどうすればよいのか。本節ではこれらの問題について考える。

資産が無リスクであるための条件

第4章では資産が無リスクであるための条件をいくつか述べた。そのなかでも特に重要なのが、期待リターンが確実に分かっている(つまり、実際のリターンが期待リターンと常に同じ)ということであった。では、実際のリターンが期待リターンに一致するためにはどういった条件が必要なのだろうか。基本的な条件は2つある。第一に、デフォルトリスクがないことが必要である。民間企業の場合、いかに大規模で安全な企業といえども必ずデフォルトリスクがあるため、本質的に民間企業が発行する証券はいかなるものでもこの条件を満たすことはできない。唯一無リスクとなり得る証券は政府の発行する証券である。これは、政府が民間企業に比べて経営状況が良いというからではなく、政府が通貨発行の規制当局だからである。少なくとも名目上は、政府はその契約を履行することができるはずである。この仮定はいかにも当たり前のことのように思えるが、必ずしもそうであるとは限らない。特に、政府が前政権の掲げた公約を尊重しない場合や外貨借り入れを行う場合、前記の仮定は成り立たない。

第二の条件はよく見落とされがちである。実際のリターンが期待リターンに一致するためには、再投資リスクがあってはならないということである。分かりやすく説明するために、5年間の期待リターンを推定し、リスクフリーレートを求めようとしている場合を想定しよう。6カ月物Tビルレートはデフォルトフリーではあるが、無リスクではない。6カ月後のTビルレートが分からないため、再投資リスクが存在するからである。5年物Tボンドもクーポンを再投資するときのレートが現段階で予測できないため、無リスクとは言えない。結論を言えば、5年のタイムホライズンに対するリスクフリーレートはデフォルトフリー（つまり政府発行）の5年物ゼロクーポン債の期待リターンでなければならないということになる。となると、期待リターンの推定期間が1年から10年にわたることもざらなコーポレートファイナンスや、評価に携わる者にとって、これは何とも厄介な話である。リスクフリーレートの純粋主義者なら各期間に対するリスクフリーレートは別々に推定し、期待リターンも別々に推定すべきだと主張してくるだろう。

　しかし、実務上の妥協点を探る手立てとして次の点に注目したい。年ごとに異なるリスクフリーレートを用いても正常な期間構造（正常な期間構造としては、長期レートが最大で2～3％短期レートよりも高い右上がりのイールドカーブなどが挙げられる）の下では現在価値効果は微々たるものでしかないという点である。この場合、デュレーションマッチング戦略が使える。つまり、無リスク資産として用いるデフォルトフリー証券のデュレーションを、分析対象となるキャッシュフローのデュレーション（プロジェクトなどの投資分析では、デュレーションは通常3年から10年である。評価では、企業が永久に存続することを前提とするためデュレーションはもっと長く、10年を超えることも珍しくない。将来的に成長が期待できる企業に関しては、デュレーションはさらに長くなる）にマッチングさせるのである。ただし、

短期レートと長期レートの間に大きな開きがある場合、期待リターンの計算には年ごとのリスクフリーレートを用いるべきであろう。

デフォルトフリーな実体が存在する場合の実務上の意味

ほとんどの発展市場では、少なくとも現地通貨の借り入れに関しては、政府がデフォルトフリーな実体と見なされる。こういった市場においては、デフォルトフリーな実体が存在することの意味は明らかである。長期プロジェクトの投資分析、あるいは評価を行う場合、リスクフリーレートは長期国債レートになるということである。これに対して短期の投資分析の場合は、政府発行の短期証券のレートをリスクフリーレートとして用いることができる。リスクフリーレートの選択によってリスクプレミアムの推定方法も違ってくる。よくあるケースとして、ヒストリカル・リスク・プレミアム（政府発行証券のレートを上回る過去の株式超過リターンがリスクプレミアムとして用いられる）を用いた場合、選ばれた政府発行証券はリスクフリーレートの推定に用いたものと同じものでなければならない。したがって、長期分析の場合、米国ではヒストリカル・リスク・プレミアムとしてＴビルではなくＴボンドを上回る株式超過リターンを用いなければならない。

キャッシュフローとリスクフリーレート——一貫性の原則

期待リターンを求めるときに用いるリスクフリーレートは、キャッシュフローの測定方法と一貫した方法で測定しなければならない。したがって、キャッシュフローを名目米ドルで推定する場合、リスクフリーレートはＴボンドレートとなる。つまり、リスクフリーレートとして何を用いるかを決めるのは企業の本拠地が置かれた場所ではな

く、その企業のキャッシュフロー推定値をどの通貨で求めるかで決まるということでもある。したがって、ネッスルの場合、スイスフラン建てのキャッシュフローをスイスの長期国債レートを用いて推定した期待リターンで割り引いて評価してもよいし、キャッシュフローもリスクフリーレートも英ポンドの場合は英ポンドで評価してもよい。ところで、同じ企業を異なる通貨で評価した場合、最終結果は常に一致するのだろうか。PPP（購買力平価）ベースでは、金利の違いは予想インフレ率の違いを反映する。つまり、キャッシュフローも割引率も予想インフレ率の影響を受ける。したがって、低いリスクフリーレートに起因する低い割引率はキャッシュフローの予想名目成長率の低下で相殺され、結局価値は同じになるということである。

　２つの通貨間の金利の違いがこれら２つの通貨の予想インフレ率の違いを十分に反映していない場合、異なる通貨で行った評価額は異なる場合もある。特に企業の場合、インフレ率に比べて金利の低い通貨を用いれば、評価額は高くなる。この場合、インフレ率との違いを是正するために金利はある時点で必ず上昇するはずであるから、結局はその時点で価値は収束することになる。

実質リスクフリーレートと名目リスクフリーレート

　インフレ率が高く不安定な状況下においては、評価は実質ベースで行われることが多い。具体的には、キャッシュフローが実質成長率を用いて推定され、物価上昇による成長率は勘案されないということである。一貫性の原則によって、この場合の割引率としては実質割引率を用いなければならない。実質的な期待リターンを求めるためには、実質リスクフリーレートを用いる必要がある。ＴビルやＴボンドのリターンは名目上は無リスクだが、予想インフレ率のボラティリティが高いため実質的には無リスクではない。名目金利から予想インフレ率

を差し引いたものを実質リスクフリーレートと見なすという標準的な方法では、実質リスクフリーレートの推定値が得られるにすぎない。

つい最近まで、実質リスクフリーレートの推定に用いることのできるデフォルトフリーな証券はほとんどなかったが、インデックス国債の導入でこの問題は解決された。インデックス国債が保証するのは名目リターンではなく、実質リターンである。したがって、実質リターン3％のインデックス国債の名目リターンは、インフレ率が4％のときは7％、インフレ率が2％のときはわずか5％となる。

問題なのは、米国ではインフレ率が低く安定しているので、実質ベースの評価が求められることはめったになく、ほとんど行われていないということである。皮肉なことに、実質ベースの評価が最も必要とされる市場は、デフォルトフリーなインデックス証券の存在しない市場である。こういった市場のリスクフリーレートは次の2つの理論を用いて推定することができる。

1. 資本が実質リターンの最も高い経済間で自由に流出入できるかぎり、実質リスクフリーの市場間における違いはない。この理論によれば、インデックス国債を用いて推定した米国の実質リスクフリーレートはどの市場でも使えることになる。
2. 市場間における資金の流出入に規制が設けられている場合、ある経済における長期的な期待実質リターンはその経済の同じく長期的な期待実質成長率に一致し、均衡が保たれなければならない。したがって、例えばドイツのような成熟経済の実質リスクフリーレートは、ハンガリーのようにより大きな成長を見込める経済の実質リスクフリーレートよりもはるかに低いはずである。

デフォルトフリーな実体が存在しない場合の リスクフリーレート

　これまでは、政府が少なくとも現地通貨借り入れにおいては債務不履行に陥ることはないという仮定に基づいて議論を進めてきた。しかし、世界規模で見るとこの仮定が通用しないと思われる新興市場経済は数多く存在する。こういった市場における政府は、現地通貨借り入れにおいても債務不履行になる可能性があると見られている。これと、政府が現地通貨の長期借り入れは行わないという事実とを考え合わせれば、現地のリスクフリーレート、特に長期レートの入手は難しいということになる。このような場合、リスクフリーレートの適切な推定値を求めるための妥協案がいくつかある。

● その市場における最大かつ最も安全な企業の現地通貨長期借り入れレートをベースとして用いる。これらの企業は大規模で安定しているとは言いながらも、依然としてデフォルトリスクを抱えているため、企業借り入れレートよりも若干低いレートを用いるとよい(私であればリスクフリーレートとして企業借り入れレートよりも1％低いレートを使う。これは米国におけるAAデフォルトスプレッドにほぼ一致する)。
● その通貨を対象とする長期ドル建て先渡が存在する場合、金利パリティとTボンドレート(あるいは、ほかの基本通貨のリスクフリーレート)を使って現地通貨借り入れレートの推定値を求める。

フォワードレート$_{FC,\$}^{t}$
=スポットレート$_{FC,\$}(1+$金利$_{FC})^{t} \div (1+$金利$_{\$})^{t}$

ただし、

フォワードレート$_{FC,\$}^t$ ＝期間 t における外貨の対ドルフォワードレート
スポットレート$_{FC,\$}$ ＝外貨の対ドルスポットレート
金利$_{FC}$ ＝外貨金利
金利$_\$$ ＝米ドル金利

　例えば、現在のタイバーツの対米ドルスポットレートが38.10、10年物対ドルフォワードレートが61.36、10年物米Ｔボンドレートが５％だとすると、タイバーツの10年物リスクフリーレート（名目バーツ）は次のように推定できる。

$$61.36 = 38.10(1 + 金利_{\text{Thai baht}})^{10} \div 1.05^{10}$$

　これをタイバーツ金利について解くと、10年物リスクフリーレートは10.12％となる。この方法の最大の欠点は、長期フォワードレートを最も必要とする新興市場の多くで、１年を越える長期フォワードレートの値が入手できないことである〔１年物フォワードレートしか存在しない場合、長期レートの近似値を求めるには、まず１年物現地通貨借り入れレートを求めたあと、それと１年物Ｔビルレートとのスプレッドを計算し、得られたスプレッドを長期Ｔボンドレートに加算すればよい。例えば、タイ国債の１年物フォワードレートが39.95であるとすると、タイバーツの１年物リスクフリーレートは9.04％（ただし、１年物Ｔビルレートは４％とする）となる。スプレッド5.04％を10年物Ｔボンドレート5％に加算すると、タイバーツの10年物レート10.04％が得られる〕。

●政府の現地通貨借り入れレートを、国債に対するデフォルトスプレッドで調整すれば、現地のリスクフリレートが求められる。国債

に対するデフォルトスプレッドは多くの国で入手可能な現地通貨の格付けを使って推定することができる（格付け会社による現地通貨借り入れとドル借り入れに対する格付けは異なるのが一般的。通常、前者は高く、後者は低い）。例えば、インド国債のレートが12％で、インド政府の格付けがAであるとしよう。A格債券のデフォルトスプレッドが2％の場合、インドルピーのリスクフリーレートは10％と推定できる。

インドルピーのリスクフリーレート
＝インド国債レート－デフォルトスプレッド＝12％－2％＝10％

株式リスクプレミアム

最も重要なのはリスクである。したがって、リスクの高い投資が良い投資であるためには、安全な投資よりも期待リターンが高くなければならない、というのは直観的に分かりやすい理論である。そのため、いかなる投資の期待リターンもリスクフリーレートとその投資に内在するリスクを補償するリターンの上乗せ分の和で表すことができるということになる。しかし、このリスクの測定方法と、測定されたリスクをリスクを補償する期待リターンに変換する方法に関しては、理論的にも実務的にも意見の不一致が存在する。本節では一般的なリスクリターン・モデル、つまり具体例として資本資産価格モデルに用いる適切なリスクプレミアムの推定方法について見ていく。

リスクプレミアムに対するさまざまな考え方

第4章では、資本資産価格モデルからマルチファクター・モデルまで、さまざまなリスクモデルについて考察した。これらの各モデルか

ら得られる結果は異なるが、リスクに対する考え方のいくつかはどのモデルでも一致している。まず、どのモデルもリスクを実際のリターンの期待リターン周りの分散と定義している。つまり、実際のリターンが期待リターンに常に一致する投資は無リスク投資ということになる。第二に、どのモデルもリスクは限界的投資家の視点に立って測定すべきであるとしており、限界的投資家は十分に分散投資していることを想定している。したがって、測定や補償が必要な唯一のリスクは、ある投資を追加することで分散ポートフォリオに追加されるリスクということになる。リスクモデルではいかなる投資におけるリスクも２つの成分に分解されるが、それはリスクのこういった考え方に基づくものである。２つのリスク成分のひとつが証券固有のリスクで、これは当該投資、あるいはそれに類似するいくつかの投資にのみ関連するリスクを測定したものである。もうひとつが市場リスクで、これはかなり多数の投資、あるいはすべての投資に影響を及ぼすリスクである。分散不能でリターンを見込めるのは後者の市場リスクである。

　すべてのリスクリターン・モデルはこのようにリスクを分解するという重要な点では一致しているが、市場リスクの測定方法は異なる。**表7.1**は４つのモデルと、それぞれのモデルにおけるリスクの測定方法をまとめたものである。

表7.1　リスクリターン・モデルの比較

モデル	仮定	市場リスク測度
資本資産価格モデル (CAPM)	取引コストや非公開情報は存在しない。したがって、分散ポートフォリオには取引されているすべての投資が市場価値の比率で含まれている。	この市場ポートフォリオに対して測定したベータ
裁定価格モデル (APM)	市場リスクに対するエクスポージャが同じ投資は同じ価格で取引されなければならない(無裁定)。	多数の市場リスクファクターに対して測定したベータ
マルチファクター・モデル	APM同様、無裁定を仮定。	多数の特定マクロ経済ファクターに対して測定したベータ
代理モデル	長期的に見れば、高い市場リスクを補償するためにはリターンは高くなければならない。	市場リスクの代理としては、時価総額、株価純資産倍率などを用いる。

　最初の3つのモデルでは、投資に対する期待リターンは次式のように書くことができる。

$$期待リターン=リスクフリーレート+\sum_{j=1}^{j=k}\beta_j(リスクプレミアム_j)$$

ただし、
　β_j＝投資のファクターjに対するベータ
　リスクプレミアム$_j$＝ファクターjに対するリスクプレミアム

　シングルファクター・モデルの特殊なケースであるCAPMでは、各投資の期待リターンはひとつのファクターに対するベータで決まることに注意しよう。
　リスクフリーレートが既知であると仮定するならば、これらのモデ

ルに必要な入力量はいずれも2つである。ひとつは分析対象となる投資のベータで、もうひとつがモデルのファクターに対する適切なリスクプレミアムである。ベータの推定方法については次章で述べるとして、本節ではリスクプレミアムの測定方法について見ていく。

何を測定したいのか

リスクプレミアムに関して私たちが知りたいのは、平均的リスクを持つ投資に対して投資家が平均的にどの程度リスクフリーレートを上回るプレミアムを各ファクターに対して要求するかということである。

一般性を損うことなく、資本資産価格モデルにおけるベータとリスクプレミアムの推定方法について見ていくことにしよう。無リスク資産に対する投資に比べると、市場ポートフォリオに投資した場合はリスクが高くなるが、このモデルにおけるリスクプレミアムとは上昇したリスクに対して投資家が平均的に要求してくるリターンの上乗せ分である。

ヒストリカル・リスク・プレミアム

実際にリスクプレミアムを推定する場合、株式から得られたデフォルトフリー証券を上回るヒストリカルプレミアムの、長期間にわたるデータを観測することによって推定するのが一般的である。やり方は簡単で、株式から得られた実際のリターンの長期にわたるデータをデフォルトフリーな(通常は政府発行の)証券から得られた実際のリターンと比較し、これら2つの証券のリターンの差(年次ベース)を計算したものがヒストリカル・リスク・プレミアムである。大規模でかつよく分散され、株式や政府発行証券の過去のリターンデータが豊富に入手できる米国などの株式市場ではこの手法は有効だろうが、全体の

経済における株式市場の占める割合が小さく、長期にわたるリターンのヒストリカルデータが入手不可能な国に対しては、この手法ではリスクプレミアムの意味のある推定値を求めることはできない。

リスクリターン・モデルのユーザーの間では、ヒストリカルプレミアムが将来のリスクプレミアムの事実上のベストな推定値であるという点でコンセンサスが得られているが、実践に用いられる実際のプレミアムには驚くほど大きな違いがある。例えば、米国の異なる投資銀行、コンサルタント、企業が推定したリスクプレミアムは最低で4％、最高で12％と大きな開きがある。いずれもイバットソン・アソシエーツ（Ibbotson Associates、1926年以降のデータを集計。1926年から現在に至るまでの株式、Tボンド、Tビルの年次リターンやインフレ率について年一回発行されるレポート『ストック・ボンズ・ビルズ・アンド・インフレーション』を参照のこと［www.ibbotson.com］）が提供する同じヒストリカルリターン・データを用いていることを考えれば、これらの違いは意外かもしれない。しかし、リスクプレミアムの推定値が異なるのには3つの理由がある。

1．使用した期間。ヒストリカル・リスク・プレミアムの推定に1926年以降のすべてのデータを用いる者も多いが、50年、20年、あるいは10年という短期間のデータを用いる者も多数いる。短期間のデータを用いる者によれば、彼らが短期間のデータを用いるのは平均的投資家のリスク回避度が時間とともに変化する傾向があり、短期間のデータのほうが最新の推定値を得ることができるからだという。しかし、短期間のデータを用いて求めたリスクプレミアムの推定値には大きなノイズが含まれることを考えれば、短期間のデータを用いるメリットとデメリットは差し引きゼロになる。実際、1926年から2000年までの株価の年次標準偏差（株式リターン、ボンドリターン、ビルリターンのヒストリカルデータについては、ウエブサイトwww.stern.nyu.

edu/~adamodarの「Updated Data」を参照のこと）を20%とすると、異なる推定期間に対するリスクプレミアム推定値の標準誤差（これらの標準誤差は、おそらく過小評価されている。なぜなら、年次リターンは長期間にわたって無相関であるという想定の下に推定されているからである。実際には、リターンが長期にわたって相関性を持つという実証的証拠があり、これを考慮すれば標準誤差はこれよりもはるかに大きな値になるはずである）は**表7.2**に示したとおりである。

表7.2 リスク・プレミアム推定値の標準誤差

推定期間	リスク・プレミアム推定値の標準誤差
5年	$20\%/\sqrt{5}=8.94\%$
10年	$20\%/\sqrt{10}=6.32\%$
25年	$20\%/\sqrt{25}=4.00\%$
50年	$20\%/\sqrt{50}=2.83\%$

　標準誤差を適度な数値に抑えるには、極めて長期にわたるヒストリカルリターン・データが必要になる。逆に言えば、10年や20年程度のデータを用いて求めたリスクプレミアム推定値の標準誤差は、推定した実際のリスクプレミアムと同じかそれ以上になる傾向があるということである。したがって、短期間のデータを用いた場合のコストは、最新の数値を得られることに関連するいかなるメリットをも上回るものであると私たちは考えている。

２．無リスク証券の選択。 イバットソンのデータベースからはＴビルやＴボンドのリターンデータが入手でき、株式のリスクプレミアムは各証券に対して推定することができる。米国のイールドカーブが過去70年間のほとんどにおいて右上がりであったことを考えると、短期の政府発行証券（Ｔビルなど）に対するリスクプレミアムほど大きくなる。プレミアムの計算に用いるリスクフリーレートは期待リター

ンの計算に用いるリスクフリーレートと同じでなければならない。したがって、リスクフリーレートとしてTビルレートを用いた場合、プレミアムはTビルレートを上回る分の株式リターンとなり、リスクフリーレートとしてTボンドレートを用いた場合、プレミアムはTボンドレートを上回る分の株式リターンとなる。コーポレートファイナンスや評価においては、ほとんどの場合、リスクフリーレートとして用いられるのはTビルレートではなく、デフォルトフリー（政府発行）の長期債のレートである。つまり、用いられるリスクプレミアムはTボンドを上回る分の株式リターンということになる。

3．算術平均と幾何平均。ヒストリカルプレミアムを推定するときの最後の問題は、株式、Tボンド、Tビルの平均リターンをどう計算するかである。リターンの算術平均は年次リターンの時系列データを単純に平均したものであり、幾何平均は複利リターンを使って求める（複利リターンを求めるには、まず期首の投資価値（Value0）と期末の投資価値（ValueN）を求めたあと、次式を使って計算する）。

$$幾何平均 = \left(\frac{\text{Value}_N}{\text{Value}_0}\right)^{1/N} - 1$$

一般的には、算術平均を用いるのがよいとされる。事実、年次リターンが長期間にわたって無相関で、次年のリスクプレミアムを求めることを目的とする場合、偏りのないベストなプレミアム推定値は算術平均をとることによって求められる。しかし実際には、幾何平均を推奨する声のほうが高い。理由は2つある。第一に、実証的調査によれば、株式リターンは長期的には負の相関性を持つと思われるということである（換言すれば、パフォーマンスの良かった期間のあとの期間のパフォーマンスは悪い、あるいはその逆ということである。株式リターンが長期的には負の系列相関を持つことは、広範にわたって観測され

ており、ファーマ、フレンチの論文［1988］でも同じ結果が確認できる。ファーマ、フレンチ［1988］によれば、1年間における相関は弱いが、5年間にわたる系列相関を見た場合、どの企業規模クラスにおいても強い負の相関性が見られることが分かっている）。その結果、算術平均ではプレミアムが過大評価される傾向が強い。第二に、資産価格モデルはたしかに単期間モデルかもしれないが、長期間の（例えば、5年や10年の）期待リターンを求めるのにこのモデルを使ってみた結果から分かることは、ひとつの期間が1年よりもはるかに長い可能性があるということである。この文脈においては、幾何平均を用いることに対する説得力はさらに増す。

　まとめると、リスクプレミアム推定値はユーザーによって異なるということである。なぜなら、リスクプレミアムを推定するときの推定期間、リスクフリーレートとしてTビルを使うかTボンドを使うか、また算術平均を使うか幾何平均を使うかがユーザーによって異なるからである。こういった選択がどういった形で影響するのかをまとめたものが表7.3（1928年から2000年までのリターンを使用）である。プレミアムがこれらの条件の選択によって4.5％から12.67％までの開きがあることに注目しよう。今日使われている多くのリスクプレミアムは3年、4年、あるいは10年前のヒストリカルデータを用いて推定されたものであるため、これらの推定値の差は実際にはもっと大きい。

表7.3　米国市場におけるヒストリカル・リスク・プレミアム

	株式対Tビル		株式対Tボンド	
	算術平均	幾何平均	算術平均	幾何平均
1928-2000	8.41%	7.17%	6.53%	5.51%
1962-2000	6.41%	5.25%	5.30%	4.52%
1990-2000	11.42%	7.64%	12.67%	7.09%

出所：連邦準備銀行

> **histretSP.xls**：1928年以降の米国の株式、Tボンド、Tビルのヒストリカルリターンをまとめたデータがウエブサイトで閲覧可能。

ヒストリカル・リスク・プレミアム――米国以外の市場

　米国市場において信頼性の高いヒストリカルプレミアムが得られないとなると、歴史も短くボラティリティの高いほかの市場ではなおさらである。これが新興市場に当てはまることは確かであるが、ヨーロッパの株式市場についても同じことが言える。ドイツ、イタリア、フランスの経済はたしかに成熟したものであるかもしれないが、これらの国々の株式市場の性質は異なる。これらの市場は少数の大企業による寡占状態にあり、多くの企業は非公開企業で、つい最近までごく少数の株式を除き薄商いの傾向にあった。

　実務家のなかにはこれらの市場に対しても依然としてヒストリカルプレミアムを用いる者もいる。**表7.4**は1970年から1996年における米国外の主要市場のヒストリカル・リスク・プレミアム（これらのデータもイバットソン・アソシエーツ社から入手したものである。データは同社のウエブサイトから入手可能［www.ibbotson.com］）をまとめたものである。この表を見ると、こういった市場に対してヒストリカルプレミアムを用いることがいかに危険なことであるかが分かる。

表7.4 米国外市場におけるヒストリカル・リスク・プレミアム

	株式			債券	
国	期首	期末	年次リターン	年次リターン	リスクプレミアム
オーストラリア	100	898.36	8.47%	6.99%	1.48%
カナダ	100	1,020.70	8.98%	8.30%	0.68%
フランス	100	1,894.26	11.51%	9.17%	2.34%
ドイツ	100	1,800.74	11.30%	12.10%	−0.80%
香港	100	14,993.06	20.39%	12.66%	7.73%
イタリア	100	423.64	5.49%	7.84%	−2.35%
日本	100	5,169.43	15.73%	12.69%	3.04%
メキシコ	100	2,073.65	11.88%	10.71%	1.17%
オランダ	100	4,870.32	15.48%	10.83%	4.65%
シンガポール	100	4,875.91	15.48%	6.45%	9.03%
スペイン	100	844.80	8.22%	7.91%	0.31%
スイス	100	3,046.09	13.49%	10.11%	3.38%
英国	100	2,361.53	12.42%	7.81%	4.61%

出所：イバットソン・アソシエーツ社

　表を見ると、いくつかの国ではヒストリカルプレミアムが負で、またリスクプレミアムが1％を下回る国もある。この理由を考える前に、これらの推定値の標準誤差が、推定期間がわずか26年間と短いために5％を上回る大きな数値になっていることに注目しよう。

　これらの推定値は標準誤差があまりに大きいため使いものにはならないというのであれば、10年に満たないほど歴史が浅く、年次株式リターンの標準偏差が非常に大きい新興株式市場のヒストリカル・リスク・プレミアムにはどれほどのノイズが含まれていることだろうか。新興市場のヒストリカル・リスク・プレミアムは具体例としては興味深いかもしれないが、リスクリターン・モデルには使うべきでないことは明らかである。

ヒストリカル・リスク・プレミアム・アプローチについての注意点

　ヒストリカル・プレミアム・アプローチが極めて広範にわたって用いられていることを考えると、このアプローチに欠点が多く、しかもこれらの欠点がこれまでほとんど注目されなかったのは驚くべきことである。まず基本的な前提について見てみよう。このアプローチでは、投資家のリスクプレミアムは長期にわたって変化しなかったということと、平均的なリスク投資（市場ポートフォリオに対する）が調査期間にわたって安定していたことを前提にしている。こういった前提に賛同する者がいるだろうか。

　この問題を解決するには、もっと最近の期間を用いればよいことは明らかであるが、こうすることで、リスクプレミアム推定値の標準誤差が大きくなるという、別の問題が発生する。これらの推定誤差は長期間を用いる分には許容できるが、短期間の場合は許容できないのは明らかである。

　最後に、たとえ十分長期間にわたるヒストリカルデータが入手でき、その間投資家のリスク回避度が体系的に変化しなかったとしても、もうひとつ問題がある。こういった性質を持つ市場——ここでは一例として米国市場を想定しよう——は、いわゆるサバイバー市場であることを意味する。換言すれば、例えば、ある投資家が1928年に米国市場を含む世界の10大株式市場に投資したとすると、1928年から2000年までの間、これら10大市場以外のどの株式市場における投資も米国市場ほど大きなプレミアムを稼ぎ出すことはなかっただろうし、そのうちのいくつか（例えば、オーストリア）の市場では投資家はその期間中はほとんど利益を得られなかったか、場合によってはリターンが負になることもあっただろう。つまり、投資家が合理的でファクターリスクが価格に織り込まれていると想定しても、サバイバー市場に対する偏見によってヒストリカルプレミアムは米国などの市場では期待プレミアムより大きくなるという結果が生じる。

修正ヒストリカル・リスク・プレミアム

米国外市場のヒストリカル・リスク・プレミアムはリスクモデルでは使えないが、これらの市場で用いるリスクプレミアムは依然として必要である。このためにまず、いかなる株式市場のリスクプレミアムも次のように書けると仮定しよう。

株式リスクプレミアム
＝成熟した株式市場のベースプレミアム＋カントリープレミアム

カントリープレミアムには特定市場における上乗せリスクを反映させることができる。したがって、米国外市場のヒストリカル・リスク・プレミアム推定問題は次の2つの問題に集約される。

1．成熟した株式市場のベースプレミアムとしてどういった数値を使うべきか。
2．カントリープレミアムを含むべきか。もしそうなら、その推定方法は？

まず、最初の問題については、米国の株式市場は成熟した市場であるため十分なヒストリカルデータが入手でき、適切なリスクプレミアムを推定することができると見なすことができる。前述の米国市場におけるヒストリカルプレミアムに話を戻すと、1928年から2000年までのTボンドを上回る株式リターンの幾何平均である5.51％をリスクプレミアムとして使えるだろう。推定期間に長期間を選んだのは、標準誤差が小さくなるように、またTボンドレートをリスクフリーレートとして用いることができるように、そして幾何平均を使って、長期期待リターンを求めるのに使えるリスクプレミアムが得られるようにするためである。

2番目のカントリープレミアムについては、カントリーリスクは分散可能であるため、カントリー・リスク・プレミアムは含める必要はないのではないかという意見もある。彼らの意見の根拠となる、カントリーリスクが分散可能、ということを考慮したうえで、カントリープレミアムに対するもうひとつの考え方——つまり、カントリープレミアムは含めるべき——を取り入れるならば、カントリー・リスク・プレミアムの推定方法としては2つ提示することができる。ひとつは国債のデフォルトスプレッドに基づく方法で、もうひとつは株式市場のボラティリティに基づく方法である。

カントリー・リスク・プレミアムは考慮すべきか

　米国株式に投資するよりも、マレーシアやブラジルの株式に投資するほうがリスクは高いのだろうか。大方の答えはイエスだろう。しかし、だからといって、こういった市場に投資するときには必ずリスクプレミアムを上乗せする必要があるとは一概には言えない。
　株主資本コストを推定するときに考慮すべきリスクは、分散によって取り除くことのできない市場リスクのみであることに注意しよう。つまり、問題は新興市場におけるリスクが分散可能か分散不能かということになる。マレーシアやブラジルの市場に投資することで生じる追加リスクが分散で取り除くことができるのならば、リスクプレミアムの上乗せ分は要求すべきではないが、分散で取り除くことができないのであれば、カントリー・リスク・プレミアムを考慮するのが適切だろう。
　ところで、追加リスクは一体だれによって分散され取り除かれるのか。ブラジルやマレーシア企業の株式を保有している投資家は何百、何千と存在する。こういった投資家のなかには国内の株式にしか投資していない者もいるだろうし、グローバルに投資している者もいるだろう。カントリーリスクを分析する場合、私たちが注目しなければな

らないのは最も活発にトレーディングしている限界的投資家である。限界的投資家がグローバルに分散投資しているとすれば、リスクは少なくともグローバルに分散される可能性がある。一方、限界投資家がグローバルポートフォリオを保有していない場合は、カントリーリスクが分散で取り除かれる可能性は大幅に低下する。Stulz（1999）はこのことを別の言葉で指摘している。彼は投資家が国内市場にしか投資できないか、あるいはしようとしないため、リスクプレミアムが各市場によって異なるセグメント化された市場と、投資家がどの市場にも投資できるオープン市場とを区別した。セグメント化された市場では、限界的投資家はその市場においてでしか分散投資できないが、オープン市場では、どの市場にも投資できるチャンスがある（投資家がこのチャンスを生かすか生かさないかは本人次第）。たとえ限界的投資家がグローバルに分散投資しているとしても、カントリーリスクを考慮の対象から外すにはもうひとつ満たさなければならない条件がある。カントリーリスクはすべて、あるいはほとんどが国に固有のものである。言い換えれば、カントリーリスクの市場間における相関は低いということである。グローバルポートフォリオでリスクが分散可能なのはこういった場合のみである。しかし、リターンが各国間で極めて大きな正の相関性を持っている場合、カントリーリスクには市場リスク成分が含まれるため分散不能となり、結果的にプレミアムを要求できることになる。リターンが各国間で相関を持つかどうかは実証によって確認することができる。1970年代から1980年代にかけて行われた調査によって各国間におけるリターンの相関は低いことが分かり、グローバル分散が注目を浴びるようになった。グローバル分散という人々の関心を呼ぶキャッチフレーズと、過去10年間で経済のグローバル化がますます強まったこともあり、最近行われた調査では市場間の相関は高まっていることが分かった。つまり、今やロシア市場で問題が発生すれば、ほとんど無関係と思えるような、例えばブラジルといっ

た市場にも瞬く間にその影響が表れるということである。

　トレーディングに対する市場間の障壁はたしかに減少したものの、投資家のポートフォリオが依然として国内市場に偏っているという事実は変わらず、市場のセグメント化は一部でしか進んでいない。グローバルに分散している投資家が世界中の株式の価格形成において果たす役割はますます増加しつつあるが、その結果生じる各市場間の相関性の高まりによって、カントリーリスクの一部は分散不能なリスク、つまり市場リスクになった。次節ではカントリーリスクの測定方法と、このリスクを期待リターンにどのように織り込んでいけばよいかについて見ていく。

カントリー・リスク・プレミアムの測定

　リスクプレミアムを考えるときにはカントリーリスクを考慮する必要があり、リスクの高い国ほどプレミアムが高くなるとするならば、この追加プレミアムをどのように測定すればよいのかという話になるのは当然の流れだろう。本節では2つの方法について考察する。ひとつは各国が発行した国債のデフォルトスプレッドをベースとする方法、もうひとつは株式市場のボラティリティをベースとする方法である。

デフォルト・リスク・スプレッド

　カントリーリスクの尺度にはいくつかあるが、そのなかで最も簡単で受け入れられやすいのが格付け会社による各国の負債に対する格付けである。スタンダード・アンド・プアーズ（S&P）、ムーディーズ・インベスターズ・サービス、フィッチIBCAはいずれも国の格付けを手がけている。各国の格付けは（株式リスクではなく）デフォルトリスクを基に行われるが、株式リスクの発生要因となる多くのファクター——例えば、通貨の安定性、財政収支と貿易収支、政情の

安定性など——の影響も受ける（各国の格付けプロセスについては、S&Pのウェブサイトを参照のこと。www.ratings.standardpoor.com/criteria/index.htm）。格付けのもうひとつのメリットは、リスクフリーレートを上回るデフォルトスプレッドも同時に公開される点である。一例として**表7.5**を見てみよう。この表はラテンアメリカ諸国の2000年6月現在の格付けとデフォルトスプレッドをまとめたものである。

表7.5 格付けとデフォルトスプレッド（単位：ベーシスポイント）

国	格付けa	平均スプレッドb	市場スプレッドc
アルゼンチン	B1	450	433
ボリビア	B1	450	469
ブラジル	B2	550	483
コロンビア	Ba2	300	291
エクアドル	Caa2	750	727
グァテマラ	Ba2	300	331
ホンデュラス	B2	550	537
メキシコ	Baa3	145	152
パラグアイ	B2	550	581
ペルー	Ba3	400	426
ウルグアイ	Baa3	145	174
ベネズエラ	B2	550	571

a 格付けはムーディーズ・インベスターズ・サービスによる外貨格付け。
b 平均スプレッドはこの格付けを持つすべての国によって発行された国債の、リスクフリーレート(米国国債またはドイツユーロのレート)を上回るデフォルト・スプレッドから推定。
c 市場スプレッドは当該国が発行したドル建て国債と米国Tボンドレートの差。

市場スプレッドとは各国発行のドル建て国債レートと米国Tビルレートの差を取ったものである。これは市場レートであり現在の期待値を反映しているとはいえ、国債スプレッドのボラティリティは極めて高く、日々大きく変動する。このボラティリティへの対処方法として計算されているのが平均スプレッドである。これは、特定の格付けを持つ世界中のすべての国の、適切なリスクフリーレートを上回るデ

フォルトスプレッドを平均したものである。一般に平均スプレッドは長期分析においては、ボラティリティが低く、信頼性は高い。

デフォルトスプレッドをカントリーリスクの尺度として用いているアナリストは通常、当該国で取引されているすべての企業の株主資本コストと負債コストの両方にデフォルトスプレッドを加算する。したがって、例えば、米ドルベースで推定したあるブラジル企業の株主資本コストは、その企業に類似する米国企業の株主資本コストよりも4.83％高くなる。米国をはじめとする成熟株式市場のリスクプレミアムを5.51％と仮定すると、ベータが1.2のブラジル企業の株主資本コストは次式によって推定することができる（ただし、米国Tボンドレートは、5％とする）。

株主資本コスト＝リスクフリーレート＋ベータ
×(米国のリスクプレミアム)＋デフォルトスプレッド
＝ 5％＋1.2(5.51％)＋4.83％＝16.44％

場合によっては、デフォルトスプレッドを米国のリスクプレミアムに加算して、得られた数値にベータ値を掛けることもある。その結果、ベータの高い企業の株主資本コストは増加し、ベータの低い企業の株主資本コストは減少する。

格付けはカントリーリスクを測るうえで便利な尺度ではあるが、これだけに頼ればいくつかの弊害が生じる。第一に、格付けの基本となるデフォルトリスクの変動に対する格付け会社の反応が市場よりも遅いという点が挙げられる。第二に、格付け会社はデフォルトリスクのみを重視するため、株式市場に影響を及ぼし得るほかのリスクについてはあいまいなままである。カントリーリスクの評価尺度としてはほかにどんなものがあるだろうか。カントリーリスクをより総括的に表す方法としてスコアを用いる方法がいくつかの機関によって開発され

ている。例えば、エコノミスト誌は新興市場の格付けに 0 から100までのスコアを用いている（スコア 0 はリスクゼロ、100は最もリスク度が高い）。別の方法として、カントリーリスクを各国の経済ファンダメンタルズを基にボトムアップで推定する方法もある。ただしこの方法は、他の方法に比べてはるかに多くの情報を必要とする。デフォルトスプレッドもリスク測度にはなるが、これは国債に関連するリスクを測定するものであって、各国の株式リスクを測定するものではない。いかなる市場でも債券よりも株式のほうがリスクが高いため、デフォルトスプレッドでは株式リスクプレミアムが過小評価されてしまう恐れがある。

相対標準偏差

株式投資家は推定リスク度に応じて投資する市場を選ぶため、リスクプレミアムは株式リスクの違いを反映するものでなければならないと考えるアナリストもなかにはいる。株式リスクの評価測度としてよく用いられるのが、株価の標準偏差である。つまり標準偏差の高い株式ほどリスクが高い。ある市場のほかの市場に対する相対標準偏差を測定したものが相対リスク測度である。

$$\text{相対標準偏差}_{国X} = \text{標準偏差}_{国X} \div \text{標準偏差}_{米国}$$

この相対標準偏差に米国株式に用いられるプレミアムを掛けたものが、任意の市場におけるトータル・リスク・プレミアムである。

$$\text{株式リスクプレミアム}_{国X} = \text{リスクプレミアム}_{米国} \times \text{相対標準偏差}_{国X}$$

ここでは差し当たり成熟市場のプレミアムとして米国市場の5.51％

を用いるとし、米国株式の年次標準偏差を20％と仮定する。インドネシア株式の年次標準偏差を35％とすると、インドネシアのトータル・リスク・プレミアムは次式のように計算できる。

株式リスク・プレミアム$_{インドネシア}$
$= 5.51\% \times (35\% \div 20\%) = 9.64\%$

このうちのカントリー・リスク・プレミアム分は

カントリー・リスク・プレミアム$_{インドネシア}$
$= 9.64\% - 5.51\% = 4.13\%$

となる。

このアプローチは直観的には分かりやすいが、構造も流動性も大きく異なる市場の標準偏差を用いることには問題がある。市場が非流動的であるため株式市場の標準偏差は低いが、極めてリスクの高い新興市場のような市場も存在するからである。このアプローチではこういった市場の株式リスクプレミアムは過小評価されてしまうのである。2番目の問題点として、通貨の問題がある。標準偏差は通常、現地通貨で測定される。つまり、米国市場の標準偏差はドル建て標準偏差であり、インドネシア市場の標準偏差はルピー建て標準偏差というわけである。しかし、標準偏差は同じ通貨で測定することが可能なため、この問題は比較的簡単に解決できる。要するに、インドネシア市場のドル建てリターンの標準偏差を計算すればよいということである。

二重計算の危険性

　カントリーリスクを評価する場合、ひとつのリスクを二度以上カウントしてしまう危険性は極めて高い。例えば、アナリストのなかにはブラジル企業の株主資本コストを算出するときにドル建て国債（例えば、ブラジルのCボンド）をリスクフリーレートとして用いる者がいる。この債券の金利には前節で述べたデフォルトスプレッドがすでに含まれている。この場合、カントリーリスクを反映させるためにリスクプレミアムを上方修正したとすると、カントリーリスクは二重計算されたことになる。ベータを上方修正し、キャッシュフローを下方修正（このプロセスを「ヘアカッティング」という）したような場合、さらにひどい結果を招くことになる。

デフォルトスプレッド＋相対標準偏差

　国の格付けと同時に入手できるカントリー・デフォルト・スプレッドは重要な第一歩ではあるが、これはデフォルトリスクのプレミアムを測定したものにすぎない。各国の株式リスクプレミアムがカントリー・デフォルト・リスク・スプレッドよりも大きいだろうということは直観的に理解できる。ではどの程度大きいのだろうか。これを調べるには、スプレッドの推定に用いた国債のボラティリティに対する株式市場のボラティリティを計算してみればよい。

カントリー・リスク・プレミアム
＝カントリー・デフォルト・スプレッド×$(\sigma_{株式} \div \sigma_{国債})$

　一例としてブラジルのケースを考えてみよう。2000年3月のムーディーズによるブラジルの格付けはB2、デフォルトスプレッドは

4.83％であった。ブラジルの株価指数の前年の年次標準偏差は30.64％で、ブラジルのドル建てCボンドの年次標準偏差は15.28％であった。したがって、ブラジルの株式リスクプレミアムは次式のように計算できる。

ブラジルのカントリー・リスク・プレミアム
＝4.83％（30.64％÷15.28％）＝9.69％

このカントリー・リスク・プレミアムは国の格付けが下がるか、株式市場の相対ボラティリティが上がれば上昇することに注意しよう。

株式リスクプレミアムはなぜ国債スプレッドと関係があるのだろうか。一口で言えば、ブラジルのドル建て国債のリターンが11％であるときに、ブラジル株式の期待リターンが10.5％（ドルベース）では投資家が納得しないということである。しかし、あら探しの得意な批判家ならこう言うだろう。デフォルトスプレッドを計算するときのベースとなる国債の金利は、その国債からの期待キャッシュフローではなく約束されたキャッシュフロー（クーポンと元本）をベースにしているため、実際には期待リターンではないと。この指摘はもっともである。実際、債券のリスクプレミアムを推定する場合、デフォルトリスクを勘案するためには、期待キャッシュフローを基に期待リターンを推定する必要がある。この方法で計算したデフォルトスプレッドと株式リスクプレミアムは、前述の方法に比べてはるかに低くなる。

この方法も前述した方法も、カントリー・リスク・プレミアムを評価するのに株式の標準偏差を用いるという点では一致しているが、測定に用いるベースが異なる。この方法では国債がベースとして用いられるのに対して、前述の方法では米国市場の標準偏差をベースとして用いている。また、この方法では投資家がブラジルの債券とブラジルの株式との間で選択する傾向が強いことを前提にしているが、前述の

方法では投資家はさまざまな株式市場間で選択することを想定している。

どちらの方法を用いればよいか

これまで述べてきたカントリー・リスク・プレミアムを推定する3つの方法では、得られる推定値は異なるのが一般的である。債券のデフォルトスプレッド法と相対株式標準偏差法で推定したカントリー・リスク・プレミアムは、国債デフォルトスプレッドと株式標準偏差の両方を用いる混合法による推定値よりも低くなる。直近未来の推定値としては、最後に述べた方法による大きなカントリー・リスク・プレミアムが最も現実的であると考えられるが、カントリー・リスク・プレミアムというものは時間とともに減少していくものである。企業が時間とともに成熟度が増し、リスク度が低くなるのと同じように、国も時間がたてば成熟してリスク度が低くなるのである。

長期間にわたるカントリー・リスク・プレミアムを調整するひとつの方法としては、まず混合法によって推定したプレミアムを出発点に、これを国債デフォルトスプレッドもしくは株式の標準偏差から推定したカントリープレミアムに向けて下方修正するという方法がある。株価と債券価格の標準偏差の差は時間がたてば縮まっていくため、相対ボラティリティは減少する（ジェレミー・シーゲルはその著書『株式投資（Stocks for the Very Long Run）』のなかで、株式市場の標準偏差は時間とともに減少する傾向があることを示している）という事実に注目すれば、この方法の妥当性が納得できるであろう。このように、期待リターンの観測期間を長くとれば、株式リスクプレミアムは国債スプレッドに収束するのである。例えば、ブラジルのカントリー・リスク・プレミアムは次年には9.69％になることが予想されるが、時間がたてば4.83％（カントリー・デフォルト・スプレッド）もしくは4.13％（相対標準偏差）にまで下落する。

資産のカントリー・リスク・プレミアムに対するエクスポージャの推定

カントリー・リスク・プレミアムが推定できたら、最後に考えなければならないのがその国にある各企業のカントリーリスクに対するエクスポージャである。カントリーリスクについては次の3つの考え方がある。

1．一国の企業のカントリーリスクに対するエクスポージャはすべて等しいと仮定する。したがって、ブラジルの場合、推定カントリー・リスク・プレミアムは9.69％だから、ブラジル市場のいずれの企業もその期待リターンに9.69％のカントリー・リスク・プレミアムが上乗せされる。例えば、ブラジルの上場会社であるアラクルス・セルロース社（製紙・パルプメーカー）の場合、ベータが0.72なので、米ドルベースの株主資本コストは次式のように計算できる（ただし、米国Tボンドレートを5％、成熟市場［米国市場］のリスクプレミアムを5.51％とする）。

$$期待株主資本コスト = 5.00\% + 0.72(5.51\%) + 9.69\% = 18.66\%$$

用いたリスクフリーレートは米国Tボンドレートで、5.51％は成熟株式市場（米国市場のヒストリカルデータから推定）の株式リスクプレミアムであることに注意しよう。この手法には限界があるが、それは一国にあるすべての企業のカントリーリスクに対するエクスポージャが企業規模や事業タイプによらず等しいと仮定していることによる。このドル建て株主資本コストを現地通貨の株主資本コストに換算するには、推定値を相対インフレ率に応じて調整すればよい。例えば、ブラジルのインフレ率が10％で米国のインフレ率が3％だとすると、アラクルスの実質ブラジルレアル（BR）ベースでの株主資本コストは次のようになる。

期待株主資本コスト$_{BR}$ = 1.1866(1.10 ÷ 1.03) − 1 = 0.2672
または　26.72%

これで、異なる通貨を用いた場合の推定と評価における一貫性を確保できる。

2．各企業のカントリーリスクに対するエクスポージャはほかのすべての市場リスクに対するエクスポージャ（ベータで測定）に比例するものと仮定する。この場合、アラクルスの株主資本コストの推定値は次式のように計算できる。

期待株主資本コスト = 5.00% + 0.72(5.51% + 9.69%) = 15.94%

この方法では各企業のカントリーリスクに対するエクスポージャは異なるが、ほかのすべての市場リスクに対するエクスポージャを測定したベータはカントリーリスクに対するエクスポージャを測る指標にもなると仮定している。したがって、ベータの低い企業はベータの高い企業よりもカントリーリスクに対するエクスポージャは低くなる。

3．最も一般的で、ベストと考えられるのは、各企業のカントリーリスクに対するエクスポージャがほかのすべての市場リスクに対するエクスポージャと異なると想定する方法だ。このエクスポージャを λ とすると、いかなる企業の株主資本コストも次式を使って計算できる。

期待リターン = R_f + ベータ(成熟市場の株式リスクプレミアム)
　　　　　　+ λ(カントリー・リスク・プレミアム)

λ の推定にはどんな方法を使うのがベストだろうか。これについて

は次章で詳しく述べるが、言えるのは、グローバル市場で販売することで収益のほとんどを米ドルで稼得する（ここでは収益はドル建て収益とドルベースの収益とに分類しているが、一般化するには安定通貨［ドル、ユーロなど］をベースとする収益とリスクのある通貨をベースとする収益に分類すればよい）素材産業のほうが、現地の市場のみで事業活動を行うメーカーよりもリスクに対するエクスポージャは低いと予想されることである。この理論に従えば、収益の80％以上をグローバルな製紙市場から米ドルで稼得するアラクルスのカントリーリスクに対するエクスポージャは、ブラジルの平均的な企業よりも低いはずである（$\lambda_{アラクルス}$＝現地市場から得た収益の割合（％）$_{アラクルス}$÷現地市場から得た収益の割合（％）$_{ブラジルの平均的企業}$＝0.20÷0.80＝0.25）。例えば、λとして0.25を使えば、アラクルスの米ドルベースでの株主資本コストは次式のようになる。

期待リターン＝5％＋0.72（5.51％）＋0.25（9.69％）＝11.39％

　前述の式から、この3番目の方法は実質的には期待リターンモデルを2ファクターモデルに書き換えたものであることが分かる。式中、2番目のファクターがカントリーリスクで、λはカントリーリスクに対するエクスポージャを測定したものである。コカコーラ社やネッスル社など多数の国にエクスポージャを持つ企業の分析にはこの方法が最も有効であると考えられる。これらの企業は表面上は発展市場の企業であるが、新興市場においても大きなリスクにさらされているため、これらの企業の株主資本コストはこのエクスポージャをも反映したものでなければならないからである。これらの企業が事業活動を行う各国のカントリー・リスク・プレミアムも、各国に対するλも推定可能であり、各企業の株主資本コストはこれらの推定値を用いて算出すればよい。

ctryprem.xls 各国の最新の格付けとリスクプレミアムに関するデータがウエブサイトで閲覧可能。

代替的手法——インプライド株式プレミアム

リスクプレミアムを推定する代替的手法として、ヒストリカルデータもカントリーリスクの調整も必要のない方法がある。ただし、この場合、市場では全体として正しい価格形成が行われているものと仮定する。例えば、株式の簡単な評価モデルを考えてみよう。

価値＝次期の期待配当÷（要求株式リターン－期待成長率）

これは実質的には一定の率で増え続ける配当の現在価値を表すものである。このモデルにおける4つの入力量のうちの3つ——市場（価値）の現在水準、次期期待配当、利益や配当の長期的な期待成長率——は外部から取得できる。つまり、分からないのは要求株式リターンだけである。上式をこの要求株式リターンについて解いて得られるリターンが、インプライド期待株式リターンである。得られた数値からリスクフリーレートを差し引いたものが、インプライド株式リスクプレミアムである。

具体例として、S&P500指数の現在水準を900、この指数の期待配当利回りを2％、利益や配当の長期的な期待成長率を7％とする。これらの数値を上式に代入すると次式が得られる。

$$900 = (.02 \times 900) \div (r - .07)$$

これを r について解くと

$$r = \frac{18}{900} + 0.07 = 9\%$$

となる。

　現在のリスクフリーレートが6％であれば、プレミアムは3％となる。この手法は、1期間のみ高成長率であるケースにも対応できるように一般化が可能であるうえ、配当の代わりにキャッシュフローをベースにしたモデルに拡張することもできる。具体例として、1999年12月31日現在のS&P500指数を考えてみよう。この時点における指数の水準は1469、配当利回りはおよそ1.68％であった。また、指数に含まれる企業の利益成長率についてはコンセンサス予測（各企業に対するアナリスト予測の平均を用いたボトムアップ型アプローチが、このほかの手段としては、S&P500のリターンとしてエコノミストからのトップダウン推定値を用いることもできる）があり、それは次の5年間についてはおよそ10％であった。この成長率は永遠に持続するわけではないので、2段階評価モデルを採用する。つまり、次の5年間の成長率は10％で、それ以降の成長率は長期国債レートの6.5％に下がるものとする（Tボンドレートは期待インフレ率と期待実質レートとを足し合わせたものである。実質成長率が実質レートに等しいと仮定すれば、長期間にわたる安定成長率はTボンドレートと等しくなるはずである）。次の表は次の5年間の高成長期における期待キャッシュフローと、安定成長に入ってからの初年の期待キャッシュフローを示したものである。

年	指数からのキャッシュフロー
1	27.15
2	29.86
3	32.85
4	36.13
5	39.75
6	42.33

1年目のキャッシュフロー＝（配当利回り）×（指数水準）×$(1+g)=(.0168)(1469)(1.10)$。

これらの値がキャッシュフローの適切な推定値であり、指数が正しく価格付けされていると仮定すると、次の式が成り立つ。

$$\text{指数の水準} = 1{,}469 = 27.15 \div (1+r) + 29.86 \div (1+r)^2$$
$$+ 32.85 \div (1+r)^3 + 36.13 \div (1+r)^4$$
$$+ [39.75 + 42.33 \div (r - 0.065)] \div (1+r)^5$$

上式の最後の項は、安定成長率6.5％を用いて計算して現在価値に割り引いた指数の終価を表す。上式をrについて解くと、要求株式リターンの値として8.6％が得られる。1999年12月31日現在のTボンドレートはおよそ6.5％だったので、インプライド株式プレミアムは2.10となる。

この手法の利点は市場主導であることと現在価値に注目している点、ヒストリカルデータを必要としない点である。したがって、この手法を用いれば、いかなる市場のインプライド株式プレミアムも推定することができる。問題は、評価に用いるモデルが適切なものであるかどうかと、そのモデルに対する入力量が入手可能かつ信頼性のあるものであるかどうかということである。例えば、1998年９月30日におけるアルゼンチン市場の株式リスクプレミアムは次の入力量を用いて推定した。指数（Merval）の当時の水準687.50と配当利回り5.6％。

指数に含まれる企業の利益成長率の推定値は次の5年間が11％（米ドルベース）で、それ以降は6％である。これらの入力量を用いて計算した要求株式リターンは10.59％で、これを米国Tボンドの当日のレート5.14％と比較するとインプライド株式プレミアムは5.45％となる。簡単にするため、名目ドルベースの期待成長率（新興市場の入力量で最も推定が難しいのが長期の期待成長率である。アルゼンチン株については、米国預託証券を保有しているアルゼンチンの大企業の利益成長率についての平均コンセンサス予測を用いた。したがって、この推定値は偏っている可能性がある）とTボンドレートを用いたが、現地通貨だけで分析しようと思えばそれも可能である。

インプライド株式プレミアムは株価、収益率、金利の変動に伴い変動する。**図7.1**は1960年以降のS&P500のインプライドプレミアムをグラフ化したものである。これを見ると、インプライドプレミアムとヒストリカルプレミアムとの間には開きがあることがよく分かる。手順としては、利益と配当のヒストリカル成長率を平滑化したものを予想成長率として用い、モデルには2段階配当割引モデルを用いた。これらの数値から次の結論が導き出される。

●インプライド株式プレミアムがヒストリカル・リスク・プレミアムほど高くなったことはない。インプライド株式プレミアムがピークを迎えた1978年でさえ、6.5％という推定値は多くの実務家がリスクリターン・モデルで用いるリスクプレミアムを大きく下回っている。インプライド株式リスクプレミアムの過去40年間における平均はおよそ4％であった。これは、おそらくサバイバー市場に対する偏見が原因であると思われる。この偏見によってヒストリカル・リスク・プレミアムが押し上げられるのである。

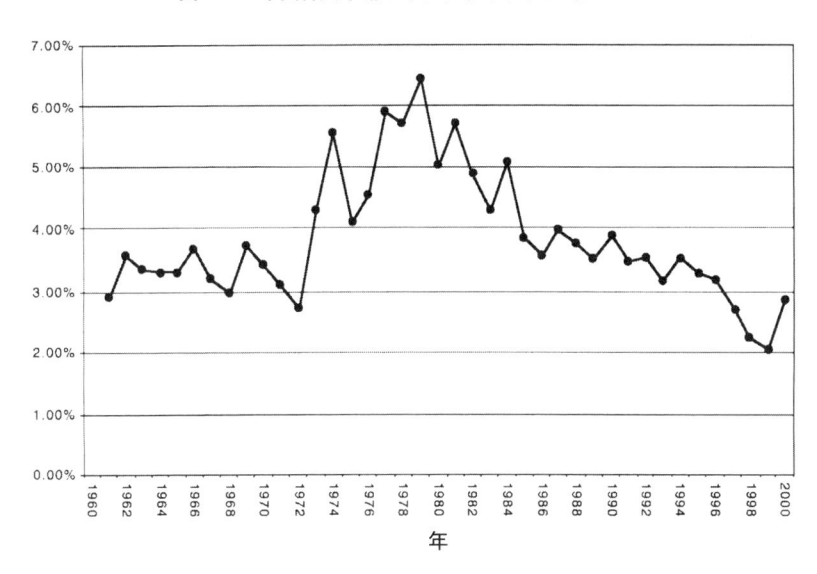

図7.1　米国株式市場のインプライドプレミアム

- 1970年代、インプライド株式プレミアムはインフレ率の上昇に伴って上昇している。これはリスクプレミアムを推定するうえで興味深い示唆を与えてくれるものである。ヒストリカル・リスク・プレミアムの推定では、リスクプレミアムは一定でインフレ水準や金利の影響は受けないと仮定したが、インプライドプレミアムの推定ではリスクプレミアムは期待インフレ率や金利の上昇に伴って上昇すると考えたほうが現実的かもしれない。インプライド・リスク・プレミアムを決定づけるファンダメンタルズを推定してみるのもおもしろいかもしれない。
- 1980年代初期以降、リスクプレミアムは下降傾向にあり、1999年の終わりには史上最低値を記録した。この下落の一因としてはインフレ率の不確実さの減少と金利の低下が考えられるが、投資家のリスク回避度や特徴が長期間のうちに変化したこともひとつの要因だろう。しかし、投資家が株式を過大評価したというのがリスクプレ

ミアム下落の最も大きな原因であると思われる。実際、2000年に市場が修正されてからインプライド株式リスクプレミアムは上昇し、2000年末には2.87％にまで推し戻されている。

最後に、金融市場は長期的には平均に回帰する傾向があることを指摘しておこう。こういった傾向を考えれば、現在のプレミアムだけでなくヒストリカルデータも参考にすることで、はるかに正確なインプライド株式プレミアムを得ることが可能になる。これには2つの方法がある。

- 例えば、10年や15年といった長期のインプライド株式プレミアムの平均を用いる。この場合、標準誤差が小さいため、ヒストリカルプレミアムの推定に用いたほどの長期にわたるデータは必要ではない。
- さらに精度を高めたいのであれば、インプライド株式リスクプレミアムをその推定期間における基本的なマクロ経済データに関連づける必要がある。例えば、私たちはインプライド株式プレミアムがインフレ率（金利）が高い時期は高くなる傾向があることに注目し、インプライド株式プレミアムを1960年から2000年までの期間にわたってTボンドレートと期間構造の変数上に回帰させてみた。

インプライド株式プレミアム＝1.87％＋0.2903（Tボンドレート）
　　　　　　　　　　　　　　　　　　　　［5.94］
－0.1162（Tボンドレート－Tビルレート）
　［1.10］

R^2（決定係数）が49％であることよりも、この回帰方程式はかなりの説明力を持つことが分かる。また、t統計量（係数下のブラケット内の数値）は用いた独立変数の統計的有意性を示すものである。現

在のTボンドレートとTビルレートのスプレッドをこの式に代入すると、インプライド株式プレミアムの最新の推定値（2001年6月30日、Tボンドのレートとして5％、TボンドとTビルのレートのスプレッドとして1.0％をこの回帰方程式に代入したところ、次の値が得られた。0.0187＋0.2903（.05）－.1162（.01）＝.032　または3.20％）が得られる。

> **histimpl.xls**　米国市場の各年のプレミアムの計算に用いた入力データがウエブサイトで閲覧可能。

ヒストリカル株式プレミアムとインプライド株式プレミアム
── 市場に対する考え方はどう影響するか

　前述の議論から分かるように、ヒストリカルプレミアムはインプライド株式プレミアムと大きく異なることがある。2000年末の米国における株式の債券に対するヒストリカル・リスク・プレミアムは5.51％で、インプライド株式リスクプレミアムは2.87％であった。割引キャッシュフロー評価の場合、評価に用いるリスクプレミアムを決める必要があるが、どういったリスクプレミアムを用いるかはあなたの市場に対する考え方と評価の目的とによって違ってくる。
　市場に対する考え方──市場は個々の株式については間違いを犯すこともあるが、全体的に見れば正しい価格形成が行われていると考えているのなら、リスクプレミアムとしてはインプライド株式リスクプレミアム（2000年末で2.87％）を用いるべきである。一方、市場は全体的によく間違いを犯し、市場のリスクプレミアムは過去の標準に回帰する傾向がある（ミーンリバーション）と考えているのなら、ヒストリカルプレミアム

（2000年末で5.5％）を用いるべきだろう。これら2つの考え方の中間の立場をとるには、市場はときには間違いを犯すこともあるが長期的に見れば正しい、という仮定を設ければよい。この仮定の下では、リスクプレミアムとしては長期にわたるインプライド株式リスクプレミアムの平均を用いなければならない。1960年から2000年までのインプライド株式リスクプレミアムの平均は4％である。本書では評価にヒストリカルプレミアムを用いることも何回かあるが、ほとんどのケースでは平均インプライドプレミアムの4％を用いる。

評価の目的——マーケットニュートラルな評価が要求される場合、インプライド株式リスクプレミアムを用いなければならない。あなたが株式リサーチアナリストであったり、買収のための企業評価を行わなければならない場合がこのケースに相当する。

implprem.xls このワークシートを使って市場のインプライド株式プレミアムを推定してみよう。

債券のデフォルトスプレッド

債券の金利は、投資家がその債券の発行者がどれくらいのデフォルトリスクを持っていると考えるかによって決まる。デフォルトリスクは債券の格付けを基に測定されることが多く、それに対応する金利はリスクフリーレートにデフォルトスプレッドを加算したものである。第4章では、格付け会社による企業の格付けプロセスについて述べた。本章では任意の格付けクラスに対するデフォルトスプレッドの推定方法と、これらのスプレッドが時間とともに変化する理由について考察する。

デフォルトスプレッドの推定

各格付けクラスのデフォルトスプレッドを最も簡単に推定する方法は、各格付けクラスから標本を取り、その標本債券の現在の市場金利を推定するというものである。なぜひとつの債券ではダメで、標本が必要なのだろうか。債券は、格付けに間違いがあったり、ミスプライスされていることもある。こういった問題は標本を用いることで減少、もしくは除去することができるのである。標本を収集するに当たっては、最も流動性が高く、できるだけ特殊な性質を持たない債券を選ぶ必要がある。一般に社債は非流動的であるうえ、金利にも現在の市場レートが反映されていない。また、転換性といった特殊な性質は債券のプライシング、ひいてはその金利に影響する可能性がある。

各格付けクラスのなかから債券の標本を収集できたら、次はこれらの債券の金利を推定する。金利の推定のときには、よく用いられる測度が2つある。ひとつは債券の利回りで、これはクーポンレートを市場価格で割ったものである。もうひとつが債券の最終利回りで、これはクーポンと債券の額面とを合わせたものの現在価値が市場価格に等しくなる金利である。一般に、債券の市場金利の測度としては最終利回りを用いるのがよい。

標本に含まれる債券の金利が推定できたら、2つの決定をしなければならない。ひとつは各債券に付与するウエイトである。標本に含まれる債券の金利の単純平均を用いるか、取引高による加重平均を用いるかを決める。加重平均の場合、流動性のある債券ほどウエイトが高くなる。もうひとつの決定事項は指標となる国債レートについてである。なぜなら、各格付けクラスの平均金利をこの指数のレートと比較してデフォルトスプレッドを求めるからである。一般に、国債の満期は平均金利を推定するのに用いた社債の平均満期に一致しなければならない。したがって、BBB格の債券のスプレッドを求めるためには、

BBB格の5年物社債の平均金利を5年物国債の平均金利と比較する必要がある。

例えば、格付けの高い債券（BBB格以上）の金利はバロンズ誌などの雑誌で昔から提供されてきたが、今ではすべての格付けの債券についての金利がオンラインで入手可能であり、こういったオンラインサービスはますます増えつつある。**表7.6**はこういったオンラインサービスのひとつから入手した2001年初期の10年物債についてのデータである。

**表7.6　格付けクラス別デフォルト・スプレッド
（2001年1月）（Tボンドレート＝5％）**

格付け	スプレッド	負債金利
AAA	0.75%	5.75%
AA	1.00%	6.00%
A+	1.50%	6.50%
A	1.80%	6.80%
A–	2.00%	7.00%
BBB	2.25%	7.25%
BB	3.50%	8.50%
B+	4.75%	9.75%
B	6.50%	11.50%
B–	8.00%	13.00%
CCC	10.00%	15.00%
CC	11.50%	16.50%
C	12.70%	17.70%
D	14.00%	19.00%

出所：ボンズオンライン・ドットコム

デフォルトスプレッドの決定要因

表7.6は一時点におけるデフォルトスプレッドを示したものであるが、デフォルトスプレッドは時間ごとに異なるばかりでなく、同じ格付けの債券でも満期が異なれば違ってくる。本節では、デフォルトス

プレッドが時間ごとに、そして満期の違いによってどのように異なるかについて見ていく。

デフォルトスプレッドと債券の満期

実証によれば、任意の格付けクラスに属する社債のデフォルトスプレッドは債券の満期が長くなるにつれ増加する傾向がある。**図7.2**は満期が1年から10年のAAA格、BBB格、CCC格の債券の2001年1月現在における推定デフォルトスプレッドを示したものである。

いずれの格付けクラスのデフォルトスプレッドも満期が長くなるにつれ拡大する傾向があるが、格付けの低い債券にはこの傾向が特に強く見られる。なぜこうなるのか。デフォルトリスクは満期に比例して増加することは確かなようである。また、CCC格の10年物債を保有している投資家はそれよりも格付けが上の債券の保有者よりも、より高いデフォルトリスクにさらされていると感じるかもしれない。

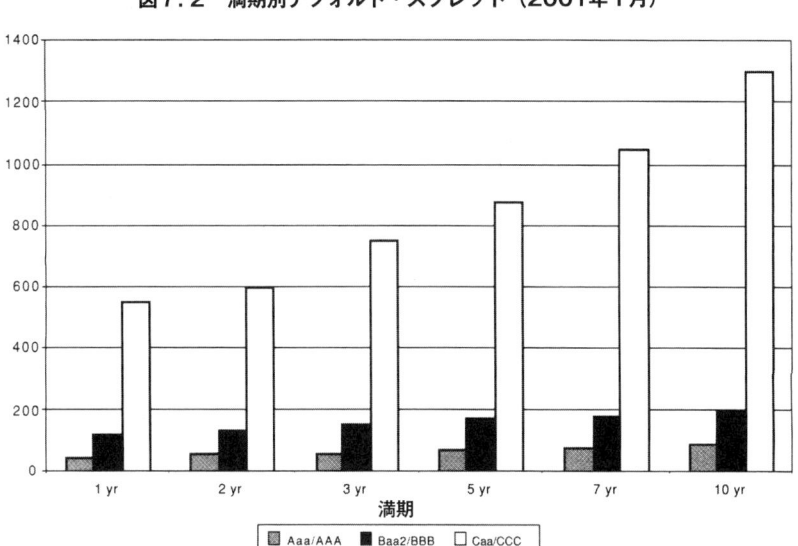

図7.2　満期別デフォルト・スプレッド（2001年1月）

出所：ボンズオンライン・ドットコム

時間とともに変化するデフォルトスプレッド

表7.6に示したデフォルトスプレッドは市場が下落し景気が減速した年のあとのデフォルトスプレッドであるため、1年前のデフォルトスプレッドに比べると大幅に高い。この現象は今に始まったわけではない。歴史的に見ると、いずれの格付けクラスのデフォルトスプレッドも景気後退期間は上昇し、景気好況期には低下する傾向がある。**図7.3**は1960年から2000年までのムーディーズによるBaa格の10年物債と10年物Tボンドレートのスプレッドを年ごとにグラフ化したものである。経済成長率が低かった時期にはデフォルトスプレッドは上昇していることが分かる。1973〜1974年期と1979〜1981年期の上昇に特に注目しよう。各年のデフォルトスプレッドをその年の実質経済成長率上に回帰させると次の回帰方程式が得られる。

$$\text{デフォルトスプレッド}_{BBB-国債} = 0.47 - 0.04 \text{ GNP実質成長率} \quad R^2 = 41\%$$
$$[259]$$

実質成長率が高かった時期のあとは、デフォルトスプレッドは減少する傾向がある。

この現象を実務に生かすとすれば、債券のデフォルトスプレッドは定期的に再評価しなければならないということである。特に、経済成長率が上昇したり下落したときには再評価は必ず必要である。

---

rating.xls 債券の格付けクラス別デフォルトスプレッドの最新データがウエブサイトで閲覧可能。

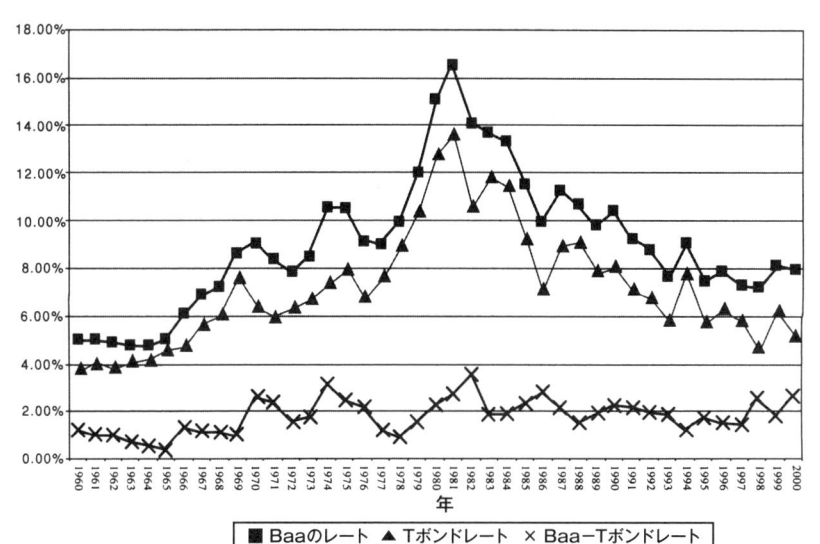

図7.3 デフォルト・スプレッド——Baa対Tボンドレート（1960〜2000年）

出所：連邦準備銀行

まとめ

　すべての期待リターンモデルの出発点となるのがリスクフリーレートである。資産が無リスクであるための条件は、デフォルトリスクも再投資リスクも持たないことである。この基準に従えば、期待リターンを求めるのに用いるべきリスクフリーレートとして適切なのは、割り引かれるキャッシュフローが発生する時点におけるデフォルトフリーの（政府発行の）ゼロクーポンレートということになる。しかし実際には、無リスク資産のデュレーションと、分析対象となるキャッシュフローのデュレーションをマッチングさせるのが一般的である。したがって、評価においては長期国債レートをリスクフリーレートとして用いるのが普通である。また、リスクフリーレートは、割り引かれるキャッシュフローと一貫性を持たせることも重要である。特に、リスクフリーレートをどういった通貨建てにするかということと、リ

スクフリーレートとして実質レートと名目レートのいずれを用いるかは、キャッシュフローを推定するときの通貨と、推定作業を実質ベースと名目ベースのいずれで行うかに一致させる必要がある。

リスクプレミアムはポートフォリオ管理やコーポレートファイナンス、評価においては極めて基本的かつ重要な要素である。その重要性を考えると、これまでその推定問題が実践であまり注目されなかったのは実に驚くべき事実である。本章では、リスクプレミアムの伝統的な推定方法(株式と国債のヒストリカルリターンを用いる)を検証し、その欠点について調べてみた。また、この手法をヒストリカルデータが少ないうえボラティリティも高い新興市場に拡張する方法についても考察した。ヒストリカルプレミアムの代替として用いられるのが株価に内包される株式プレミアムである。このインプライド株式プレミアムを求めるには、まず株式評価モデルを決定し、株式投資の期待成長率とキャッシュフローを一括して推定する。この手法の利点はヒストリカルデータを必要としない点と、現在の市場価値が反映されている点である。

練習問題

1. インドネシアの企業を米ドルベースで評価するとしよう。リスクフリーレートとしては何を用いればよいか。

2. 5年のキャッシュフローの割引率として6カ月物Tビルレートが適切ではない理由を説明せよ。

3. インドネシアルピーのリスクフリーレートを推定するよう依頼されたとしよう。インドネシア政府はルピー建て国債を発行しており、その金利は17%である。これらの国債のS&Pによる格付

けはBB格で、BB格の国のリスクフリーレートに対する平均スプレッドは5％である。ルピーのリスクフリーレートを求めよ。

4．インドの企業をルピーベースで評価するものとする。現在のルピーの対ドルレートは45で、ルピーの10年物対ドルフォワードレートは70である。米国Tボンドレートを5％としたとき、インドネシアルピーのリスクフリーレートを求めよ。

5．チリの企業を実質ベースで評価するものとする。ラテンアメリカの実質リスクフリーレートは分からないが、米国のインデックス国債の利回りは3％であることが分かっている。この利回りを実質リスクフリーレートとして使うことはできるか。また、その理由を述べよ。これの代替としてはどういったものがあるか。

6．50年間のデータを基にヒストリカル・リスク・プレミアムを推定したところ、6％になった。株価の年次標準偏差が30％のとき、このリスクプレミアムの標準誤差を求めよ。

7．ヒストリカル・リスク・プレミアムを期待リスクプレミアムとして用いるとき、投資家や市場に対してどういった仮定を設けなければならないか。また、ヒストリカル・リスク・プレミアムがあまりにも高すぎて期待プレミアムとして使えないのはどういった状況のときか。

8．ポーランドのカントリー株式リスクプレミアムを求めるものとする。S&Pによるポーランドの格付けはA格である。また、ポーランドはユーロ建て国債を発行し、その国債の現在の利回りは7.6％である（ドイツの国としての格付けはAAA格で、そのユーロ建

て国債の利回りは5.1％である）。
- a．国債のデフォルトスプレッドを代理に使ってカントリー・リスク・プレミアムを求めよ。
- b．ポーランドの株式市場の標準偏差は25％で、ポーランドのユーロ建て債券の標準偏差は15％であることが分かっている。カントリー・リスク・プレミアムを求めよ。

9. メキシコ株価指数（メキシコの株価指数）の標準偏差は48％で、S&P500の標準偏差は20％である。また、米国の株式リスクプレミアムは5.5％である。
   - a．相対株式標準偏差を使ってメキシコのカントリー株式リスクプレミアムを求めよ。
   - b．S&Pによるメキシコの格付けはBBB格で、メキシコ政府発行のドル建て国債のTボンドレートに対するスプレッドは3％であると仮定する。これらの国債の標準偏差が24％であるとすると、メキシコのカントリー・リスク・プレミアムはいくらになるか。

10. S&P500の現在水準は1400である。この指数に含まれる株式の次年の期待配当とキャッシュフローは指数の5％である。配当とキャッシュフローの長期的な期待成長率を5.5％とすると、インプライド株式リスクプレミアムはいくらになるか。

11. ボベスパ（ブラジルの株価指数）の現在水準は1万5000である。この指数の昨年の配当は指数価値の5％で、アナリストは次の5年間における実質成長率を15％と見込んでいる。それ以降の成長率は実質ベースで5％に下落するものとする。実質リスクフリーレートが6％であるとするとき、この市場におけるインプライド

株式リスクプレミアムを求めよ。

12. 株価が上昇すると、インプライド株式リスクプレミアムは下落する。これは常に正しいか。もし違うとするならば、どういった場合にそうなるか。

第8章 リスク・パラメータの推定と資金調達コスト

Estimating Risk Parameters and Costs of Financing

　前章では企業の株主資本コストと資本コストを推定するための基礎固めとして、すべてのコストの基本となるリスクフリーレート、株主資本コストの推定に必要な株式リスクプレミアム、負債コストの推定に必要なデフォルトスプレッドの推定方法について見てきた。しかし、個々の企業のリスク・パラメータの推定方法については言及しなかった。本章では、株主資本コストと負債コストの推定に必要な個々の企業のリスクパラメータの推定プロセスについて考察する。

　株主資本コストについては、企業のベータを推定する標準的な方法と代替的手法について見ていく。一方、負債コストについては、デフォルト・リスクの測度として用いられる債券の格付けと、格付けの決定要素について見ていく。

　本章の締めくくりとして、個々の企業のリスクパラメータと経済全般に及ぶリスクフリーレートやリスクプレミアムを総動員して、企業の資本コストを推定する。このためにはまず、資本源をそれぞれの相対市場価値で重みづけする必要がある。

株主資本コストと資本コスト

　企業は株式投資家と資金の貸し手の双方から資金を調達する。いずれの投資家グループも投資の目的はリターンを獲得することにある。第4章では、株式投資家の期待リターンにはその投資の株式リスクに対するプレミアムが含まれることを述べた。この期待リターンのことを株主資本コストという。同様に、資金の貸し手がその投資に対して見込む期待リターンにもデフォルトリスクに対するプレミアムが含まれるが、この期待リターンのことを負債コストという。企業の資金調達活動を全体的に見た場合、その複合コストは株主資本コストと負債コストの加重平均となり、この加重コストを資本コストという。

　本章ではまず、企業の株式リスクを求め、その推定値を使って株主資本コストを算出し、続いてデフォルトリスクを測定して、それを基に負債コストを推定する。最後に、これらのコストに対するウエートを決定して、資本コストを算出する。

株主資本コスト

　株主資本コストは投資家がその企業の株式投資に対して要求する収益率である。第4章で述べたリスクリターン・モデルの構築には、入力量としてリスクフリーレートとリスクプレミアム（CAPMの場合）あるいはプレミアム（APM、マルチ・ファクター・モデルの場合）が必要で、これらの入力量の求め方については前章で説明したとおりである。この他にも、企業の市場リスクに対するエクスポージャの測度としてのベータが必要となる。株式投資の期待リターンはこれらの入力量を使って算出される。

　　期待リターン＝リスクフリーレート＋ベータ（リスクプレミアム）

この株式投資家に対する期待リターンには投資に内在する市場リスクに対する補償が含まれており、こういったものを含んだ期待リターンが株主資本コストである。本節では企業のベータの推定方法に焦点を当てる。ここではCAPMを中心に議論を進めるが、裁定価格モデルやマルチ・ファクター・モデルにも拡張することができる。

ベータ

CAPMでは、ベータはその投資を市場ポートフォリオに加えることで加算されるリスクを意味する。一方、APMやマルチ・ファクター・モデルでは、各ファクターに対する相対ベータを求める必要がある。ベータの求め方には3とおりの方法がある。各投資の市場価格のヒストリカル・データを用いる方法、投資の基本的性質から求める方法、会計データを用いる方法の3つである。以下、これらの方法をひとつずつ見ていくことにしよう。

ヒストリカル市場ベータ

ある投資のベータを求めるのに従来から最もよく用いられてきたのが、その投資のリターンを市場指数のリターン上に回帰させるという方法である。一定期間にわたって市場で取引されてきた企業の場合、投資家がその期間において間隔をおいて（例えば、1週間ごとあるいは1カ月ごと）その企業の株式に投資した場合に得られたであろうリターンは比較的簡単に推定することができる。理論的には、投資した資産のベータを求めるには、その資産に対する株式リターンを市場ポートフォリオ（取引されているすべての資産を含むポートフォリオ）のリターンに関連づけて考える必要がある。実際には、市場ポートフォリオの代理としてS&P500などの株価指数を用いるのが一般的で、求めるベータはその指数に対する相対ベータとなる。

回帰ベータの推定

ベータの推定に用いる標準的な方法が、株式リターン（R_j）を市場リターン（R_m）上に回帰させる方法である。

$$R_j = a + bR_m$$

ただし、
 a ＝回帰直線の切片
 b ＝回帰直線の傾き＝共分散（R_j, R_m）÷ σ_m^2

回帰直線の傾きが株式のベータに相当し、その株式のリスク度を表す。

　回帰直線の切片は回帰期間におけるその投資のパフォーマンスを見るための簡単な指標である。ただし、リターンは資本資産価格モデルから得られた期待リターンに対する相対リターンとして測定される。この理由を資本資産価格モデル式を書き換えた次式で考えてみよう。

$$R_j = R_f + \beta(R_m - R_f) = R_f(1 - \beta) + \beta R_m$$

この式を次の回帰方程式と比べてみよう。

$$R_j = a + bR_m$$

したがって、切片と$R_f(1 - \beta)$を比較することで、その株式のパフォーマンスが少なくとも資本資産価格モデルで推定したものよりも良いか悪いかを判断することができる（回帰直線は株式と市場のリスクフリーレートを上回る超過リターンを使って計算することもある。この場合、実際のリターンがCAPMから得られる期待リターンと同じで

あれば回帰直線の切片はゼロで、株式のパフォーマンスが期待を上回る場合はゼロよりも大きく、期待を下回ればゼロよりも小さくなる)。具体的には次のようになる。

$a > R_f(1-\beta)$ のとき、
回帰期間における株式の運用成績は期待を上回った。
$a = R_f(1-\beta)$ のとき、
回帰期間における株式の運用成績は期待どおりだった。
$a < R_f(1-\beta)$ のとき、
回帰期間における株式の運用成績は期待を下回った。

　a と $R_f(1-\beta)$ との差はイエンセン・アルファ(この言葉はとても紛らわしい。回帰直線の切片はアルファと呼ばれることもあり、リスク調整済みパフォーマンスの測度としてゼロと比較する場合もあるからである。切片がゼロと比較できるのは、株式と指数の超過リターン〔つまり、株式と指数の各月の未調整リターンからリスクフリーレートを差し引いたリターン〕を用いて回帰直線を作成するときのみである)と呼ばれ、市場のパフォーマンスとリスクが分かっているとき、考察対象の投資から得られたリターンが要求リターンを上回っていたか下回っていたかを見るための指標として使われる。例えば、ある期間におけるある企業のリターンが15%で、類似のベータを持つその他の企業のリターンが12%であった場合、3%の超過リターンが期待できるということになる。この場合、この企業の回帰直線の切片も $R_f(1-\beta)$ を3%だけ上回る。

　回帰分析の3つ目の統計量が R^2 である。R^2 は統計上は回帰直線の当てはまりの良さを見るための尺度を意味し、経済的にはその企業のトータルリスクのうち市場リスクに起因する割合を示す。したがって、$(1-R^2)$ は企業固有のリスクということになる。

最後にもうひとつ注目すべき統計量がある。それはベータの標準誤差である。回帰直線の傾きも他の統計量同様、真の値とは異なることがある。推定値にどの程度の誤差が含まれているかを示すものが標準誤差である。標準誤差は、傾きから「真」のベータ値の信頼区間を求めるのにも利用できる。

実例 8.1　ボーイング社の回帰ベータの推定

ボーイング社は航空宇宙、そして軍事市場で大きなシェアを誇る企業であり、長年にわたりNYSE（ニューヨーク証券取引所）で取引されてきた。同社のリスク・パラメータを推定するに当たり、株式と市場指数のリターンを2段階に分けて計算する。

1. ボーイング社の株主に対するリターンを、1996年1月から2000年12月にわたって月ごとに計算する。これらのリターンには配当と株価上昇分が含まれる。計算式は以下のとおりである。

株式リターン$_{ボーイング, j}$
＝（株価$_{ボーイング, j}$－株価$_{ボーイング, j-1}$＋配当$_j$）÷株価$_{ボーイング, j-1}$

ただし、
　株式リターン$_{ボーイング, j}$＝ボーイング社の株主に対するj月のリターン
　株価$_{ボーイング, j}$＝j月末のボーイング社の株価
　配当$_j$＝ボーイング社株のj月の配当

配当は株主が配当を受け取る権利を有する月のリターンに加算される

（投資家が配当を受け取る権利を得るためには、配当落ち日までに株式を購入しなければならない。1期間のリターンに配当が含まれるのは、その期間に配当落ち日が含まれる場合のみである）。

2．S&P500指数のリターンを、各月末の指数水準とその指数に含まれる株式の月次配当を用いて、同じ期間について月ごとに計算する。計算式は以下のとおりである。

市場リターン$_j$ =（指数$_j$ − 指数$_{j-1}$ + 配当$_j$）÷ 指数$_{j-1}$

ただし、指数$_j$はj月末の指数水準、配当$_j$はj月に指数に対して支払われた配当をそれぞれ表す。S&P500指数とNYSE総合株価指数は米国株式に対して最もよく用いられる指数であるが、どんなによく見積もったとしても、すべての資産を含むCAPMの市場ポートフォリオの代理としては不完全なものである。

図8.1は1996年1月から2000年12月までのボーイング社の月次リターンをS&P500指数に対してプロットしたものである。

ボーイング社の回帰統計量は次のとおりである。

(a) 回帰直線の傾き＝0.56。 これは1996年から2000年までの月次リターンに基づくボーイング社のベータ値である。異なる回帰期間を用いたり、回帰期間が同じでもリターンの測定間隔（週次、日次など）が違えば、ベータ値は異なる。

(b) 回帰直線の切片＝0.54％。 これはボーイング社のパフォーマンスを見るための指標で、この値から$R_f(1-\beta)$を引いたものがボー

イング社のパフォーマンスとなる。1996年から2000年までの月次リスクフリーレート（回帰に用いられるリターンが月次であるため）の平均は0.4％なので、ボーイング社のパフォーマンスは以下のように計算できる。

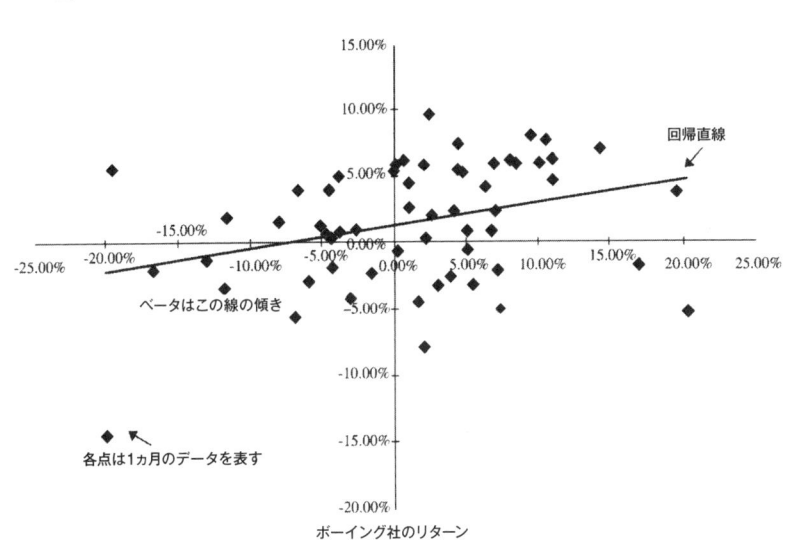

図8.1　ボーイングのリターンとS&P500のリターン（1996年～2000年）

$R_f(1 - \beta) = 0.4\%(1 - 0.56) = 0.18\%$
切片 $- R_f(1 - \beta) = 0.54\% - 0.18\% = 0.36\%$

これによって、ボーイング社は1996年1月から2000年12月までの月次ベースでは期待値（CAPMを使って求めたもの）を0.36％上回るパフォーマンスを上げたことが分かる。したがって、年次超過リターンはおよそ4.41％となる。

年次超過リターン＝（1＋月次超過リターン）^{12}－1
＝（1＋.0036）^{12}－1＝4.41％

しかし、この数値はボーイング社が将来的にも良い投資先であることを示しているわけではない。またこの数値からは超過リターンの内訳――つまりセクター全体（航空宇宙と防衛セクター）のパフォーマンスに起因するものと企業固有のもの――は分からない。内訳を知るには、航空宇宙、防衛産業に従事する他企業の同じ期間における超過リターンを計算し、それをボーイング社の超過リターンと比較してみる必要がある。その差が企業固有の事業活動によるものである。例えば、1996年から2000年までの他の航空宇宙・防衛企業の平均年次超過リターンが－0.85％であったとすると、ボーイング社のパフォーマンスの企業固有成分は5.26％となる［**企業固有のイエンセン・アルファ＝4.41％－（－0.85％）**］。

（c）回帰直線の決定係数（R^2）＝9.43％。この統計量よりも、ボーイング社のトータル・リスク（分散）の9.43％が市場に関連するもので、残りの90.57％が企業固有成分であることが分かる。後者のリスクは分散可能であるため、高いリターンは期待できない。ニューヨーク証券取引所に上場している企業のR^2のメジアンは2000年現在でおよそ19％で、ボーイング社のR^2はこれよりもかなり低い。

（d）ベータの標準誤差＝0.23。この統計量は、ボーイング社の真のベータの取り得る値が信頼水準67％では0.33から0.79（ベータの値0.56に0.23（1σ）を加算したものと引いたもの）の幅を持ち、信頼水準95％では0.10から1.02（ベータの値0.56に0.23の2倍（2σ）を加算したものと引いたもの）の幅を持つことを意味する。取り得る値の幅は大きいようにも思えるが、米国企業では決して珍しいことではな

い。つまり、回帰直線から推定したベータの値を用いる際には慎重を要するということである。

サービス機関が提供するベータ（サービス・ベータ）を利用する

一般に、ベータの値はサービス機関が提供するものを用いるのが普通である。よく知られたサービス機関としては、メリル・リンチ、バラ、

図8.2　ボーイング社のベータ推定プロセス

HISTORICAL BETA
Number of points may be insufficient for an accurate beta.

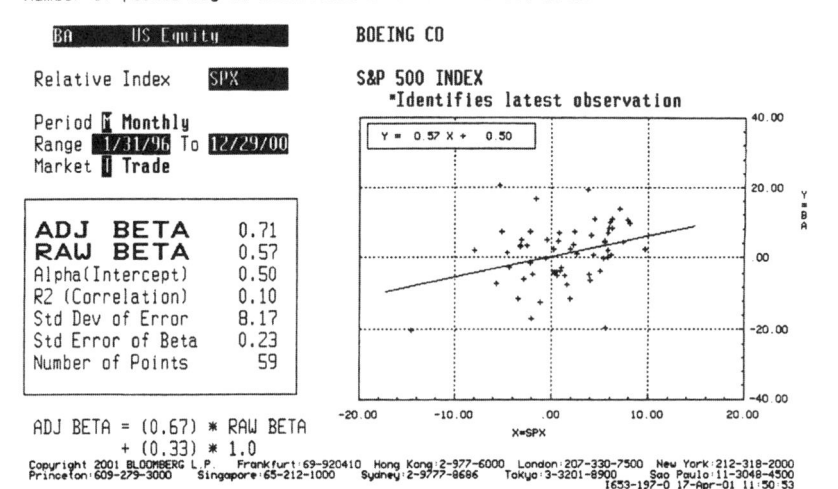

BA　　US Equity	BOEING CO
Relative Index　SPX	S&P 500 INDEX
	*Identifies latest observation
Period Monthly	
Range 1/31/96 To 12/29/00	$Y = 0.57 X + 0.50$
Market Trade	
ADJ BETA　0.71	
RAW BETA　0.57	
Alpha(Intercept)　0.50	
R2 (Correlation)　0.10	
Std Dev of Error　8.17	
Std Error of Beta　0.23	
Number of Points　59	

ADJ BETA = (0.67) * RAW BETA + (0.33) * 1.0

Copyright 2001 BLOOMBERG L.P.　Frankfurt:69-920410　Hong Kong:2-977-6000　London:207-330-7500　New York:212-318-2000
Princeton:609-279-3000　Singapore:65-212-1000　Sydney:2-9777-8686　Tokyo:3-3201-8900　Sao Paulo:11-3048-4500
1653-197-0 17-Apr-01 11:50:53

Copyright 2001 Bloomberg LP. Reprinted with permission. All rights reserved.

バリューライン、スタンダード・アンド・プアーズ、モーニングスター、ブルームバーグなどがある。いずれのサービス機関も、まず前述した回帰によるベータを出発点として、それに将来のリスクを反映するように調整を加えるといった方法をとる。サービス機関の多くは推定プ

ロセスを公開していないが、ブルームバーグだけは例外である。**図8.2**はブルームバーグのボーイング社のベータ推定ページを示したものである。推定期間は私たちが用いた回帰期間と同じである（1996年1月～2000年12月）。

用いた期間は、この回帰も私たちが先に行った回帰も同じだが、この回帰と**図8.1**の回帰との間には若干の違いがある。第一に、ブルームバーグはベータを求めるのに株価上昇分と市場指数を用い、配当は無視している（これは単に計算を簡単にするためである）。配当を無視してもボーイング社のような企業であればそれほど大きな違いは生じないが、無配当もしくは配当が市場よりも相当に大きい企業の場合ははっきりとした違いが現れる。切片（.50％対.54％）やベータ（.57対.56）がこの回帰と私たちの回帰とで若干違うのはこういった理由による。

第二に、ブルームバーグは修正ベータも計算している。計算式は以下のとおりである。

修正ベータ＝未修正ベータ(0.67)＋1.00(0.33)

式に用いたウエート（0.67と0.33）はどの株式に対しても同じである。このプロセスによって推定ベータは1に近づく。ほとんどのサービス機関は似たような手順でベータが1に近づくように調整する。こういった操作は、ほとんどの企業のベータは時間がたてば平均ベータ、つまり1に近づく傾向があるという実証的証拠に基づくものである。ベータがなぜ1に近づくかは、企業は規模が大きくなるにつれ、製品構成や顧客ベースをより分散させていくという事実によって説明がつく。ベータが時間がたてば1に近づくという概念には賛同するが、ほとんどのサービス機関が用いている重みづけプロセスは私たちの目には恣意的に映り、あまり役には立たない。

ベータを推定する際の選択事項

前述した回帰分析を行うに当たっては決定すべき事項が3つある。ひとつは推定期間の長さである。バリューラインやスタンダード・アンド・プアーズをはじめとするほとんどのサービス機関では5年のデータを使ってベータを算出するが、ブルームバーグでは2年のデータを用いている。推定期間を長くとることの利点と欠点は、はっきりしている。つまり、推定期間を長くとればデータ量はそれだけ増えるが、会社そのもののリスク特性が時間がたてば変わってしまう可能性がある。事実、ボーイング社は私たちの分析期間の最中にロックウェル社とマクダネル・ダグラス社を買収したため、事業構成も基本的リスク特性も変化した。

2番目の問題はリターンの測定間隔に関するものである。株式リターンは年次、月次、週次、日次、あるいは日中のデータさえ入手可能である。日次または日中のリターンを用いれば、回帰分析における観測数は増えるが、取引のない期間のベータを推定する場合の推定プロセスに大きな偏りが生じるおそれがある（取引のない期間に起因するベータの偏りが生じるのは、たとえその期間に市場が大幅に上昇あるいは下落したとしても、取引のない期間のリターンがゼロになるからである。こういった取引のない期間のリターンを回帰分析に用いれば、株式リターンと市場リターン間の相関と株式のベータは必ず下がる）。例えば、小規模企業は取引されない日も多く、こういった企業のベータを推定する場合、日次リターンを用いればベータは下方に偏る傾向が強い。このようなケースでは、週次あるいは月次リターンを用いることで取引のない期間に起因するベータの偏りは大幅に改善できる（この偏りはディムソン、ショールズ・ウィリアムズの提唱する統計テクニックを使っても低減することができる）。ボーイング社の場合、2年分の週次リターンを用いるとベータは0.88だが、月次リターンを用いれば0.96になる。

3番目が回帰に用いる市場指数の選択問題である。大概のベータ推定機関では、企業のベータを求める場合、その企業の株式が取引されている市場の指数に対する相対ベータを求めるのが一般的である。したがって、ドイツ株のベータはフランクフルトDAXに対する相対ベータとして推定し、英国株のベータはFTSE、日本株のベータは日経、米国株のベータはNYSE総合もしくはS&P500に対する相対ベータとして推定する。この方法で求めたベータは国内市場にのみ投資している投資家にとってはリスク測度として有効かもしれないが、この方法がグローバルな投資家にとってもベストな方法であるとはかぎらない。グローバルな投資家としては国際指数に対するベータのほうが有用だろう。例えば、1996年から2000年におけるボーイング社のベータを、異なるグローバル市場の株式で構成されているMSCI(モルガン・スタンレー・キャピタル・インターナショナル)指数に対する相対ベータとして推定すると、その値は0.82になる。

　サービス機関によって推定期間や用いる市場指数、回帰ベータの調整方法が異なるかぎり、同じ企業の同じ時点におけるベータが違ってくるということは往々にしてあり得ることである。ベータ値がサービス機関によって違うのは問題ではあるが、各サービス機関ともベータ値と同時に標準誤差も提示していることに注目したい。いずれのサービス機関が提供するベータも大概は回帰からの標準誤差の範囲内に収まる傾向が強い。

小規模(新興)市場の企業のヒストリカル・ベータの推定

　上場株式数が少ない市場のベータを推定する場合も、推定プロセスは前述したものと同じである。ただし、リターンの測定間隔や市場指数、リターンの観測期間の選び方によってベータ値が変わってくる度合いははるかに大きい。

- 新興市場の株式によく見られる傾向であるが、流動性に限界があるとき、リターンの測定間隔を短くとって推定したベータは偏る傾向が強い。実際、日次リターンを用いた場合、あるいは週次リターンを用いた場合でさえも、ベータはその企業の真の市場リスクを見るためのよい測度とはならない場合が多い。
- 新興市場の多くでは、分析する企業も市場そのものも短期間のうちに大きく変わる。例えばボーイング社のように5年のリターンを用いて回帰分析を行えば、その企業（市場）のベータはその企業（市場）の実態とはかけ離れたものになることもある。
- 小規模市場の市場リターンを測定するのに用いる指数は少数の企業の占める割合がきわめて高い傾向が強い。例えば、ボベスパ（ブラジルの株価指数）は数年にわたってテレブラスによる独占状態が続き、この企業の指数に占める割合はほぼ2分の1であった。この問題は新興市場にかぎったわけではない。ドイツの株価指数であるDAXは、アリアンツ、ドイツ銀行、シーメンス、ダイムラーの占める割合が相当に高い。指数が1社もしくは少数企業によって独占されている場合、こういった指数に対する相対ベータは市場リスクの真の測度にはなり得ない場合が多い。指数を独占している大規模企業のベータは1に近く、その他の企業のベータ値は広い範囲の値をとる。

指数の独占とベータ

　1社もしくは数社によって独占されている指数は多い。その代表例のひとつが1990年代終わりのHEX（ヘルシンキ証券取引所）指数である。電気通信大手のノキアが市場価値でそのヘルシンキ指数の実に75％を占めていたのである。ノキアのHEXに対する回帰直線が図8.3に示したものになったとしても何の不思議もない。

　この回帰直線は非のうちどころがないかに見える。ボーイングのケースで見られた高い標準誤差に起因するノイズはこの回帰直線には見られない。ベータの標準誤差は0.03しかない。しかし、これはまったく当てにならないものである。標準誤差が低いのは、この指数に占めるノキアの割合が圧倒的に高いため、ノキアの回帰直線はノキア自身に対する回帰直線とほとんど同じだからである。ベータ値は、グローバルとまではいかないまでも、少なくともヨーロッパのさまざまな株式に分散投資しているノキアの平均的投資家にとってはまったく意味のないものである。さらに悪いことに、その他のすべてのフィンランド株式のHEXに対するベータがノキアに対するベータになってしまっている。事実、この回帰直線作成当時のその他のフィンランド株式のベータはすべて1を下回っていた。平均ベータが1であるのに、なぜこういったことが起こり得るのか。平均ベータとは加重平均ベータでその値は1である（指数の4分の3を占める）。ノキアのベータが1より大きいとすると（実際にこうである）、この指数のその他の株式のベータがすべて1より小さくなるのは当然のことだろう。

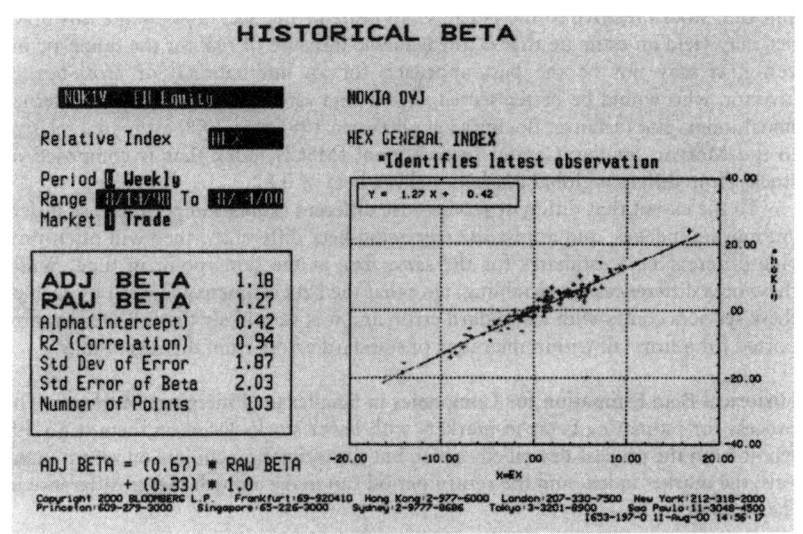

図8.3 ノキアのベータ

```
HISTORICAL BETA
NOKIV - FH Equity          NOKIA OYJ
Relative Index   HEX       HEX GENERAL INDEX
Period  Weekly             *Identifies latest observation
Range 8/14/98 To 8/4/00    Y = 1.27 X + 0.42
Market  Trade

ADJ BETA         1.18
RAW BETA         1.27
Alpha(Intercept) 0.42
R2 (Correlation) 0.94
Std Dev of Error 1.87
Std Error of Beta 2.03
Number of Points 103

ADJ BETA = (0.67) * RAW BETA
         + (0.33) * 1.0
```

Copyright 2001 Bloomberg LP. Reprinted with permission. All rights reserved.

実例8.2 タイタン・セメント社のベータの推定

タイタン・セメント社はギリシャのセメント・建設会社である。図8.4はベータサービス機関（ブルームバーグ）から入手した1999年4月から2001年4月までの（週次リターンを用いて推定した）同社のベータを示したものである。用いた指数はアテネ証券取引所指数である。この回帰分析から次の回帰方程式が得られる。

$$リターン_{タイタン・セメント} = 0.31\% + 0.93 リターン_{ASE} \quad R^2 = 57\%$$
$$[0.08]$$

この回帰方程式によって、タイタン社のベータは0.93であることが分かる。ベータの標準誤差（式下の ［ ］ 内の数値）はわずか0.08であ

347

るが、独占指数についての注意事項がこのアテネ証券取引所指数についても当てはまることに注意したい。

前節の議論に従えば、タイタン社の限界的投資家がヨーロッパの多くの企業に分散投資しているとすれば、ヨーロピアン株価指数を用いたほうが適切だったであろう。MSCIヨーロピアン指数を用いて計算したベータ（ブルームバーグより入手）が**図8.5**に示したものである。ベータは0.33に下がり、標準誤差が上昇していることに注目しよう。

限界的投資家がグローバルに分散投資している場合は、（**実例8.1**のボーイング社のケース同様）タイタン社のベータはグローバル指数に対して推定すべきであっただろう。MSCIグローバル指数を用いた場合の回帰ベータは0.33となり、これは**図8.6**に示してある。この場合のベータと標準誤差はヨーロピアン指数を用いた場合にきわめて近い。

図8.4　タイタン・セメント社のベータ——アテネ証券取引所指数

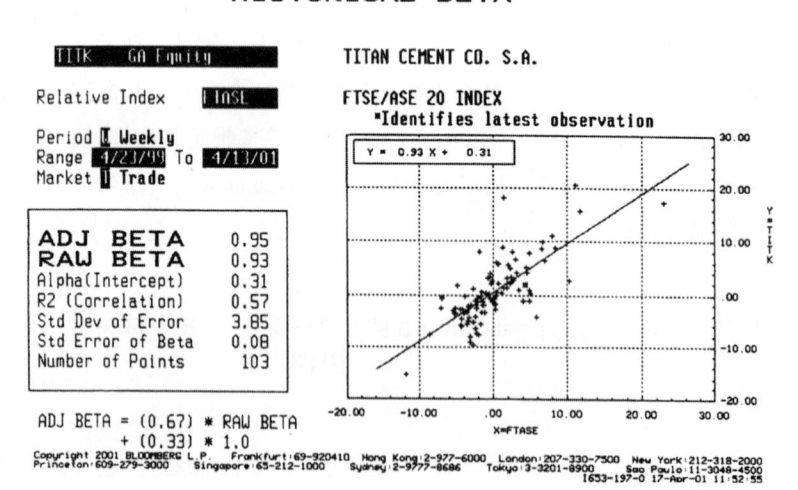

Copyright 2001 Bloomberg LP. Reprinted with permission. All rights reserved

第8章 リスク・パラメータの推定と資金調達コスト

図8.5 タイタン・セメント社のベータ――MSCIヨーロピアン指数

HISTORICAL BETA

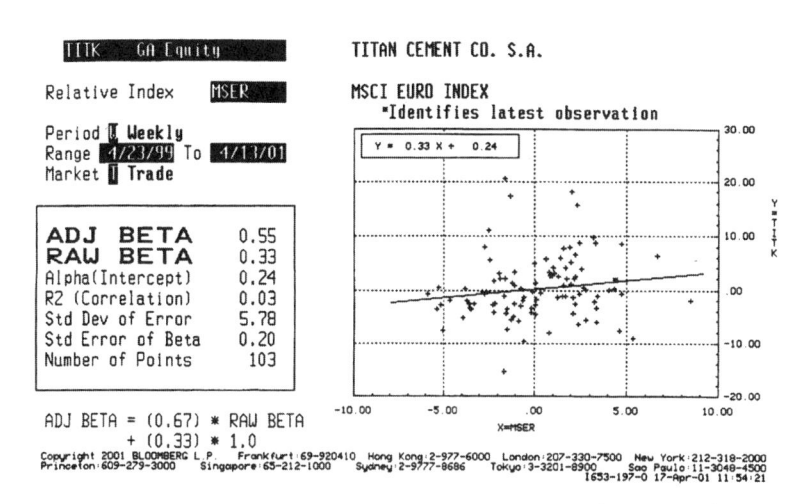

TITK   GA Equity   TITAN CEMENT CO. S.A.
Relative Index MSER   MSCI EURO INDEX
                        *Identifies latest observation
Period ▌Weekly   Y = 0.33 X + 0.24
Range 4/23/99 To 4/13/01
Market ▌Trade

ADJ BETA   0.55
RAW BETA   0.33
Alpha(Intercept)   0.24
R2 (Correlation)   0.03
Std Dev of Error   5.78
Std Error of Beta   0.20
Number of Points   103

ADJ BETA = (0.67) * RAW BETA
         + (0.33) * 1.0

Copyright 2001 Bloomberg LP. Reprinted with permission. All rights reserved

図8.6 タイタン・セメント社のベータ――MSCIグローバル指数

HISTORICAL BETA

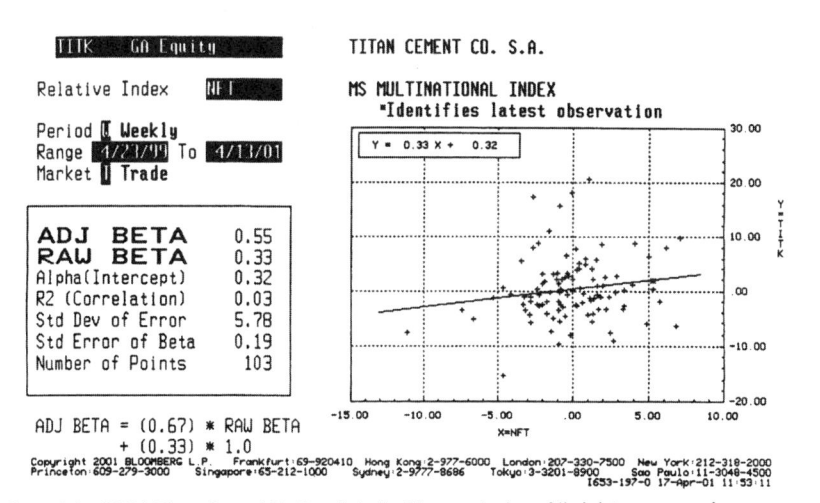

TITK   GA Equity   TITAN CEMENT CO. S.A.
Relative Index NFT   MS MULTINATIONAL INDEX
                        *Identifies latest observation
Period ▌Weekly   Y = 0.33 X + 0.32
Range 4/23/99 To 4/13/01
Market ▌Trade

ADJ BETA   0.55
RAW BETA   0.33
Alpha(Intercept)   0.32
R2 (Correlation)   0.03
Std Dev of Error   5.78
Std Error of Beta   0.19
Number of Points   103

ADJ BETA = (0.67) * RAW BETA
         + (0.33) * 1.0

Copyright 2001 Bloomberg LP. Reprinted with permission. All rights reserved

非公開企業のヒストリカル・ベータの推定

　ベータをヒストリカル・データを用いて推定するという方法は、市場における取引の歴史があり市場価格が入手可能な資産に対してのみ有効である。非公開企業の場合、市場価格データがないため、ベータを回帰によって求めることは不可能である。しかし、こういった企業についても株主資本コストや資本コストを推定する必要は依然としてある。

　非公開企業の評価が必要でない場合、こういった問題とは無関係だと考えている読者もいるだろう。しかし、公開企業を評価する場合でもこの問題が絡んでくる。例えば、次のシナリオを考えてみよう。

● 非公開企業を新規株式公募価格を決めるために評価することになった場合、評価に用いる割引率を求めなければならない。
● 企業が公開したあとでも、回帰分析を行うための十分なデータが入手できない期間が2年もある。
● 公開企業が売却を予定している部門を評価する必要がでてきた場合、回帰分析を行うのに必要な過去のデータがない。
● あなたの企業が最近大規模なリストラ――事業分割もしくは資本再編――を行った場合、企業自体のリスク特性が変わってしまっているため回帰によるベータはもはや使えない。

これらのシナリオからも分かるように、回帰ベータが入手できないか無意味になる場合が評価においてはよくあるのである。

　こういったシナリオ下では割引キャッシュフロー法は使えないとして、倍率を用いるアナリストもいれば、経験則に基づく割引率を用いるアナリストもいる。しかし、いずれも適切な方法とは思えない。次節ではこういった企業のケースすべてに適用できるベータの推定方法について見ていく。

> **risk.xls**：このワークシートを使って株式リターンを市場リターン上に回帰させ、リスク・パラメータを推定してみよう。

回帰ベータの限界

本節では主に回帰ベータの欠点について考えてきた。ボーイング社の場合、最大の問題はベータの標準誤差が大きいことであった。実はこれはボーイング社にかぎった問題ではない。**図8.7**は米国企業のベータの標準誤差分布を示したものである。

ノキアの場合、標準誤差問題は解決できるようにも思えるが、それには大きなコストを伴う。標準誤差が小さいということは指数が1社によって独占されていることを意味する。その結果、ベータは数値としては正確なものかもしれないが、真のリスクを反映するものではない。

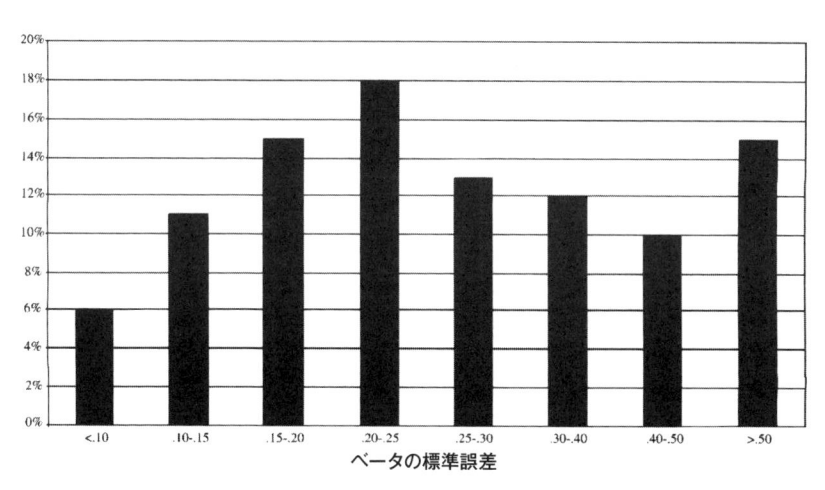

図8.7　ベータの標準誤差分布

出所：ブルームバーグ

市場指数やリターンの観測期間、リターンの測定間隔を変えれば解決できるというわけでもない。指数が市場を代表するようなものになれば、標準誤差は増える。つまり、株式リスクの企業固有成分が増えるということである。また、リターンの観測期間やリターンの測定間隔によってベータが異なるとすれば、企業の真のベータの不確実性は増す。

要するに、回帰ベータはノイズが多すぎるか、推定における選択項目によってひずみが生じるため、企業の株式リスクを正確に判断するための指標とはならないということである。株主資本コストは割引キャッシュフロー評価においてはきわめて重要な要素であるため、統計上の偶然性に左右されるようなものであってはならないのである。

ファンダメンタル・ベータ

ベータのもうひとつの推定方法は、その企業のファンダメンタルズに注目するというものである。企業のベータは回帰によって推定可能な場合もあるが、そもそも企業ベータはその企業が従事する事業タイプ、そしてその企業のオペレーティング・レバレッジとファイナンシャル・レバレッジによって決まるものである。本節ではベータの代替的推定方法について考察する。この方法は回帰による方法とは違って、ヒストリカル・データに対する依存度は低く、ファンダメンタルな決定要素に注目する。

ベータの決定要素

企業のベータは、①その企業の従事する事業タイプ、②その企業のオペレーティング・レバレッジ、③その企業のファイナンシャル・レバレッジの3つの変数によって決まる。資本資産価格モデルではベータを求めるのにこれらの決定要素を用いるが、裁定価格モデルやマルチ・ファクター・モデルにおいても同じ方法でベータを求めることが

できる。

事業タイプ

ベータは市場指数に対する企業のリスクを測ったものであるため、その企業の従事する事業が市場の状態に敏感であるほど、ベータは高くなる。したがって、他の条件が一定の下では、循環型企業は非循環型企業よりもベータは高くなることが予想できる。経済の状態に対する感応度が大きい産業の代表格である住宅産業や自動車産業に従事する企業は、景気の影響をあまり受けない食品加工産業やタバコ産業に比べてベータは高くなるはずである。

同じことが企業の製品についても言える。ベータは購入の自由裁量度にも影響される。消費者にとって自由裁量度の大きな製品（つまり、消費者はその製品の購入を見合わせたり延期したりすることができる）のメーカーは、必需品、つまり自由裁量度の低い製品のメーカーよりもベータは高いはずである。したがって、おむつ・日用品メーカーであるP&G社のベータは、高級品メーカーであるグッチのベータよりも低くなるはずである。

オペレーティング・レバレッジ

オペレーティング・レバレッジは企業のコスト構造の関数で、通常は、固定費用とトータルコストとの関係で定義される。固定費用のトータルコストに占める割合が高い企業のオペレーティング・レバレッジは高い。オペレーティング・レバレッジの高い企業は、同類の製品を製造しているオペレーティング・レバレッジの低い企業に比べると、営業利益の変化率も高い。他の条件が一定の下では、営業利益の変化率が高い場合、オペレーティング・レバレッジの高い企業のほうがベータは高くなる。

企業はオペレーティング・レバレッジを変えることはできるのだろ

うか。企業のコスト構造は従事する事業（エネルギー公益企業は高額の発電所を建設しなければならないし、航空会社は高額の航空機を購入もしくはリースしなければならない）によって決定される部分もあるが、固定費用のトータルコストに占める割合を下げるための工夫をし始めた企業が米国で急増している。例えば、企業はコスト構造のフレキシビリティを上げるために次のようなアクションをとる。

- 労働のフレキシビリティを向上させ、支払った労働コストに見合った財務上の便益が得られるように労働契約の見直しを図る。
- ジョイント・ベンチャー契約を結ぶことで、固定費用の負担を軽減する。
- 下請けやアウトソーシングを利用することで設備投資費を減らす。

こういったアクションは競争優位性やフレキシビリティを向上させるだけでなく、企業のオペレーティング・レバレッジや市場リスクに対するエクスポージャを下げる効果もある。

　オペレーティング・レバレッジはベータに影響することは確かだが、それを測定することはそれほどたやすいことではない。少なくとも外部から測定するのは難しい。なぜなら、損益計算書では通常、固定費用と変動費用は両者を集計したひとつの数値で表されるからである。しかし、営業利益の変化を売上高の変化の関数として表すことで、企業のオペレーティング・レバレッジの概算は可能である。

オペレーティング・レバレッジ
＝営業利益の変化率(％)÷売上高の変化率(％)

オペレーティング・レバレッジの高い企業の場合、営業利益の変化率は売上高の変化率に比べて大きいはずである。

規模、成長率、ベータ

一般に、高い成長可能性を持つ中小企業は、大規模で安定した企業よりリスクが高いと見なされる。トータルリスクについては理由は明らかだが、市場リスク、つまりベータということになれば説明はそれほど簡単ではない。小規模のソフトウエア会社のベータは大規模なソフトウエア会社のベータより必ず大きいのだろうか。そう考えられるひとつの理由がオペレーティング・レバレッジである。インフラ整備やスケール・メリットにかかわる初期投資を考えた場合、小規模企業は大規模企業に比べて固定費用が大きくなるため、ベータは高くなる。

成長企業のベータが高くなるというのは、自由裁量的購入と絶対必要購入との対比によって説明できる。高成長企業が成長の期待に添った結果を示すためには、新規の顧客を開拓するか、従来の顧客がより多くの製品を購入してくれなければならない。彼らが製品を買うか買わないかは、その暮らしぶりによるところが大きい。したがって、高成長企業は安定企業に比べ、利益が経済状況に依存する度合いが大きく、結果的にベータは上昇するというわけである。

ファイナンシング・レバレッジ

他の条件が一定の下では、ファイナンシャル・レバレッジが上昇すれば、企業の株式ベータは上昇する。負債に対する支払利息の額は決まっているため、好況のときには利益は増加し、不況のときには利益は減少するだろうということは直観的に理解できる。レバレッジが高まれば純利益の変動性が増すため、その企業に対する株式投資のリスク度は高まる。企業のリスクのすべてを株主が負担し{(つまり、負債ベータがゼロ。この式は1972年に浜田によって創案されたものである。この式には2つの改良版がある。ひとつは、税効果を無視したも

ので、負債ベータは次式によって計算される。$\beta_L = \beta_u (1 + D \div E)$。負債に市場リスクが含まれる〔つまり、ベータがゼロよりも大きい〕場合、オリジナルの式はこれを反映するように修正することができる。負債のベータが β_D のとき、株式ベータは次のように書くことができる。$\beta_L = \beta_u [1 + (1-t)(D \div E)] - \beta_D (1-t) D \div E$ }、負債が企業にとって税務上の便益になるとすれば、次の式が成り立つ。

$$\beta_L = \beta_u [1 + (1 - t) \div (D \div E)]$$

ただし、
　　β_L = その企業の株主資本に対する負債ベータ
　　β_u = 企業の負債のないベータ（つまり、負債除去後のベータ）
　　t = 法人税率
　　$D \div E$ = 負債・株主資本比率（市場価値）

直観的に分かることは、レバレッジ（負債・株主資本比率で測定）が上昇すると、株式投資家のその企業における市場リスクに対するエクスポージャが増すため、ベータは高くなるだろうということである。上式の税ファクターは課税所得から控除できる支払利息を測定したものである。

　企業の負債のないベータはその企業が従事している事業タイプとオペレーティング・レバレッジによって決まる。このベータはその企業が所有する資産によって決まるため、資産ベータと呼ばれることも多い。したがって、企業に対する株式投資のベータでもある負債ベータは、従事する事業のリスク度とファイナンシャル・レバレッジ・リスクの両方によって決まる。

　ファイナンシャル・レバレッジによって事業リスクは何倍にも増えるため、事業リスクの高い企業がファイナンシャル・レバレッジを取

りたがらないのは当然であり、事業の安定した企業が高いファイナンシャル・レバレッジを取りたがるのもまた当然である。例えば、公益企業の負債比率は昔から高かったが、ベータは高くなかった。この大きな理由は、事業が安定しているだけでなく、かなり正確に予測可能だからである。

実例8.3　レバレッジがベータに及ぼす影響——ボーイング社

1996年から2000年までの回帰直線から、ボーイング社のヒストリカル・ベータは0.56であることが分かった。この回帰直線の作成に際してはこの期間の株価を用いているため、まず負債と株主資本の市場価値を用いて、1996年から2000までの負債・株主資本比率の平均を求めた。

1996年から2000年までの負債・株主資本比率の平均＝15.56％

この期間におけるベータにはこの平均レバレッジが反映されている。この期間の資産ベータを推定するのに用いる限界税率は35％である。

資産ベータ
＝現在のベータ÷［1＋（1－税率）（負債・株主資本比率の平均）］
＝0.56÷［1＋（1－0.35）(0.1556)］＝0.51

1996〜2000年のボーイング社の資産ベータは0.51となる。異なる負債レベルに対する負債ベータは次式で計算することができる。

負債ベータ＝資産ベータ×［1＋（1－税率）（負債・株主資本比率）］

例えば、ボーイング社の負債・株主資本比率が10%に増加したとすると、その株式ベータは次のようになる。

$$負債ベータ(D \div E = 10\%) = 0.51 \times [1 + (1 - 0.35)(0.10)] = 0.543$$

負債・株主資本比率が25%に増加すると、株式ベータは次のようになる。

$$負債ベータ(D \div E = 25\%) = 0.51 \times [1 (1 - 0.35)(0.25)] = 0.59$$

次の表はファイナンシャル・レバレッジを0%から90%まで変化させた場合のベータを推定したものである。

負債·資本比率	負債·株主資本比率	ベータ	レバレッジ効果
0%	0.00%	0.51	0.00
10%	11.11%	0.55	0.04
20%	25.00%	0.59	0.08
30%	42.86%	0.65	0.14
40%	66.67%	0.73	0.22
50%	100.00%	0.84	0.33
60%	150.00%	1.00	0.50
70%	233.33%	1.28	0.77
80%	400.00%	1.83	1.32
90%	900.00%	3.48	2.98

表から、ボーイング社のベータはファイナンシャル・レバレッジの上昇にともなって上昇することが分かる。

levbeta.xls このワークシートを使って資産ベータと、レバレッジの関数として表されるベータを計算してみよう。

ボトムアップベータ

ベータを事業リスク成分とファイナンシャル・レバレッジ成分とに分解することで、ベータの別の推定方法が得られる。この方法では、各企業あるいは資産の過去の価格データは不要である。

この方法でベータを推定するに当たって、まずベータのきわめて重要なもうひとつの性質に注目しよう。2つの資産のベータの合計は、市場価値に応じたウエートで各資産ベータを重みづけした加重平均になるということである。したがって、企業のベータはそれが従事するすべての事業のベータの加重平均となる。このベータは次の5つのステップに沿って求める。

ステップ1 その企業が従事する事業を特定する。

ステップ2 各事業に従事する他の公開企業を選び、それらの企業の回帰ベータを求めたら、その平均ベータを計算する。

ステップ3 ステップ2で求めた平均ベータを、それらの企業の平均負債・株主資本比率を使って資産ベータに変換し、業界全体の平均資産ベータを求める。あるいは、各企業の資産ベータを求め、その平均を求めてもよい。ただし、誤差を含む回帰ベータから資産ベータを求めると誤差を増幅させることになるため、最初の方法のほうが好ましい。

資産ベータ$_{業界全体}$
=ベータ$_{類似企業}$÷$[1+(1-t)(D÷E_{類似企業})]$

ステップ4 業界全体の資産ベータの加重平均（業界全体における企業価値比率をウエートとして用いる）をとって、分析対象となる企業

の資産ベータを求める。企業価値が入手不可能な場合、営業利益もしくは収益をウエートとして用いてもよい。この加重平均ベータをボトムアップ資産ベータという。

$$資産ベータ_{企業} = \sum_{j=1}^{j=k}(資産ベータ_j \times 企業価値によるウエート_j)$$

ただし、分析対象となる企業はk個の異なる事業に従事しているものとする。

ステップ5 最後に、分析対象となる企業の負債と株主資本の現在の市場価値を求め、負債・株主資本比率を使って負債ベータを求める。

このようにして求めたベータをボトムアップベータという。

ボトムアップベータの実例

ボトムアップベータを用いるということは、一見、回帰ベータに内包されるすべての問題をそのまま引き継ぐようなものだと思われるかもしれない。なぜなら、ボトムアップ法では他の公開企業のベータとして回帰ベータを用いるからである。しかし、ボトムアップベータは回帰ベータに比べ次の点が改善されている。

● 各回帰ベータには標準誤差が内包されているが、多数の回帰ベータを平均すれば内包される標準誤差は減少する。理屈は簡単である。ベータの標準誤差が大きいということは、真のベータよりも大幅に高いか低いことを意味する。したがってこれらのベータを平均して得られる平均ベータはそれぞれのベータよりもはるかに正確である。事実、各企業のベータの推定誤差が互いに無相関だとすると、

平均ベータの標準誤差は平均標準誤差または推定ベータと、標本に含まれる企業数との関数で表すことができる。

$$標準誤差_{ボトムアップベータ} = 平均標準誤差_{類似企業} \div \sqrt{n}$$

ただし、nは標本に含まれる企業数を表す。したがって、ソフトウエア会社の推定ベータの平均標準誤差が0.50でソフトウエア会社数を100とすると、平均ベータの標準誤差はわずか0.05（$0.50 \div \sqrt{100}$）となる。

● ボトムアップベータは、企業の事業構成の実際に生じた変動や将来的な予想変動を反映するように修正することができる。例えば、ある企業が主要な事業部門を先週売却したとすると、各事業のウエートはその事業分割を反映させた数値に修正すればよい。買収についても同じである。企業が将来新規事業に参入する計画がある場合は、将来のベータを推定する際にこの戦略プランを含めたうえでベータを推定すればよい。

● 企業の負債比率は時間とともに変わるものである。回帰ベータではその回帰期間の平均負債・株主資本比率が用いられるが、ボトムアップベータでは現在の負債・株主資本比率が用いられる。したがって、企業の負債・株主資本比率が将来変わるようなことがあれば、ベータはこれらの変更に応じて修正することができる。

● 最後に、ボトムアップベータの計算にはヒストリカルな株価データは必要ではない。類似企業のベータを計算する際にはヒストリカル・データは必要だが、分析対象企業についてはその事業の内訳を割り出すだけでよい。したがって、ボトムアップ・データは非公開企業、事業部門、金融市場に公開されたばかりの株式のベータを求めるのにも使える。

計算に必要な細目

　ボトムアップ・データの背景にある考え方はいたって簡単であるが、計算を行うに当たっては、決めなければならない細目がいくつかある。

● **類似企業の定義**。まず、事業をどの程度厳格に定義するかを決める必要がある。例えば、娯楽ソフトメーカーの場合を考えてみよう。事業を娯楽ソフトと定義すれば、主として娯楽ソフトを製造している企業のみを類似企業として考えればよいが、類似企業をさらに絞って、娯楽ソフトの製造メーカーで、かつ分析対象企業と同程度の収益を上げている企業と定義することも可能である。類似企業の定義を狭めれば利点もあるが、同時に大きなコストも伴う。「類似」という定義に新たな基準を加えれば、それだけ類似企業リストに含まれる企業数は減少し、ボトムアップベータの最大の利点である標準誤差の低減効果は減少する。類似企業をどの程度厳密に定義するかは一般常識に従うのがよい。ソフトウエア・セクターのように、業界に何百社もの企業が存在すれば、定義を狭めればよいし、企業数が比較的少ない業界の場合は、定義を緩めてより多くの企業を含むようにすればよい。

● **ベータの推定**。類似企業を定義したら、これらの企業のベータを求めなければならない。各類似企業のベータは、一般的かつよく分散された株価指数に対する相対ベータとして求めるのがベストであるが、サービス機関の提供するデータを利用するほうが簡単である。しかし、サービス機関のベータは異なる指数に対するベータである場合がある。例えば、事業をグローバルな電気通信と定義し、ブルームバーグからグローバルな電気通信会社のベータを入手した場合、これらのベータは現地指数に対するベータであるはずだ。しかし、大きな標本を用いる場合、推定値に含まれる誤差は平均される

ため、これは大した問題ではない。
- **平均方法**。各セクターに含まれる企業の平均ベータを計算する方法は2つある。市場価値で重みづけした加重平均を用いた場合、前節で述べた標準誤差の低減効果はなくなる。特に標本に1または2の巨大企業が含まれる場合、この傾向は顕著に表れる。もうひとつの方法として各企業のベータの単純平均をとる方法がある。この場合、各ベータのウエートはすべて同じであるため、規模の小さな会社ほど（市場価値に）不相応な重みづけとなるが、標準誤差の低減効果は最大化される傾向がある。
- **違いの調整**。類似企業のベータを用いる場合、その業界に従事する企業の事業リスクに対するエクスポージャはすべて等しく、オペレーティング・レバレッジ導入度もほぼ同じであるという暗黙上の仮定が設けられている。ベータを負債ベータに換算したり資産ベータに換算したりというプロセスを通じて、ファイナンシャル・レバレッジの差が調整できることに注目しよう。オペレーティング・レバレッジ、つまりコスト構造が企業間で大きく異なる場合でも、オペレーティング・レバレッジの差を調整することは可能である。このためにはまず事業ベータを求める必要があり、これは資産ベータからオペレーティング・レバレッジの効果を差し引くことで求められる。

事業ベータ＝資産ベータ÷［1＋（固定費用÷変動費用）］

これはファイナンシャル・レバレッジの調整方法によく似ている。違いは、固定費用と変動費用の両方が税額控除対象になるため、税率がファクターとして含まれていない点だけである。次に、オペレーティング・レバレッジの企業間の違いを反映させるために、得られた事業ベータを再負債化すればよい。

betas.xls 米国企業の最新のベータと資産ベータをセクター別にまとめたデータがウェブサイトで閲覧可能。

実例8.4　バンズ・シューズ社のボトムアップベータの推定（2001年1月）

　バンズ・シューズ社は時価総額1億9100万ドルの靴メーカーである。同社のボトムアップベータを求めるに当たって、すべての公開靴メーカーのベータを次表のようにまとめてみた。

　表には、各企業のベータに加え、市場価値による負債・株主資本比率、実効税率、オペレーティング・レバレッジ測度として販売費や一般管理費（SG&A）（固定費用）をその他の営業費用（変動費用）で割った数値も示している。業界全体の資産ベータは全企業のベータを平均したものである。

第8章 リスク・パラメータの推定と資金調達コスト

企業名	ベータ	市場価値による負債・株主資本比率	税率	固定費用÷変動費用
バリー(R.G.)	1.00	40.51%	36.89%	75.66%
ブラウン・シュー社	0.80	106.64%	37.06%	61.41%
キャンディーズ社	1.20	75.86%	0.00%	29.78%
コンバース社	0.60	653.46%	0.00%	39.64%
デッカーズ・アウトドア社	0.80	82.43%	0.00%	62.52%
フローシャイム・グループ社	0.65	96.79%	32.47%	79.03%
K-スイス社	0.65	0.69%	40.94%	56.92%
ケネス・コール 'A' 社	1.05	0.29%	39.50%	56.97%
ラクロス・フットウエア社	0.55	81.15%	39.25%	30.36%
マクスウェル・シュー社	0.75	2.24%	33.28%	20.97%
ナイキ 'B' 社	0.90	9.47%	39.50%	46.07%
リーボック社	1.05	171.90%	32.28%	35.03%
ロッキー・シューズ&ブーツ社	0.80	93.51%	0.00%	26.89%
ソーコニー社	0.15	34.93%	31.11%	49.33%
シュー・カーニバル社	0.85	2.18%	39.97%	35.03%
ストライド・ライト社	0.80	0.00%	36.80%	48.23%
ティンバーランド 'A' 社	1.10	15.23%	32.00%	49.50%
ヴァルカン社	0.65	3.38%	5.61%	11.92%
ウェルコ・エンタープライゼズ社	0.60	48.89%	0.00%	11.52%
ウェイコ・グループ社	0.30	11.91%	35.74%	24.69%
ウルヴァリン・ワールドワイド社	1.35	44.37%	32.62%	32.31%
平均(単純平均)	0.79	75.04%	25.95%	42.08%
ヴァンズ・シューズ社		9.41%	34.06%	31.16%

平均ベータ = 0.79

負債・株主資本比率の平均 = 75.04%

次に、平均税率25.95%を使って、資産ベータを求める。

資産ベータ = 0.79 ÷ [1 + (1 − 0.2595) 0.7504] = 0.5078

バンズ・シューズ社のベータは同社の税率34.06%と市場価値による負債・株主資本比率9.41%を使って次のように求められる。

負債ベータ$_{バンズ}$ = 0.5078 [1 + (1 − 0.3406) 0.0941] = 0.5393

バンズ社のこのベータは、すべての靴メーカーのオペレーティング・

レバレッジが同程度であるという前提に基づくものである。実際にはオペレーティング・レバレッジは各靴メーカー間で異なるため、資産ベータを業界全体の固定費用÷変動費用比率の平均で調整したあと、それをバンズ・シューズ社のオペレーティング・レバレッジで再負債化する。

(固定費用÷変動費用)の平均 = 42.08%
事業ベータ = 資産ベータ ÷ (1 + 固定費用÷変動費用)
= 0.5078 ÷ 1.4208 = 0.3574

次に、バンズ社の固定費用÷変動費用比率31.16%を使って、調整済み資産ベータと負債ベータを求める。

資産ベータ$_{バンズ}$ = 0.3574(1 + 0.3116) = 0.4688
負債ベータ = 0.4688[1 + (1 − 0.3406)0.0941] = 0.4979

バンズ・シューズ社の負債・株主資本比率とオペレーティング・レバレッジは業界全体の平均よりも低いため、同社のベータは業界全体のベータよりもかなり低い。

実例8.5　ボーイング社のボトムアップベータの推定(2000年9月)

ボーイング社の事業構成とファイナンシャル・レバレッジは過去5年で大幅に変わった。これは、ロックウェル社とマクダネル・ダグラス社の買収によって防衛事業の足場が固まっただけでなく、これらの買収に関連して巨額の借り入れを行ったことによる。これらのイベン

トは長期間にわたって発生したため、ヒストリカル回帰データにはこれらの変動は十分には反映されていない。同社の今日のベータを求めるために、同社の事業内容を次の2つの部門に分類した。

1. 民間航空機部門——民間航空機の製造とそれに関連するサポート・サービスはボーイング社のコア・ビジネス。
2. 情報・宇宙開発・防衛システム（ISDS）部門——軍用航空機、ヘリコプター、ミサイルシステムの研究開発、製造、サポート。

各事業のリスク特性は大幅に異なるため、各事業の資産ベータは各事業における類似企業の数値から推定した。下の表はその推定値をまとめたものである。

セグメント	収益	セグメントの市場価値・売上高比率	推定価値	資産ベータ	セグメントのウエート	加重ベータ
民間航空機	$26,929	1.12	$30,160	0.91	70.39%	0.6405
ISDS	$18,125	0.70	$12,688	0.80	29.61%	0.2369
ボーイング社全体	$45,054		$42,848		100.00%	0.8774

　民間航空機部門については適当な類似企業が存在しないため、防衛事業参入前のボーイング社自身の推定ベータを使って資産ベータを算出した。ISDS部門については、収益の大部分を軍からの発注によって稼得する17社の平均ベータと負債・株主資本比率の平均を計算し、得られた数値を基に資産ベータを算出した。各事業部門の価値は各セグメント（ボーイング社の財務諸表において事業がこの2つのセグメントに分類されていることに注目すると、営業利益もしくはEBITDAと、平均倍率を用いて計算することもできる）からの収益とこの事業タイプの平均売上高倍率（これらの倍率は公開企業の市場価値の収益に対する比率〔企業価値・収益比率〕を使って求めた）を

使って算出した。ボーイング社全体の2000年における資産ベータを求めるには、これらの各事業分野のベータの市場価値による加重平均をとればよく、これを計算すると0.8774になる。

次に、現在のボーイング社の企業全体のファイナンシャル・レバレッジを使って株式ベータを求める。株主資本の市場価値552億ドル、負債の市場価値78億5000万ドル、法人税率35％とから、ボーイング社の現在のベータは次のようになる。

ボーイング社の株式ベータ
$= 0.8774[1 + (1 - 0.35)(7.85 \div 55.2)] = 0.9585$

この数値は回帰から求めたヒストリカル・ベータの0.56と大きく異なるが、この数値のほうがボーイング社のリスクを正確に反映していると私たちは考える。

実例8.6　タイタン・セメント社のボトムアップベータの推定（2000年1月）

タイタン社のベータを求めるに当たっては、まず類似企業としてギリシャの他のセメント会社を定義したが、相当する企業が1社しかなかったため、地域をヨーロッパ全体に広げたところ9社見つかった。しかし、類似企業をヨーロッパに限定する必要もないので、最終的には世界全域のセメント会社の平均ベータを求めることにした。標本には108社が含まれ、その平均ベータは0.99、平均税率は34.2％、負債・株主資本比率の平均は27.06％である。これらの数値を使って求めた資産ベータは以下のとおりである。

セメント会社の資産ベータ
= 0.99 ÷ [1 + (1 − 0.342) (0.2706)] = 0.84

次に、タイタン社の株主資本の市場価値（5億6695万ギルダー）と負債の市場価値（1338万ギルダー）とから株主資本の負債ベータを求めた。

負債ベータ = 0.84 [1 + (1 − 0.2414) (13.38 ÷ 566.95)] = 0.86

ただし、タイタン社の税率としては24.14％を用いた。

同じベータはどこまで適用可能か

　小規模市場や新興市場の企業を分析するとき、ベータは同業の、異なる市場で取引されている企業の数値から推定しなければならないことが多い。これはタイタン・セメント社のベータを求めたときの方法である。しかし、この方法は適切なのだろうか。米国の製鉄会社のベータとインドネシアの製鉄会社のベータを同等と見なしてもよいものだろうか。同等と見なしてはならない理由はないが、読者諸氏はインドネシアの製鉄会社のほうが米国の製鉄会社よりもリスクが高いではないかと思うだろう。たしかにそうだが、私たちはベータが同じだからといって、どの製鉄会社の株主資本コストも同じであると考えているわけではない。事実、前章で述べた方法を使えば、インドネシア企業の株主資本コストを求めるのに用いたリスクプレミアムにはカントリー・リスクプレミアムが含まれるが、米国企業の株主資本コストにはカントリー・リスクプレミアムは含まれない。したがって、これら2社のベータが同じでも、インドネシア企業の株主資本コストのほうが米国企業のそれより高く

なる。

しかし、例外もある。ベータの決定要素のひとつが製品もしくはサービスの自由裁量度であったことを思い出してもらいたい。ある市場で自由裁量的な（したがってベータが高い）商品あるいはサービスが、別の市場では必需品（したがって、ベータは低い）であることは十分あり得る話である。例えば、電話サービスはほとんどの発展市場では必需品と見なされるが、新興市場では自由裁量的商品である。したがって、発展市場の電気通信会社の数値から求めた平均ベータは、新興市場の電気通信会社のベータとしては低すぎるということになる。後者のベータを求める際には、類似企業は新興市場の電気通信会社に限定すべきである。

大規模なリストラ実行後のベータ

ボトムアップ法は企業が大規模なリストラを実行してその事業構成やレバレッジが変化したときのベータを求めるのに使える。このようなケースでは、回帰ベータはこういった変化による影響を十分に反映しないため、不適当である。ボーイング社の場合、ロックウェル社とマクダネル・ダグラス社を買収したためレバレッジが上昇したことを考えると、ボーイング社の株価の回帰分析から得られたヒストリカル・ベータよりもボトムアップ法によるベータのほうがより正確である可能性は高い。実際には、企業のベータはリストラ実行前でもボトムアップ法を使って求めることができる。例えば、**実例8.7**はマクダネル・ダグラス社買収直前・直後のボーイング社のベータを推定したもので、数値には事業構成とレバレッジの変動が反映されている。

実例 8.7　買収後のベータ──ボーイング社とマクダネル・ダグラス社

1997年、ボーイング社は同じく航空宇宙・防衛事業に従事するマクダネル・ダグラス社の買収を発表した。買収当時の2社の市場価値とベータは以下のとおりである。

企業	ベータ	負債	株主資本	企業価値
ボーイング	0.95	$3,980	$32,438	$36,418
マクダネル・ダグラス	0.90	$2,143	$12,555	$14,698

これら2社のベータを求めるのに用いられた株主資本の市場価値には、買収発表後の市場価値と、マクダネル・ダグラス社の株式について合意された買収価格が反映されていることに注意しよう。

買収がボーイング社のベータに与える影響を評価するために、まず合併企業の事業リスクにこの合併が及ぼす影響を、2社の資産ベータを推定して合併企業の資産ベータを算出することで調べてみることにする。

ボーイング社の資産ベータ
$= 0.95 \div [1 + (1 - 0.35) \times (3,980 \div 32,438)] = 0.88$
マクダネル・ダグラス社の資産ベータ
$= 0.90 \div [1 + (1 - 0.35) \times (2,143 \div 12,555)] = 0.81$

合併企業の資産ベータは、これら2社の資産ベータの加重平均をとることで求められる。ただし、ウエートは各社の市場価値に基づくものとする。

合併企業の資産ベータ
$= 0.88(36,418 \div 51,116) + 0.81(14,698 \div 51,116) = 0.86$

ボーイング社によるマクダネル・ダグラス社の買収は、マクダネル・ダグラス社の株主資本の市場価値125億5500万ドル分の新株発行でまかなわれた。資金調達においては新規負債は用いなかったため、買収後の負債残高は合併前の2社の負債残高を合計したものになる。

負債＝マクダネル・ダグラス社の買収前の負債
＋ボーイング社の買収前の負債
＝3,980＋2,143＝6,123,000,000ドル
株主資本＝ボーイング社の買収前の株主資本
＋買収の資金調達源として発行した新規株式
＝32,438＋12,555＝44,993,000,000ドル

したがって、負債・株主資本比率は次のようになる。

$D \div E = 6{,}123 \div 44{,}993 = 13.61\%$

合併後のベータ値は、このD÷E比率と合併企業の資産ベータとから求めることができる。

合併後のベータ $= 0.86[1 + (1 - 0.35)(0.1361)] = 0.94$

会計ベータ

　市場リスク・パラメータのもうひとつの推定方法が、取引価格ではなく会計利益から推定するというものである。つまり、部門あるいは企業の四半期あるいは年次ベースの利益変動を同じ期間の市場利益の変動と関連づけて求めた会計ベータをCAPMに適用するというわけ

である。この方法は直観的に分かりやすいという利点はあるものの、潜在的な欠点が3つある。第一に、会計士は費用と利益を多期間にわたってならすため、会計利益は企業の本質価値に対して平滑化されている可能性が高いということである。これによってベータは、特にリスクの高い企業の場合は「下方に傾き」、リスクの低い企業の場合は「上方に傾く」。つまり、会計ベータを使えばベータはどういった企業でも1に近い値になるということである。

　第二に、会計利益は減価償却方法や棚卸資産の算出方法の変更などを含む非営業ファクターと、企業全体の費用の各部門間での配分に影響される可能性がある。そして第三として、会計利益はよくても1四半期に1回、通常は年に1回しか集計されないということが挙げられる。そのため、回帰分析に使えるデータは少なく、説明力が低下する（R^2が低く、標準誤差が大きい）。

実例8.8　会計ベータの推定——ボーイング社の防衛部門（1995年）

ボーイング社は何十年にもわたって防衛事業に携わってきたため、収益率についてのデータは豊富にある。1980年以降の同社防衛部門の利益変動とS&P500指数に含まれる企業の利益変動を示したものが下の表である。

年	S&P500	ボーイング社の防衛部門
1980	−2.10%	−12.70%
1981	−6.70%	−35.56%
1982	−45.50%	27.59%
1983	37.00%	159.36%
1984	41.80%	13.11%
1985	−11.80%	−26.81%
1986	7.00%	−16.83%
1987	41.50%	20.24%
1988	41.80%	18.81%
1989	2.60%	−29.70%
1990	−18.00%	−40.00%
1991	−47.40%	−35.00%
1992	64.50%	10.00%
1993	20.00%	−7.00%
1994	25.30%	11.00%

Copyright 2001 Bloomberg LP. Reprinted with permission. All rights reserved.

ボーイング社の防衛部門の利益変動（$\Delta 利益_{防衛}$）をS&P500指数の利益変動（$\Delta 利益_{S\&P}$）上に回帰させた回帰方程式は以下のとおりである。

$$\Delta 利益_{防衛} = -0.03 + 0.65 \Delta 利益_{S\&P}$$

この回帰方程式から、ボーイング社の防衛部門のベータは0.65であることが分かる。

accbeta.xls このワークシートを使って企業部門や企業の会計ベータを推定してみよう。

spearn.xls 1960年以降の各年におけるS&P500の利益変動データがウェブサイトで閲覧可能。

市場ベータ、ボトムアップベータ、会計ベータ
──どのベータを使うべきか

ほとんどの公開企業の場合、ベータは会計データを使っても市場データを使っても、あるいはボトムアップ法を使っても求めることができる。ベータは求める方法によって数値が異なるため、問題は、どのベータを使えばよいかということになる。前述した理由によって、会計ベータを使うことはほとんどない。また、標準誤差が大きく、適当な指数も存在せず（新興市場に上場しているほとんどの企業の場合）、回帰には企業の事業構成や財務リスクの変動が反映されないため、各企業のヒストリカル市場ベータを使うこともあまりない。私たちの観点からすれば、ボトムアップベータが最も信頼度が高い。理由は3つある。

1. 事業構成や財務構成の実際の変動と、将来的に予想される変動をも反映させることができる。
2. 多数の企業の平均ベータを使うため、個々の企業のベータよりもノイズの少ないベータ値が得られる。
3. 企業の各部門ごとのベータを算定できる。これは、投資分析、評価のいずれにおいても有用である。

カントリー・リスク・エクスポージャ（λ）の測定

第7章ではカントリー・リスク・エクスポージャと λ（企業のカントリー・リスクに対するエクスポージャ）の概念について論じた。本節では、このエクスポージャの決定要素と λ の最良の推定方法について述べる。企業のカントリー・リスクに対するエクスポージャは、工場の立地場所から顧客、契約に用いる通貨、為替リスクに対する管理体制にいたるまで、事業にかかわるありとあらゆる要素の影響を受ける。しかし、こういった情報のほとんどは内部情報であり、部外者は入手不可能である。こういった場合、λ の推定には次の方法が用いられる。

● 収益の内訳。企業の λ を推定する最も簡単な方法は、その企業がある国で稼得する収益の割合と、その国における平均的企業がその国で稼得する収益の割合との比を求めるという方法である。

$$\lambda = ある国における収益の割合_{企業} \div ある国における収益の割合_{平均的企業}$$

したがって、インドネシアの平均的企業がインドネシアで稼得する収益の割合が80％で、ある企業がインドネシアで稼ぎ出す収益の割合が40％のとき、その企業のインドネシアにおけるカントリー・リスクに対する λ は0.5となる。ただし、その企業が残りの収益60％をタイで稼ぎ出すとすれば、タイにおけるカントリー・リスクに対する λ も求め、それを株主資本コストに加算しなければならないことに注意しよう。

● 回帰と国債。2番目の方法は、新興市場における各企業の株式リターンをその国の国債のリターン上に回帰させるという方法である。例えば、ブラジルの場合、ブラジルの各株式のリターンをブラジルの

国債（Cボンド）のリターン上に回帰させる。この回帰直線の傾きが各株式のカントリー・リスクの変動に対する感応度を表しており（国債のリターンがカントリー・リスクの直接的な測度となるため）、これからλを算出することができる。一例を挙げれば、エンブラ社の株式リターンをCボンドのリターン上に回帰させると傾きは0.30で、ブラジルの株式全体の平均的な傾きは0.75なので、エンブラ社のλは0.40（0.30÷0.75）となる。

ベータから株主資本コストを求める

第7章で推定したリスクフリーレートとリスクプレミアム、そして本章で推定したベータ値を用いることで、いかなる企業の株式投資から得られる期待リターンも推定可能である。CAPMでは期待リターンは次式で表される。

期待リターン
＝リスクフリーレート＋ベータ×期待リスク・プレミアム

ただし、リスクフリーレートは長期国債レート、ベータは前述したヒストリカル・ベータ、ファンダメンタル・ベータ、会計ベータのいずれかである。また、リスクプレミアムとしてはヒストリカルプレミアムもしくはインプライドプレミアムを用いる。

裁定価格モデルやマルチ・ファクター・モデルでは期待リターンは次のように書き表される。

期待リターン＝リスクフリーレート＋$\sum_{j=1}^{j=n} \beta_j \times$リスクプレミアム$_j$

ただし、リスクフリーレートは長期国債レート、β_jはヒストリカル

データもしくはファンダメンタルズから求めた、ファクター j に対するベータ、リスクプレミアム $_j$ はヒストリカルデータから求めた、ファクター j に対するリスクプレミアムである。

　株式投資から得られる期待リターンはそのリスクが既知であるとするならば、株式投資家にとっても企業経営者にとっても貴重な情報源となる。株式投資家にとって期待リターンとは、その株式投資に対するリスクを補償するのに必要なレートを表す。ある投資を分析した結果、期待どおりのリターンが得られないことが分かれば、投資家はその投資を見合わせるだろうし、期待を上回るリターンが得られることが分かれば投資を行うだろう。一方、企業の経営者にとっては、投資家が株式投資を行う際の損益分岐点となるこのリターンは、投資家に投資したことを後悔させないために何としても達成しなければならないリターンである。つまり、プロジェクトに投資した株主資本から得られるリターンがこのレートを必ず上回らなければならないということである。つまり、これが企業の株主資本コストである。

実例8.9　ボーイング社の株主資本コストの推定（2000年12月）

　ボトムアップ法で求めたボーイング社のベータ0.9589を使って、同社の株主資本コストを求めてみよう。ただし、Tボンドの実勢レートを5％、ヒストリカル・リスクプレミアムを5.51％とする。

株主資本コスト = 5.00％ + 0.9585（5.51％）= 10.28％

　この数値については注意すべき点が2つある。ひとつは、2000年12月31日のインプライド株式プレミアム（およそ2.87％、第7章参照）を使えば、株主資本コストの計算値は大幅に下落するということであ

る。

株主資本コスト＝5.00％＋0.9585(2.87％)＝7.75％

もうひとつは、新興市場リスクに対するエクスポージャが考慮されていない点である。このエクスポージャが大きければ、算出した株主資本コストにはカントリー・リスクプレミアムを加算する必要がある。

実例8.10　エンブラ社の株主資本コストの推定（2001年3月）

エンブラ社はブラジルの宇宙航空会社である。同社の株主資本コストを求めるに当たり、まず全世界の宇宙航空会社の資産ベータを求めた。

宇宙航空会社の資産ベータ＝0.87

エンブラ社の当分析時点における負債・株主資本比率は2.45％（この推定では純負債〔総負債とキャッシュとの差〕を用いた。この方法が適切な場合と、適切でない場合については後の章で論じる）だったので、エンブラ社の負債ベータは次式のようになる。

エンブラ社の負債ベータ＝0.87[1 ＋ (1 －0.33)0.0245]＝0.88

同社のドルベースでの株主資本コストを推定するに当たっては、当分析時点におけるTボンドレート5％をベースとし、リスクプレミアム

にはブラジルのカントリーリスクを含めた。第7章のアプローチを用いると、2001年3月現在のブラジルのカントリー・リスクプレミアムは10.24%となり、これを成熟市場（米国市場）のリスクプレミアム5.51%に加算すると、同社の株主資本コストは次式のように計算できる。

エンブラ社の株主資本コスト
$= 5\% + 0.88(5.51\% + 10.24\%) = 18.86\%$

この数値に関しては注目すべき点がいくつかある。第一に、ブラジル市場が時間とともに成熟度を増しカントリーリスクが減少すれば、この株主資本コストは変動する可能性があるということである。第二に、ベータはカントリーリスクに対するエクスポージャの測定値であると仮定されているという点である。それでは、収益の大部分をブラジル以外で稼得するエンブラ社のような企業のカントリーリスクに対するエクスポージャはもっと低くなるのではないかと思われる読者もいるだろう。そこで、エンブラ社のカントリーリスクに対するエクスポージャの測度としてλを用いた。これは、エンブラ社がブラジルで稼得する収益の割合と、ブラジルの平均的企業がブラジルで稼得する収益の割合とを比較することで求められる。例えば、2000年の同社のλは以下のとおりである。

$\lambda_{エンブラ} =$ ブラジルにおける収益の割合$_{エンブラ}$
$\div$ ブラジルにおける収益の割合$_{ブラジルの平均的企業} = 9\% \div 60\% = 0.15$

カントリーリスクに対するエクスポージャの測度としてこの値を用いれば、エンブラ社の株主資本コストは先の数値よりも格段に小さくなる。

株主資本コスト（米ドルベース）＝リスクフリーレート
　＋ベータ（成熟市場のリスクプレミアム）
　＋λ（カントリー・リスクプレミアム）
　＝ 5% ＋ 0.88(5.51%) ＋ 0.15(10.24%) ＝ 11.39%

もう一点は、ドルベースの株主資本コストは、ブラジルと米国の予想インフレ率の差を考慮することで、名目ブラジルレアルベースの株主資本コストに比較的簡単に換算できるということである。例えば、ブラジルの予想インフレ率が10%で、米国の予想インフレ率が２%だとすると、名目ブラジルレアルベースでの株主資本コストは次のように算出できる。

株主資本コスト$_{(名目BR)}$
　＝（1＋株主資本コスト$_\$$）（インフレ率$_{ブラジル}$ ÷ インフレ率$_{米国}$）－ 1
　＝（1.1139）（1.10 ÷ 1.02）－ 1 ＝ 20.12%

ただし暗黙上の仮定として、実質リスクフリーレートは国の如何を問わず同じで、リスクプレミアムはインフレ率に応じて調整されるものとする。別の方法としては、名目BRリスクフリーレート（当分析時点では14%）に前の計算からのプレミアムを足すという方法もある。

株主資本コスト$_{(名目BR)}$＝リスクフリーレート
　＋ベータ（成熟市場のリスクプレミアム）
　＋λ（カントリー・リスクプレミアム）＝ 14% ＋ 0.88(5.51%)
　＋ 0.15(10.24%) ＝ 20.39%

リスクフリーレートに実質リスクフリーレートを代入すれば、実質株主資本コストが得られる。

主資本コストと小規模企業プレミアム

　第6章では小規模企業プレミアムの実証的証拠について述べた。小規模企業プレミアムとは、小型株は同じベータの大型株より高いリターンを獲得できるというものであった。小規模企業プレミアムの存在が確認されたということは、資本資産価格モデルでは小規模企業のリスクは過小評価されることを意味し、そのため純粋にCAPMベータに基づく小規模企業の株主資本コストは数値的にかなり低いものになるということである。アナリストのなかに、小規模企業の推定株主資本コストにはプレミアムを加えるべきだと主張する者がいるのはこのためである。実際のデータを見ると、過去数十年にわたって小型株のリターンは大型株のリターンをおよそ2％上回っているため、小規模企業プレミアムとしては2％を想定するのが妥当だろう。したがって、ベータ値1.2の小型株の株主資本コストは以下のように計算されることになる。

　　小型株の株主資本コスト＝リスクフリーレート＋ベータ
　　　×市場リスクプレミアム＋小型株プレミアム
　　＝5.1％＋1.2×4％＋2％＝11.9％

　このアプローチでは次の2つの点に注意しなければならない。まず第一に、第6章で述べた数々の非効率性を反映させるために、得られた株主資本コストには一連の修正を加えなければならない。例えば、PERプレミアム、株価純資産倍率プレミアム、配当利回りプレミアムを算出して、これらの数値を株主資本コストに加えるといった具合である。評価の目的が市場の間違いを見つけることにある場合、市場における価格形成が正しいと最初に想定するのは誤りである。第二に、小規模企業プレミアムをより正確に把握するためには、プレミアムを上乗せする理由を特定し、リスクを測るもっと直接的な尺度を考えてみるのがよい。例えば、小型株のリスクが大型株のリスクより高いのは、小規模企業が導入するオペレーティング・レバレッ

ジが大規模企業より高いためであることを想定するという具合である。オペレーティング・レバレッジのベータの修正方法はすでに述べたとおりであり（バンズ・シューズの実例を参照）、小規模企業には修正した高いベータを用いればよい。

株主資本コストから資本コストを算出する

　いかなる企業にとっても、株主資本は資金調達においてきわめて重要であり、必要不可欠であるのは改めて言うまでもないが、これは資金調達のひとつの手段にすぎない。ほとんどの企業は事業の一部あるいはかなりの部分をまかなう資金調達手段として負債、あるいは株主資本と負債を組み合わせた証券を用いる。これらの資金調達コストは株主資本コストとは大きく異なるのが一般的であり、企業全体の資金調達コストにはこうしたコストが資金調達構成における割合に応じて反映されていなければならない。分かりやすく言えば、資本コストは企業が必要資金をまかなうのに用いた異なる資金調達コスト——負債、株主資本、ハイブリッド証券——の加重平均をとったものになるということだ。本節では、株主資本以外の資金調達コストと資本コストを算出するのに用いるウエートの推定プロセスについて見ていく。

負債コストの算出

　負債コストとは企業がプロジェクトの資金調達のために借り入れる資金の現在原価を評価したものである。負債コストは一般に次の変数によって決まる。
●**リスクフリーレート**。リスクフリーレートが上昇すれば、企業の負

債コストも上昇する。
- **企業のデフォルトリスク（そのほか関連するデフォルトスプレッド）**。企業のデフォルトリスクが上昇すれば、借り入れコストも上昇する。第7章では、デフォルトリスクが時間とともに変化するだけでなく、満期によっても変化する場合があることを述べた。
- **負債に関連する税制上の優遇措置**。利払いは非課税であるため、税引後負債コストは税率の関数として表される。利払いによる節税効果によって、税引後負債コストは税引前負債コストよりも低くなる。また、この効果は税率の上昇に伴って上昇する。

税引後負債コスト＝税引前負債コスト（1－税率）

本節では企業のデフォルトリスクの最良の推定方法と、デフォルトリスクをデフォルトスプレッドに換算し、そのデフォルトスプレッドを使って負債コストを推定する方法について述べる。

企業のデフォルトリスクとデフォルトリスクの推定

負債コストの推定が最も簡単に行えるのは、企業が市場で幅広く取引される長期債を発行している場合である。この場合、債券の市場価格やそのクーポンと満期を使って利回りを算出し、得られた利回りを負債コストとして用いればよい。例えば、このアプローチはきわめて流動性の高い多数の発行済み債券を持つAT&Tなどの企業の負債コストの推定に最適である。

発行済み債券はあっても、あまり頻繁に取引されない企業も多数ある。こういった企業は格付けされているのが普通で、負債コストは格付けと関連デフォルトスプレッドを用いて推定することができる。格付けがAA格の企業によって支払われる平均スプレッドが1.00％であることから、格付けがAA格のボーイング社の負債コストはTボンド

レートよりもおよそ1.00%高い値になることが推定できる。

　企業によっては格付けを依頼しない場合もある。多くの小規模企業やほとんどの非公開企業がこのケースに当たる。近年になって格付け会社は新興市場の企業の格付けも行うようになったが、企業がデフォルトリスクをベースに格付けされない市場は依然として多い。格付けされていない企業の負債コストを推定するには2つの方法がある。

1. **最近の借り入れ履歴**　格付けされていない企業といえども、その多くは銀行をはじめとする金融機関からの借り入れがある。企業の直近の借り入れ状況を調べることで、その企業のデフォルトスプレッドのおおよその値を把握することが可能で、これらのスプレッドを使って負債コストを推定することができる。
2. **合成格付けの推定**　もうひとつの方法は、財務比率を基に企業の格付けを行うというものである。こういった格付けを合成格付けという。これを行うには、まず格付けされた企業に共通する財務的特徴を格付けクラスごとに調べる。具体例として、小規模企業のインタレスト・カバレッジ比率とS&P格付けクラスを対応付けた**表8.1**を示す（この表は2001年初期に、時価総額が20億ドルを下回るすべての格付け企業とそのインタレスト・カバレッジ比率をリストアップし、企業をその社債の格付けに基づいて分類することによって作成したものである。インタレスト・カバレッジ比率のレンジは外れ値が含まれないように、また重複しないように調整してある）。

385

表8.1　インタレスト・カバレッジ比率と格付け──時価総額の小さい企業

インタレスト・カバレッジ比率	格付け	スプレッド
12.5を上回る	AAA	0.75%
9.5 to 12.5	AA	1.00%
7.5 to 9.5	A+	1.50%
6 to 7.5	A	1.80%
4.5 to 6	A-	2.00%
3.5 to 4.5	BBB	2.25%
3 to 3.5	BB	3.50%
2.5 to 3	B+	4.75%
2 to 2.5	B	6.50%
1.5 to 2	B-	8.00%
1.25 to 1.5	CCC	10.00%
0.8 to 1.25	CC	11.50%
0.5 to 0.8	C	12.70%
0.5を下回る	D	14.00%

元データの出所：コンピュスタット

　ここで、格付けはされていないが、インタレスト・カバレッジ比率が6.15の小規模企業を考えてみよう。**表8.1**からこの比率に対応する合成格付けはAなので、この企業の格付けはAということになる。

　インタレスト・カバレッジ比率は小規模企業に比べて大規模企業のほうが全般的に低い傾向がある。**表8.2**は大規模企業の比率をまとめたものである。

　このアプローチは複数の比率や質的変数にも拡張することができる。合成格付けが査定できたら、それを用いてデフォルトスプレッドを推定することができ、推定したデフォルトスプレッドをリスクフリーレートに加算したものがその企業の税引前負債コストになる。

表8.2　インタレスト・カバレッジ比率と格付け——時価総額の大きな企業

インタレスト・カバレッジ比率	格付け	スプレッド
8.5を上回る	AAA	0.75%
6.5 to 8.5	AA	1.00%
5.5 to 6.5	A+	1.50%
4.25 to 5.5	A	1.80%
3 to 4.25	A−	2.00%
2.5 to 3	BBB	2.25%
2 to 2.5	BB	3.50%
1.75 to 2	B+	4.75%
1.5 to 1.75	B	6.50%
1.25 to 1.5	B−	8.00%
0.8 to 1.25	CCC	10.00%
0.65 to 0.8	CC	11.50%
0.2 to 0.65	C	12.70%
0.2を下回る	D	14.00%

元データの出所：コンピュスタット

合成格付け法の拡張

　インタレスト・カバレッジ比率のみに基づく格付けは、格付け会社が格付けに用いるその他の財務比率に含まれる貴重な情報を見落とすおそれがある。しかし、合成格付け法は他の比率も含むように拡張することが可能だ。第一ステップとして、まず複数の比率をベースにしたスコアを作成する。例えば、オールトマンZスコアはデフォルトリスクの代理として用いられるもので、5つの財務比率の関数として表される。各財務比率を適切に重みづけして生成されるものがZスコアである。用いられる財務比率と各ウエートは、通常過去のデフォルト・データの観測値によって決まる。第二ステップでは、スコアレベルと債券の格付けとを対応づける。これは、表8.1、8.2で示したインタレスト・カバレッジ比率のケースと同じ方法で行う。
　ただし、この拡張で注意したいのは、貴重な情報を見落とす

> リスクが減少する代わりに複雑さが増す点である。たしかに、信用スコア、つまりZスコアはインタレスト・カバレッジ比率のみを用いた場合に比べると合成格付けの精度は上がるが、スコアの変動に起因する格付けの変更に対する説明が難しくなる。欠点はあるものの簡単なインタレスト・カバレッジ比率をベースにした格付けのほうが好まれるのはこのためである。

税率の推定

　税引後負債コストを推定する場合、支払利息が非課税であることに注目する必要がある。計算はきわめて簡単で、税引前コストに（1－税率）を掛けるだけでよいが、税率にはさまざまな種類があるため、どの税率を用いればよいかが問題となる。例えば、企業は報告目的では支払うべき税金を課税所得で割った実効税率を用いる場合が多いが、実効税率は通常、追加的な所得にかかる税率である限界税率とは大幅に異なる。支払利息は限界的な節税効果をもたらす（支払利息は追加的な所得から控除される）ため、用いるべき税率は限界税率である。

　もう一点注意すべきことは、支払利息が節税効果を生むのは企業が利息を支払えるだけの十分な利益を得たときのみであるということである。営業損失を出した企業は、支払利息による節税効果を享受することはできない。少なくとも損失を出した年は税務上の恩典はなく、税引後負債コストは税引前負債コストに等しくなる。この企業の利益が将来プラスに転じることが予想される場合、負債コストは将来支払われる税金を見込んで修正する必要がある。

　この問題については第10章の税引後キャッシュフローの文脈のなかで詳しく説明する。

実例8.11　負債コストの推定——ボーイング社（2000年12月）

　ボーイング社のS&Pによる格付けはAAである。AA格の企業の平均デフォルトスプレッドは1.00％（この数値は**表8.2**から得た）なので、これをリスクフリーレート5％に足し合わせて算出したボーイング社の税引前負債コストは以下のようになる。

$$\text{税引前負債コスト}_{\text{実際の格付け}} = 5\% + 1\% = 6\%$$

　同社の実効税率は27％だが、税引後負債コストの計算には限界税率（米国の連邦限界法人税率）の35％を用いる。

$$\text{税引後の負債コスト} = 6.00\% (1 - 0.35) = 3.90\%$$

　また、1999年の同社のインタレスト・カバレッジ比率をベースにした合成格付けも算出できる。1999年の同社の営業利益17億2000万ドルと同年の支払利息4億5300万ドルを基に算出したインタレスト・カバレッジ比率は以下のとおりである。

$$\text{インタレスト・カバレッジ比率}_{\text{ボーイング}} = 1{,}720 \div 453 = 3.8$$

　このインタレスト・カバレッジ比率を**表8.2**に適用すると、ボーイング社の合成格付けはA-であることが分かる。2000年12月の実勢デフォルト・スプレッドに基づけば、同社のデフォルトスプレッドは2.00％、税引前負債コストは7.00％となる。

新興市場企業の負債コストの推定

　一般に新興市場企業の負債コストを求める場合、問題が3つある。第一に、新興市場に上場するほとんどの企業は格付けされていないため、合成格付け（関連コスト）を推定する以外に格付けの方法がない点が挙げられる。第二に、合成格付けは新興市場と米国市場との金利差によってひずみが生じる可能性がある。インタレスト・カバレッジ比率は金利の上昇に伴い下落する傾向があるため、新興市場の企業が発展市場の企業と同等のインタレスト・カバレッジ比率を達成するのはかなり困難である。最後に、新興市場企業の負債コストにはカントリー・デフォルト・リスクも含めなければならない。

　2番目の問題は、米国企業のデータを用いて作成した表（**表8.1、8.2**）を修正するか、支払利息（インタレスト・カバレッジ比率）をドルに換算することで簡単に解決できるが、カントリー・リスクの問題はかなりやっかいである。保守的なアナリストは、ある国における企業の借り入れレートはその国自体の借り入れレートを下回ることはないという仮定を立てるのが一般的である。この仮定に基づけば、新興市場の企業の負債コストにはその国のカントリー・デフォルト・スプレッドを含めなければならないことになる。

負債コスト$_{新興市場企業}$ ＝ **リスクフリーレート**
　＋ **カントリー・デフォルトスプレッド**$_{新興市場}$
　＋ **企業のデフォルトスプレッド**$_{合成格付け}$

この意見に対して一方では、企業のほうが、その企業が事業活動を行っている国よりも安全性が高い場合もあるため、カントリー・デフォルト・スプレッドはすべてではなく一部のみ含むか、まったく含めなくてもよいという意見もある。

実例 8.12　負債コストの推定——エンブラ社（2001 年 3 月）

　エンブラ社の負債コストを推定するに当たっては、まず同社の合成格付けを求めた。2000年の営業利益8億1000万ドルと支払利息2800万ドルから、同社のインタレスト・カバレッジ比率は28.73と算出でき、したがって同社の合成格付けはAAAとなる。AAA格の債券の当時のデフォルトスプレッドはわずか0.75％であったが、エンブラ社がブラジルの企業であることを考慮する必要がある。分析時点でのブラジルのドル建て国債のデフォルトスプレッドは5.37％だったので、いかなるブラジル企業もそれ自身のデフォルトスプレッドに加えてこのプレミアムを支払わなければならないことになる。したがって、エンブラ社の税引前負債コストは米ドルベースで以下のように算出できる（ただし、Tボンドレートは5％とする）。

負債コスト＝リスクフリーレート＋国のデフォルトスプレッド
＋企業のデフォルトスプレッド＝5％＋5.37％＋0.75％＝11.12％

限界税率33％を用いれば、エンブラ社の税引後負債コストは以下のようになる。

税引後負債コスト＝11.12％(1－0.33)＝7.45％

　このアプローチでは、企業の負債コストが、その企業が事業活動を行っている国の負債コストよりも低くなることはない。しかし、エンブラ社の場合、その収益の大部分がブラジル以外の航空会社からの受注によって稼ぎ出されているという事実に注目すれば、ブラジル政府よりもリスクに対するエクスポージャは低く、負債コストもブラジル国家よりも低くなってしかるべきである。

> **ratings.xls** このワークシートを使ってさまざまな企業の合成格付けと負債コストを推定してみよう。

ハイブリッド証券コストの算定

　企業の資金調達手段として最も基本的なものが負債と株主資本であるが、負債と株主資本の両方の性質を併せ持つ資金調達手段があり、これをハイブリッド証券という。本節ではハイブリッド証券コストの推定方法について見ていく。

優先株コスト

　優先株は負債の性質（優先株の配当金は発行時点であらかじめ決められ、普通株の配当支払いの前に支払われる）と株主資本の性質（優先株の配当は非課税ではない）を併せ持つ株式である。優先株を永続的なもの（通常は永続的）と考えれば、そのコストは次式で表される。

$$k_{ps} = 優先株の1株当たりの配当 \div 優先株の1株当たりの市場価格$$

　このアプローチでは、配当はドルベースで永久に一定で、優先株は特殊な性質（転換性、償還条項など）を持たないものと仮定する。もしこういった特殊な性質があれば、その性質を個別に評価したうえで優先株コストを推定しなければならない。優先株の配当金は普通株の配当支払いに優先して支払われるため、リスク面では、優先株は普通株よりも安全性が高い。しかし、負債よりもリスクは高い。なぜなら、負債に対する金利支払いが優先株の配当支払いに先行するからである。したがって、税引前ベースでは、優先株コストは負債コストよりも高く、株主資本コストよりも低いということになる。

実例8.13　優先株コストの計算──ゼネラル・モーターズ（GM）

　1995年3月現在でのGMの優先株は配当が年2.28ドル、1株当たりの市場価格は26.38ドルであった。この場合、優先株コストは以下のように計算できる。

　　優先株コスト＝優先株1株当たりの配当÷優先株1株当たりの株価
　　　　　　　　＝2.28÷26.38＝8.64％

　また、CAPMで算出したGMの株主資本コストは13％、税引前負債コストは8.25％、税引後負債コストは5.28％であった。同社の優先株コストが株主資本コストよりも低く、負債コストよりもはるかに高いのは予想どおりである。

他のハイブリッド証券コストの算定

　転換社債は保有者が任意で普通株に転換することのできる債券である。したがって、転換社債は普通社債（負債）と転換権（株主資本）との組み合わせと考えることができる。こういった場合のコストの算出は、ハイブリッド証券コストを個々に算出するのではなく、ハイブリッド証券を負債成分と株主資本成分に分解し、各成分について別々にコストを算出するという方法をとる。

実例8.14　転換社債を負債成分と株主資本成分に分解
　　　　　　——アマゾン・ドットコム

　1999年、オンライン小売のアマゾン社はクーポンレート4.75％、満期10年の転換社債を発行した。当時同社は損失を計上していたためS&Pによる格付けはCCC+で、普通社債で考えた場合の金利は11％であった。社債の発行価格は額面の98％で、発行した社債の総額面価格は12億5000万ドルであった。転換社債は普通社債成分と転換権成分とに分解することができる。

　普通社債成分＝クーポンレート4.75％、満期10年、金利11％の普通社債の価値＝636ドル（クーポンの支払いは半年ごと）

　転換権成分＝980－636＝344ドル

普通社債成分636ドルは負債として扱われ、そのコストはその他の負債のコストと同じである。また、転換権344ドルは株主資本として扱われ、そのコストは同社が発行したその他の株式のコストと同じである。したがって、社債発行総額12億5000万ドルの内訳は、負債が8億1100万ドル、株主資本は4億3900万ドルとなる。

負債成分と株主資本成分のウエートの算定

　負債コスト、株主資本コスト、ハイブリッド証券コストの算定方法が分かったので、次は各コストに対するウエートを決定しなければならない。ウエートの推定方法の説明に入る前に、負債にはどういった

ものを含めるかを決める必要がある。次に、ウエートは簿価ではなく、市場価値をベースに決めなければならないことを認識しておくことが必要である。なぜかというと、資本コストはプロジェクトの資金調達源として株式や債券などの証券の発行にかかるコストであり、これらの証券は簿価ではなく市場価値で発行されるからである。

負債とは

　企業の貸借対照表には企業の債務残高が記載されている。したがって、これを見れば負債の内容は明白であるように思える。しかし、資本コストの計算においてこれらの債務をすべて負債として扱えるかというとそうではない。負債として扱える債務には制限がある。まず第一に、貸借対照表上の債務のなかには買掛金や延べ払い信用などの無利子債務がある。したがって、税引後負債コストをこういった項目に適用すれば、企業の真の資本コストを見誤るおそれがある。第二に、企業に対して固定的返済義務を生じさせるとともに、支払利息同様に非課税扱いになる簿外項目が存在するということが挙げられる。簿外項目の代表格がオペレーティングリースである。第３章ではオペレーティングリースとキャピタルリースとを比較し、オペレーティングリースが財務費用ではなく営業費用として扱われることを述べた。ところで、このオペレーティングリースには具体的にはどういったものが含まれるのだろうか。小売業は店舗スペースを12年間リースするためにそのスペースの所有者とリース契約を交わし、リース期間中は毎年一定額を支払うことで合意する。この支払い義務と、銀行から資金を借り入れて12年の年賦払いローンを返済するケースとではそれほど大きな違いはない。

　したがって、企業の負債残高を推定する際には次の２つの調整が必要になる。

1. すべての債務ではなく、有利子債務のみを負債と考える。この観点からすれば、負債のなかには短期借り入れと長期借り入れとが含まれる。
2. オペレーティングリースは資本化して、負債として扱う。

オペレーティングリースの資本化

オペレーティングリース費用をそれと等価な負債に変換するのは簡単である。オペレーティングリースに対する将来的な支払い債務は米国企業の場合財務諸表の注記に記載されるが、これは無担保でかなりリスクの高い負債を反映するようなレートで割り引く必要がある。企業の現在の税引前借り入れコストを割引率として用いることでオペレーティングリースの負債価値の概算が得られる。

米国以外の企業はオペレーティングリースの将来的な支払い債務を開示する必要はない。この場合、オペレーティングリースの負債価値の概算は平均的なリース期間（8～10年）にわたる支払いのうち当年の支払いに相当する年金額の現在価値を推定することで求めることができる。

資本化に関連してもうひとつ問題点がある。インタレスト・カバレッジ比率が格付けされていない企業の合成格付けを推定するのに用いることができることは前述したとおりである。通常の負債はほとんどなく、かなりの額のオペレーティングリースを持つ企業の場合、合成格付けの推定に用いられるインタレスト・カバレッジ比率はオペレーティングリース費用を反映するように調整しなければならない。

修正後インタレスト・カバレッジ比率
＝（EBIT＋当年のオペレーティングリース費用）
÷（支払利息＋当年のオペレーティングリース費用）

この比率と**表8.1**、**8.2**を使って、合成格付けを推定する。

実例8.15　オペレーティングリースの負債価値　──ボーイング社（2000年12月）

　ボーイング社は普通の負債に加え、オペレーティングリースに対する支払い債務もある。この例では、ボーイング社のオペレーティングリースの「負債価値」を、各年のオペレーティングリース費用を現在価値に割り引いて推定する。次の表に示したオペレーティングリースの現在価値（単位＝百万ドル）の計算には、**実例8.11**で推定した同社の税引前借り入れコスト6％を用いた。

年	オペレーティングリース費用	現在価値(割引率6％)
1	$205	$193.40
2	$167	$148.63
3	$120	$100.75
4	$ 86	$ 68.12
5	$ 61	$ 45.58
6〜15	$ ―	$ 0.00
オペレーティングリース費用の現在価値		$556.48

したがって、ボーイング社の負債は貸借対照表で報告されている数値よりも5億5600万ドル多いということになる。

Oplease.xls　このワークシートを使ってオペレーティングリース費用の負債価値を計算してみよう。

簿価による負債比率と市場価値による負債比率

市場価値を用いることに対しては一般に反対意見は3つに分かれるが、いずれも説得力に欠ける。まず、財務マネジャーのなかには、簿価は変動しないため市場価値よりも信頼性が高いという者がいる。たしかに簿価は市場価値ほど変動しないが、企業の真の価値は企業固有の情報や市場情報が公開されれば変動するため、この意見は簿価の長所よりも短所を強調するようなものである。私たちの観点から言えば、簿価よりもボラティリティは高いものの、市場価格のほうが企業の真の値を反映したものである（株価のほうが真の価値よりもボラティリティははるかに高いと言う者もいる。たとえこの主張が正当化された〔そして、最終的には正しいという確証が得られなかった〕場合でも、市場価値と真の価値の差は、簿価と真の価値との差に比べればはるかに小さいことが多い）。

第二に、簿価の支持者は、負債比率の推定には市場価値よりも簿価を使ったほうが控えめな数値を得られるとも言う。この意見は市場価値による負債比率は簿価による負債比率よりも常に低いことを前提としたものだが、この仮定は事実に反する。また、たとえ市場価値による負債比率が簿価による負債比率よりも低いとしても、簿価による負債比率を用いて算出した資本コストは市場価値による負債比率を用いて計算した資本コストよりも必ず低くなる。具体例として、市場価値による負債比率を10％、簿価による負債比率を30％、株主資本コストを15％、税引後負債コストを5％とすると、資本コストは次のように計算できる。

市場価値による負債比率を用いた場合──
15％(0.9) + 5％(0.1) = 14％
簿価による負債比率を用いた場合──
15％(0.7) + 5％(0.3) = 12％

第三に、貸し手は市場価値に基づいて貸し出しを行わないと主張する者がいるが、この主張も事実に根ざした意見というより直観によるものにすぎないように思える。値上がりした家屋に２番抵当を設けた住宅所有者は、貸し手は市場価値に基づいて貸し出しを行うことを知っている。とはいえ、資産の市場価値の予想ボラティリティが高くなればなるほど、その資産に対する借り入れ余力が下がることは事実である。

株主資本と負債の市場価値の推定

　株主資本の市場価値は一般的には発行済み株式数に現在株価を掛けたものである。例えば、企業にワラントや経営陣のオプションといったその他の株式請求権がある場合、これらの価値も評価して株主資本価値に加算しなければならない。

　負債の市場価値は、株主資本の市場価値とは違って直接的に算出するのは一般に難しい。これは、すべての負債を市場で取引されている発行済み社債の形で抱えている企業がきわめて少ないからである。例えば多くの企業は、銀行借り入れのように取引されない負債を抱えており、これらの負債は市場価値ではなく簿価で評価される。簿価による負債を市場価値による負債に簡単に変換するには、帳簿上のすべての負債をひとつの利付き債として扱えばよい。ただし、クーポンはすべての負債に対する支払利息と同じ値に設定し、満期は額面で重みづけした負債の満期の加重平均と同じ値に設定する。後は、このクーポンをその企業の現在の負債コストで評価するだけである。したがって、負債の市場価値が10億ドル、支払利息が6000万ドル、満期を６年とすると、負債の現在価値が7.5％のとき、負債の市場価値は以下のように計算できる。

$$負債の推定市場価値 = 60\left(\frac{1-\frac{1}{1.075^6}}{.075}\right) + \frac{1,000}{1.075^6} = \$930$$

実例 8.16　市場価値による負債比率と簿価による負債比率の差 ——ボーイング社（2000年6月）

　この例では、負債と株主資本の簿価と市場価値とを比較する。負債の市場価値は、負債の簿価、負債に対する支払利息、負債の平均満期、税引前負債コストを用いて推定する。ボーイング社の場合、負債の簿価は69億7200万ドル、負債に対する支払利息は4億5300万ドル、負債の平均満期は13.76年、税引前負債コストは6%である。したがって、負債の市場価値は以下のように算出できる。

$$ボーイング社の負債の推定市場価値 = 453\left(\frac{1-\frac{1}{1.06^{13.76}}}{.06}\right) + \frac{6,972}{(1.06)^{13.76}} = \$7,291$$

　負債の市場価値の総計は、この数値にオペレーティングリースの現在価値5億5600万ドルを加算して、78億4700万ドルとなる。
　一方、ボーイング社の株主資本の簿価は123億1600万ドルで、その市場価値は551億9700万ドルであった。したがって、市場価値や簿価による負債比率は以下のとおりである。

	市場価値	簿価
負債÷株主資本	7,847/55,197 = 14.22%	6,972/12,316 = 56.61%
負債÷(負債+株主資本)	7,847/(7,847 + 55,197) = 12.45%	6,972/(6,972 + 12,316) = 36.15%

以上から、市場価値による負債比率は簿価による負債比率よりも大幅に低いことが分かる。

総負債と純負債

　総負債とは企業のすべての負債の残高で、これに対して純負債とは総負債からキャッシュバランスを差し引いた残りである。例えば、有利子負債の残高が12億5000万ドルで、キャッシュバランスが10億ドルだとすると、純負債は2億5000万ドルとなる。負債からキャッシュを差し引くという慣習はラテンアメリカやヨーロッパではごく一般的で、負債比率は通常純負債を用いて算出される。

　企業価値を推定する場合、一般には総負債残高をベースにし、キャッシュバランスを事業資産に加算して企業価値を求めるほうが無難である。この場合、負債の総額に対する支払利息が非課税扱いとなるので、企業がキャッシュバランスを効率的に運用しているかどうかを評価できる。

　場合によっては、特に企業のキャッシュバランスが恒常的に大きい場合、アナリストは純負債比率を好んで用いる傾向が強い。ただし、純負債比率を用いる場合、一貫性を保つために評価プロセス全般において純負債を用いなければならない。まず、企業のベータは総負債・株主資本比率ではなく純負債・株主資本比率を用いて推定する必要がある。資本コストはベータ推定値に基づく株主資本コストを用いて推定することができるが、負債に付与する市場価値に基づくウエートは純負債を基に決定しなければならない。また、いったんキャッシュフローを資本コストで割り引いたら、その後からキャッシュを加算することはできない。この場合、純負債残高を差し引いて株主資本価値を算出する。

　負債からキャッシュを差し引いて純負債比率を求める場合、キャッシュと負債のリスクはほぼ等しいという暗黙上の仮定が

ある。格付けの高い企業を分析する場合、この仮定は成り立つかもしれないが、負債のリスクが高くなればこの仮定は成り立たなくなる。例えば、BB格の企業の負債はキャッシュバランスよりリスクが高いため、負債からキャッシュを差し引くといった行為は企業のデフォルトリスクの誤読につながる。一般に、純負債比率を用いた場合、リスクの高い企業の価値は過大評価される傾向がある。

wacccalc.xls このワークシートを使って負債の簿価から負債の市場価値を求めてみよう。

資本コストの推定

企業の資金調達源としては株主資本、負債、優先株の3つがあるため、資本コストはこれらのコストの加重平均となる。株主資本コスト（k_e）はその企業に対する株式投資のリスク度を反映し、税引後負債コスト（k_d）は企業のデフォルトリスクの関数で、優先株コスト（k_{ps}）は負債と株主資本の中間的リスクの関数である。これらの各要素に対するウエートは市場価値比率を反映するものでなければならない。なぜなら、現存企業の資金調達構成を最もよく表す測度が各資金調達源の市場価値比率だからである。したがって、E、D、PSをそれぞれ株主資本、負債、優先株の市場価値とすると、資本コストは以下のように書き表すことができる。

$$資本コスト = k_e[E \div (D+E+PS)] + k_d[D \div (D+E+PS)] + k_{ps}[PS \div (D+E+PS)]$$

実例8.17　資本コストの推定——ボーイング社（2000年12月）

　前の実例で求めた負債と株主資本コストと、**実例8.16**で求めた市場価値による負債比率を用いれば、ボーイング社の資本コストは以下のように算出できる。

　　株主資本コスト＝10.28％（**実例8.9**より）
　　負債コスト＝3.90％（**実例8.11**より）
　　市場価値による負債比率＝12.45％（**実例8.16**より）
　　資本コスト＝10.28％（0.8755）＋3.90％（0.1245）＝9.49％

実例8.18　資本コストの推定——エンブラ社（2001年3月）

　前の実例で求めた株主資本コストと負債コストを用いてエンブラ社の資本コストを計算してみよう。注意すべき点は、全プロセス（負債ベータ、インタレスト・カバレッジ比率、負債比率）を通じて純負債を用いることと、米ドルベースで行うことである。

　　株主資本コスト＝18.86％（**実例8.10**より）
　　税引後負債コスト＝7.45％（**実例8.12**より）
　　負債の市場価値＝13億2800万BR
　　キャッシュと市場性証券＝11億500万BR
　　株主資本の市場価値＝90億8400万BR

したがって、エンブラ社の資本コストは次式のようになる。

純負債 = 1,328,000,000 − 1,105,000,000 = 223,000,000BR
資本コスト = 18.86%［9,084 ÷ (9,084 + 223)］
　+ 7.45%［223 ÷ (9,084 + 223)］= 18.59%

インフレ率の比（ブラジルのインフレ率10%、米国のインフレ率2%）を使って、これを名目BRベースの資本コストに換算する。

資本コスト$_{名目BR}$ =（1 + 資本コスト$_{\$}$）
（インフレ率$_{ブラジル}$ ÷ インフレ率$_{米国}$）− 1
　= (1.1859)(1.10 ÷ 1.02) − 1 = 27.89%

企業にとっての最善策

　本章では、資本コストを算定する際に企業はどういったことを行わなければならないかについて述べてきた。しかし、実態はどうなのだろうか。**表8.3**はブルーナー、イーズ、ハリス、ヒギンスによる27の優良企業の実態調査の結果を示したものである。

表8.3 資本コストの算定に関する実態調査

資本コストの算定に必要な項目	現在の慣習
株主資本コスト	●株主資本コストを求めるのに、81%の企業が資本資産価格モデルを用い、4%が修正資本資産価格モデルを用いていた。残りの15%は不明。 ●リスクフリーレートとして、70%の企業が10年物以上の国債レートを用い、7%が3年〜5年物国債レートを用い、4%がTビルレートを用いていた。 ●ベータ値として、52%が公表された数値を用い、30%が独自に算出した値を用いていた。 ●用いる市場リスクプレミアムは企業によってまちまち。37%の企業が5%〜6%のプレミアムを用いていた。
負債コスト	●52%の企業が限界借り入れレートと限界税率を用い、37%が当期の平均借り入れレートと実効税率を用いていた。
負債と株主資本のウエート	●59%の企業が資本コストにおける負債と株主資本比率に市場価値によるウエートを用い、15%が簿価によるウエートを用いていた。19%は不明。

出所：ブルーナー、イーズ、ハリス、ヒギンズ（1998）

まとめ

　ある企業に対する投資やその投資価値を分析しようとする場合、その企業の資金調達コスト（株主資本コスト、負債コスト、資本コスト）を知る必要がある。株主資本コストや資本コストは以前の章で述べたリスク・リターン・モデルを使って求めることができる。

　株主資本コストが投資家にかかる株主資本リスクを反映したものであるという前提に基づけば、株主資本コストの推定には3つの基本的な入力量が必要になる。まずはリスクフリーレートで、これはデフォルトリスクや再投資リスクのない投資から得られる期待リターンである。コーポレートファイナンスにおける分析は長期にわたるため、リスクフリーレートとしては長期国債レートを用いることになる。次がリスクプレミアムで、これは投資家がリスク資産に投資した際に要求するプレミアムである。リスクプレミアムは投資家によって異なり、

通常は株式と国債の過去のリターン・データもしくは現在株価から求める。最後の入力量が企業のベータで、これは通常は企業の株式リターンを市場指数のリターン上に回帰させて求める。ただし、回帰ベータは精度に劣るため、その企業の属する業界全体のベータから求めたほうがよい。

　資本コストは各資金調達にかかるコストの加重平均（ウエートは市場価値比率に基づく）である。負債コストは企業が借り入れを行う際の市場レートを、借り入れに関連する税制上の優遇措置で調整したものである。一方、優先株コストは優先株の配当利回りである。

　資本コストは次の2点において有用である。まず、総合的に考えると、資本コストは企業が行った投資が損益ゼロとなる点のリターンを示すものであるということが挙げられる。また、将来のキャッシュフローを割り引いて企業の現在価値を算出する際、資本コストを割引率として用いることができる。

練習問題

1. 1995年12月現在のボイシカスケード社の株式ベータは0.95であった。その時点でのTビルレートは5.8％、Tボンドレートは6.4％であった。同社の負債残高は17億ドルで、株主資本の市場価値は15億ドル、限界法人税率は36％であった。
   a．短期投資家に対する期待株式リターンを求めよ。
   b．長期投資家に対する期待株式リターンを求めよ。
   c．同社の株主資本コストを求めよ。

2. 問題1において、ボイシカスケード社の負債残高を17億ドル、株主資本の市場価値を15億ドル、限界法人税率を36％として、次の問いに答えよ。

a．同社株式の現在のベータ値0.95が適切な値であるとして、同社の資産ベータを求めよ。
b．同社のトータルリスクのうち、事業リスクとファイナンシャル・レバレッジ・リスクそれぞれに起因する割合を求めよ。

3．バイオテクノロジー会社であるバイオジェン社の1995年現在でのベータは1.70であった。同年末の同社の負債残高はゼロであった。
   a．同社の株主資本コストを求めよ。ただし、Tボンドレートは6.4％とする。
   b．長期国債レートが7.5％に上昇したとき、同社の株主資本コストにどんな影響を与えるか。
   c．同社のトータルリスクのうち、事業リスクに起因する割合を求めよ。

4．ゲンティング・ベルハット社はプランテーションや観光リゾート事業を大々的に手掛けるマレーシアのコングロマリットである。マレーシアの市場指数に対する同社のベータは1.15で、マレーシア政府の長期借り入れレートは11.5％である（マレーシアのリスクプレミアムは12％）。
   a．期待株式リターンを求めよ。
   b．あなたがグローバルな投資家だとすると、マレーシアの市場指数に対するベータを用いることについて、懸案事項があれば述べよ。懸案事項がある場合、ベータをどのように修正すればよいか。

5．ヘビーテク社（重機メーカー）の月次株式リターンを市場の月次リターン上に5年間にわたって回帰させたところ、次の回帰方程

式を得た。

$$R_{\wedge \text{ビーテク}} = 0.5\% + 1.2 R_M$$

株式の分散は50％で、市場の分散は20％である。また、現在のTビルレートは3％（1年前は5％）である。現在株価は50ドルで、前年よりも4ドル下落した。前年の配当は2ドルで、次年の予想配当は2.50ドルである。また、NYSE総合株価指数の前年の下落率は8％で、配当利回りは3％下落した。ヘビーテク社の税率は40％である。

a．同社の次年の期待リターンを求めよ。
b．今日から1年後の同社の株価を推定せよ。
c．同社の前年の期待リターンを推定せよ。
d．同社の前年の実質リターンを推定せよ。
e．同社の株主資本は1億ドル、負債残高は5000万ドルである。同社は5000万ドルの新規株式を発行して、5000万ドルの負債をゼロにすることを計画中である。この場合、ベータ値はどうなるか。

6．全米で食物雑貨店を運営するセーフコーポ社の現在の負債残高は5000万ドル、株主資本残高は1億ドルである。同社の株式ベータは1.2である。同社はLBO（レバレッジド・バイアウト）を計画中で、成功すれば負債・株主株式比率は8になる。税率を40％として、同社のLBO後の株式ベータを求めよ。

7．ノベル社（株主資本の市場価値は20億ドル、ベータは1.50）はワードパーフェクト社（株主資本10億ドル、ベータ1.30）の買収を発表した。いずれの企業も買収発表当時の負債残高はゼロで、法人

税率は40％であった。
   a．買収後のノベル社のベータを求めよ。ただし、買収資金はすべて新株発行によって調達したものとする。
   b．買収に際してノベル社が10億ドルの借り入れを行わなければならない場合、買収後のノベル社のベータを求めよ。

8．ヒューレット・パッカード(HP)社のベータを求めるに当たって、同社の事業を大まかに次の4つのグループに分類した。各事業グループの市場価値とベータは以下のとおりである。

事業グループ	株主資本の市場価値	ベータ
メインフレーム	$2.0 billion	1.10
パソコン	$2.0 billion	1.50
ソフトウエア	$1.0 billion	2.00
プリンタ	$3.0 billion	1.00

   a．HPの企業全体としてのベータを求めよ。求めたベータはHP株式の過去のリターンを市場指数上に回帰させて求めたベータと同じになるか。また、その理由を述べよ。
   b．Tボンドレートを7.5％として、同社の株主資本コストを求めよ。また、各事業グループの株主資本コストを求めよ。プリンター事業グループの評価にはどの株主資本コストを用いればよいか。
   c．HPがメインフレーム事業グループを売却し、配当をキャッシュで支払うとした場合、売却後のHPのベータはいくらになるか（ただし、同社の負債残高は10億ドルとする）。

9．次の表は製薬会社4社の営業利益の変化率（％）、収益の変化率（％）、ベータ値をまとめたものである。

企業	収益変化率(%)	営業利益変化率(%)	ベータ
ファーマコーポ社	27%	25%	1.00
シナーコーポ社	25%	32%	1.15
バイオメッド社	23%	36%	1.30
セーフメッド社	21%	40%	1.40

    a. 各企業のオペレーティング・レバレッジを求めよ。

    b. 各企業のベータはなぜ異なるのか。オペレーティング・レバレッジを使って説明せよ。

10. 大手ベータ推定サービス機関によれば、大手有線TV事業会社であるコムキャスト社のベータは1.45である。このサービス機関ではベータの推定に過去5年間の週次株価リターンと、市場指数としてNYSE総合株価指数を用いている。同じ期間の週次リターンを使って回帰分析を行ったところ、ベータ値として1.60を得た。これら2つのベータ値を一致させるためにはどういった修正を行えばよいか。

11. バトルマウンテン社（鉱山会社）は南米、アフリカ、オーストラリアの各所に金山、銀山、銅山を保有している。同社の株式ベータは推定で0.30である。商品市況のボラティリティを考慮して、同社のベータ値が低い理由を説明せよ。

12. 次の表は大手複合メーカーのアナドーン（AD）社とNYSE株価指数の5年間にわたるリターンを示したものである。

年	AD社	NYSE
1981	10%	5%
1982	5%	15%
1983	−5%	8%
1984	20%	12%
1985	−5%	−5%

a．回帰方程式の切片（アルファ）と傾き（ベータ）を求めよ。

b．今日同社の株式を購入したとして、次年の期待リターンを求めよ。ただし、6カ月物Tビルレートは6％とする。

c．この5年間のデータを基に、AD社の市場に対するパフォーマンスを求めよ。

d．あなたは分散投資はしておらず、資産のすべてをAD社に投資しているとする。あなたのリスクを測る理想的な評価基準としては、何を用いればよいか。分散投資することでリスクはどのくらい減少するか。

e．AD社は事業部門のひとつを売却する計画がある。売却対象である部門の資産はAD社の資産簿価の半分を占め、市場価値の20％を占めている。その部門のベータは（売却前の）AD社全体の平均ベータの2倍である。この部門売却後のAD社のベータを求めよ。

13．マプコ社（オイル・ガス製造会社）の月次リターンを1991年から1995年にわたってS&P500指数上に回帰させたところ、次の回帰方程式を得た。

切片 = 0.06％
傾き = 0.46
X係数の標準誤差 = 0.20
$R^2 = 5\%$

発行済み株式数は2000万株で、現在の市場価値は1株当たり2ドルである。また、同社の負債残高は2000万ドルである（法人税率は36％）。

　a．Tボンドレートが6％のとき、同社の投資家が求めるリターンを求めよ。

　b．同社のトータルリスクのうち分散可能なリスクの割合を求めよ。

　c．同社は同じ規模（市場価値で）の事業部門を3つ持っている。同社は、これら3つの事業部門のうちのひとつを現金2000万ドルで売却し、5000万ドルで新たな事業を買収する計画がある（この買収に当たっては、3000万ドルの借り入れを行う予定）。売却対象となっている事業部門の平均資産ベータは0.20で、買収を予定している事業の平均資産ベータは0.80である。買収後のマプコ社全体のベータを求めよ。

14. アメリカン航空（AMR）の月次リターンを過去5年にわたってS&P500指数上に回帰させて得られたデータのうち、いくつかを紛失してしまったので、今手元に残っているデータからそれを推定しようとしているものとしよう。

　a．回帰方程式のR^2は0.36であることが分かっている。株式の分散は67％で、市場の分散は12％である。AMRのベータを求めよ。

　b．回帰期間においてはAMRは良い投資先ではなかった（リスク調整後の）。AMRのパフォーマンスは回帰期間中の5年間、1カ月当たり予想を0.39％下回った。この間の平均リスクフリーレートは4.84％であった。回帰方程式の切片を求めよ。

　c．AMRを、R^2が同じく0.48の別の企業と比較した場合、これ

ら2社のベータは同じになるか。同じにならない場合、その理由を述べよ。

15. バイオテクノロジー大手、アムジェン社の月次リターンをS&P500指数の月次リターン上に回帰させたところ、次の回帰方程式を得た。

$$R_{株式} = 3.28\% + 1.65R_{市場} \qquad R^2 = 0.20$$

現在の1年物Tビルレートは4.8%、30年物Tボンドレートは6.4%である。同社の発行済み株式数は2億6500万株、現在株価は30ドルである。

a. 同社株式の次年の期待リターンを求めよ。

b. 目的が同社の評価に用いる割引率を求めることだとすると、あなたの推定した期待リターンは変わってくるか。

c. あるアナリストは同社の株式は回帰期間中は年間で予想を51.10%上回るリターンを上げると予想した。この予想が正しいとして、このアナリストが用いた年次リスクフリーレートを求めよ。

d. 同社の負債・株主資本比率は3%で、税率は40%である。同社は新規社債を20億ドル発行して、その価格で同社の現存事業とリスク水準が同じ新規事業の買収を計画している。買収後の同社のベータを求めよ。

16. 新聞・雑誌出版社、MAD社の月次リターンをS&P500指数のリターン上に回帰させたところ、次の回帰方程式を得た。

$$R_{MAD} = -0.05\% + 1.20R_{S\&P}$$

この回帰方程式のR^2は22%である。また、現在のTビルレートは5.5%、Tボンドレートは6.5%で、回帰期間におけるリスクフリーレートは6%であった。この回帰分析について次の問いに答えよ。

　a．回帰期間におけるMAD社のパフォーマンスは予想をどれだけ上回っていたか、あるいは下回っていたか。切片を基に考えよ。

　b．MAD社は先月末に大規模なリストラを行った結果、次のような変動が生じた。

●雑誌部門を2000万ドルで売却。この部門の資産ベータは0.6であった。

●2000万ドルの追加借り入れを行い、4000万ドル相当の株式を買い戻した。

雑誌部門の売却や株式買い戻し後のMAD社の負債は4000万ドル、株主資本残高は1億2000万ドルとなった。同社の法人税率を40%として、これらの変動後のベータを求めよ。

17. エンターテインメント・コングロマリット、タイム・ワーナー社のベータは1.61である。同社のベータが高い理由のひとつは、1989年のワーナーによるタイムのLBO（レバレッジド・バイアウト）による負債が残っているためである。この負債の1995年現在の価値は100億ドルであった。1995年のタイム・ワーナー社の株主資本の市場価値も100億ドルであった。限界税率は40%であった。

　a．タイム・ワーナー社の資産ベータを求めよ。

　b．負債比率を次の2年間にわたって毎年10%ずつ削減していった場合、株式ベータにどんな影響を及ぼすか。

18. 自動車メーカーであるクライスラー社の1995年のベータは1.05で

あった。同社の同年における負債残高は130億ドルで、発行済み株式残高は3億5500万株、株価は50ドルであった。1995年末の同社のキャッシュバランスは80億ドル、限界税率は36％であった。
a. 同社の資産ベータを求めよ。
b. 特別配当を50億ドル支払うことによって資産ベータはどんな影響を受けるか。
c. 特別配当支払い後の同社のベータを求めよ。

19. 家電メーカーである非公開企業のベータを求めるものとする。同じく家電メーカーである公開企業のベータは以下のとおりである。

企業	ベータ	負債	株主資本の市場価値
ブラック・アンド・デッカー社	1.40	$2,500	$3,000
フェダーズ社	1.20	$ 5	$ 200
メイタグ社	1.20	$ 540	$2,250
ナショナル・プレスト社	0.70	$ 8	$ 300
ワールプール社	1.50	$2,900	$4,000

この非公開企業の負債・株主資本比率は25％で、税率は40％である。公開企業の限界税率も40％である。
a. 非公開企業のベータを求めよ。
b. 類似企業のベータを用いるうえで注意すべき点があれば述べよ。

20. RJRナビスコ社は株主からの圧力を受けて食品部門のスピンオフを検討している。同部門のベータを推定するよう依頼されたあなたは、類似公開企業のベータを用いて同部門のベータを推定しようと考えている。類似公開企業の平均ベータは0.95、負債・株主

資本比率の平均は35％である。同部門の予想負債比率は25％で、同社の限界法人税率は36％である。

a．同部門のベータを求めよ。

b．RJRナビスコ社の固定費用構造が類似企業よりもはるかに高いことが分かっていたとすると、ベータを求める際に違いが生じるか。

21. 電話会社であるサウスウエスタン・ベル社はメディア事業への参入を検討している。1995年末の同社のベータは0.90、負債・株主資本比率は1であった。1999年にはこのメディア事業の同社全体の企業価値に占める割合は30％になることが予想されている。また、類似企業の平均ベータは1.20、負債・株主資本比率の平均は50％である。限界法人税率は36％である。

a．同社の1999年におけるベータを求めよ。ただし、負債・株主資本比率は現状と変わらないものとする。

b．同社の1999年におけるベータを求めよ。ただし、同社はメディア事業参入の資金調達を負債・株主資本比率50％で行う予定である。

22. 急成長中のソフトウエア・メーカー、アドビ・システムズ社のCFO（最高財務責任者）があなたに同社のベータについてのアドバイスを求めてきたとしよう。彼は同社のベータ値を得るのに、ベータ推定サービス機関を利用しているが、1991年以降同社のベータは下降傾向にある（1991年には2.35であったベータが、1995年には1.40に下落）。このCFOはあなたに次のような質問をしてきた。各質問に答えよ。

a．ベータがこのように下落するのは成長企業としては普通なのか。

b．ベータはなぜ下がるのか。

c．ベータはこのまま下がり続けるのか。

23. 高級小売のティファニー社を分析したところ、回帰ベータは0.75であることが分かった。ただし、このベータ値の標準誤差は0.50である。また、類似専門小売の資産ベータの平均は1.15である。

    a．ティファニー社の負債・株主資本比率が20％であるとした場合、同社のベータを類似企業を基に求めよ（ただし、税率は40％であるとする）。

    b．回帰ベータはどういった範囲の数値をとるか。

    c．同社の格付けはBBBで、BBB格企業のTボンドレートに対するデフォルトスプレッドは１％であるとする。Tボンドレートを6.5％として、同社の資本コストを求めよ。

24. 電気通信会社であるニューテル社の資本コストの推定を依頼されたとする。同社に関するデータは以下のとおりである。

    ● 発行済み株式数は１億株、現在株価は250ドル。

    ● 同社の満期６年の社債の簿価は100億ドルで、その社債に対する支払利息は６億ドルである。同社は格付けはされていないが、前年の営業利益は25億ドルであった（インタレスト・カバレッジ比率が3.5から4.5の企業の格付けはBBB、デフォルトスプレッドは１％であった）。

    ● 税率は35％。

    Tボンドレートは６％、他の電気通信会社の資産ベータは0.80である。

    a．同社の負債の市場価値を求めよ。

    b．合成格付けに基づいて、同社の負債コストを求めよ。

    c．同社の資本コストを求めよ。

第9章 利益の測定

Measuring Earnings

　キャッシュフローを推定する場合、まず必要になるのが利益の測定である。例えば、企業フリーキャッシュフローは税引後営業利益を基に算出し、株主資本フリーキャッシュフローは純利益を基に算出する。営業利益と純利益は会計報告書から取得できるものの、一般に多くの企業では、会計上の利益と実際の利益が一致することはほとんどない。

　本章では、まず企業の会計上の見方と財務上の見方における哲学の違いについて述べたあと、少なくとも会計士が測定した企業利益を評価に適用できるようにするためには、どういった調整が必要であるかについて説明する。特に、財務費用として扱うべきであると考えられるオペレーティングリース費用と、資本支出として扱うべきであると考えられるR&D（研究開発）費の取り扱い方については詳しく述べる。こういった調整によって影響を受けるのは利益だけでなく、資本の簿価も変わってくる。また、特別項目（利益と費用の両方について）と一回かぎりの費用についても見ていく。近年、企業による利益管理が活発化したのを受けて、これらの項目の用いられるケースが大幅に増加している。利益を多期間にわたって平滑化し、アナリストの推定値を上回る利益を計上しようとするテクニックは、ともすればゆがん

だ利益報告につながることもあり、それから導き出される数値にも過ちが生じる可能性があるため、注意が必要である。

図9.1　財務上の貸借対照表

資産		負債	
・既存の投資 ・今日キャッシュフローを生み出す ・長期的に保有する(固定)資産や短期的に保有する資産(運転資本)を含む	既存資産	負債	・キャッシュフローに対する確定請求権 ・経営者はほとんど、あるいはまったく関与しない ・満期は確定 ・非課税
・将来の投資から生み出される期待価値	成長資産	株主資本	・キャッシュフローに対する残余請求権 ・経営者が積極的に関与する ・永続的

図9.2　財務上の重要な疑問

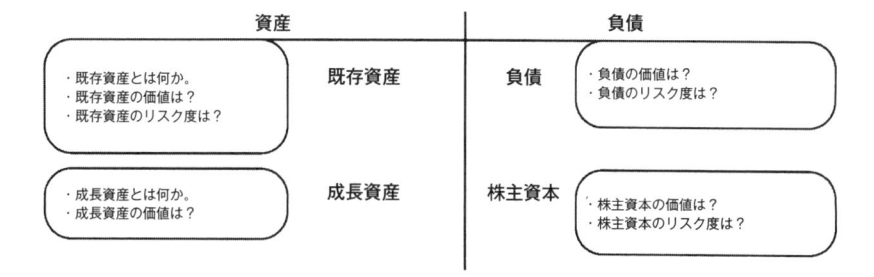

資産		負債	
・既存資産とは何か。 ・既存資産の価値は？ ・既存資産のリスク度は？	既存資産	負債	・負債の価値は？ ・負債のリスク度は？
・成長資産とは何か。 ・成長資産の価値は？	成長資産	株主資本	・株主資本の価値は？ ・株主資本のリスク度は？

会計上の貸借対照表と財務上の貸借対照表

　企業の分析をしようとする場合、どういったことを知っておく必要があるだろうか。ここでいう企業とは、すでに行われた投資（既存資産）とまだ行われていない投資（成長資産）の両方を含むものとする。さらに企業はこれらの投資に必要な資金を借り入れ（つまり負債によってまかなう）株主資本という形で調達することができる。**図9.1**は企業の資産と負債を財務上の貸借対照表としてまとめたものである。

　この図を見ると、会計上の貸借対照表に類似していることに気づく

はずである。しかし、大きな違いがいくつかある。なかでも最大の違いは、成長資産を企業の資産に含んでいる点である。

企業の財務分析を行う場合、これらの項目について知っておかなければならないことが多数ある。**図9.2**は各項目に関する疑問をまとめたものである。本章でおいおい見ていくが、各疑問については会計報告書を見ればある程度の情報は得られるものの、こういった情報がタイムリーに提供されるとはかぎらないだけでなく、資産価値や利益、リスクの測定方法は会計報告書を見ただけでは分からない。

利益の調整

企業の営業利益と持ち分法利益は損益計算書にそれぞれ支払利息・EBIT（税金控除前利益）、純利益として報告される。企業を評価する場合、これらの数値を用いる際に、ひとつは、企業が時間とともに変化することを念頭に入れ、できるだけ最新のデータを得ることが重要である。もうひとつは、報告された利益は会計規則の限界と企業自身の政策とによって、実際の利益とは大きく異なることがあるというのを知っておくことである。

最新の利益を用いることの重要性

企業の利益は財務諸表と年次報告書によって株主に報告される。年次報告書は会計年度末に1回だけ公表されるが、企業の評価は年間を通じて行う必要があることが多い。その結果、入手可能な年次報告書のデータが数カ月古いものであるといったことが生じる。変動の激しい企業の場合、こういった古いデータに基づいて価値評価を行うのは危険である。評価にはできるだけ最新の情報を用いなければならない。米国企業の場合、四半期ごとの報告書（10−Q）をSEC（証券取

引委員会)に提出するとともに一般にも公開することが義務づけられているため、財務諸表の重要項目については直近の4四半期の数値を集計することで、より新しい推定値を得ることができる。こうして得られる収益と利益の推定値は12カ月実績収益または利益と呼ばれ、直近の年次報告書の数値とは大きく異なることもある。

　最新の情報を用いる場合、欠点もある。残念ながら、年次報告書に含まれるすべての項目が四半期報告書に含まれているわけではない。四半期報告書に含まれない項目については、直近の年次報告書の数値を用いる(データの一貫性を欠く)か、前四半期の数値を推定(推定誤差が生じる)しなければならない。例えば、(経営陣や社員に対して付与する)オプション残高の詳細は年次報告書では公表されるが、四半期報告書では公表されない。こういった場合、直近の年次報告書の数値を使うか、その他の変数の変動を反映させて今日のオプション残高を推定することができる(例えば、収益が倍になれば、オプションも倍になる)。

　新興企業の場合、できるだけ最新の数値を用いることが重要である。たとえこれらの数値が推定値であったとしてもである。こういった企業は急成長を遂げることも珍しくなく、前会計年度末の数値を用いることは誤評価につながりかねない。成長していない企業でも四半期ごとの変動は大きい。こういった変動は最新情報で把握するしかない。

　金融市場のなかには、企業が年に1回しか財務報告書を発表しない市場も存在し、このような場合、四半期ごとのデータを用いるという選択肢はない。こういった市場の企業を評価する場合、アナリストは非公開情報を利用して最新の評価を行わざるを得ないかもしれない。

実例9.1　最新の利益──アリバ社（2000年6月）

　企業向け（B2B）eコマース企業、アリバ社を2000年6月に評価しようとしていたとしよう。前期10-Kは1999年9月のもので、同社はそれ以前に四半期報告書（10-Q）を1999年12月と2000年3月の2回にわたって発表している。評価に用いる基本的入力量が6カ月の間にどれくらい変動したかを見るために、前期10-Kのデータと最新10-Qの12カ月実績データを収益、営業利益、R&D費、純利益のそれぞれについて比較する（単位＝千ドル）。

	2000年3月 までの6ヵ月	1999年3月 までの6ヵ月	年次報告書 （1999年9月）	実績12ヵ月
収益	$ 63,521	$16,338	$45,372	$ 92,555
EBIT	－$140,604	－$ 8,315	－$31,421	－$163,710
R&D	$ 11,567	$ 3,849	$11,620	$ 19,338
純利益	－$136,274	－$ 8,128	－$29,300	－$157,446

〔実績12カ月＝年次報告書（1999年9月）－1999年3月までの6カ月＋2000年3月までの6カ月〕

　12カ月実績収益は最新10-Kの収益の2倍で、営業損失と純損失はいずれも5倍に増加している。つまり、2000年3月現在のアリバ社と1999年9月現在のアリバ社とでは状態が大幅に異なることになる。変化したのはこれだけではない。発行済み株式数も1999年9月の3503万株から、最新10-Q（2000年3月）では1億7924万株、2000年6月には2億3580万へと劇的に変化している。

収益の間違った分類の修正

1. 営業費用とは当期にのみ企業に便益をもたらす費用である。例えば、航空会社が航空機の運行に用いる燃料費は、自動車メーカーの自動車製造にかかわる労務費同様、営業費用に当たる。
2. 資本支出とは多期間にわたって便益を生み出す費用である。例えば、自動車メーカーの新工場の建設や設備整備にかかる費用は、数年にわたって収益を生み出すため資本支出になる。
3. 財務費用とは企業が調達した非株式資本に関連する費用である。したがって、銀行ローンに対する利息の支払いは財務費用となる。

　企業の営業利益は正しく測定されていれば、収益から営業費用を差し引いたものに一致するはずである。財務費用も資本支出もそれが発生した年の営業費用に含めることはできないが、資本支出はこの費用から企業が便益を得られる期間にわたって減価償却もしくは償却することができる。企業の純利益は収益から営業費用と財務費用を差し引いたものにならなければならない。純利益を求めるのに収益から資本支出を差し引いてはならない。

　営業費用、資本支出、財務費用は間違った分類をされる場合があるため、会計上の利益の数値は当てにならないことがある。本節では最もよく行われる2つの誤った分類とそれらの修正方法について述べる。ひとつは、営業費用に含めるべきR&D費を資本支出に含めるという間違いである。これによって営業利益と純利益の数値はゆがめられる。もうひとつは、財務費用として扱われるべきオペレーティングリース費用が営業費用として扱われるという間違いである。こういった間違った分類によって、営業利益と企業フリーキャッシュフローの測定値が違ってくる。

もう一点考慮すべき問がある。いわゆる「利益管理」という現象による影響である。企業は会計テクニックを駆使してアナリストの推定値を上回る利益を計上する場合があるが、この結果誤った利益が計上されることになる。

営業費用として扱われる資本支出

営業費用として落とされたものは理論的には資本化されることはないが、実際問題として、営業費用として扱われている資本支出は数多く存在するのが実情である。例えば、会計報告書に見られる最大の欠陥は、R&D費の取り扱い方法である。研究による成果は不明瞭で定量化が難しいという理由から、会計基準ではR&D費はそれが発生した期に費用計上することが義務づけられている。これはさまざまな問題を生み出すが、そのなかでも最も深刻なのが、研究によって生じた資産の価値がその企業の資産として貸借対照表に計上されないというものである。これは、ひいては資本比率や収益性指標の測定に影響する。本節の前半ではR&D費を資本化する方法について述べ、後半ではさらに議論を発展させて他の資本支出について考える。

R&D費の資本化

研究費用は将来的にどの程度の便益がもたらされるかは不確実であるが、資産計上しなければならない。研究資産を資本化して評価するには、R&Dが商業的製品に結びつくのに平均的にどれくらいの期間を要するかについての仮定を設けなければならない。この期間のことをR&D資産の償却期間と呼ぶ。償却期間は企業によって異なり、研究が実用化されるのにかかる時間を反映したものとなる。例えば、製薬会社の場合、新薬の承認に長時間を要するためR&D費の償却期間はかなり長くなるはずである。これに対してソフトウエア会社の場合は、研究から実用化までの時間が短いため、R&D費の償却期間は短

くなる。

　R&D費の償却期間が推定できたら、次は研究資産の償却期間と同じ期間だけ過去にさかのぼってR&D費データを収集する。したがって、研究資産の償却期間が5年だとすると、現在から5年前にさかのぼって各年ごとのR&D費データを収集しなければならない。簡単にするため、償却は毎年一定額で行われるものと仮定すると、今日の研究資産の残余価値は次式で表される。

$$\text{研究資産の価値} = \sum_{t=-(n-1)}^{t=0} R\&D_t \frac{(n+t)}{n}$$

したがって、研究資産の償却期間が5年の場合、4年前のR&D費の5分の1、3年前のR&D費の5分の2、2年前のR&D費の5分の3、前年のR&D費の5分の4、当年のR&D費の全額をすべて足し合わせたものが研究資産の価値となる。これによって企業の資産価値は増加し、ひいては株主資本の簿価も増加する。

株主資本の調整後価値 ＝ 株主資本の簿価 ＋ 研究資産の価値

　最後に、営業利益をR&D費の資産計上額が反映されるように調整する。まず、営業利益を算出するために差し引いたR&D費を営業利益に加え戻すことで、R&D費は資本支出として分類しなおされたことになる。次に、研究資産の償却費は減価償却費と同様に取り扱われるため、これを差し引いたものが調整後営業利益となる。

調整後営業利益 ＝ 営業利益 ＋ R&D費 − 研究資産の償却費

　一般に、R&D費が年々増加しているような企業の調整後営業利益

は増加する。この調整によって純利益も調整する必要が出てくる。

調整後純利益＝純利益＋R&D費－研究資産の償却費

通常はこの額の税引後の数値を求めなければならないが、R&D費は完全に非課税であるため、この調整は不要である（償却費のみが非課税だとすると、R&D費から得られる節税効果は「償却費×税率」となる。R&D費全体が非課税の場合、節税効果はさらに増して「(R&D－償却費)×税率」となる。純利益から(R&D－償却費)(1－税率)を差し引き、上式で示した節税効果の差分を加算すれば、(1－税率)は式から消え、本文で示した式が得られる)。

> **R&DConv.xls**　このワークシートを使ってR&D費を営業費用から資本支出に変換してみよう。

実例9.2　R&D費の資本化──アムジェン社（2001年3月）

バイオテクノロジー会社のアムジェン社は、ほとんどの製薬会社同様、R&Dに莫大な費用がかかる。ここではアムジェン社を例にとって、R&D費の資本化を行ってみよう。第1ステップとして、R&D費の償却期間を決定する。アムジェン社の研究がペイオフするまでにはどのくらいの期間が必要だろうか。新薬が連邦食品医薬品局に承認されるのに要する期間を考慮すると、同社の償却期間は10年が妥当と判断した。

第2ステップでは、R&D費のヒストリカル・データを収集する。必要なヒストリカル・データの年数は償却期間と同じである。次の表

はこのデータを年ごとにまとめたものである。

年	R&D費
当年	$845.00
−1	$822.80
−2	$663.30
−3	$630.80
−4	$528.30
−5	$451.70
−6	$323.63
−7	$255.32
−8	$182.30
−9	$120.94
−10	企業はまだ存在せず

単位=百万ドル

当年の数値は前会計年度（暦年ベースでは2000年）におけるR&D費である。

前年までのR&D費の一部はすでに償却されているものとし、また一部は当年に償却されるものとする。簡単にするため、R&D費は直線的に償却されるものとする。つまり、償却期間が10年なので、毎年10％ずつ償却されるということである。こうした仮定を設けることで、各年に生み出される研究資産の価値と、当年償却分を推定することができる。得られた数値をまとめたものが下の表である。

年	R&D費		研究資産の未償却分	当年償却分
当年	$845.00	1.00	$845.00	
−1	$822.80	0.90	$740.52	$82.28
−2	$663.30	0.80	$530.64	$66.33
−3	$630.80	0.70	$441.56	$63.08
−4	$528.30	0.60	$316.98	$52.83
−5	$451.70	0.50	$225.85	$45.17
−6	$323.63	0.40	$129.45	$32.36
−7	$255.32	0.30	$ 76.60	$25.53
−8	$182.30	0.20	$ 36.46	$18.23
−9	$120.94	0.10	$ 12.09	$12.09
−10	$ 0.00	0.00	$ 0.00	$ —

注……同社は当年の9年前からしか存在していない。

費用は年末に発生するため当年の費用はまったく償却されていないことと、5年前の費用の50%がすでに償却されていることに注目しよう。前年までの未償却R&D費のドル価の合計は33億5500万ドルである。つまりこの額がアムジェン社の研究資産の価値と見なされる。これを株主資本の簿価に加算し、その数値を使って株主資本利益率と資本利益率が計算される。前年までの費用の当年償却分の合計は3億9790万ドルである。

　最後に、営業利益をR&D費の資産計上額が反映されるように調整する。やり方は、R&D費を営業利益に加え戻し（これでR&D費は資本支出として分類しなおされたことになる）、この前のステップで推定した研究資産の償却分を差し引く。アムジェン社が2000年の損益計算書で報告した営業利益は15億4900万ドルなので、調整後営業利益は次式のようになる。

　　調整後営業利益＝営業利益＋当年のR&D費－研究資産の償却分
　　＝1,549＋845－398＝1,996,000,000ドル

純利益11億3900万ドルの調整も同様に行うことができる。

　　調整後純利益＝純利益＋当年のR&D費－研究資産の償却分
　　＝1,139＋845－398＝1,586,000,000ドル

税効果が含まれていないことを不思議に思うかもしれないが、これについては次章で説明する。

　株主資本簿価も資本簿価も研究資産の価値分だけ増加する。資本利益率も株主資本利益率も前年の数値に基づいて算出されるため、1999年末の研究資産の価値は2000年と同じ方法で計算した。

研究資産の価値$_{1999}$ = 2,909,000,000ドル

調整後株主資本簿価$_{1999}$ = 株主資本の簿価$_{1999}$ + 研究資産の価値
= 3,024 + 2,909 = 5,933,000,000ドル

調整後資本簿価$_{1999}$ = 資本の簿価$_{1999}$ + 研究資産の価値 = 3,347 + 2,909
= 6,256,000,000ドル

株主資本利益率と資本利益率については、いずれも調整前と調整後の数値が報告される。

	調整前の数値	R&D調整後
株主資本利益率	1,139/3,024 = 37.67%	1,586/5,933 = 26.73%
税引前資本利益率	1,549/3,347 = 46.28%	1,996/6,256 = 31.91%

アムジェン社の収益性指標は調整後も依然としてすばらしいものであるが、調整前の数値に比べると大幅に下落している。これは株主資本利益率と資本利益率が高く、R&D費の大きな企業のほとんどに見られる傾向である（資本利益率が資本コストよりもかなり低い場合、調整を行うことでリターンは高くなることがある）。

その他の営業費用の資本化

R&D費は資本支出として扱われるものが営業費用として扱われる代表例であるが、こういった例は他にもある。ジレット社やコカコーラ社などの消費財メーカーにとって広告宣伝費はブランド価値を増強するための支出であるため、その一部は資本支出として扱ってもよいだろう。コンサルティング会社の場合、従業員の採用や研修教育費は

資本支出と見なすことができる。なぜなら、採用されたコンサルタントあるいは研修教育を受けたコンサルタントは会社の中心的資産となり、長年にわたって会社に便益をもたらすからである。また、アマゾン社などのeコマースをはじめとするニューテクノロジー会社にとって最大の営業費用は販売費や一般管理費（SG&A）である。これらの企業にとって、SG&Aはブランド名を高め、新たな顧客を獲得するための費用であるため、その一部は資本支出として扱ってもよいだろう。例えば、アメリカ・オンライン社（AOL）は米国内で無料お試しCDを雑誌にバンドルするための費用を資産計上することを正当化する理由としてこの議論を用いた。

　この議論はたしかに一理ある。しかし、こういった費用の資本化を正当化するのにこの議論を用いる際には注意が必要である。営業費用を資産計上するには、これらの費用から得られる便益が多期間にわたることを示すのに十分な証拠がなければならない。宣伝広告や販売促進の成果としてアマゾン社が獲得した顧客は、その先もずっと顧客であり続けるだろうか。アマゾン社の場合リピーターが多いのは事実で、新たな顧客の一人ひとりが付加価値の増大に貢献していると主張するアナリストもいる（一例として、ドナルドソン・ラフキン&ジェンレットの株式リサーチ・アナリスト、ジェイミー・キゲンの例を取り上げよう。彼は1999年の株式リサーチ・レポートでアマゾン社の顧客の価値をひとり当たり2400ドルと評価した。この数値は、アマゾン社の顧客が継続的にアマゾン・ドットコムから商品を購入するという仮定と、こういった販売から得られる期待利益率に基づいてはじき出されたものである）。こういった状況下では、このような費用はR&D費の資本化に用いたのと同じ方法で資本化するのが適切だろう。

● 営業費用（SG&Aなど）から得られる便益が及ぶ期間を決定する。
● これらの費用から生み出される資産（研究資産と同様の資産）の

価値を推定する。費用がSG&A費の場合、それが生み出す資産はSG&A資産となる。
● 営業利益を、その費用と生み出された資産の償却額で調整する。

調整後営業利益＝営業利益＋当期SG&A費－SG&A資産の償却額

純利益に対しても同様の調整を行う必要がある。

調整後純利益＝純利益＋当期SG&A費－SG&A資産の償却額

研究資産同様、これらの費用を資本化することで株主資本（資本）の簿価は増加する。

実例9.3　SG&A費は資本化すべきか
──アマゾン・ドットコムとアメリカ・オンライン

　アマゾン社とアメリカ・オンライン社のSG&A費について考えてみよう。この費用を資本化すべきかどうかを決定するには、これがどういった費用であるかということと、この費用から得られる便益の継続期間について知る必要がある。例えば、アマゾン社は販売促進（これに関する費用はSG&Aに含まれるものとする）によって新規の顧客を獲得し、一度アマゾン社のサービスを利用した顧客は平均して3年間同社の顧客であり続けるものと仮定しよう。この場合、SG&A費の償却期間を3年として、R&D費の資本化と同じ方法で資本化すればよい。つまり、SG&A費のヒストリカル・データを収集し、各年ごとに償却し、販売資産の価値を求め、最後に営業利益を調整する。
　総合的に考えると、アマゾン社の場合、SG&A費は営業費用として

取り扱い、資本化すべきではないと思われる。理由は2つある。第一に、小売の顧客は、とりわけオンラインの場合、維持するのが困難であるばかりか、他のオンライン小売による追い上げが激しく、またウォルマートをはじめとする従来からの小売業者がオンライン事業に参入するという状況のなかで厳しい競争に直面している。その結果、宣伝広告や販売促進によって獲得した顧客が継続して顧客であり続けるということは考えにくい。第二に、会社規模が大きくなるにつれ、アマゾン社のSG&A費は将来の収益ではなく当期収益を生み出すことに向けられてきたように思えるということである。

一方、アメリカ・オンラインのSG&A費を見てみると、会社規模が小さい時期は、SG&A費の大部分は顧客獲得のために雑誌にバンドルするCDのコストで占められていた。同社の統計によれば、いったん同社の顧客になれば平均して3年間は顧客であり続けるという結果が出ている。こういったケースの場合、SG&A費は償却期間3年の資本支出として取り扱うのが妥当であろう。

実例9.4　新入社員の採用・研修教育費用
　　　　　──サイバー・ヘルス・コンサルティング社

サイバー・ヘルス・コンサルティング（CHC）社はヘルスケア企業に対する経営コンサルティングを専門とする会社である。同社の直近の年におけるEBIT（営業利益）は5150万ドルで、純利益は2300万ドルであった。しかし、同社の費用には新入社員の採用コスト（550万ドル）と研修教育費（850万ドル）が含まれている。同社のコンサルタントの平均勤続年数は4年である。

新入社員の採用・研修教育費を資本化するに当たって、過去4年分

の採用・研修教育費に関するデータを収集した。次の表は、こういった人的資本費用とこの費用の過去4年間における償却についてまとめたものである。

年	採用・研修教育費	未償却分		当年償却分
当年	$14.00	100%	$14.00	
−1	$12.00	75%	$ 9.00	$3.00
−2	$10.40	50%	$ 5.20	$2.60
−3	$ 9.10	25%	$ 2.28	$2.28
−4	$ 8.30	—	$ 0.00	$2.08
人的資本資産の価値＝			$30.48	$9.96

営業利益と純利益の調整は以下のとおりである。

調整後営業利益＝営業利益＋採用・研修教育費－当年償却分＝51.5 ＋14－9.96＝55,540,000ドル

調整後純利益＝純利益＋採用・研修教育費－当年償却分
＝23,000,000＋14,000,000－9,960,000＝27,040,000ドル

R&D費同様、採用・研修教育費は完全に非課税であるため、純利益の調整では税効果は考えなくてよい。

財務費用に対する調整

調整が必要なもうひとつの費用が財務費用である。通常、会計士は財務費用は営業費用として扱う。この代表例がオペレーティングリース費用で、これは通常営業費用として扱われる。これに対して、キャピタルリースは負債として計上される。

オペレーティングリースを負債に変換する

第8章では、オペレーティングリースを負債に変換する基本的な方法を示した。まず、オペレーティングリースに対する将来的な支払い確約額を企業の税引前負債コストで割り引いて現在価値を求める。これを企業の通常の負債に加算すれば、負債残高のトータルが求められる。

調整後負債＝負債＋リースに対する支払い確約額の現在価値

オペレーティングリースを負債として分類しなおしたら、次は営業利益を調整する。これは2つのステップに沿って行う。まず、オペレーティングリース費用は財務費用であるため、これを営業利益に加え戻す。次に、リース資産の減価償却分を差し引けば調整後営業利益が求められる。

調整後営業利益＝営業利益＋オペレーティングリース費用
－リース資産の減価償却分

リース資産の減価償却費が返済すべき負債の大部分を占めると仮定した場合、調整後営業利益はオペレーティングリース費用の負債価値に対する見なし支払利息を加え戻すことで求めることができる。

調整後営業利益
＝営業利益＋オペレーティングリース費用の負債価値×負債金利

実例9.5　営業利益のオペレーティングリースに対する調整 ──ギャップ社（2001年）

ギャップ社は何百ものリース店舗を擁する専門小売業者である。このリースはオペレーティングリースとして扱われている。直近会計年度の報告書によれば、同社のオペレーティングリース費用は7億580万ドルである。次の表は、同社の向こう5年間にわたるオペレーティングリースに対する支払い確約額と、6年目以降の支払い確約額の合計をまとめたものである。

年	支払い確約額
1	$774.60
2	$749.30
3	$696.50
4	$635.10
5	$529.70
6年目以降	$5,457.90

同社の税引前負債コストは7％である。支払い確約額の現在価値を求めるには、6年目以降の支払い年数を求める必要がある。最初の5年間における年間支払い確約額の平均（6億7700万ドル）をベースに計算すれば、6年目以降の支払い年数（毎年同額）は8年間になる（数値は最も近い整数に丸める）。

（6年目以降の）概算支払い年数（毎年同額）＝ 5,458 ÷ 677 ＝ 8.06

税引前負債コスト7％で算出した支払い確約額の現在価値は次の表のようになる。

年	支払い確約額	現在価値
1	$774.60	$ 723.93
2	$749.30	$ 654.47
3	$696.50	$ 568.55
4	$635.10	$ 484.51
5	$529.70	$ 377.67
6年目以降	$682.24	$2,904.59
リースの負債価値		$5,713.72

オペレーティングリースの現在価値は負債として扱われるため、同社の通常の負債に加算される。貸借対照表に計上された同社の有利子負債額は15億6000万ドルである。したがって、同社の累積負債は以下のとおりである。

調整後負債＝有利子負債＋リースに対する支払い確約額の現在価値
＝1,560＋5,714＝7,274,000,000ドル

同社の営業利益を調整するに当たっては、まずフル調整を行う。リース資産の減価償却額を算出するに当たっては、リースに対する支払い確約額に等しいリース資産の価値をリース期間（13年間）（13年というリース期間は、6年目以降に毎年一定額を支払う年数8年を、最初の5年に加えて算出した）にわたって定額法で減価償却するものとする。

定額償却額＝リース資産の価値÷リース期間＝5714÷13＝
440,000,000ドル

同社の貸借対照表に計上された営業利益13億6500万ドルは以下のように調整される。

調整後営業利益＝営業利益＋当年のオペレーティングリース費用
－リース資産の減価償却額＝1,365＋706－440＝1,631,000,000ドル

概算調整では税引前負債コストを使って求めた見なし支払利息を加算する。

調整後営業利益＝営業利益＋リースの負債価値×税引前負債コスト
＝1,365＋5,714×0.07＝1,765,000,000ドル

Oplease.xls このワークシートを使ってオペレーティングリース費用を負債に変換してみよう。

その他の支払い確約について

　リースに関する議論は、免責がなく中途解約が不可能なその他の長期支払い確約、あるいは支払いが業績や利益とは無関係の長期支払い確約にも拡張することができる。例えば、スタープレーヤーと年間500万ドルで10年契約を結んだプロスポーツチームの例を考えてみよう。報酬の支払いが成績とは無関係である場合、このチームはこの契約を結ぶことで契約金に相当する負債を負ったことになる。
　つまり、要点を言えば、貸借対照表上では負債のない企業でも、レバレッジが高くデフォルトリスクにさらされているケースがあるということである。例えば、プロアイスホッケーチーム、ピッツバーグ・ペンギンズのスタープレーヤーであるマリオ・レミューは、チームが契約上の支払い義務を怠ったためにチームの所有権の一部が与えられた。

会計上の利益と実際の利益

　企業は四半期ごとに出されるアナリストの予想どおりの利益、あるいはそれを上回る利益を計上するテクニックに精通してきた。予想利益を上回るということは企業が好調であることのあかしと見ることもできるが、その目的を達成するために疑問のある会計操作を行う企業もある。こういった企業を評価するとき、このような会計操作を修正して正しい営業利益を算出することが必要である。

利益管理

　1990年代、マイクロソフト社やインテル社によってテクノロジー会社の模範が確立された。実際、マイクロソフト社は過去10年間における40四半期のうち実に39四半期がアナリストの利益予測を上回り、インテル社もすばらしい業績を記録した。これら2企業の市場価値がうなぎ上りに上昇するにつれ、他のテクノロジー企業もアナリストの利益予測をたとえほんのわずかでも上回る利益を上げようと先例にならった。この現象が拡大しつつあることは実証によって明らかである。1996年から2000年にかけて、連続18四半期にわたってコンセンサス予測を上回る企業が増加したのは前例のないことである（IBES〔インスティテューショナル・ブローカーズ・エスティメート・システム〕による予測）。利益管理が行われていることを示すもうひとつの証拠として挙げられるのは、企業が内国歳入庁に報告する利益と株式投資家に報告する利益とのギャップがこの10年の間にますます拡大してきたことである。

　アナリストの出す予測があくまで予測であるとするならば、これは何を意味しているのだろうか。ひとつの可能性として考えられるのは、アナリストは常に低い利益予測をたてても、自らの過ちから学ぼうとしないということである。これは単なる可能性にすぎないが、

こういったことが10年間も続くようなことがあり得るとは考えられない。もうひとつは、テクノロジー会社は利益の測定と報告方法については他の企業よりもはるかに自由な選択ができるため、これを利用して予想を上回る利益を計上するということが考えられる。特に、R&D費を営業費用として扱えるということは、利益を管理するうえで有利に働く。

しかし、利益を管理することで株価は本当に上がるのだろうか。四半期ごとにアナリストの予測を上回ることは可能かもしれないが、市場までだますことは果たして可能なのか。答えはノーである。常に予測を上回る利益を計上することに対する反応として、いわゆるうわさ利益予測というものが出現するのである。うわさ利益予測とは一体何なのか。これは、市場をアッと言わせるために企業が達成しなければならない暗黙上の利益予測のことで、通常はアナリストの予測よりもわずかに高い。例えば、1997年4月10日、インテル社は1株当たり利益をアナリスト予測の2.06ドルよりもわずかに高い2.10ドルと発表したが、うわさ利益予測が2.15ドルであったため株価は5ポイント下落した。換言すれば、インテル社ならば利益予測をこの程度は上回るはずだという数値が過去の実績に基づいてすでに決まっており、市場はそれをすでに織り込み済みということである。

企業はなぜ利益を管理するのか

企業が利益を管理するのは、アナリストの予測を上回る一定の利益をあげ続ければ市場の評価が上がると信じているからである。その証拠として彼らが指摘するのは、マイクロソフト社やインテル社の成功と、期待に沿わない企業に与えられる罰則ともいえる厳しい評価である。

また、多くの財務責任者は投資家が利益の数値を額面どおりに受け取ると信じており、この考えを裏付けるべく利益を上げることに

躍起になっているように思える。利益の測定方法を変更しようとするFASB（財務会計基準審議会）のいかなる努力も、たとえその変更が妥当なものであったとしても、激しい抵抗にあうのはこのためかもしれない。例えば、FASBが企業が経営陣に対して付与するオプションを適正に評価し、その利益に対して課税しようとしても、あるいは合併にかかわる会計方法を変更しようとしても、常にテクノロジー企業の反対にあってきた。

　企業の経営陣にとっての最大の関心事が利益を管理することにあるということも考えられる。前期に比べて利益が大幅に減少すれば、まず最初に解雇の憂き目に会うのは自分たち自身であることを経営陣たちはよく知っている。さらに、経営陣に対する報酬が利益目標を基に決定される企業もいまだに多く、経営陣が魅力的なボーナスを手にできるかどうかはこの利益目標を達成できるかどうかにかかっているのである。

利益管理のテクニック

　企業は利益を管理するのにどういった手段を使うのだろうか。良い利益管理のひとつの例が、アナリストの予測を慎重に受け止めるとともに、その正確さを高めるというものである。1990年代、マイクロソフト社はこれを徹底的に行った。同社幹部はアナリストの利益予測を監視し、予測が高すぎると感じたときは同社が自ら介入して数値を下げさせた（マイクロソフト社は、予測が低すぎると思えたときにもその旨をアナリストに知らせることでアナリストの信用を維持した。アナリストの予測を常に悲観的にとる企業はアナリストの信用を失うことになり、結果的に利益管理の効果はなくなる）。この他にもいくつかのテクニックがあるが、本節では最もよく使われるテクニックのいくつかを紹介する。こういったテクニックのすべてが企業にとって有害というわけではなく、なかには慎重な利益管理方法と考えられるも

のもある。

● 事前計画。企業は、投資と資産売却を計画的に行うことで、利益を徐々に上昇させることができる。
● 収益の認識。企業は収益の認識時期については若干あいまいな部分がある。例えば、マイクロソフト社は1995年、Windows95の売上による収益を計上するのにきわめて保守的な方法をとった。計上が認められる（義務はない）大部分の収益を計上しないことを選択したのである（1995年にWindows95を購入した企業は、1996年と1997年のアップグレードとサポートを受ける権利も購入した。マイクロソフト社はこれから生じる売上を1995年に収益として計上することもできたが、実際には計上しなかった）。同社の未収収益は1996年末までには11億ドルにまで増え、それを業績の悪い四半期に振り向けることができたのである。
● 収益を早期に計上する。正反対の現象として、企業はときとして業績の悪い四半期の最終日近くになって製品を代理店や小売店に出荷し、その売上を収益として計上するといったことを行う。1998年に公開されたテクノロジー企業、マイクロストラテジー社のケースを見てみよう。同社は1999年の最後の2四半期の収益成長率をそれぞれ20％、27％と報告したが、その成長率の大部分は各四半期が終了した数日後に発表された大口取引によるもので、その収益の一部を終わったばかりの前四半期に計上した（2000年3月6日、フォーブス誌にはマイクロストラテジー社についての記事が掲載された。以下はその抜粋である。「10月4日、マイクロストラテジー社とNCRは5250万ドルのライセンスや技術提携契約を結んだと発表した。NCR社はソフトウエアのライセンス料としてマイクロストラテジー社に2750万ドル支払うことに合意し、マイクロストラテジー社は同社の競合であったNCR社の事業ユニットを1400万ドルの株式

で購入し、データ保存システムの代金として100万ドルを現金で支払うことに合意した。マイクロストラテジー社はライセンス料のうちの1750万ドルを4日前に終了した第3四半期の収益として報告した」)。この戦略のもっと巧妙な方法として、収益増加を望むテクノロジー企業が2社あった場合、取引スワップによって収益の増加を達成する場合がある。

● 営業費用の資本化。収益の認識同様、企業は費用、特にソフトウエアのR&D費を営業費用に分類するか、資本支出に分類するかについてはある程度自由に選択できる。例えば、AOLの場合、雑誌にバンドルするCDやディスクにかかるコストを資本化し償却することで、1990年代の終盤を通じてプラスの利益を報告することができた。

● 償却。大規模なリストラ費用は純利益の低減につながるが、これは企業にとって2つの利点がある。営業利益はリストラ費用差し引き前と後の数値が報告されるため、企業はこの費用を営業費用から分離することができる。また、将来の四半期において予想を上回る利益を計上することが容易になる。リストラによって利益が向上する具体例として、IBMのケースを見てみよう。IBMは古い工場を閉鎖した年に償却することで、1990～1994年期には収益の7％であった減価償却費を1996年には5％にまで低減することができた。その結果、1996年の収益は前年の税引前収益90億2000万ドルの18％（16億4000万ドル）増となった。テクノロジー会社はこうしたテクニックにたけており、企業買収コストの大部分を「進行中のR&D費」として計上することで、その後の四半期における利益増加を図る。Lev and Deng（1997）は1990年から1996年の間に進行中のR&D費を償却した389社について調査した（その前の10年間〔1980～1989年〕に進行中のR&D費を償却した企業は3社しかなかった）。調査の結果、償却費の平均は企業買収価格の72％で、買収側企業の利益は買

収後の4番目の四半期には22％増加したことが分かった。
- 準備金を利用する。企業は不良債権や製品の返却をはじめとする潜在的な損失に対する準備金を積むことができる。企業によっては業績の良かった年の利益予測を低く見積もって、これらの年に累積した超過準備金を他の年の利益に振り向けて利益を平滑化する。
- 投資からの収入。大量の市場性証券を保有していたり他社に巨額の投資をしている企業は、これらの投資額を市場価値よりもかなり低い簿価で計上するといったことをよく行う。したがって、これらの投資を清算すれば巨額のキャピタルゲインを取得できるため、その期の収益は上がる。

利益の調整

企業の利益管理を考慮すれば、当年の利益をベースにして将来の利益予想を行う際には十分な注意が必要である。本節では、報告された利益を将来の利益予想に用いる前に行わなければならない一連の調整について説明する。まず、一回かぎりの項目、定期的な項目、非経常的な項目の微妙な違いについて見ていく。次に、企業買収後の会計について述べる。そして、他社株の保有と市場性証券への投資から得られる利益の扱い方について述べたあと、最後に報告された利益が真の利益を見るうえでの信頼のおける指標となるかどうかをチェックする方法について述べる。

異常項目、定期的項目、非経常的項目

営業利益と純利益を推定する際のルールは簡単である。将来の利益予想に用いる営業利益には継続的事業のみを含み、一度かぎりの項目や特別項目は含んではならないということである。しかし、これを実際に行うとなるそう簡単にはいかない。異常項目には次の4つのタイプがあるからである。

1. **一度かぎりの費用または一度かぎりの利益**。この良い例が、過去10年間で一度しか発生しなかった巨額のリストラ費用である。こういった費用は分析からは排除され、営業利益と純利益はこの費用を除いて計算される。
2. **毎年発生するわけではないが定期的に発生する費用と利益**。例えば、過去12年間で3年ごとにリストラを行った企業を考えてみよう。結論とは言えないが、この場合の特別費用は3年ごとに発生するものとして予算に組み込まれた経常的費用と考えることができる。こういった費用を無視することは危険である。なぜなら、将来の期待営業利益が過大評価されてしまうからである。適切な処理方法としては、この費用を年次ベースでならすのがよい。したがって、3年ごとのリストラ費用の平均が15億ドルだとすると、当年の営業利益は5億ドル削減しなければならない。
3. **毎年発生するが変動の激しい費用と利益**。こういった項目を取り扱う最善の方法は費用の標準化である。つまり、各年の費用を平均して、当年の利益をその平均額だけ減額する。
4. **毎年発生するが、年によってプラスであったりマイナスであったりする項目**。例えば、外貨換算が利益に与える影響について考えてみよう。米国企業の場合、ドルが強い年は効果はマイナスで、ドルが弱い年はプラスになる。こういった費用を取り扱う賢明な方法は、無視することである。

これらの項目を区別するには、企業の財務履歴を入手する必要がある。新興企業の場合、財務履歴がないため、無視すべき費用、標準化すべき費用、フルに勘案すべき費用を区別するのは難しい。

企業買収と事業分割に対する調整

企業買収会計は買収後何年にもわたって利益報告に大きな混乱を招

くおそれがある。パーチェス法を用いた場合によく生じる問題が、のれん代の償却である。のれん代の償却によって買収後の複数期にわたって報告される純利益は減少するが、営業利益はこの影響は受けない。のれん代の償却は営業費用として扱うべきであろうか。答えはノーである。なぜなら、のれん代の償却はキャッシュの増減を伴わないと同時に、非課税扱いとはならないことが多いからである。のれん代の償却を調べるには、償却前の利益を見るのが最もよい。

近年になってテクノロジー会社は、簿価を超えるプレミアムが支払われたときののれん代を帳簿に記載しないという異例の策略をとるようになった。テクノロジー会社の市場価値の大部分は企業が長年行ってきた研究の価値に対するものであるという論拠に基づき、彼らはいわゆる進行中のR&Dを償却処理してつじつまを合わせているのである。内部的に行っているR&Dは費用計上すべきもの、というのが彼らの主張である。のれん代の償却同様、進行中のR&Dを償却することでキャッシュの増減を伴わず非課税とはならない費用が生じるため、この場合も償却前の利益に注目しなければならない。

企業が資産を売却すると、キャピタルゲインという形で利益が生じる。たまにしか発生しない売却は一度かぎりの項目として扱われ、無視できるが、資産の売却が定期的に行われる企業もある。こういった企業の純資本支出を推定する場合、売却に関連して発生する利益は無視し、売却にかかわるキャッシュフローからキャピタルゲイン税を差し引いたもののみを考慮に入れるのが最良の方法である。例えば、毎年の資本支出が5億ドル、減価償却費が3億ドル、売却手取額が1億2000万ドルの企業の場合、その純資本支出額は8000万ドルになる。

純資本支出＝資本支出－減価償却費－売却手取額＝500－300－120＝80,000,000ドル

投資やクロスホールディングによる利益

　市場性証券への投資からは2つのタイプの利益が発生する。ひとつは利息や配当で、もうひとつが証券をその購入価格と異なる価格で売却することで発生するキャピタルゲイン（もしくはキャピタルロス）である。1990年代、株式市場が好況を呈していたとき、キャピタルゲインによって利益が増加し、アナリストの予測を上回る利益を上げたテクノロジー企業があった。私たちの考えによれば、証券の売買を専門とする金融サービス会社（例えばヘッジファンド）以外の企業の評価には、いずれのタイプの利益も利益には含めるべきではない。市場性証券から発生する利息は企業を評価する際には無視すべきである。こういった利息の市場価値は、プロセスの過程で他の資産と一括して扱うよりも、プロセスの最後に加えたほうがはるかに処理が簡単だからである。例えば、税引後キャッシュフローが1億ドルの企業を評価すると仮定しよう。ただし、これらのキャッシュフローの20%は現在の市場価値が5億ドルの市場性証券の保有から生じるものとする。残りの80%のキャッシュフローは営業資産から発生し、年5%の割合で永久に増え続ける。また、資本コスト（これらの資産のリスクに基づく）は10%である。この場合、この企業の価値を最も簡単に評価するには次のように行う。

営業資産の価値 = 80(1.05) ÷ (0.10 − 0.05)	16億8000万ドル
市場性証券の価値	5億ドル
企業の価値	21億8000万ドル

　企業価値を税引後のキャッシュフロー1億ドルを割り引いて求めようとする場合、（市場性証券のリスクが低くなることを反映して）資本コストを下方修正する必要がある。修正が正しく行われれば、評価額は推定値と一致するはずである（これは市場性証券が適正に評価

され、これらの証券から適正な市場リターンが得られるときにのみ有効。そうでない場合、評価額は異なる)。市場性証券の売却から生じるキャピタルゲインもしくはキャピタルロスを無視するのはまた理由が異なる。このゲインを利益に含みそれをベースに推定を行った場合、これらの証券が将来の各期に高い価格で売却できることを想定していることになるだけでなく、ゲインを営業資産に含めれば、これらの証券はダブルカウントされるおそれがある。

大量のクロスホールディングを擁する企業はこれらの保有株式を含む利益の増減を報告することが往々にしてある。これが利益に及ぼす影響は、保有株式の分類方法によって異なる。この分類方法については第3章ですでに述べた。

1. パッシブな少数株主持ち分。株式の保有による配当のみが利益として計上される。
2. アクティブな少数株主持ち分。子会社からの純利益(あるいは純損失)の一部が親企業の純利益に対する(営業利益に対してではない)調整分として損益計算書に計上される。
3. アクティブな過半数持ち分。損益計算書は連結され、子会社の営業利益のすべて(持ち分)が子会社帰属分として親企業の営業利益の一部として計上される。この場合、一般に純利益は他者によるその子会社の持ち分(少数株主持ち分)に対して調整される。

最初の2つのタイプの持ち分については、その保有から得られる利益は企業を評価する際には無視して、これらの持ち分は別途評価して他の資産から得られる価値に加算するのが最も安全な方法である。簡単な例として、営業資産からの税引後キャッシュフローが1億ドルの企業(ホールディング社)のケースを考えてみよう。ただし、これらのキャッシュフローは年5%の率で永久に増え続けるものとする。

さらに、この企業は税引後のキャッシュフローが5000万ドル（このキャッシュフローは年4％の率で永久に増え続ける）の他社（子会社）を10％所有しているものとする。また、いずれの企業の資本コストも10％とする。この場合、ホールディング社の企業価値は以下のように推定することができる。

Holding社の営業資産の価値 = $100(1.05) \div (0.10 - 0.05)$ = 21億ドル
Subsidiary社の営業資産の価値
 = $50(1.04) \div (.10 - .04)$ = 8億6700万ドル
Holding社の価値 = $2,100 + 0.10(867)$ = 21億8700万ドル

利益が連結される場合、合併会社の価値を連結損益計算書から求め、少数株主持ち分を差し引けばよい。しかし、このためにはこれら2企業が同じ事業に従事しリスクも同水準であると仮定する必要がある。なぜなら、これら2企業のキャッシュフローには同じ資本コストが適用されるからである。あるいは、子会社の営業利益の全額を連結営業利益から差し引き、後は持ち分の評価と同じプロセスに沿って評価することもできる。

実例9.6　一回かぎりの費用に対する利益の調整

1997年から1999年にかけて、ゼロックス社の報告した利益には一回かぎりの項目、異常項目、非経常的項目がかなり多く含まれていた。これら3年間の利益の詳細は以下のとおりである。

	1999	1998	1997
売上	$10,346	$10,696	$ 9,881
サービスやレンタル	$ 7,856	$ 7,678	$ 7,257
金融収益	$ 1,026	$ 1,073	$ 1,006
総収益	*$19,228*	*$19,447*	*$18,144*
諸費用			
売上原価	$ 5,744	$ 5,662	$ 5,330
サービスやレンタルのコスト	$ 4,481	$ 4,205	$ 3,778
在庫費用	$ 0	$ 113	$ 0
設備投資のために調達した資金に対する利息	$ 547	$ 570	$ 520
R&D費	$ 979	$ 1,040	$ 1,065
SG&A費	$ 5,144	$ 5,321	$ 5,212
リストラ費用と資産減損	$ 0	$ 1,531	$ 0
その他(正味)	$ 297	$ 242	$ 98
総費用	*$17,192*	*$18,684*	*$16,003*
税金・持ち分法利益・少数株主持ち分控除前利益	$ 2,036	$ 763	$ 2,141
－所得税	$ 631	$ 207	$ 728
＋非連結関係会社の純利益のうちの持ち分	$ 68	$ 74	$ 127
－子会社利益の少数株主帰属分	$ 49	$ 45	$ 88
継続事業からの純利益	*$ 1,424*	*$ 585*	*$ 1,452*
－廃止事業	$ 0	$ 190	$ 0
純利益	*$ 1,424*	*$ 395*	*$ 1,452*

　一回かぎりの費用をはじめとする多くの項目に対しては明らかに利益の調整が必要になるものがいくつかあるが、まずはそれについて見てみよう。

● 在庫費用やリストラ費用は将来的に費用が発生する可能性があるという深刻な問題をはらんではいるものの、一回かぎりの費用と考えられる。廃止事業にかかる費用も1年のみの利益に影響するだけである。これらの費用を加え戻して、調整後営業利益と純利益を求めなければならない。

● その他の（正味）費用に含まれる項目には経常的ではあるが変動性の激しい項目が含まれる。将来の利益を予測する場合、これらの費用は平均化する。

● 調整後純利益を求めるためには、最後の2つの調整項目の符合を反対にしなければならない。つまり、子会社の純利益のうちの持ち分は差し引き（ゼロックス社の他社における少数株主持ち分を反映）、利益の少数株主帰属分は加算する（ゼロックス社の過半数持ち分に

おける少数株主持ち分を反映)。

これらの指摘に従って純利益に加えられた調整を年ごとにまとめたものが次の表である。

	1999	1998	1997
継続事業からの純利益	$1,424	$ 585	$1,452
－非連結関係会社の純利益のうちの持ち分	$ 68	$ 74	$ 127
＋子会社利益の少数株主帰属分	$ 49	$ 45	$ 88
＋リストラ費用(1-税率)	$ 0	$1,116	$ 0
＋在庫費用(1-税率)	$ 0	$ 82	$ 0
＋その他の費用(正味)(1-税率)	$ 205	$ 176	$ 65
－その他の標準化した費用(正味)(1-税率)	$ 147	$ 155	$ 140
調整後純利益	$1,463	$1,775	$1,338

リストラ費用と在庫費用は非課税なので、税引後の数値を加え戻した。税率はその年に支払われた税金と課税所得を基に算出した。

1998年の税率＝支払われた税金÷課税所得＝207÷763＝27.13％

さらに、その他の費用（正味）の税引後の数値も加え戻し、3年間の平均年間費用を差し引いた。

その他の平均年間費用＝(297＋242＋98)÷3＝212,000,000ドル

営業利益にも同様の調整が必要になる。ゼロックス社は資本子会社の金利収入に対する支払利息を差し引いたものを金融収益として報告している。

　その他の費用にはどういったものが含まれるのだろうか。一回かぎりの費用が多いということは、ゼロックス社が将来的に費用が発生する事業上の問題を抱えていることを示している。ゼロックス社が会計

上の問題のため2000年の10-Kの提出を遅延させなければならなかったことも、こういった状況を考えると不思議ではない。

まとめ

多くの投資家やアナリストにとって企業の主要な情報源はやはり財務諸表である。しかし、会計分析と財務分析とでは企業についての重要な疑問に答える方法は異なる。

本章ではまず、費用の会計上の分類方法（営業費用、財務費用、資本支出）によって算出される利益が違ってくることについて考察した。営業費用と財務費用は損益計算書に計上され、資本支出は減価償却や償却という形で多期間にわたって計上される。会計基準ではオペレーティングリース費用とR&D費が営業費用として分類されているが、これは誤りである（前者は財務費用、後者は資本支出として分類されるべきである）。こういった項目が利益に与える影響をより正確に反映するように利益を調整する方法についても紹介した。

後半では、一回かぎりの費用、非経常的費用が利益に与える影響について考察した。利益には正常費用のみ含むのが原則であるが、企業側に正常な営業費用を非経常費用に、営業外利益を営業利益に計上しようとする動きがあるため、この原則がきちんと守られているかどうかをチェックする必要がある。

収益報告書に見られる警告サイン

　収益報告書に関する最大の問題は、報告される項目（異常費用など）にむとんちゃくであるばかりでなく、他の項目に分類されているため見落としてしまう項目があるということである。収益報告書を見る場合、こういった問題がないかどうかを調べるためのチェック項目を紹介しよう。

- 利益の伸びが収益の伸びを大幅に上回り、その差が年々拡大している。これは効率性の向上を示すものかもしれないが、両者の違いが年々拡大し続ければ、効率性向上の源泉を調べなければならない。
- 一回かぎりの費用あるいは営業外費用が頻繁に発生している。これは費用の分類方法が年ごとに異なる（ある年には在庫費用だったものが、翌年にはリストラ費用として計上されるなど）ことが原因と考えられる。これは単なるミスによるものかもしれないが、企業が通常の営業費用を故意に営業外費用に計上しようとするために生じる場合もある。
- 収益の割合として表された営業費用が年ごとに大きく変動する。別の項目として報告すべき営業外費用が営業費用（例えば、SG&A費）に含まれている可能性がある。
- 企業の発表する利益が常にアナリスト予想をわずかに（1セントか2セント）上回る。すべての企業がマイクロソフトではない。常にアナリストの予想を上回る利益を報告するような企業はおそらくは利益管理を通じて、各期間で利益の移動を行っていると思われる。成長が横ばいになると、この慣習は企業に悪い結果をもたらすおそれもある。
- 収益のかなりの部分が子会社あるいはその株式の保有からのものである。売上は正しいかもしれないが、設定価格によってある事業ユニットから別の事業ユニットに利益を移すことが可能で、これが行われると企業の真の利益を把握するのは難しくなる。

> - 在庫や減価償却を評価するための会計方針が頻繁に変更されている。
> - 企業買収によって利益が驚異的に増加している。企業買収戦略は長期的な成功は難しいものである。こういった戦略の直後に成果を出している企業は調査が必要である。
> - 収益や利益の急増に伴い運転資本が膨らんでいる。こういった企業は、その顧客に貸付を行うことで収益を上げていると考えられる。
>
> こういったファクターを発見したら必ず利益を下方修正しなければならないというわけではないが、複数のファクターが存在すれば収益報告書のより綿密なチェックが必要であることを警告するサインと考えてよい。

練習問題

1. デラフーズ社は食品の専門小売り会社である。貸借対照表によれば、株主資金の簿価は10億ドルで、負債はないが、店舗はすべてオペレーティングリースである。同社の直近年におけるオペレーティングリースに対する支払い額は8500万ドルで、次の5年間の各年、6年目以降のリースに対する支払い確約額は以下のとおりである。

年	オペレーティングリース費用
1	$90 million
2	$90 million
3	$85 million
4	$80 million
5	$80 million
6–10	毎年7500万ドル

同社の現在の借り入れコストを7％として、オペレーティングリースの負債価値を求めよ。また、簿価ベースの負債・株主資本比率を求めよ。

2. 前問のデラフーズ社が報告した支払利息・税金控除前利益は2億ドルであった。オペレーティングリースを資産計上したときの、調整後営業利益を求めよ。

3. 食料品チェーンのフードマーケッツ社が報告した簿価ベースの負債・総資本比率は10％で、投資額の簿価10億ドルに対する資本収益率は25％である。同社には相当額のオペレーティングリースがある。当年のオペレーティングリース費用が1億ドル、リースに対する支払い確約額の現在価値が7億5000万ドルとして、同社の負債・総資本比率と資本収益率を再評価せよ（税引前負債コストは8％とする）。

4. ジフソフトウエア社ではR&D費が相当額に上る。同社の直近年のR&D費は1億ドルであった。R&D費は5年間にわたって償却される。過去5年間の償却の詳細は以下のとおりである。

年	R&D費
–5	$ 50 million
–4	$ 60 million
–3	$ 70 million
–2	$ 80 million
–1	$ 90 million
当年	$100 million

償却は（5年間にわたって）直線的に行われると仮定して、以下の数値を推定せよ。

    a．研究資産の価値。
    b．当年のR&D償却額。
    c．営業利益に対する調整額。

5．ステラーコンピューターズ社は資本収益率が高いことで評判の企業である。投資額15億ドルに対する資本収益率は1999年には100％であった。同社の研究資産の推定値は10億ドルである。また、当年のR&D費は2億5000万ドル、研究資産の償却額は1億5000万ドルであるとする。同社の資本収益率を再評価せよ。

第10章 利益からキャッシュフローへ

From Earnings to Cash Flows

　資産の価値はそれがどれだけのキャッシュフローを生み出す能力があるかによって決まる。企業を評価するとき、キャッシュフローは税金と再投資需要を差し引き、負債支払い前の額として算出しなければならない。株主資本を評価するときのキャッシュフローは負債支払い後の額となる。したがって、これらのキャッシュフローの推定は3つの基本的なステップに沿って行うことになる。第1ステップでは、企業の既存資産と投資から生み出される利益を推定する。これについては前章で考察した。第2ステップでは、この利益のうち課税対象となる額を推定する。そして第3ステップでは、将来の成長に対する再投資額を推定する。

　本章ではこれら3つのステップのうち、第2、第3ステップについて見ていく。まず最初に、実効税率と限界税率の違いについて述べるとともに、繰り延べ純営業損失が多額に上る場合の効果について考察する。企業の再投資額の推定では、再投資を有形で長期的に保有する資産（純資本支出）と短期的に保有する資産（運転資本）に対する再投資に分けて考える。ここでいう再投資は広義に定義され、研究開発（R&D）や企業買収も資本支出に含まれる。

税効果

　税引後営業利益は通常、支払利息・税金控除前利益に推定税率を掛けて計算する。しかし評価においては、この単純明快な手順も3つの問題によって複雑になる場合がある。そのひとつが、実効税率と限界税率の間に大きな開きがあることで、評価のときにはこのうちのいずれを用いるかを判断しなければならない。2番目の問題は大きな損失を出した企業を評価する際に生じる問題である。大きな純営業損失を出した企業はその損失を将来に繰り延べて節税効果を図るからである。3番目の問題は、R&D費をはじめとする各種費用の資本化に関連する問題である。会計基準ではこれらの支出は費用計上できるため、企業にとっては大きな節税効果を生む。

実効税率と限界税率

　評価においては、いくつかの異なる税率のなかから適切なものを選択するという問題に直面する。財務諸表のなかで最もよく適用されるのが実効税率で、これは報告された損益計算書の数値を使って計算される。

実効税率＝支払われた税金÷課税所得

　もうひとつが限界税率で、これは企業の追加的所得にかかる税率である。限界税率は税法に基づいて決められており、企業が限界的な所得に対して支払うべき税金を決定するのに用いられる。例えば、米国では限界的所得に対する連邦法人税率は35％である。米国のほとんどの企業は州税や地方税に加え、40％以上の限界法人税率を課せられる。

米国では限界税率は企業によって大差はないが、実効税率になると

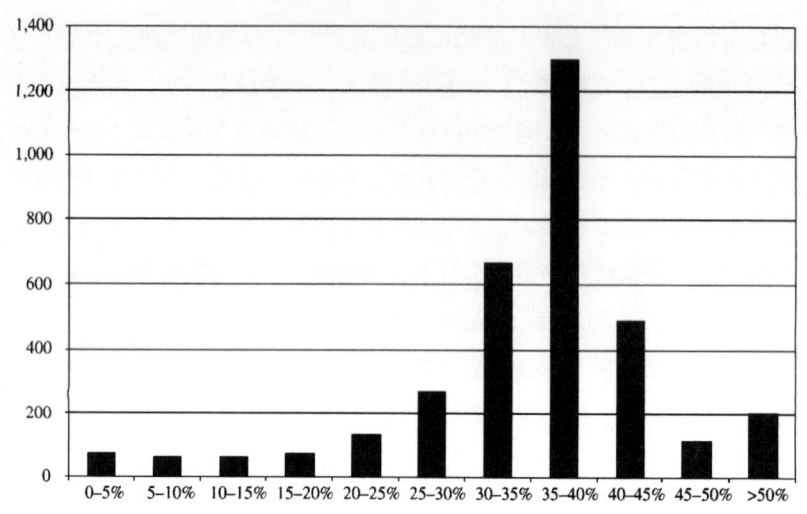

図10.1　米国企業の実効税率（2001年1月現在）

[棒グラフ：横軸は実効税率区分（0–5%, 5–10%, 10–15%, 15–20%, 20–25%, 25–30%, 30–35%, 35–40%, 40–45%, 45–50%, >50%）、縦軸は企業数（0〜1,400）。35–40%区分が約1,300社で最も多く、30–35%が約660社、40–45%が約480社と続く。]

出所：バリューライン

企業間で大きな開きがある。**図10.1**は2001年1月現在の米国企業の実効税率の分布を示したものである。実効税率が10%に満たない企業から50%を超える企業まで、企業間で実効税率にばらつきのあることが分かる。さらに、この図には直近会計年度に税金を支払わなかったか、実効税率がマイナス（実効税率がマイナスになるのは、利益は税務上の帳簿〔支払うべき税金はこの帳簿に基づく〕に記帳し、損失は報告用帳簿に記帳することによる）の企業2000社は含まれていないことに注意してもらいたい。

限界税率と実効税率が異なる理由

　公開企業の課税所得のほとんどが最高限界税率区分に含まれるとするならば、企業の実効税率はなぜ限界税率とは違うのか。これには少

なくとも3つの理由がある。

1. 少なくとも米国では、企業の多くは税目的と報告目的とでは異なる会計基準に従う。例えば、減価償却は報告目的では定額法を用い、税目的では加速償却法を用いる企業が多い。その結果、報告された利益は税額を決定する課税所得よりはるかに大きい（実効税率は支払った税額〔税金計算書から計算〕と報告された利益によって決まるため、報告する利益を膨らませるために会計手法を変更する企業の実効税率は限界税率よりも低くなる）。
2. 企業はときとして税額控除を利用して支払うべき税額を低減することがあり、これによって実効税率が限界税率よりも低いという現象が生じる。
3. 企業はときとして所得に対する税金を将来に繰り延べることがある。企業が税金を繰り延べすると、当期に支払われた税金の税率は限界税率よりも低くなる。しかし、企業がその繰り延べ税金を支払う期には、実効税率のほうが限界税率よりも高くなる。

多国籍企業の限界税率

企業がグローバルに事業展開している場合、その企業の所得にかけられる税率はそれぞれの国によって異なる。こういった企業に対する限界税率はどうなるのだろうか。異なる複数の税率の扱い方には次の3つの方法がある。

1. 限界税率の加重平均を用いる。この場合のウエートは各国において生み出される所得の割合で決まる。このアプローチの問題は、国によって所得の成長率が異なる場合、ウエートが変わってくる点である。
2. 企業の本拠地がある国の限界税率を用いる。ただし、この場合

その他の国で発生する所得は最終的には本国に送還され、企業は送還された時点で限界税率に基づく税金を支払うことが前提となる。
3．最も安全な方法は、各国で発生する所得を別々に扱い、それぞれの所得に対して異なる限界税率を適用するという方法である。

税率が企業価値に及ぼす影響

　企業を評価する場合、限界税率と実効税率のどちらを用いるべきだろうか。毎期の利益に同じ税率を適用しなければならないとするならば、限界税率を用いるのが安全である。なぜなら、前述の3つの理由は常に成り立つとはかぎらないからである。新たな資本支出が減少するにつれ、報告された所得と課税所得との差は縮まる。税額控除は永久に続くことはめったになく、企業は最終的には繰り延べ税金を支払わなければならないからである。しかし、税引後のキャッシュフローを算出するための税率が常に同じでなければならないという理由はない。したがって、当期の実効税率が24％で限界税率が35％の企業を評価する場合、初年度のキャッシュフローの計算には税率24％を用い、その後のキャッシュフローの計算に用いる税率を段階的に35％まで上げていくといった方法をとってもよいわけである。ただし、終価を算出するのに永久的に用いる税率は限界税率でなければならないという点には注意が必要である。

　株主資本を評価する場合、税引後の利益である純利益もしくは1株当たり利益を出発点にすることが多い。税引後利益を用いて評価するときは、一見、税率を決める必要はないように思えるかもしれないが、これは間違いである。当期の税引後利益は当年に支払った税金を反映したものである。この税額が非常に少なくなったり（低い実効税率）高くなったり（高い実効税率）したのが節税計画、つまり税金の繰り延べに起因する場合、将来的な税率の変動に対して純利益を調整しな

ければ、企業の節税効果が将来的にもずっと継続することを仮定したことになってしまう。

実例10.1　税率に関する仮定が企業価値に与える影響

電気通信会社、コンボイ社の直近会計年度における税引前営業利益は１億5000万ドルで、再投資額は3000万ドルであった。税金の繰り延べによって同社の実効税率は20％になった。一方、同社の限界税率は40％である。営業利益や再投資額は次の５年間は年10％の率で成長し、それ以降の成長率は５％になることが予想されている。同社の資本コストは９％で、これは変わらないものとする。同社の企業価値を、税率についての３つの仮定――実効税率を適用する、限界税率を適用する、実効税率と限界税率の組み合わせ――に基づいて評価してみよう。

アプローチ１……実効税率を適用する
まず、税率が20％のまま永久に変わらないと仮定して同社の企業価値を評価する。

税率	当年	20% 1	20% 2	20% 3	20% 4	20% 5	20%	20% 最終年
EBIT	$150.00	$165.00	$181.50	$199.65	$219.62	$241.58		$253.66
EBIT（1－t）	$120.00	$132.00	$145.20	$159.72	$175.69	$193.26		$202.92
－再投資額	$ 30.00	$ 33.00	$ 36.30	$ 39.93	$ 43.92	$ 48.32		$ 50.73
FCFF(企業フリーキャッシュフロー)	$ 90.00	$ 99.00	$108.90	$119.79	$131.77	$144.94		$152.19
終価						$3,804.75		
現在価値		$ 90.83	$ 91.66	$ 92.50	$ 93.35	$2,567.03		
企業価値	$2,935.37							

ここでは、繰り延べ税金はこの先もずっと支払われないものと仮定する。

アプローチ２……限界税率を適用する

次に、税率が40％のまま永久に変わらないと仮定して同社の企業価値を評価する。

税率	20% 当年	40% 1	40% 2	40% 3	40% 4	40% 5	40% 最終年
EBIT	$150.00	$165.00	$181.50	$199.65	$219.62	$241.58	$253.66
EBIT(1−t)	$120.00	$ 99.00	$108.90	$119.79	$131.77	$144.95	$152.19
−再投資額	$ 30.00	$ 33.00	$ 36.30	$ 39.93	$ 43.92	$ 48.32	$ 50.73
FCFF	$ 90.00	$ 66.00	$ 72.60	$ 79.86	$ 87.85	$ 96.63	$101.46
終価						$2,536.50	
現在価値		$ 60.55	$ 61.11	$ 61.67	$ 62.23	$1,711.35	
企業価値	$1,956.91						

ここでは、税金は現時点以降には繰り延べできないものと仮定する。もっと正確に考えるならば、ここで算出された企業価値は過去の累積繰り延べ税金額だけ減じなければならない。したがって、過去の繰り延べ税金の累積額が２億ドルだとし、これを次の４年間にわたって毎年同額（5000万ドル）ずつ支払うとするならば、まずこれらの税金支払額の現在価値を計算しなければならない。

繰り延べ税金支払額の現在価値＝5000万ドル（年金のPV、＠９％、４年間）＝１億6199万ドル

したがって、企業価値は17億9492万ドルとなる。

繰り延べ税金支払い後の企業価値
＝1,956.91－161.99＝1,794,920,000ドル

アプローチ３……実効税率と限界税率の組み合わせ

最後のアプローチでは、5年間は実効税率の20％が適用され、終価の計算には限界税率が用いられるものと仮定する。

		20%	20%	20%	20%	20%	20%	40%
税率		当年	1	2	3	4	5	最終年
EBIT		$150.00	$165.00	$181.50	$199.65	$219.62	$241.58	$253.66
EBIT(1−t)		$120.00	$132.00	$145.20	$159.72	$175.69	$193.26	$152.19
−再投資額		$ 30.00	$ 33.00	$ 36.30	$ 39.93	$ 43.92	$ 48.32	$ 50.73
FCFF		$ 90.00	$ 99.00	$108.90	$119.79	$131.77	$144.94	$101.46
終価							$2,536.50	
現在価値			$ 90.83	$ 91.66	$ 92.50	$ 93.35	$1,742.75	
企業価値	$2,111.09							

ただし、最初の5年間において実効税率を適用することで、繰り延べ税金債務は増加することに注意しよう。当年末の累積繰り延べ税額を2億ドルと仮定すると、5年目末の繰り延べ税金債務は次のようになる。

予想繰り延べ税金債務
= 200 +（165 + 181.5 + 199.65 + 219.62 + 241.58）×（0.40 − 0.20）
= 401,470,000ドル

この繰り延べ税金債務が6年目以降の10年間にわたって支払われるものと仮定すると、その額の現在価値は1億6745万ドルとなる。

繰り延べ税金支払額の現在価値
=（401.47 ÷ 10）（年金のPV、@9％、10年間）÷ 1.09^5
= 1億6745万ドル

支払いは6年目以降に開始されるため、さらに5年間に対する割引が

行われている点に注意しよう。したがって、企業価値は次のようになる。

企業価値 = 2,111.09 − 167.45 = 1,943,640,000ドル

> **taxrate.xls** 米国企業の直近四半期の産業別平均実効税率がウェブサイトで閲覧可能。

純営業損失の効果

巨額の純営業損失を繰り延べた企業あるいは営業損失が継続して発生している企業にとって、利益がプラスに転じた最初の数年間は大きな節税効果が見込める可能性がある。この効果を織り込むには次の2つの方法がある。

ひとつは、税率を期ごとに変えるというものである。こういった企業の場合、利益がプラスに転じた最初の数年は利益が繰り延べされた損失によって相殺されるため、税率はゼロである。純営業損失が減少してくるにつれ、税率は限界税率に向けて次第に上昇する。税引後営業利益を算出するための税率が変わるため、資本コスト計算における税引後負債コストの計算に用いられる税率も変える必要がある。したがって純営業損失を繰り延べした企業の場合、税引後営業利益と資本コストを計算するための税率は、損失が残っている間はゼロとなる。

もうひとつのアプローチは、利益はすでにプラスに転じているものの、巨額の純営業損失が繰り延べされた企業の評価をする際によく用いられる。アナリストはこういった企業の評価をする際、純営業損失によってもたらされる節税効果を無視して評価したあと、評価額に純営業損失によって生じる予想節税額を加算する。一般に、予想節税額

は純営業損失に税率を掛けて算出する。しかし、この計算方法は節税額が保証されると同時に、即時的であるという想定の下でのみ有効である。企業がこうった節税効果を得るためには将来的に利益を上げることが必要であるが、利益については不確実であるため、節税額は過大評価されることになる。

　営業損失について最後に２点指摘しておこう。潜在的買収者は実際に損失が生じる前に純営業損失からの節税を請求することができるため、税の相乗効果が生まれる可能性がある。これについては企業買収の章で詳しく述べる。もう一点は、営業損失を繰り延べできる期間に限度が設けられている国があるということである。この場合、純営業損失の価値は減少することもある。

実例10.2　純営業損失が企業価値に及ぼす効果──コマース・ワン

　繰り延べられた純営業損失（NOL）と将来的な期待損失が税率に及ぼす効果を、Ｂ２Ｂの先駆者、コマース・ワンの2001年のケースを例にとって考えてみよう。同社の2000年の営業損失は３億4000万ドルで、2000年末現在における累積純営業損失は４億5400万ドルであった。

　この数字からは同社の厳しい状況がうかがえるが、同社の収益は今後の10年で飛躍的に向上し、営業利益は成熟した企業向けサービス会社をベースとする、業界平均の16.36％に近づくものと私たちは見ている。次の表は私たちが予想する同社の今後10年における収益と営業利益をまとめたものである。

年	収益	営業損益	年末における NOL	課税所得	税額	税率
当年	$ 402	-$ 340	$454	$ 0	$ 0	0.00%
1	$ 603	-$ 206	$660	$ 0	$ 0	0.00%
2	$ 1,205	-$ 107	$767	$ 0	$ 0	0.00%
3	$ 2,170	$ 81	$686	$ 0	$ 0	0.00%
4	$ 3,472	$ 349	$337	$ 0	$ 0	0.00%
5	$ 4,860	$ 642	$ 0	$ 305	$107	16.63%
6	$ 6,561	$ 970	$ 0	$ 970	$339	35.00%
7	$ 8,530	$1,328	$ 0	$1,328	$465	35.00%
8	$10,236	$1,634	$ 0	$1,634	$572	35.00%
9	$11,259	$1,820	$ 0	$1,820	$637	35.00%
10	$11,822	$1,922	$ 0	$1,922	$673	35.00%

同社は今後2年間は損失を出し続け、純営業損失はかさむが、3年目からは営業利益はプラスに転じる。3年目と4年目の営業利益はプラスだが、前年からの累積純営業損失によってまだ税金は支払われていない。5年目の課税所得は残りの純営業損失（3億3700万ドル）分だけ減じられるが、この年から税金の支払いが始まる。同社の税率としては35％を予想し、これを5年目以降の限界税率として用いる。これから分かるように、純営業損失の効果はキャッシュフローと企業価値に及ぶ。

R&D費の節税効果

　前章ではR&D費は資本化しなければならないことについて述べた。R&D費を資本化した場合、節税効果が発生するが、これは見落とされることが多い。R&D費は税務上は全額が損金扱いとなるが、資本支出については減価償却分だけしか税額控除されない。したがって、こういった節税効果を織り込むには、R&D費の全額と研究資産の償却額との差額に対する節税額を税引後営業利益に加算すればよい。

追加的節税額$_{R\&D費}$ =（当年のR&D費 − 研究資産の償却額）× 税率

同様の調整は資産計上する他の営業費用のすべてに対して行われなければならない。第9章では、R&D費を資本化することによって行わなければならない税引前営業利益の調整について述べた。

調整後営業利益 = 営業利益 + 当年のR&D費 − 研究資産の償却額

税引後営業利益を推定するには、この値に（1 − 税率）を掛けて、得られた数値に上記の追加的節税額を加算すればよい。

調整後税引後営業利益
=（営業利益 + 当年のR&D費 − 研究資産の償却額）×（1 − 税率）
+（当年のR&D費 − 研究資産の償却額）× 税率
= 営業利益(1 − 税率) + 当年のR&D費 − 研究資産の償却額

つまり、R&D費からの節税効果を織り込んだ調整後税引後営業利益を求めるには、税引後営業利益（純利益）にR&D費と償却額との差額を直接加算すればよいことが分かる。

実例10.3　費用計上による節税効果――アムジェン社（2001年）

第9章では、アムジェン社のR&D費を資本化し、研究資産の価値を推定して、営業利益を調整した。

当年のR&D費 = 8億4500万ドル
研究資産の当年の償却額 = 3億9800万ドル

費用計上によるアムジェン社の節税効果を推定するには、まず同社の税率を35％と仮定し、R&D費の全額8億4500万ドルを税額控除できることに注目する。

$$R\&D費の税額控除額 = R\&D費 \times 税率 = 845 \times 0.35 = 295,750,000ドル$$

2000年の税額控除がその年の償却分にだけ適用されたとすると、節税効果は以下のようになったはずである。

$$R\&D費の償却による税額控除額 = 398 \times 0.35 = 139,300,000ドル$$

R&D費を資本化する代わりに費用計上することで、アムジェン社は巨額の節税効果を得ることができた（1億3930万ドルに対して、2億9575万ドル）。したがって、節税額の差額は以下のとおりである。

$$節税額の差額 = 295.75 - 139.30 = 156,450,000ドル$$

これによって、アムジェン社はR&D費を資産計上する代わりに費用計上することで1億5600万ドルの節税効果を得たことが分かる。最後に、同社の調整後税引前営業利益を計算した。**実例9.2**で計算した調整済み税引前の営業利益は以下のとおりであった。

調整後税引前営業利益
　＝営業利益＋当年のR&D費−研究資産の償却額
　＝1,549＋845−398＝1,996,000,000ドル

したがって、調整後税引後営業利益は次のように計算できる。

調整後税引後営業利益
＝税引後営業利益＋当年のR&D費－研究資産の償却額
＝1,549(1－0.35)＋845－398＝1,454,000,000ドル

税務上の帳簿と報告用の帳簿

米国では多くの企業が税務上の帳簿と報告用の帳簿の2冊の帳簿をつけているが、これは公然たる事実である。この慣習は合法的であるばかりでなく、一般に広く認められた手法である。細目については企業ごとに異なるが、株主に報告される利益が税目的で報告される利益をはるかに上回る点では一致している。企業を評価するとき、報告用の帳簿の情報は入手できるが、税務上の帳簿の情報は入手できないのが普通で、これによって評価はさまざまな影響を受ける。

● 課税所得に基づいて計算された支払い税額を報告された利益（税務上の帳簿に記載された利益よりも大きいのが普通）で割って求めた税率は実際の税率よりも低くなる。この税率を推定税率として用いれば、企業の過大評価につながる。将来的には税率として限界税率を用いようという動きがあるが、その原因のひとつがこれである。
● 報告された利益をベースに予想を行えば、将来の予想利益を過大評価してしまうことになる。一方、キャッシュフローに対する影響はあまりない。その理由を、報告目的の利益と税目的の利益とが異なる代表例で考えてみよう。定額償却法は報告目的の計算に用いられ、加速償却法は税目的の所得計算に用いられる。キャッシュフローは税引後利益に減価償却費を加え戻して求めるため、利益が増加しても償却額の減少で相殺されてしまう。これにおける問題は、償却による節税効果が過小評価されてしまうことである。

● 費用を報告目的では資産計上して（その後の期に減価償却する）、税目的では費用計上する企業がある。したがって、報告用帳簿の利益と資本支出の数値を用いることで、節税効果を過小評価してしまうことになる。

このように、税務上と会計上とで異なる基準を用いる企業によって生み出される問題は、キャッシュフローを用いるときよりも、（株価収益率を用いるといった場合のように）報告された利益を重視するときに、深刻度を増す。しかし、もしどちらかを選べるとするならば、当然ながら報告用帳簿ではなく税務上の帳簿のデータを用いて評価を行うだろう。

租税補助の取り扱い

　企業は特殊な分野あるいはタイプの事業に投資することで、政府から租税補助を受けることがある。具体的には、税率の低減あるいは税額控除のいずれかの形態をとる。いずれにしても、こういった租税補助を受ければ企業価値は上昇する。問題は、その効果をいかにしてキャッシュフローに織り込むかであることは言うまでもない。おそらく最も簡単な方法は、まず租税補助を無視して企業価値を評価し、その評価額に租税補助による企業価値の増加分を加算することである。
　例えば、プエルトリコで事業活動を行っている製薬会社を評価することを想定しよう。この企業はこれらの事業活動から得られる利益に対する税率低減という形でプエルトリコ政府による減税措置を受けている。この場合、まず通常の限界税率で企業価値を評価したあと、プエルトリコにおける事業活動で得られる節税額の現在価値を加算すればよい。この方法には次に述べる3つの利点がある。

1. 租税控除をとりあえず評価過程から分離して、租税控除が認められる期間に対してのみその効果を考慮することができる。こういった減税効果を他のキャッシュフローと統合してしまうと、その効果が永続的なものと見なされるおそれがある。
2. 減税額を計算するのに用いる割引率は、その他のキャッシュフローの計算に用いる割引率とは異なる。したがって、減税が政府によって保証された控除措置であれば、そのキャッシュフローの現在価値の計算にはかなり低い割引率を用いることができる。
3. この世にただというものはない、ということを考えれば、政府が投資に対して減税を認めるのは、それに投資した企業が負うべきコストあるいはリスクが高いからにほかならないとも言える。企業側としては、減税によって増加する企業価値を従来の企業価値と切り離して考えることで、このトレードオフが彼らにとって有利かどうかを考えることができる。例えば、あなたが砂糖メーカーであったとしよう。この事業に従事することであなたは税額控除が受けられるが、その代償として砂糖価格は政府の管理下に置かれる。この場合、あなたは税額控除によって得られる価値と価格管理によって失う価値とを比較して、税額控除を受けるべきか否かを判断すればよい。

再投資需要

　企業キャッシュフローは再投資額を控除した値である。再投資額を推定する場合、2つの成分を考える必要がある。ひとつは純資本支出で、これは資本支出と減価償却費との差額である。そしてもうひとつが非現金運転資本に対する投資である。

純資本支出

　一般に、純資本支出は資本支出から減価償却額を差し引いたものである。これは、減価償却から生じるプラスのキャッシュフローによって資本支出の少なくとも一部はまかなわれるため、企業のキャッシュフローの枯渇をもたらすものは、そのプラスのキャッシュフローでまかなわれなかった分の資本支出のみであるという考え方に基づく。資本支出や減価償却費についての情報は大概の場合、財務諸表から簡単に入手できるが、こういった資本支出を推定するのは難しい。理由は3つある。第一に、資本支出にムラがあることが挙げられる。つまり、ある年には巨額の投資をしても、その後の年の投資額は少なくなるといった具合である。第二に、会計上の定義では資本支出にはR&D費など営業費用として扱われる資本支出は含まれない。第三に、会計士は企業買収を資本支出として扱わない。したがって、主として企業買収によって成長している企業の場合、純資本支出が過小評価されてしまうことになる。

ムラのある資本支出と平滑化の必要性

　企業の資本支出が毎年一定ということはめったにない。ある期に巨額の資本支出（新製品の発表、新工場の建設など）があれば、その後の期の資本支出は比較的少ない。したがって、将来のキャッシュフローの推定に用いる資本支出を求めようとする場合、資本支出は標準化しなければならない。資本支出を標準化するには2つの方法がある。

　最も簡単な方法が、資本支出の長期にわたる平均をとることである。例えば、あるメーカーの直近過去4、5年間の資本支出を平均し、その数値を直近年の資本支出の代わりに用いるといった具合である。これによって、その企業が4年に一度の割合で新工場に投資している

という事実をとらえることができる。しかし、直近年の資本支出を用いていたならば、資本支出を過大評価（その年に新工場を建設した場合）するか、過小評価（工場がその年よりも前に建設されていた場合）するかのいずれかになっていただろう。

資本支出を測定する場合、問題が２つある。ひとつは、用いるデータ期間である。これは企業によって異なるし、分析対象の企業が巨額の投資を行う頻度にもよる。もうひとつは、資本支出を平均化する場合、減価償却費も平均化すべきかどうかという点である。減価償却は長期にわたって行われるため、標準化の必要性は資本支出に比べるとはるかに低い。さらに、企業に認められる税法上の特典には平均化した減価償却費ではなく、直近年の減価償却費が反映される。したがって、減価償却費が資本支出ほど変動が激しくないかぎり、減価償却費を平均化する必要はないと考えるのが妥当だろう。

歴史の浅い企業や、時間とともに事業構成が変わってきた企業の場合、平均化ができないか、平均化できたとしてもその値が真の資本支出需要を示す数値ではないかのいずれかである。このような場合、資本支出の業界平均を代わりに用いることができる。企業規模は同じ業界内でも異なるため、まず資本支出を基本入力量（通常、収益や資産総額が使われる）の割合として算出し、その平均をとる。しかし、私たちは基本入力量として減価償却費を用い、得られた統計量の業界平均を求めることを勧める。標本に十分な数の企業が含まれていれば、その標本に含まれる企業のうち、分析対象の企業と同じライフサイクル段階にある企業を選んで平均をとってもよい。

実例 10.4　標準化純資本支出の推定
　　　　　リライアンス・インダストリーズ社

　リライアンス・インダストリーズ社はインド有数の企業のひとつで、化学品から繊維に至るまで数々の事業を手掛けている。同社のこれらの事業に対する投資額は多額に上る。次の表は、同社の1997年から2000年までの資本支出と減価償却費をまとめたものである。

年	資本支出	減価償却費	純資本支出
1997	INR 24,077	INR 4,101	INR 19,976
1998	INR 23,247	INR 6,673	INR 16,574
1999	INR 18,223	INR 8,550	INR 9,673
2000	INR 21,118	INR 12,784	INR 8,334
平均	INR 21,666	INR 8,027	INR 13,639

　同社の資本支出は変動が激しいが、減価償却費は年々増加している。純資本支出を標準化するには2つの方法がある。ひとつは、4年間にわたる純資本支出の平均をとる方法で、これによる平均純資本支出は136億3900万INRとなる。しかし、この方法には問題がある。計算に用いられている減価償却費が80億2700万INRとなり、実際の減価償却費127万8400万INRをはるかに下回ってしまうのである。より好ましいのは、4年間の平均資本支出（216億6600万INR）と当年の減価償却費（127億8400万INR）を使って標準化純資本支出を求めるという方法である。

　　平均化純資本支出 = 21,666 − 12,784 = 8,882,000,000INR

同社の場合、2000年の実際の資本支出が83億3400万INRなので、標準化してもほとんど差はない。

営業費用として扱われる資本的費用

第9章では、その便益が複数期におよぶR&D費や研修教育費などの費用を資本化し、それが利益に及ぼす影響について考察した。こういった費用の資本化は、利益だけでなく資本支出や減価償却費、ひいては純資本支出の推定値にも影響を及ぼすはずである。

● 営業費用の一部を資本的費用として分類しなおせば、当期におけるその項目の価値は資本支出として扱わなければならない。例えば、R&D費を資本化すれば、当期にR&Dに使われた金額は資本支出に加算しなければならない。

調整後資本支出＝資本支出＋当期のR&D費

● 営業費用を資本化すれば資産が生じるため、生じた資産の償却費を当期の減価償却費に加算しなければならない。したがって、R&D費の資本化によって生じた研究資産は、その償却分を当期の減価償却費に加算する。

調整後減価償却・償却費＝減価償却・償却費＋研究資産の償却費

● 当期の費用を資本支出に加算し、資産の償却費を減価償却費に加算すれば、企業の純資本支出は加算した資本支出と減価償却費の差額分だけ増える。

調整後純資本支出
＝純資本支出＋当期のR&D費－研究資産の償却費

純資本支出に加えた調整は営業利益に加えた調整とそっくり同じであ

ることにを注目しよう。純資本支出は税引後営業利益から差し引かれるため、R&D費の資本化は結局はキャッシュフローには何らの影響も与えないということになる。

実例10.5　R&Dの資本化が及ぼす影響——アムジェン社

実例9.2では、アムジェン社のR&D費を資本化することで研究資産が発生した。また、**実例10.2**では、R&D費の全額を費用計上することで発生する追加的節税効果を考察した。本実例では、分析の仕上げとして、資本化が純資本支出に及ぼす影響について見ていく。

これまでに導き出した数値をもう一度おさらいしておこう。アムジェン社の2000年のR&D費は8億4500万ドルで、このR&D費を償却期間を10年として資本化すると、研究資産33億5500万ドルと当期（2000年）の償却費として3億9800万ドルが発生する。さらに、同社が2000年に報告した資本支出額は4億3800万ドルで、減価償却や償却費は2億1200万ドルであった。したがって、調整後資本支出、減価償却・償却費、純資本支出は以下のとおりである。

調整後資本支出＝資本支出＋当期R&D費
＝438＋845＝1,283,000,000ドル

調整後減価償却・償却費＝減価償却・償却費＋研究資産の償却費
＝212＋398＝610,000,000ドル

調整後純資本支出＝純資本支出＋当期R&D費－研究資産の償却費
＝(438－212)＋845－398＝673,000,000ドル

これらの数値と、**実例10.2**で算出した調整後税引後営業利益とから、純資本支出の変動と税引後営業利益の変動とは一致することが分かる。したがって、R&D費を資本化しても企業フリーキャッシュフローには何らの影響もないのである。最終的なキャッシュフローは変わらないが、R&D費の資本化によって利益と再投資額の推定値は大きく変わってくる。つまり、R&D費の資本化は、企業の収益性や企業が将来の成長に対してどの程度の投資を行っているかを理解するのに役立つというわけである。

企業買収

　資本支出を推定する場合、内部的な投資（通常、キャッシュフロー計算書に資本支出として計上）と外部的な投資（企業買収）とは区別すべきではない。したがって、企業の資本支出には企業買収も含まなければならない。毎年企業買収を行う企業はほとんどなく、また買収額もその都度異なるため、この項目には資本支出の標準化の適用がより一層必要となる。平均して5年に一度、1億ドルの企業買収を行う企業の毎年の予想資本支出には、およそ2000万ドルのインフレ調整後の数値が加算されなければならない。

　ところで、企業買収は現金による買収と株式による買収とを区別すべきだろうか。答えはノーである。株式による買収では現金は使われないが、発行済み株式数は増加する。株式による買収のひとつの考え方としては、資金調達プロセスがスキップされたと思えばよい。企業は株式を発行して、取得した現金で買収を行うこともできたはずである。もうひとつの考え方は、企業買収の資金調達には常に株式を利用し、将来的にもこの慣習を継続すると考えられる企業の場合、その発行済み株式数が増えると考えることである。この場合、既存株主に対

する1株当たりの価値は希薄化されることになる。

実例10.6　純資本支出の推定──シスコ社（1999年）

　1990年代、シスコ社の市場価値は100倍にも急騰した。これは主として、同社の収益と利益の成長率が年60％から70％あると見込まれたからである。この成長の大部分は、同社が有望な技術を持つ小企業を次々に買収し、それを商業的な成功へと導くことができたことによる。シスコ社の純資本支出を推定する当たっては、まず10-Kにおける資本支出（5億8400万ドル）と減価償却費（4億8600万ドル）からスタートしよう。これらの数値を基にした場合、1999年のシスコ社の純資本支出は9800万ドルということになる。

　ここでまず、R&D費の影響を織り込むために最初の調整を行う。償却期間を5年とすると、1999年における研究資産の価値と償却費は次のとおりである。

年	R&D費	年末における未償却分		当年償却分
当年	$1,594.00	100.00%	$1,594.00	
−1	$1,026.00	80.00%	$ 820.80	$205.20
−2	$ 698.00	60.00%	$ 418.80	$139.60
−3	$ 399.00	40.00%	$ 159.60	$ 79.80
−4	$ 211.00	20.00%	$ 42.20	$ 42.20
−5	$ 89.00	0.00%	$ —	$ 17.80
	研究資産の価値		$3,035.40	
	当年償却分			$484.60

同社の調整後純資本支出は、直近年のR&D費（15億9400万ドル）を加え戻し、研究資産の償却費（4億8500万ドル）を差し引いて求めた。

　次に、シスコ社が前会計年度に行った企業買収の効果を織り込むための調整を行う。次の表はその年に行われた買収とその買収価格を示したものである。

被買収企業	買収方法	買収価格
ジオテル社	プーリング法	$1,344
ファイベックス社	プーリング法	318
センティエント社	プーリング法	103
アメリカン・インターネット・コーポレーション	パーチェス法	58
サマ・フォー社	パーチェス法	129
クラリティ・ワイヤレス社	パーチェス法	153
セルシウス・システムズ社	パーチェス法	134
パイプリンクス社	パーチェス法	118
アムテヴァ・テクノロジーズ社	パーチェス法	159
合計買収価格(単位=百万ドル)		$2,516

買収方法としてプーリング法とパーチェス法の両方を使っていることと、これらの買収に対する支払い額の合計は1999年の純資本支出に加算されることに注意しよう。同社のこれまでの経緯から、1999年に行われたこれらの買収は同社にとって特異なことではなく、同社の再投資政策を反映しているものと考えられる。これらの買収に関連する償却費はすでに減価償却費に加算されている（本当に問題となるのは非課税の償却費のみである。償却費が非課税でない場合は、償却費控除前のEBITを見ればよく、純資産支出の推定には償却費を含めないようにする）。次の表は1999年の同社の最終的な純資本支出をまとめたものである。

資本支出	$584.00
－減価償却費	$486.00
純資本支出(財務上)	$98.00
＋R&D費	$1,594.00
－R&Dの償却	$484.60
＋企業買収	$2,516.00
調整後純資本支出	$3,723.40

評価において企業買収を無視することは可能か

　買収を純資本支出や価値に織り込むのは難しい場合がある。特に、大規模な買収を頻繁に行わない企業の場合はなおさらである。買収があるのかどうかや買収価格、そして買収による企業の成長率などを予測するのは不可能に近い。評価において買収を無視できる方法がひとつだけあるが、それにはコストが伴う。買収価格が適正（つまり、買収価格が被買収企業の適正な価値を反映している）で、被買収企業の株主が買収による相乗効果や経営管理価値を請求すると仮定するならば、買収規模や買収による成長率向上の大小にかかわらず、買収は企業価値に何らの影響も及ぼさないと考えられる。理由は簡単だ。適正価格による買収は要求されたリターンが得られる投資——正味現在価値がゼロの投資——だからである。

　企業価値を評価する際に買収を考慮しないとするならば、内部的に一貫性を持たせなければならない。つまり、買収による成長分は評価からは除外しなければならないということである。よくある過ちは、過去に買収によって著しい成長を遂げてきた企業を評価するとき、買収を無視する一方でその成長率をそのまま当てはめて将来の成長率を予測することである。こうすることで、買収による便益を評価に加える一方でそのコストは考慮しない、という事態が生じるため、企業価値は過大評価されることになる。

　企業買収を評価に含めない場合、どういったデメリットが生じるのだろうか。すべての買収が適正価格で行われているとはかぎらず、買収による相乗効果や経営管理価値も被買収企業の株主の要求どおりになるとはかぎらない。買収のコストや便益を無視することは、結果的には買収によって成長を遂げてきたシスコ社のような企業を過小評価することにつながる。一方、常に買収価格を払い過ぎてきた企業の価値は、買収を無視することで過大評価されることになる。

> **capex.xls** 企業の収益や企業価値に対する割合で表した直近四半期における米国企業の産業別資本支出がウェブサイトで閲覧可能。

運転資本に対する投資

再投資のもうひとつの成分は運転資本需要に備えて積む必要のあるキャッシュである。運転資本の増加はキャッシュの流れを拘束するため、マイナスのキャッシュフローを生じる。反対に、運転資本の減少はキャッシュを開放するため、プラスのキャッシュフローを生じる。

運転資本の定義

運転資本は一般に流動資産と流動負債の差として定義される。しかし、評価目的で運転資本を測定する場合、この定義は若干変わってくる。

● キャッシュと市場性証券投資額は流動資産から差し引く。なぜなら、キャッシュは、特に巨額のキャッシュは、Tビル、短期国債、CP（コマーシャルペーパー）などに投資されるからである。これらの投資から得られるリターンは実物投資のリターンよりも低いかもしれないが、リスクフリー投資からの適正なリターンを表すものである。棚卸資産や売掛金をはじめとするその他の流動資産とは異なり、キャッシュからは適正なリターンが得られるため、運転資本には含めるべきではない。このルールに例外はないのだろうか。日常業務のために巨額のキャッシュバランスを維持しなければならない企業や、銀行制度が整備されていない市場で事業活動を行う企業を評価するときは、事業に必要なキャッシュは運転資本の一部と考えることができる。

●有利子負債——短期借入金と長期借入金のうち当期に返済しなければならない負債——もすべて流動負債から差し引く。これらの負債は資本コストの計算に含まれるため、流動負債から差し引いておかなければダブルカウントすることになる。

非現金運転資本はセクターが違えば企業ごとに大幅に異なるうえ、同じセクターの企業間で異なることも珍しくない。**図10.2**は2001年1月現在の米国企業の非現金運転資本を収益に対する割合で表したものである。

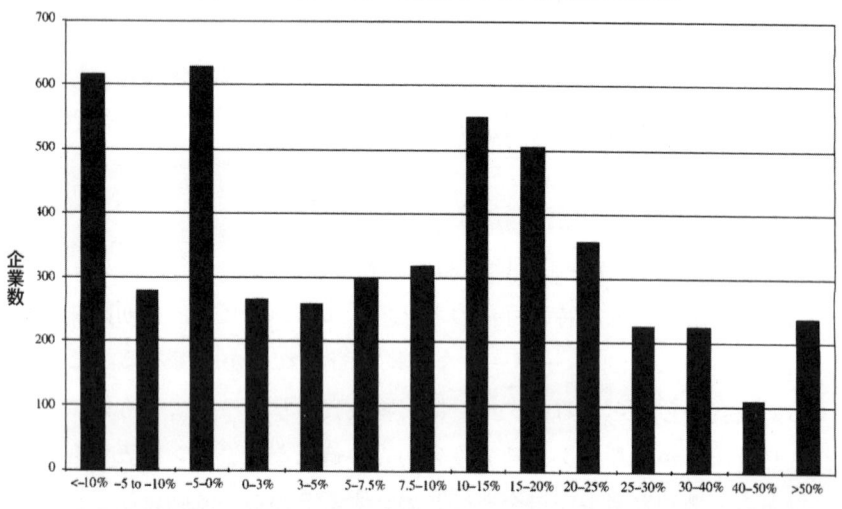

図10.2　収益に対する割合で示した非現金運転資本

出所：バリューライン

実例 10.7　運転資本と非現金運転資本 ——マークス・アンド・スペンサー社

マークス・アンド・スペンサー社は英国の小売店チェーンで、英国以

外でもグローバルにチェーン展開している。次の表は1999年から2000年までの同社の運転資本の内訳を示したもので、表には各年の運転資本の合計の他に非現金運転資本の合計も示されている。

	1999	2000
キャッシュやキャッシュ相当物	282	301
市場性証券	204	386
売掛金	1,980	2,186
在庫(棚卸資産)	515	475
その他の流動資産	271	281
流動資産の合計	3,252	3,629
非現金流動資産	2,766	2,942
買掛金	215	219
短期借入金	913	1,169
その他の短期負債	903	774
流動負債の合計	2,031	2,162
借入金以外の流動負債	1,118	993
運転資本	1,221	1,467
非現金運転資本	1,648	1,949

いずれの年も、非現金運転資本が運転資本を大きく上回っている。したがって、運転資本のより正確な測度としては非現金運転資本を用いるほうがよい。

非現金運転資本の変動予測

　非現金運転資本の変動は財務諸表から比較的簡単に予想することはできるが、これには注意が必要である。非現金運転資本の変動は不安定だからである。数年間大きく増加したと思えば、その後の数年間は大きく減少するといったことがよくある。こういった不安定な変動に振り回されずに非現金運転資本の将来的な変動を予測するには、運転資本の変動を収益や売上原価の長期にわたる期待変動と関連させて考えなければならない。非現金運転資本の変動を将来の長期にわたって

予想するには、非現金運転資本を収益に対する割合で表した数値と、各期における収益の期待変動とを用いればよい。非現金運転資本の収益に対する割合は企業履歴あるいは業界標準から得ることができる。

運転資本は項目別に見ていく必要はあるのだろうか。つまり、売掛金や棚卸資産、買掛金といった項目別に推定することの価値はあるのかということである。これは、分析対象の企業によっても異なるし、運転資本をどの程度先の将来まで予測するかにもよる。棚卸資産や売掛金の変動が収益の変動と大きく異なるような企業の場合、項目別に推定したほうがよいことは明白である。しかしこれには、企業価値を評価する際の入力量が増加するというデメリットが伴うことは明らかである。さらに、推定が必要な期間がかなり先の将来にまで及べば、項目別に推定することのメリットは減少する。ほとんどの企業の場合、非現金運転資本はトータル的に考えるほうが簡単であるばかりでなく、項目別に推定するよりも精度も高いことが多い。

実例10.8　非現金運転資本需要の推定──ギャップ

専門小売のギャップは大量の棚卸資産と多額の運転資本を必要とする。2000会計年度（2001年1月に終了）末の同社の棚卸資産は19億400万ドルで、その他の非現金流動資産額は3億3500万ドルであった。また、買掛金は10億6700万ドル、その他の無利子流動負債額は7億200万ドルであった。2001年1月現在の同社の非現金運転資本の推定額は以下のとおりである。

$$非現金運転資本 = 1,904 + 335 - 1,067 - 702 = 470,000,000 ドル$$

次の表は前年末の非現金運転資本と各年の収益をまとめたものであ

る。

	1999	2000	変動
棚卸資産	$ 1,462	$ 1,904	$ 442
その他の非現金流動資産	$ 285	$ 335	$ 50
買掛金	$ 806	$ 1,067	$ 261
その他の無利子流動負債	$ 778	$ 702	-$ 76
非現金運転資本	$ 163	$ 470	$ 307
収益	$11,635	$13,673	$2,038
運転資本(収益に対する%)	1.40%	3.44%	15.06%

非現金運転資本は前年比で3億700万ドル増加した。同社の非現金運転資本需要を見積もるに当たっては、次の5つのオプションがある。

1. 非現金運転資本の前年からの増額（3億700万ドル）をベースに算出する方法。将来の利益がこの率で成長すると仮定する。しかし、これは最も好ましくないオプションである。非現金運転資本の変動はきわめてボラティリティが高く、前年の変動が実際には外れ値である可能性もあるからである。
2. 非現金運転資本の直近年の収益に対する比率の変化と収益の将来の成長率をベースに算出する方法。この方法によれば、ギャップの場合、非現金運転資本の将来の変動はその年の収益の変動3.44％になる。第1のオプションよりはましだが、非現金運転資本の収益に対する比率も年によって変化する可能性がある。
3. 限界的な非現金運転資本の直近年の収益に対する変動（直近年の非現金運転資本の変動を直近年の収益の変動で割った数値）と収益の将来の成長率をベースに算出する方法。この方法によれば、ギャップの場合、非現金運転資本の収益に対する将来の変動率は15.06％ということになる。このアプローチは、事業構成が常に変化し、成長分野が過去と異なるような企業には最適である。例えば、変動の激しいオンライン小売の限界的な運転資本需要は全

体的な需要とは大きく異なる。
4. 非現金運転資本の過去の収益に対する比率をベースに算出する方法。例えば、非現金運転資本の1997年から2000年までの収益に対する比率の平均は4.5％という具合である。このアプローチのメリットは、年ごとに異なる変動を平滑化できる点であるが、運転資本にトレンド（上昇もしくは下落）がある場合には、不適切かもしれない。
5. 過去の運転資本履歴を無視し、非現金運転資本の収益に対する比率の業界平均を用いる方法。過去の運転資本のボラティリティが高く、予測不可能な企業の場合、このアプローチが最適である。また、成長に伴いスケール・メリットが期待できる小企業の非現金運転資本を推定する場合にもこのアプローチがベストである。ギャップはこういったケースには当てはまらないが、そのような場合でも、専門小売の非現金運転資本の収益に対する比率の業界平均7.54％を使って、非現金運転資本需要を推定することができる。

　次の表は、ギャップのWC（非現金運転資本）の予想変動を各アプローチによって推定した値を比較したものである。ただし、次の５年間における同社の収益と利益の成長率は10％とした。

	当年	1	2	3	4	5
収益	$13,673.00	$15,040.30	$16,544.33	$18,198.76	$20,018.64	$22,020.50
収益の変動		$1,367.30	$1,504.03	$1,654.43	$1,819.88	$2,001.86
1.非現金WCの変動による方法	$307.00	$337.70	$371.47	$408.62	$449.48	$494.43
2.現在のWC・収益比率による方法	3.44%	$47.00	$51.70	$56.87	$62.56	$68.81
3.限界的なWC・収益比率による方法	15.06%	$205.97	$226.56	$249.22	$274.14	$301.56
4.過去平均による方法	4.50%	$61.53	$67.68	$74.45	$81.89	$90.08
5.業界平均による方法	7.54%	$103.09	$113.40	$124.74	$137.22	$150.94

上表から、非現金運転資本需要は各アプローチによって大きく異なる

ことが分かる。

マイナスの運転資本（あるいはその変動）

　非現金運転資本の変動はマイナスになることがあるのだろうか。答えは明らかにイエスである。しかし、非現金運転資本の変動がマイナスになるとはどういったことを意味するのだろうか。非現金運転資本が減少すれば、拘束されていたキャッシュが開放されるため、企業のキャッシュフローは増加する。企業の棚卸資産が膨張したり、掛け売りを安易に行いすぎたりした場合、棚卸資産もしくは掛け売りまたはその両方を効率的に管理すれば運転資本は減少するため、近い将来（3〜4年、あるいは5年程度先）にプラスのキャッシュフローを生み出すことができる可能性がある。しかし、問題はこのシステムがそれよりも先においてもプラスのキャッシュフローを生む源泉になり得るかどうかである。このシステムは将来のある時点で必ず非効率性を失うため、それ以上運転資本を減らせば、収益や利益の成長がマイナスに転じることもあり得る。したがって、運転資本がプラスの企業が運転資本を減らすことができるのは、ほんの短期間だけということである。実際には、運転資本が効率的に管理されるようになれば、運転資本の年ごとの変動は運転資本の収益に対する比率を使って推定できるはずである。例えば、非現金運転資本の収益に対する比率が10％の企業があったとして、あなたは運転資本をもっと効率的に管理すれば比率は6％に下げることができると考えていると仮定しよう。この場合、あなたは次の4年間の運転資本の収益に対する比率を6％とし、各年の運転資本需要を、収益の増分の6％として計算するだろう。次の表は同社の非現金運転資本の変動を予想したものである。ただし、現在の収益は10億ドル、収益は次の15年においては年10％の率で成長

するものとする。

年	当年	1	2	3	4	5
収益	$1,000.00	$1,100.00	$1,210.00	$1,331.00	$1,464.10	$1,610.51
非現金WCの収益に対する比率	10%	9%	8%	7%	6%	6%
非現金運転資本	$ 100.00	$ 99.00	$ 96.80	$ 93.17	$ 87.85	$ 96.63
非現金WCの変動		–$ 1.00	–$ 2.20	–$ 3.63	–$ 5.32	$ 8.78

　運転資本そのものがマイナスになるということはあり得るのだろうか。答えは前と同様、イエスである。流動負債が非現金流動資産を上回る場合、非現金運転資本はマイナスになる。しかし、これは運転資本の変動がマイナスになるよりもやっかいな問題をはらんでいる。運転資本がマイナスということは、その企業はある意味で延べ払い信用を資本源にしていることになる。特に、企業規模が拡大するにつれ運転資本のマイナス額が増加するような企業についてはこのことがよく当てはまる。ウォルマートを代表とする数々の企業はこの戦略を利用して成長率を伸ばしてきた。これはコスト効率的な戦略とも考えられる一方で、マイナス面もある。第一に、延べ払い信用は実際にはただではない。サプライヤーに対する支払いを遅らせることで現金割引や他の価格割引が受けられないかぎり、企業は支払い遅延の優遇措置に対してコストを支払っていることになる。したがって、この戦略を利用する企業は、この資本に対するコストと従来の借り入れとを比較してどちらが得かを考えてみる必要がある。

　第二に、マイナスの非現金運転資本を会計士も格付け会社もデフォルトリスクの源泉と考えるということである。企業の格付けが下がり、その企業の金利が上昇することを考えれば、延べ払い信用を資本源とすることはその他の資本にもそのしわ寄せが発生する可能性がある。実務上の問題としては、非現金運転資本がマイナスの企業の運転

資本需要を推定する際に問題が発生する。前述のシナリオ同様、非現金運転資本の変動がマイナスの場合、企業が短期的には繰り延べ信用を資本源として利用し続けることができないという理由はない。しかし、非現金資本のマイナス額がその先も長期にわたって増加すると想定すべきではない。将来のある時点で、非現金運転資本はゼロになるか、企業が圧力によって運転資本を増加させようとする動きが発生するものと想定すべきである。

> **wcdata.xls** 米国企業の直近四半期における非現金運転資本需要を業界別にまとめたデータがウェブサイトで閲覧可能。

まとめ

　企業を評価する場合、割り引くべきキャッシュフローは税金・再投資需要控除後かつ負債支払い前の数値を使わなければならない。本章では、この数値を算出する際の問題点のいくつかについて考察した。

　本章では、まず第9章で述べた利益の調整方法について説明した。この利益の税引後の数値を計算するには、税率を知る必要がある。一般に、企業は財務諸表では実効税率を用いるが、実効税率は限界税率と異なることがある。税引後営業利益を計算するのに用いる税率は最初は実効税率でもよいが、将来的には限界税率に近づけなければならない。損失を出し、税金を払っていない企業の場合、累積した純営業損失によって営業利益がプラスに転じてからも数年間は免税が受けられる。

　次に再投資について考察した。企業がその事業に対して行う再投資は2つに分けられる。ひとつは純資本支出で、これは資本支出（キャッシュ・アウトフロー）と減価償却費（実質的にはキャッシュ・インフ

ロー）との差額である。純資本支出には資本化された営業費用（R&D費など）と企業買収も含める。もうひとつが、棚卸や売掛金をはじめとする非現金運転資本に対する投資である。非現金運転資本の増加はキャッシュ・アウトフローを意味し、反対に減少はキャッシュ・インフローを意味する。ほとんどの企業の場合、非現金運転資本は変動が激しいため、将来のキャッシュフローを推定する際には平滑化する必要がある。

練習問題

1. 小規模メーカー、ジェンフレックス社を評価するものとしよう。同社の直近年の支払い税額は課税所得5000万ドルに対して1250万ドルで、再投資額は1500万ドルであった。同社の負債残高はゼロで、資本コストは11％、限界税率は35％である。同社の収益と再投資額が次の3年間は年10％、それ以降は年5％の率で成長すると仮定して、同社の価値を推定せよ。
   a．税引後営業利益の計算に実効税率を用いた場合。
   b．税引後営業利益の計算に限界税率を用いた場合。
   c．次の3年間は実効税率を、4年目には限界税率を用いた場合。

2. テクノロジー会社、レブテック社のフリーキャッシュフローを推定するものとしよう。同社の直近年における支払利息・税金控除前利益は8000万ドルで、資本支出は3000万ドル、減価償却費は2000万ドルであった。同社についてはさらに2つの複雑な事柄を考慮しなければならない。

   ●同社の直近年のR&D費は5000万ドルであった。同社のR&D費の妥当な償却期間を3年とした場合、同社の過去3年間におけ

るR&D費はそれぞれ2000万ドル、3000万ドル、4000万ドルになった。
●その間、同社は二度にわたって企業買収を行った。1件は現金による4500万ドルの買収で、もう1件は株式による3500万ドルの買収である。

同社の運転資本需要がゼロで税率が40％であるとしたとき、直近年に生み出される企業フリーキャッシュフローを推定せよ。

3．旅行事業に従事するルイス・クラーク社が発表した前年の支払利息・税金控除前利益は6000万ドルであったが、あなたは同社に関する興味深い新たなデータを発見した。

●同社の前年のオペレーティングリース費用は5000万ドルで、次の8年間にわたって同額ずつ返済しなければならない。
●同社が発表した前年の資本支出は3000万ドル、減価償却費は5000万ドルである。しかし、同社は前年2件の企業買収を行った。そのうちの1件は現金による5000万ドルの買収で、もう1件は株式交換による3000万ドルの買収である。これらの買収に関連する償却費はすでに当年の減価償却費に含まれている。
●運転資本総額は前年年初の1億8000万ドルから前年末には2億ドルに増加した。しかし、同社のキャッシュバランスはこの運転資本が大部分を占め、その額は前年年初の8000万ドルから前年末には1億2000万ドルに増加した（キャッシュはTビルに投資されている）。
●同社の税率は40％、税引前の負債コストは6％である。

前年の企業フリーキャッシュフローを推定せよ。

4. 次の表は、1994年12月31日現在のフォード・モーター社の貸借対照表である（単位＝百万ドル）。

資産		負債	
現金	$ 19,927	買掛金	$ 11,635
売掛金	$ 61,469	1年以内に返済しなければならない借入金	$ 36,240
棚卸資産	$ 10,128	他の流動負債	$ 2,721
流動資産の合計	*$ 91,524*	流動負債の合計	*$ 50,596*
固定資産	$ 45,586	短期借入金	$ 36,200
		長期借入金	$ 37,490
		株主資本	$ 12,824
資産の合計	$137,110	負債の合計	$137,110

1994年の同社の収益は1549億5100万ドルで売上原価は1038億1700万ドルであった。

a. 純運転資本を求めよ。
b. 非現金運転資本を求めよ。
c. 非現金運転資本の収益に対する比率を求めよ。

5. 問題4において、フォード社の次の5年間における収益の成長率を年10％として、次の問いに答えよ。

a. 各年の非現金運転資本の期待変動を求めよ。ただし、非現金運転資本の収益に対する比率は1994年水準のままとする。
b. 各年の非現金運転資本の期待変動を求めよ。ただし、非現金運転資本の収益に対する比率は業界水準の4.3％に収束するものとする。

6. 小売業のニューウェル・ストアーズ社が発表した前年の収益は10億ドルで、税引後の営業利益は8000万ドル、非現金運転資本は－5000万ドルであった。

a. 運転資本の収益に対する比率が来年も変わらず、純資本支

出をゼロとした場合の企業フリーキャッシュフローを推定せよ。ただし、収益は10％増が予想されているものとする。

b．同社の次の10年間の企業フリーキャッシュフローを推定する場合、運転資本に関する仮定は同じでよいか。また、その理由を述べよ。

第11章 成長率の推定

Estimating Growth

　企業の価値は、その企業によって生み出される将来のキャッシュフローの現在価値によって決まる。特に高成長企業を評価する際に最も重要な入力量は、将来の収益と利益を推定するのに用いる成長率である。本章では、収益の低い企業や利益がマイナスの企業を含むさまざまな企業の成長率を推定する最良の方法について考察する。

　企業の成長率を推定する基本的な方法は3つある。ひとつは企業の過去の利益の成長率、つまりヒストリカル成長率をベースとした方法である。ヒストリカル成長率は安定企業を評価するときには有用な入力量となるが、高成長企業の評価に用いるのは危険であるとともに、限界もある。高成長企業の場合、ヒストリカル成長率を推定するのは難しいことが多く、たとえ推定できたとしても、将来の期待成長率としての信頼度は低い。

　2番目の方法は、その企業をフォローし、成長率を正確に予測する株式リサーチ・アナリストの出した数値を用いるというものである。アナリストがフォローしている企業は多いものの、アナリストの出す予想成長率を見てみると、特に長期的なものについては、残念ながらあまり信頼できないのが実情である。評価において彼らの出した予想成長率に頼りすぎると、誤差が大きく一貫性のない価値評価につながるおそれもある。

3番目の方法は、企業のファンダメンタルズを基に成長率を推定するというものである。企業の成長率は結局は、新たな資産に対する再投資額とこれらの投資の質によって決まる。この場合の投資とは、企業買収、流通経路の構築、マーケティング能力の向上などを含む広義の投資を意味する。こういった入力量を基に推定した成長率は、ある意味ではファンダメンタル成長率と言うことができる。

成長率の重要性

　企業が価値を持つのは、その企業が今現在キャッシュフローを生み出す資産を所有しているか、あるいはそういった資産を将来的に取得することが期待できるからである。前者の資産グループは既存資産として分類され、後者は成長資産として分類される。**図11.1**は企業の財務上の貸借対照表を示したものである。会計上の貸借対照表とは大きく異なることに注意しよう。成長資産は会計上では一貫性をもって明確に扱われることが少ない。

図11.1　企業の財務上の貸借対照表

資産		負債	
・既存投資 ・今日キャッシュフローを生み出す	すでに行われた投資	負債	借入金
・将来的な投資から生み出される期待価値	まだ行われていない投資	株主資本	株主が出資した資金

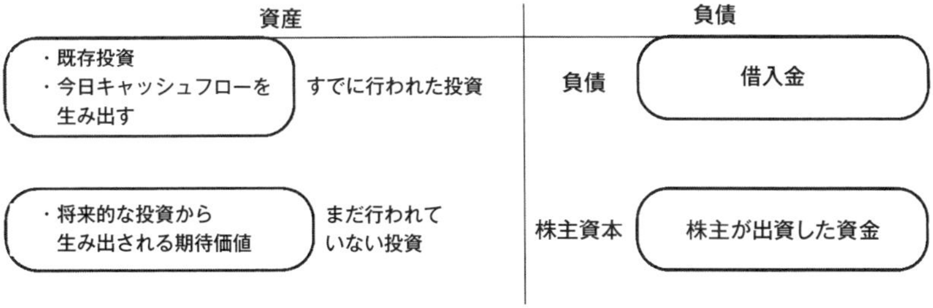

　高成長企業の場合、会計上の貸借対照表は企業の資産を正確に表しているとは言いがたい。こういった企業の会計上の貸借対照表には企業の最大の資産である将来の成長が反映されていないからである。研

究に投資している企業の場合、事態はさらに悪化する。簿価にこういった企業の最大の資産である研究資産が含まれていないからである。

ヒストリカル成長率

　企業の将来の期待成長率を推定する場合、その企業の履歴を見ることから始めるのが普通である。つまり、その企業の事業の最近の成長具合を、収益もしくは利益の成長率を通じて測定しようというわけである。過去の成長率が必ずしも将来の成長率を見るうえでの適切な指標になるとはかぎらないが、将来を予測するうえでの貴重な情報源になることは確かである。本節では、まず過去の成長率を推定する際の測定上の問題について考察したあと、過去の成長率を将来予測に利用する方法について見ていく。

ヒストリカル成長率の推定

　企業の過去の利益が分かっていれば、ヒストリカル成長率を推定するのは簡単な作業に思えるかもしれないが、測定上の問題点がいくつかある。特に、平均成長率は、どういった平均を用いるかや、成長に時間的な複利効果を含めるかどうかによっても違ってくる。また、過去にマイナスの利益があった場合や当期利益がマイナスの場合には成長率の推定は難しくなる。

算術平均と幾何平均

　平均成長率は算術平均を使うか幾何平均を使うかで違ってくる。算術平均は過去の成長率の単純平均であるが、幾何平均は複数期間にわたる複利効果を考慮した平均である。

$$算術平均 = \frac{\sum_{t=-n}^{t=-1} g_t}{n}$$

ただし、g_t = t 年の成長率

$$幾何平均 = (利益_0 \div 利益_{-n})^{(\frac{1}{n})} - 1$$

ただし、$利益_t$ = t 年の利益

　これら2つの方法による平均値は、特に利益変動の激しい企業の場合には大きく異なる。過去の利益の真の成長率を見る測度としては、幾何平均のほうが単純平均よりもはるかに正確である。年ごとに成長率が大きく変動する場合は特にそうである。

　収益についても算術平均と幾何平均の特徴はそのまま当てはまる。ただし、2つの方法による違いは利益ほど大きくはない。利益や収益の変動の激しい企業の成長率を予測するのに算術平均を用いる場合は、特に注意が必要である。

実例 11.1　算術平均と幾何平均の違い——モトローラ社

　次の表は1994年から1999年までのモトローラ社の収益、EBITDA、EBIT、純利益を年ごとにまとめたものである。算術平均と幾何平均による成長率は表の一番下に示してある。

年	収益	変化率(%)	EBITDA	変化率(%)	EBIT	変化率(%)	純利益	変化率(%)
1994	$22,245		$4,151		$2,604		$1,560	
1995	$27,037	21.54%	$4,850	16.84%	$2,931	12.56%	$1,781	14.17%
1996	$27,973	3.46%	$4,268	−12.00%	$1,960	−33.13%	$1,154	−35.20%
1997	$29,794	6.51%	$4,276	0.19%	$1,947	−0.66%	$1,180	2.25%
1998	$29,398	−1.33%	$3,019	−29.40%	$ 822	−57.78%	$ 212	−82.03%
1999	$30,931	5.21%	$5,398	78.80%	$3,216	291.24%	$ 817	285.38%
算術平均		7.08%		10.89%		42.45%		36.91%
幾何平均		6.82%		5.39%		4.31%		−12.13%
標準偏差		8.61%		41.56%		141.78%		143.88%

幾何平均＝(利益1999÷利益1994)$^{1/5}$−1

　いずれの項目についても、算術平均による成長率のほうが幾何平均による成長率よりも高いことでは一致しているが、違いが特に目立つのは純利益と営業利益（EBIT）である。これは、純利益と営業利益はこれらの項目のなかでも最もボラティリティが高く、変化率の標準偏差が140％以上にも上るためである。また、1994年と1999年の純利益と営業利益を見てみると、幾何平均のほうが真の成長率のより正確な指標になっていることは明らかである。1994年から1999年までの間、モトローラ社の営業利益は限界的にしか増加しておらず、幾何平均による成長率4.31％にはこの点が反映されている。しかし、算術平均による成長率には営業利益の限界的な増加は反映されておらず、この数値を見るかぎりでは営業利益は大きく伸びたかの印象を受ける。また、この間の同社の純利益は50％近く減少している。幾何平均によるマイナス成長率はこの点を反映しているが、算術平均による成長率は36.91％と現実とはかけ離れたものになっている。

線形回帰モデルと対数線形回帰モデル

　算術平均は各期における利益変動率にはすべて同じウエートがかけられ、利益の複利効果は無視される。一方、幾何平均は複利効果は考

慮されるが、注目するのは系列データの最初と最後の観測値のみである。つまり、中間の観測値はすべて無視され、その期間内に観測されたかもしれない成長率のトレンドも一切無視される。こういった諸般の問題はEPS（1株当たり利益）の時間に対する単純最小2乗法（単純最小2乗法は、推定値と観測値との差の2乗が最小になるように回帰係数を求める方法）で少なくとも一部は解決することができる。

$$EPS_t = a + bt$$

ただし、
　EPS_t＝期間 t における1株当たり利益
　t ＝期間 t

時間変数にかかる傾き係数は観測期間における利益変動を表す。しかし、線形モデルの問題点は、この係数がドル価EPSで表されているため、複利効果を考えた場合、将来の成長率を予測するのには不適切であるということである。
　対数線形モデルではこの係数が変化率（％）として表される。

$$\ln(EPS_t) = a + bt$$

ただし、
　$\ln(EPS_t)$＝期間tにおける1株当たり利益の自然対数
　t ＝期間 t

時間変数にかかる係数bは単位時間当たりの利益の変動率（％）を表す。

実例11.2　成長率の線形モデルと対数線形モデル　――ゼネラル・エレクトリック社

次の表は1991年から2000年までのゼネラル・エレクトリック（GE）社のEPSと、その変動率（％）、自然対数を各年ごとにまとめたものである。

年	暦年	EPS	EPSの変動率(%)	ln(EPS)
1	1991	0.42		−0.8675
2	1992	0.41	−2.38%	−0.8916
3	1993	0.4	−2.44%	−0.9163
4	1994	0.58	45.00%	−0.5447
5	1995	0.65	12.07%	−0.4308
6	1996	0.72	10.77%	−0.3285
7	1997	0.82	13.89%	−0.1985
8	1998	0.93	13.41%	−0.0726
9	1999	1.07	15.05%	0.0677
10	2000	1.27	18.69%	0.2390

1991年から2000年にかけての同社のEPSの成長率を推定する方法はいくつかある。ひとつは算術平均と幾何平均による方法である。

EPSの算術平均成長率 = 13.79%

EPSの幾何平均成長率 = $(1.27 \div 0.42)^{\frac{1}{9}} - 1 = 13.08\%$

2番目の方法は、EPSを時間変数（初年の値は1、2年目の値は2……）に対して線形回帰させるというものである。

線形回帰……EPS = 0.2033 + 0.0952EPS　　$R^2 = 94.5\%$
　　　　　　　　[4.03]　　　[11.07]

この回帰方程式から、1991年から2000年までの期間ではEPSは毎年9.52セント増加していることが分かる。この変化量をこの期間におけ

るEPSの平均で割れば、EPSの成長率（％）が求められる。

EPSの成長率
＝回帰方程式の係数÷平均EPS＝0.0952÷0.727＝13.10％

最後に、ln（EPS）を時間変数に対して回帰させると、次の回帰方程式が得られる。

$$[19.53]\quad[14.34]$$
対数線形回帰……ln（EPS）＝－1.1288＋0.1335t　　R2＝95.8％

この場合の時間変数にかかる係数は、複利効果を考慮したEPSの成長率と考えることができる。この回帰方程式によれば、GEの1年当たりの1株当たり成長率は13.35％ということになる。

　GEの場合、EPSの成長率は比較的安定しているため、いずれの方法による値も大差はない。利益変動が激しい企業の場合、各種アプローチによる値の違いはもっと大きくなる。

マイナスの利益

ヒストリカル成長率はマイナスの利益が存在すると正確には測定できない。利益の年次変動率は次のように定義される。

期間tにおけるEPSの変動率（％）＝（$EPS_t - EPS_{t-1}$）÷EPS_{t-1}

EPS_{t-1}がマイナスの場合、この式による計算値は無意味である。幾何平均の計算についても同じことが言える。当初のEPSがマイナスも

しくはゼロの場合、幾何平均をとっても意味はない。

対数線形回帰についても同様の問題が発生する。EPSの対数をとるにはESPがゼロよりも大きくなければならないからである。利益がマイナスの企業の場合、意味のある利益成長率を求めるには少なくとも2つの方法がある。ひとつは、前述したようにEPSの時間に対する線形回帰方程式を求める方法である。

$EPS = a + bt$

次に、次式を使ってESPの成長率を概算する。

EPSの成長率 = b ÷ 回帰期間における平均EPS

ここでは、回帰期間における平均EPSはプラスであると仮定している。もうひとつのアプローチは、EPS_tとEPS_{t-1}のうち数値の大きいほうを分母に用いるというものである。

EPSの変動率(%) = $(EPS_t - EPS_{t-1}) \div Max(EPS_t, EPS_{t-1})$

あるいは、前期のEPSの値として絶対値を用いてもよい。

ヒストリカル成長率を求めるこれらの方法からは、求められた成長率が将来の成長率を予測するのに有益かどうかについては分からない。結論として言えることは、利益がマイナスのときヒストリカル成長率は無意味であるため、将来の成長率の予測には用いないほうがよいということである。

実例11.3　マイナスの利益
　　　　　——コマース・ワンとアラクルス・セルローズ社

　利益成長率の予測にかかわる問題は、利益がすべてマイナスの企業の場合にも見られる。例えば、Ｂ２Ｂ事業を営むコマース・ワンが1999年に報告した営業利益（EBIT）は－5300万ドルで、2000年には－３億4000万ドルであった。同社の利益が悪化していることは明らかであるが、利益成長率を従来の方法で計算すれば次の数値が得られる。

コマース・ワンの2000年の利益成長率
＝［－340－（－53）］÷（－53）＝5.41（つまり541％）

　次にブラジルの製紙・パルプメーカー、アラクルス・セルロース社の例を見てみよう。同社は同業他社同様、商品市況の上昇・下落に大きな影響を受ける。次の表は、1995年から2000年までの同社のEPSをまとめたものである。

年	EPS(単位＝ブラジルレアル)
1995	0.302
1996	0.041
1997	0.017
1998	−0.067
1999	0.065
2000	0.437

　1998年のマイナスの純利益（EPS）は1999年の成長率を推定するうえで問題をきたす。例えば、同社の1998年のEPSは－0.067BRで、1999年は＋0.065BRである。EPSの成長率を従来の方法で計算すると次のようになる。

1999年の利益成長率 $= [0.065 - (-0.067)] \div (-0.067) = -197\%$

1999年に利益が改善されていることを考えれば、このマイナスの数値は何の意味もないことが分かる。この問題を解決するには2つの方法がある。ひとつは、分母に使われた実際のEPSを絶対値で置き換えることである。

1999年の利益成長率$_{絶対値}$ $= [0.065 - (-0.067)] \div (0.067) = 197\%$

もうひとつの方法は、両年のEPSの数値の大きい方を分母に用いるというものである。

1999年の利益成長率$_{最大値}$ $= [0.065 - (-0.067)] \div (0.065) = 203\%$

これで成長率はプラスになったが、成長率の数値そのものは将来の成長率を予測するうえではまったく役に立たないことはすでにお分かりのことと思う。

時系列モデルによるEPSの予測

時系列モデルも前節で述べた単純モデル同様、ヒストリカル・データを用いる。単純モデルに比べると、より正確な予測はできるが、かなり高度な統計手法が必要になる。

ボックス・ジェンキンスモデル

ボックス・ジェンキンスは自動回帰和分移動平均モデルを使って1変量時系列データの分析・推定を行う手法を考案した。ARIMA（自

動回帰和分移動平均）モデルは時系列の値を過去の値と過去の誤差（ショック）との線形結合で表したものである。ヒストリカル・データが用いられるため、データが時間的なトレンドを持ったり、外部のイベントや変数に依存するといった確定的なふるまいをとらないかぎり、モデルは有効である。ARIMAモデルは一般に次の記号で表される。

ARIMA(p,d,q)

ただし、
  p＝自動回帰部分の階数
  d＝差分の階数
  q＝移動平均過程の階数

数学的には次式のように表される。

$$w_t = \phi_1 w_{t-1} + \phi_2 w_{t-2} + \cdots + \phi_p w_{t-p} + \theta_0 - \theta_1 a_{t-1} - \theta_2 a_{t-2} - \cdots - \theta_q a_{t-q} + \varepsilon_t$$

ただし、
  w_t＝元データ系列あるいは元データの階数dの差
  ϕ_1、ϕ_2……ϕ_p＝自動回帰パラメータ
  θ_0＝定数項
  θ_1、θ_2……θ_q＝移動平均パラメータ
  ε_t＝独立した攪乱項、ランダムな誤差

ARIMAモデルをデータの季節変動性に対して調整したものがSARIMA（季節変動自動回帰和分移動平均）モデルで、記号では次

のように表される。

$$SARIMA(p,d,q) \times (p,d,q)_{s=n}$$

ただし、s＝長さnの季節変動パラメータ

利益の時系列モデル

利益予測に用いられるほとんどの時系列モデルは四半期ごとのEPS予測に焦点が当てられる。バスケ、ロレック (1984) の論文によれば、四半期ごとのEPSの推定には3つの時系列モデルが有効である。四半期ごとのEPSは強い季節変動性を示すため、有効なモデルはいずれもSARIMAモデルである。最初のモデルはフォスター (1977) によるもので、利益の季節変動性が織り込まれている。

モデル1……$SARIMA(1,0,0) \times (0,1,0)_{s=4}$
$$EPS_t = \phi_1 EPS_{t-1} + EPS_{t-4} - \phi_1 EPS_{t-5} + \theta_0 + \varepsilon_t$$

グリフィン、ワッツはこのモデルを移動平均パラメータを含めて拡張した。

モデル2……$SARIMA(0,1,1) \times (0,1,1)_{s=4}$
$$EPS_t = EPS_{t-1} + EPS_{t-4} - EPS_{t-5} - \theta_1 \varepsilon_{t-1} - \Theta \varepsilon_{t-4} - \Theta \theta_1 \varepsilon_{t-5} + \varepsilon_t$$

ただし、
　　θ_1＝1次の移動平均［MA (1)］パラメータ
　　Θ＝1次の季節変動移動平均パラメータ
　　ε_t＝四半期t末に観測された撹乱

3番目のモデルはブラウン、ロゼフ (1979) によって提唱されたもの

で、このモデルでも季節変動移動平均パラメータが用いられている。

$$\text{モデル3} \cdots\cdots \text{SARIMA}(1,0,0) \times (0,1,1)_{s=4}$$
$$EPS_t = \phi_1 EPS_{t-1} + EPS_{t-4} - \phi_1 EPS_{t-5} + \theta_0 - \Theta \varepsilon_{t-4}$$

利益予測における時系列モデルの有効性

次期のEPSを予測する分には、時系列モデルのほうが単純モデル（過去の利益データを使用）よりも精度は高い。時系列モデルの予測誤差（つまり、実際のEPSと予測値との差）は単純モデル（例えば、過去の成長率の単純平均）の予測誤差よりも平均的に小さい。しかし、長期予測になると時系列モデルの単純モデルに対する優位性は低下する。つまり、時系列モデルの予測値は長期予測においては不安定になるということである。

時系列モデルについても、標本に含まれる全企業に対して最小の予測誤差でEPSを予測するという点に関して、どのモデルが最良であるかははっきりとは言えない。では、全企業に同じモデルを用いるよりも、各企業ごとにベストモデルを用いたほうがよいかというと、そうとも言えない。

評価における時系列モデルの限界

評価における利益予測に時系列モデルを用いる場合、いくつかの問題点がある。第一に、時系列モデルは大量のデータを必要とする。時系列モデルが四半期ごとのEPS予測に焦点が当てられるのはこのためである。しかし、評価で重要なのは、四半期ごとのEPSではなく年次EPSの予測である。第二に、四半期ごとのEPSを予測する場合でも、ほとんどの企業について得られる観測値の数は10年から15年分のデータ（40から60の四半期データ）という限界があるため、時系列モデルのパラメータと予測値における推定誤差（時系列モデルは最低30の観

測値があれば実行可能であるが、実際には観測値の数が多ければ多いほど推定誤差は減少する）は大きくなる。第三に、予測期間が長期化するにつれ、時系列モデルによる利益予測の精度は下がる。評価においては数四半期分ではなく数年分にわたる利益予測が必要になることを考えれば、時系列モデルの有用性には限界がある。最後に、調査によれば、利益予測においては、最良の時系列モデルよりもアナリスト予測のほうが精度が高いという結果が出ている。

結論を言えば、時系列モデルが使えるのは利益履歴が長く、モデルのパラメータが時間とともにあまり変動しない企業の利益を予測するときにかぎられるということである。しかし、多くの場合、少なくとも評価においては、時系列モデルを用いることのメリットがコストを下回ることが多い。

ヒストリカル成長率の有用性

過去の成長率は将来の成長率を予測するうえで良い指標となるのだろうか。残念ながら、必ずしもそうとは言えない。本節では、ヒストリカル成長率がいかなる企業の将来の成長率を予測する場合でも指標として使えるのかどうか、また企業規模の変化や事業のボラティリティの高さが企業の成長率を予測するでの弊害になる理由について考える。

乱雑な成長率

過去の成長率は将来の成長率を予測するうえでたしかに役立つものであるが、過去の成長率にはノイズが多く含まれているのが実情である。過去の成長率と将来の成長率との関係を調査したリトル（1960）は、ある時期に急成長した企業が次期にもその成長率を維持できることを観測することはできなかった。彼はこれを「乱雑な成長率」とい

う言葉で表現している。長さの異なる連続期間における成長率の相関を調べたところ、2期間における成長率の間には負の相関が多く見られる例が多く、2期間における成長率の間の平均的な相関はほぼゼロに近かった（0.02）。

多くの企業において過去の成長率が将来の成長率を予測するうえでの信頼のおける指標とはならないとなると、小規模企業の場合はなおさらである。小規模企業の成長率は同じ市場の他企業に比べるとボラティリティが高い傾向がある。**図11.2**は、米国企業の連続期間（連続5年、3年、1年）における利益成長率の相関を時価総額別にグラフ化したものである。

相関は3年や5年に比べると1年の場合のほうが全体的に高い傾向があると同時に、中規模から大規模企業に比べ小規模企業のほうが低い傾向のあることが分かる。つまり、過去の成長率、とりわけ利

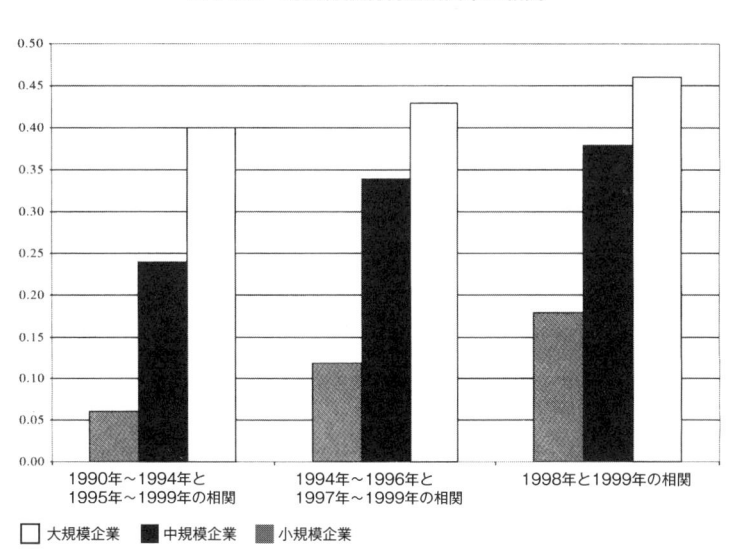

図11.2 時価総額別利益成長率の相関

出所：コンピュスタット

益成長率を使って小規模企業の将来的な成長率を予測する場合には十分に注意する必要があるということである。

収益成長率と利益成長率

一般に、利益成長率に比べ、収益成長率のほうが持続性があるため予測しやすい傾向がある。これは、利益よりも収益のほうが会計上の選択事項による影響度がはるかに少ないからである。**図11.3**は米国企業の1年、3年、5年における収益と利益の相関を比較したものである。いずれの期間においても利益成長率よりも収益成長率のほうが相関性が高い。つまり、推定に用いる数値としては利益のヒストリカル成長率よりも収益のヒストリカル成長率のほうが信頼性が高いということである。

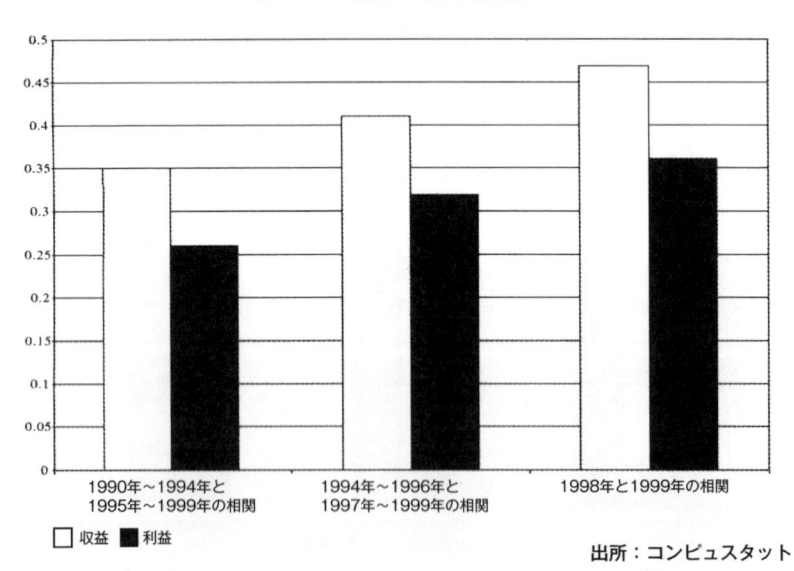

図11.3　収益と利益の相関性

出所：コンピュスタット

企業規模効果

成長率はパーセンテージで表されるため、分析では企業規模が重視

される。50％の成長率を上げるのは、利益が5億ドルの企業よりも1000万ドルの企業のほうが簡単である。企業は規模が大きくなるにつれ高い成長率を維持するのが難しくなるため、企業規模が飛躍的に拡大した企業が過去の成長率を将来もそのまま維持することは易しいことではない。これはどういった企業を分析する場合でも常についてまわる問題であるが、特に規模の小さい成長企業の分析では深刻な問題となる。こういった企業の場合、経営、製品、市場などのファンダメンタルズが変わらなくても、企業規模が2倍、3倍になるとヒストリカル成長率を維持するのは難しくなるからである。

　小規模企業が成長を維持できるかどうかは、急成長したとき、それにうまく対処できる体制が整っているかどうかによって決まる。シスコ社などの企業は規模が拡大しても製品やサービスを効率的に提供し続けてきた企業の代表例である。つまり、事業拡大に成功したケースと言える。しかし、企業規模が拡大するにつれ、それまでの業績を維持できなくなるケースのほうが多い。したがって、小規模企業を分析するときに重要なのは、彼らがさらなる飛躍のためにどういった計画を持っているかを調べることであり、さらに重要なのは成長に対処するためのシステムがあるかどうかである。

実例 11.4　シスコ社──利益の成長率と企業規模

　シスコ社は、1989年には収益はわずか2800万ドル、純利益はおよそ400万ドルの企業であったのが、1999年には収益は120億ドルを超え、純利益が20億9600万ドルの企業へと進化した。次の表は、シスコ社が進化する過程を追ったものである。

年	収益	変化率(%)	EBIT	変化率(%)	純利益	変化率(%)
1989	$ 28		$ 7		$ 4	
1990	$ 70	152.28%	$ 21	216.42%	$ 14	232.54%
1991	$ 183	162.51%	$ 66	209.44%	$ 43	210.72%
1992	$ 340	85.40%	$ 129	95.48%	$ 84	95.39%
1993	$ 649	91.10%	$ 264	103.70%	$ 172	103.77%
1994	$ 1,243	91.51%	$ 488	85.20%	$ 315	83.18%
1995	$ 2,233	79.62%	$ 794	62.69%	$ 457	45.08%
1996	$ 4,096	83.46%	$1,416	78.31%	$ 913	99.78%
1997	$ 6,440	57.23%	$2,135	50.78%	$1,049	14.90%
1998	$ 8,488	31.80%	$2,704	26.65%	$1,355	29.17%
1999	$12,154	43.19%	$3,455	27.77%	$2,096	54.69%
算術平均		87.81%		95.64%		96.92%
幾何平均		83.78%		86.57%		86.22%

　表から、この10年間でシスコ社が驚異的な成長を遂げたことが見て取れるが、同社が将来も同等の成長率を維持できると想定するには注意が必要である。理由は３つある。第一に、企業規模が拡大するにつれ成長率は次第に低下していることが挙げられる。第二に、同社が過去10年間のヒストリカル成長率（幾何平均で算出）を今後の５年間も維持できると仮定した場合、同社が達成しなければならない収益や利益の成長率は持続不可能な数値となる。例えば、次の５年間、営業利益が年86.57％の率で増加したとすると、同社の５年後の営業利益は780億ドルにならなければならないことになる。第三に、同社がこれほどの成長を遂げたのは、将来有望な技術力を持つ小企業を次々に買収し、こういった技術力を実用化する能力が彼らにあったからである。例えば、1999年に同社は15の企業を買収した。これらの企業買収はその年の再投資額の80％近くを占めた。同社が今後もヒストリカル成長率で成長を続けると仮定するということは、企業買収数も同じ率で増加すると仮定していることになるため、同社がヒストリカル成長率を維持するためには、５年後にはおよそ80の企業を買収しなければならないことになる。

> **histgr.xls**：米国企業の利益や収益のヒストリカル成長率を産業別にまとめたものがウェブサイトで閲覧可能。

高成長を続ける新興企業のヒストリカル成長率

　高成長企業の場合、利益がマイナスになる期が存在し、成長率のボラティリティは高く、変化も激しいため、ヒストリカル成長率は将来の成長率を予測するうえでは信頼性の高い指標とはならない。とはいえ、次のガイドラインに従えば、こういった企業のヒストリカル成長率でも将来の成長率予測にうまく利用することができる。

- 将来の成長率やモメンタム（勢い）を見る指標として、利益の成長率ではなく収益の成長率に注目する。収益の成長率は利益の成長率に比べてボラティリティが低く、会計上の調整や選択の影響を受けにくいからである。
- 過去数年間にわたる平均成長率よりも、毎年の成長率に注目する。これによって、企業規模の拡大に伴って成長率がどれだけ変化しているかを把握でき、将来の成長率を予測するうえで役立つ。
- 将来の推定値は日進月歩で進歩する科学技術の影響を受けやすいため、ヒストリカル成長率は近い将来（翌年あるいは翌翌年程度）の成長率予測にのみ用いる。
- 市場全体やその市場に参入している他企業のヒストリカル成長率を考察する。これによって、評価対象企業の成長率が将来的にどういった水準に落ち着くかを予想できる。

アナリストの成長予測

株式リサーチ・アナリストは担当企業の推奨を行うばかりでなく、そういった企業の将来の利益予測や利益成長率も提供する。アナリストの成長率予測はどれほどの信頼性があるのか、また企業の評価に利用することはできるのだろうか。本節ではアナリストが期待成長率を予測するプロセスと、場合によってはアナリスト予測を用いることが適切ではないケースがあるが、その理由について考察する。

アナリストはどういった企業をフォローするのか

企業をフォローするアナリスト数は企業によってまちまちである。GE社、シスコ社、マイクロソフト社などの企業は何十人ものアナリストにフォローされている極端な例だが、その対極として、ひとりのアナリストにもフォローされない企業が何百社とある。**図11.4**は

図11.4　EPSを予測するアナリスト数──米国企業（2001年1月）

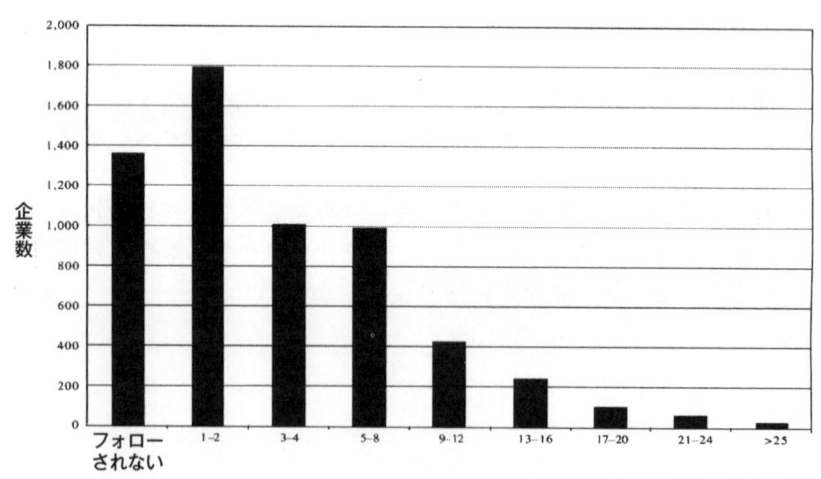

出所：モーニングスター

フォローしているアナリスト数が企業によって異なる様子を示したものである。

企業のなかには、他企業よりも多くのアナリストにフォローされている企業があるが、これはなぜなのか。いくつかの要素が考えられる。

- **時価総額**。時価総額が大きいほど、フォローするアナリスト数は多い傾向がある。
- **機関投資家の保有量**。機関投資家の保有比率が高い企業ほど、フォローするアナリスト数は多い傾向がある。しかし、機関投資家の保有比率が高いからフォローするアナリスト数が多いのか、フォローするアナリスト数が多いから機関投資家の保有比率が高くなるのかは議論が分かれる。株式リサーチ・アナリストの最大の顧客が機関投資家であるとするならば、因果関係は双方にあると考えられる。
- **取引高**。アナリストは流動性の高い株式をフォローする傾向が強い。前述の因果関係同様、フォローするアナリストが存在し、買い（あるいは、売り）推奨が出されるから取引高が増加するのか、あるいはその逆なのかについてははっきりとは言えない。

アナリスト予測に内包される情報

ヒストリカル成長率を用いるよりもアナリスト予測を利用するほうが良いと考えられるが、その理由は明快である。アナリストは将来の成長率を予測する際、ヒストリカル・データ以外にも、将来の成長率を予測するうえで有益な5つのタイプの情報を入手することができるからである。

1. **前期の利益報告書以降に発表された企業固有情報**。アナリストは将来の成長率を予測する際、前期の利益報告書以降に公表された

企業情報を利用することができる。この情報はときとして企業の期待キャッシュフローを再評価するきっかけになることもある。

2. **将来の成長率を左右するマクロ経済情報**。どの企業の期待成長率もGNP成長率や金利、インフレなどに関する経済情報の影響を受ける。アナリストは経済全体あるいは財政・金融政策に関する情報が発表されるたびに、将来の成長率予測を見直すことができる。例えば、経済成長率が予想を上回っていた場合、アナリストは景気循環型企業の期待成長率を上方修正する。

3. **競合企業が将来予測について行った発表**。アナリストは、競合企業が価格政策や将来の成長率についての発表を行った場合、それに基づいて担当している企業の成長予測を見直すことができる。例えば、電気通信会社の1社がマイナス利益を発表すると、アナリストは他の電気通信会社の利益を再評価する。

4. **非公開情報**。アナリストはときとして担当企業の非公開情報を入手できることがあり、これは将来の成長率を予測するうえできわめて有利に働く場合がある。非公開情報と非合法な内部情報との境界線についてははっきりしないが、非公開情報が信頼性の高いものであれば、将来の成長率予測の精度が格段に向上することは間違いない。こういった情報の漏洩を制限するために、SEC（証券取引委員会）は2000年、企業に対して少数のアナリストや投資家に情報を選択的に開示することを禁じる新たな規制を設けた。しかし、米国以外の国では、担当アナリストに非公開情報を提供するのは恒常的に行われている。

5. **利益以外の公開情報**。過去の利益データのみに基づいて将来の利益を予測するモデルでは、将来の利益を予測するうえで有用な他の公開情報が無視されることがある。例えば、将来の成長率を予測するうえで、留保利益や利益率、資産回転率などの財務変数が役立つことはすでに知られている。アナリストはこういった情報

も将来予測に織り込むことができる。

利益予測値の質

　企業が多数のアナリストによってフォローされ（売りサイドのアナリストは証券会社や投資銀行に勤務しており、彼らのリサーチ結果はこれらの企業の顧客にサービスとして提供される。一方、買いサイドのアナリストは機関投資家の下で勤務し、彼らのリサーチ結果は一般に部外者に提供されることはない）、フォローしたアナリストが市場の他者よりも本当に多くの情報を入手できるとするならば、アナリストの出す成長率予測がヒストリカル成長率や公開情報に基づく推定値よりも優れているのは当然である。しかし、本当にそうなのだろうか。アナリストの成長率予測は他の予測よりも本当に優れていると言えるのだろうか。

　利益の短期予測値（1四半期から4四半期先）の調査結果によれば、アナリストの利益予測値はヒストリカル・データのみに依存するモデルによる予測値よりも一般に優れていると言える。実際の利益と次期四半期の予測値との差の絶対値である平均相対絶対誤差は、比率で考えた場合、ヒストリカル・データに基づく予測値よりもアナリストの予測値のほうが小さいことが調査で分かっている。他の2つの調査はアナリストの予測値にさらに光を当てたものである。クライチフィールド、ダイクマン、ラコニショク（1978）は、50を上回る投資銀行の利益予測をまとめたスタンダード・アンド・プアーズの刊行物『業績予想』の予測値の相対的精度を調査した。彼らは予測誤差の2乗を月ごとに算出し、アナリストの予測誤差の、利益の時系列モデルの予測誤差に対する比率を計算した。その結果、4月から8月までは時系列モデルによる予測がアナリスト予測の精度を上回り、9月から1月まではアナリスト予測のほうが精度が高いことが分かった。この結果

から、9月から1月までの期間でアナリスト予測が時系列モデルをアウトパフォームしているのは、アナリストが1年の後半に企業固有情報をより多く入手できるからではないかという仮説を打ち立てた。また、オブライエン（1988）はIBES（インスティテューショナル・ブローカーズ・エスティメート・システム）によるアナリストのコンセンサス予測と時系列モデルによる予測を1四半期先から4四半期先までの予測について比較した。これによれば、1四半期先と2四半期先の予測についてはアナリスト予測のほうが時系列モデルによる予測よりもパフォーマンスがよく、3四半期先の予測については同等のパフォーマンスを示し、4四半期先の予測については時系列モデルによる予測のほうがパフォーマンスの良いことが分かった。これによって、アナリストが企業固有情報から得られるメリットは、予測期間が長くなるにつれ減少する傾向のあることが分かった。

　評価では、次期四半期の利益成長率よりもさらに先の利益成長率に重点が置かれる。3年先、あるいは5年先の推定値ということになると、アナリストの利益予測のほうが優れているとは必ずしも言えない。クラッグ、マルキールによる初期の調査では、1962年と1963年に5つの資産運用会社が行った長期予測を次の3年間にわたって実際の成長率と比較したところ、長期予測におけるアナリストのパフォーマンスがかなり低いという結果が出ている。しかし、バンデール・ウェイド・アンド・カールトン（1988）はこの結果に異論を唱える。彼らの調査によれば、将来の成長率を予測するうえでは、IBESによる5年のコンセンサス予測のほうがヒストリカル・データによる予測値よりも信頼性の高いことが判明したのである。アナリストのほうが情報量が多いという理由だけで、彼らの成長率予測が時系列モデルやヒストリカル・データによる予測よりも優れていると考えるのは単なる思い込みにすぎない。長期予測においては、アナリストの豊富な情報量はほとんど役には立たず、アナリスト予測においては過去のデータが

重要な役割を果たすことは、実証的証拠が示すとおりである。

最後にもう一点述べておきたい。一般にアナリストが予測するのはEPSであり、これらの推定値はほとんどのサービス機関によって提供されている。企業を評価するとき、必要なのは営業利益予測であり、EPSの成長率と営業利益の成長率は通常は一致しない。営業利益の成長率はEPSの成長率よりも低いのが普通である。したがって、どうしてもアナリスト予測を用いたいというのであれば、必要なのは営業利益の成長率予測であることを考慮して、アナリスト予測値を調整する必要がある。

将来の成長率予測におけるアナリスト予測の利用方法

他のアナリストが推定した成長率から得られる情報は、将来の期待成長率を推定する際に利用できるし、利用すべきでもある。将来の成長率予測において、アナリスト予測をどの程度重視するかは次の4つのファクターによって決まる。

1. **最新の企業固有情報量**。アナリスト予測がヒストリカル・データに依存するモデルよりも優れているのは、アナリストが予測に企業の最新情報と将来的な見通しを織り込んでいるからである。例えば、リストラを行ったり企業のコアビジネスに関連する政府の方針に変更があった場合のように、つい最近企業経営や商況に大きな変動があった企業の場合、アナリストの持つこの優位性は特に有利である。
2. **企業をフォローするアナリスト数**。一般に、担当アナリスト数が多ければ多いほど、アナリストのコンセンサス予測の有益性が高まるため、分析におけるアナリスト予測の重要度は増す。しかし、ほとんどのアナリストは単独では行動しておらず、期待利益の見

直しについてはアナリスト間で高い相関性があるという周知の事実を考えれば、担当アナリスト数が多いというだけで優れた情報が得られるとは必ずしも言えない。

3. **アナリスト間での対立の度合い**。評価においてはコンセンサス予測はきわめて有益ではあるが、成長率予測値の標準偏差で見たアナリスト間の対立度もコンセンサス予測の信頼性を見る測度として役立つ。ギボリー、ラコニショックによれば、利益の分散はベータをはじめとする他のリスク測度と相関性があり、期待リターンを見るうえでの良い指標となる。

4. **担当アナリストの質**。これは変数のなかで最も数値化しにくい。アナリストの質を判定するひとつの測度としては、ヒストリカル・データにのみ依存するモデルの推定誤差に対するアナリストの推定誤差の比率が使える。この相対誤差が小さいほど、アナリスト予測がより重視される。別の測度として、アナリストの見直しが株価に与える影響を見るという方法がある。アナリスト予測の有用度が高いほど、株価に与える影響は大きい。コンセンサス予測そのものに気を取られるあまり、アナリスト間における推定能力の差が見落とされていることを指摘する者もいる。彼らは、高い推定能力を持つアナリストの予測は他の予測とは区別し、より重視すべきであると主張する。

アナリスト予測は企業の成長率を予測するうえで便利なものかもしれないが、コンセンサス予測をむやみに信じるのは危険である。アナリストといえども、用いる元データ（間違っている場合もある）が同じで、企業のファンダメンタルズが大きく変化したのを見逃すこともあるため、彼らの出す利益予測が大きな誤差を含む場合は当然ながらあり得る。評価を成功させるための秘訣は、アナリストの成長予測と企業のファンダメンタルズの間に見られる矛盾を発見することであ

る。次節ではこの関係をさらに詳しく見ていく。

成長の基本的な決定要素

　ヒストリカル予測にしろアナリスト予測しろ、成長率は企業価値に影響を与えはするが外因性の変数であるため、企業の事業内容とは無関係である。成長率を企業価値に織り込む最も安全な方法は、それを内因性の変数（つまり、将来的な成長に対する再投資額とその投資の質の関数）として表すことである。本節では、まずファンダメンタルズと投資損益の成長率との関係について考察したあと、営業利益の成長を決定づける要素について考える。

投資損益の成長率

　株主資本キャッシュフローを推定する際、株主資本をトータル的に評価する場合は純利益の推定から始め、1株純資産を評価する場合はEPSの推定から始める。本節では、まずEPSの期待成長率を決定するファンダメンタルズについて述べたあと、純利益の成長率を測定するためのモデルをさらに拡張する。

EPSの成長率

　成長率を決定する最も簡単な関係は内部留保率（企業に留保される利益の比率）とプロジェクトに対する株主資本利益率とに基づくものである。内部留保率が高く株主資本利益率の高い企業は、いずれの数値も低い企業に比べるとEPSの成長率ははるかに高いはずである。これを定式化したものが以下の式である。

$$g_t = (NI_t - NI_{t-1}) \div NI_{t-1}$$

ただし、
   g_t = 純利益の成長率
   NI_t = t年における純利益

株主資本利益率の定義から、t−1年における純利益は次のように書くことができる。

$$NI_{t-1} = 株主資本簿価_{t-2} \times ROE_{t-1}$$

ただし、ROE_{t-1} = t−1年における株主資本利益率。

t年における純利益は次のように書くことができる。

$$NI_t = (株主資本簿価_{t-2} + 留保された利息_{t-1}) \times ROE_t$$

株主資本利益率が変わらない（つまり、$ROE_t = ROE_{t-1} = ROE$）と仮定すると、次式が成り立つ。

$$g_t = 留保された利益_{t-1} \div NI_{t-1} \times ROE = 内部留保率 \times ROE$$
$$= b \times ROE$$

ただし、bは内部留保率を表す。この場合、企業は新株発行によって株主資本を調達することができないことに注意しよう。したがって、この式においては純利益の成長率とEPSの成長率は同じである。

実例 11.5　EPS の成長率

ここでは3つの企業——コンソリデーティッド・エディソン社（ニューヨーク市やその近郊に電力を供給する政府規制下の公益事業）、プロクター・アンド・ギャンブル社（大手ブランド消費財メーカー）、リライアンス・インダストリーズ社（インドの大手メーカー）——の内部留保率と株主資本利益率に基づく利益の期待成長率について考察する。次の表は、これら3企業の株主資本利益率、内部留保率、利益の期待成長率をまとめたものである。

	株主資本利益率	内部留保率	期待成長率
コンソリデーテッド・エディソン社	11.63%	29.96%	3.49%
プロクター・アンド・ギャンブル社	29.37%	49.29%	14.48%
リライアンス・インダストリーズ社	19.43%	82.57%	16.04%

株主資本利益率と内部留保率が現在水準のまま変わらないと仮定すると、EPSの期待成長率が最も高いのはリライアンスである。P&G社は、株主資本利益率が高いため利益の50％以上を配当として支払うにもかかわらず、健全な成長率を達成することが期待できる。一方、コン・エド社の期待成長率が低いのは、株主資本利益率と内部留保率が低いためである。

純利益の成長率

株主資本の唯一の源泉が留保された利益であるとする仮定を緩めると、純利益の成長率はEPSの成長率とは違ってくる可能性がある。新たなプロジェクトの資金調達源として新株を発行することで株主資本は大幅に伸びるが、それと同時にEPSは低下することに注意しよう。

純利益の成長率とファンダメンタルズとの関係を導くためには、留保された利益を超過した投資額がどの程度であるかを知る必要がある。そのひとつの方法が、純資本支出や運転資本として事業に再投資される株主資本の額を直接推定するというものである。

事業に再投資された株主資本
＝資本支出－減価償却費＋運転資本の変動
－（新発社債－社債の償還）

得られた数値を純利益で割ったものが、株主資本の再投資率を表すより一般的な測度である。

株主資本の再投資率＝再投資された株主資本÷純利益

企業は株主資本を新たに調達できるため、この数値は内部留保率とは違って100％を上回ることもある。以上から、純利益の期待成長率は次のように書くことができる。

純利益の期待成長率＝株主資本の再投資率×株主資本利益率

実例 11.6　純利益の成長率

　コカコーラ社、ネスレ社、ソニー社の3企業を例にとって、ファンダメンタルズから営業利益の成長率を推定してみよう。次の表は株主資本の再投資額を算出するのに必要な各要素と、それを基に算出した各企業の再投資率をまとめたものである。これらの数値に加え、各企業の株主資本利益率と純利益の期待成長率も示してある。

第11章　成長率の推定

	純利益	純資本支出	運転資本の変動	発行した(償還した)正味社債額	株主資本再投資率	ROE	期待成長率
コカコーラ	$2177 m	468	852	−$104.00	65.41%	23.12%	15.12%
ネスレ	SFr 5763 m	2,470	368	272	44.53%	21.20%	9.44%
ソニー	JY 30.24 b	26.29	−4.1	3.96	60.28%	1.80%	1.09%

　このアプローチのメリットとデメリットは表のなかに読み取れる。留保額ではなく再投資額に注目することで、企業の真の再投資額をより正確にとらえることができるが、再投資額を算出するのに用いる各要素——資本支出、運転資本の変動、発行した社債の正味額——がすべてボラティリティの高い数値であるという欠点もある。コカコーラは前年は事業に再投資すると同時に社債の償還も行っており、またソニーの運転資本が減少していることにも注目しよう。実際には、当年1年のみの再投資率よりも、3年から5年の平均を見たほうが現実をより正確にとらえることができるだろう。この問題については営業利益の成長率の節でさらに詳しく考察する。

株主資本利益率の決定要素

　EPSの成長率も純利益の成長率も株主資本利益率の影響を受ける。また、株主資本利益率は企業のレバレッジ導入方針の影響を受ける。一般に、税引後資本利益率が負債に対する税引後金利を上回る場合、レバレッジが上昇すれば、株主資本利益率は上昇する。これを式で表すと次のようになる。

$$ROE = ROC + D \div E [ROC - i (1 - t)]$$

ただし、
　　ROC＝EBIT（1−t）÷（負債の簿価＋株主資本の簿価）

D÷E＝負債の簿価÷株主資本の簿価
i＝負債に対する支払利息÷負債の簿価
t＝経常所得に対する税率

この式は簡単に導くことができる（ROC＋D÷E［ROC－i（1－t）］＝［NI＋Int（1－t）］÷（D＋E）＋D÷E｛［NI＋Int（1－t）］÷（D＋E）－Int（1－t）÷D｝＝｛［NI＋Int（1－t）］÷（D＋E）｝（1＋D÷E）－Int（1－t）÷E＝NI÷E＋Int（1－t）÷E－Int（1－t）÷E＝NI÷E＝ROE）。

この拡張版ROEを用いれば、成長率は次のように書くことができる。

$$g = b\{ROC + D \div E[ROC - i(1-t)]\}$$

この式の利点は、レバレッジの変動とそれが成長率に及ぼす影響が明確に織り込まれている点にある。

実例11.7　株主資本利益率の内訳

コンソリデーティッド・エディソン社、P&G社、リライアンス・インダストリーズ社の3社を例にとって、株主資本利益率の内訳について見てみよう。これら3社の株主資本利益率は**実例11.5**に示したとおりである。

	資本利益率	簿価D/E比率	簿価金利	税率	株主資本利益率
コンソリデーティッド・エディソン社	8.76%	75.72%	7.76%	35.91%	11.63%
プロクター・アンド・ギャンブル社	17.77%	77.80%	5.95%	36.02%	28.63%
リライアンス・インダストリーズ社	10.24%	94.24%	8.65%	2.37%	11.94%

これらの数値と**実例11.5**に示した数値とを比較すると、コン・エ

ド社の株主資本利益率は**実例11.5**と同じだが、他の2社については**実例11.5**よりも大幅に下落していることに気づくはずだ。これは、コン・エド社以外の2社が多額の営業外利益を計上したことによる。資本利益率の計算では営業利益のみを考えるので、営業外利益の計上を慣例とする企業の資本利益率は修正する必要がある。

リライアンスの株主資本利益率が著しく低下しているが、これに関しては考察すべき事柄がいくつかある。まず、**実例11.5**で示された高い株主資本利益率の要因は3つある——高いレバレッジ（負債比率）、多額の営業外利益、低い税率。リライアンスが減税を受けられなくなり、営業外利益源が枯渇すれば、同社の資本利益率はその簿価金利を下回ることは確実である。そうなれば、高い負債比率によって株主資本利益率は下落することになる。

平均リターンと限界リターン

株主資本利益率は通常、直近年の純利益をその前年末の株主資本簿価で割ったものとして表される。つまり、株主資本利益率とは、長期にわたって帳簿上に記載されている旧来のプロジェクトと、最近になって行われた新規プロジェクトの両方の質を測定したものである。利益のかなりの部分を占めているのが旧来の投資であるため、市場が飽和状態になったり競争が激化したために新規投資からのリターンが下落している大規模企業の場合、平均リターンは大幅に変動することはない。換言すれば、新規プロジェクトからのリターンの低下が測定したリターンに及ぼす影響は遅れて現れるということである。評価においては、企業のプロジェクトの質を判断する情報を含んでいるのは、新規投資によって得られるリターンである。新規投資によって得られるリターンを知るには、株主資本の限界リターンを計算してみればよい。株主資本の限界リターンは、直近年

の純利益の変動をその前年の株主資本簿価の変動で割ることで求めることができる。

株主資本の限界リターン＝Δ純利益$_t$÷Δ株主資本の簿価$_{t-1}$

一例として、リライアンス・インダストリーズ社のケースを見てみよう。同社が発表した2000年の純利益は240億3300万ルピーで、1999年の株主資本簿価は1236億9300万ルピーであった。これによって、株主資本の平均リターンは19.43％となる。

株主資本の平均リターン＝24,033÷123,693＝19.43％

株主資本の限界リターンは以下のように計算する。

1999年から2000年までの純利益の変動
＝24,033－17,037＝6,996,000,000Rs

1998年から1999年までの株主資本簿価の変動
＝123,693－104,006＝19,687,000,000Rs

したがって、株主資本の限界リターン＝6,996÷19,687＝35.54％

株主資本利益率の変動による影響

これまで本節では、株主資本利益率は長期にわたって一定であるとの仮定の下に分析を進めてきた。そこで、この仮定を緩めてみることにする。つまり、既存投資に対する株主資本利益率を変化させることで、それが成長率にどういった影響を与えるかを考えてみようというわけである。例えば、株主資本簿価が1億ドルで、株主資本利益率が10％の企業を考えてみよう。この企業の株主資本利益率が11％に上昇

したとすると、新たに再投資を行わなくても同社の利益成長率は10％になる。この追加的成長率は株主資本利益率の変動の関数として表すことができる。

追加的期待成長率 = $(ROE_t - ROE_{t-1}) \div ROE_{t-1}$

ただし、ROE_tは期間 t における株主資本利益率を表す。この追加的期待成長率は株主資本利益率と内部留保率との積として計算される基本的成長率に加算される。

株主資本利益率が上昇すると、上昇が生じた期の成長率は一時的に増加するが、反対に下落した場合は、成長率はその株主資本利益率の下落率以上に下落する。

ここで、新規投資に対する株主資本利益率と既存投資に対する株主資本利益率との違いについて考えてみよう。上で推定した追加的成長率は新規投資からのリターン向上に起因するものではなく、既存投資からのリターンの変動によるものである。うまい言葉が見つからないが、これを「効率性を生む成長率」と呼ぶことにする。

実例 11.8　株主資本利益率の変動による影響——コン・エド社

実例11.5では、コン・エド社の期待成長率を株主資本利益率11.63％と内部留保率29.96％を基に算出した。次年においては、同社の全体的な株主資本利益率（新規投資、既存投資の両方から得られる利益率）が13％に上昇し、内部留保率は29.96％のまま変わらないものと仮定する。この場合、同社の次年におけるEPSの期待成長率は次のように書くことができる。

EPSの期待成長率 = $ROE_t \times$ 内部留保率 + $(ROE_t - ROE_{t-1}) \div ROE_{t-1}$

= .13 × .2996 + (.13 − .1163) ÷ .1163 = .1567（つまり15.67%）

次年以降の成長率は、より持続可能な水準3.89%（.13×.2996）に落ち着くだろう。

新規投資に対する株主資本利益率のみ増加し、既存資産に対する株主資本利益率が変わらない場合はどうなるだろうか。この場合のEPSの期待成長率は次にように書くことができる。

EPSの期待成長率 = ROE$_t$ × 内部留保率 = .13 × .2996 = .0389

この場合、追加的な成長は創造されない。では反対に、既存資産に対する株主資本利益率のみ上昇した場合はどうなるだろうか。この場合の１株当たり利益率の期待成長率は次のように書くことができる。

EPSの期待成長率 = ROE$_t$ × 内部留保率 + (ROE$_t$ − ROE$_{t-1}$)
÷ ROE$_{t-1}$ = .1163 × .2996 + (.13 − .1163) ÷ .1163
= .1526（つまり15.26%）

営業利益の成長率

投資損益の成長率は事業に再投資した株主資本とその投資から得られるリターンを基に算出されるが、営業利益の成長率もまた再投資総額とそれから得られるリターンを基に算出することができる。

本節では、営業利益の成長率を算出するに当たって３つのシナリオを想定し、それぞれのケースにおける成長率の推定方法について見ていく。最初に、資本利益率が高く、その水準が長期にわたって維持さ

れるケースを考える。2番目に、資本利益率がプラスで時間とともに上昇するケースを考える。そして最後に最も一般的なケースとして、営業利益率の変動が激しい——マイナスになったりプラスになったりする——場合を考える。

資本利益率が一定の場合

資本利益率が一定の場合、営業利益の期待成長率は再投資率（純資本支出と非現金運転資本における税引後営業利益の投資比率）とこれらの投資の質（投下資本の収益率）の積として表すことができる。

期待成長率$_{EBIT}$＝再投資率×資本利益率

ただし、
　再投資率＝（資本支出－減価償却費＋⊿非現金運転資本）
　　÷EBIT（1－税率）
　資本利益率＝EBIT（1－t）÷投下資本

再投資率も資本利益率も期待値であるため、資本利益率は将来の投資に対する資本利益率の期待値ということになる。本節の残りの部分では、再投資率と資本利益率を推定する最良の方法について考えてみることにする。

再投資率

再投資率とは企業が将来的な成長のために投下する資本量で、通常直近の財務諸表を基に算出される。将来の再投資率を推定するに当たり、ここを出発点にするのは適切ではあるが、必ずしもベストな推定値が得られるとはかぎらない。企業の再投資率というものは変動が激しい。特に、数少ないプロジェクトや企業買収に巨額の資本を投じる

企業についてはなおさらである。こういった企業の場合、長期にわたる再投資率の平均を用いたほうが将来の再投資率の測度としては好ましい。さらに、企業が成長し成熟してくるにつれ、再投資需要（再投資率）は減少する傾向がある。過去数年間に規模が著しく拡大した企業の場合、過去の再投資率は将来の期待再投資率よりも高いことが多い。こういった企業の場合、将来の再投資率を推定するのに過去のデータを用いるよりも業界標準を用いたほうがよい。最後に、R&D費とオペレーティングリース費用の扱いには一貫性を持たせることが重要である。特にR&D費については、再投資率の計算においては資本支出として分類しなければならない。

資本利益率

資本利益率は既存投資に対する資本利益率を基に算出するのが一般的である。つまり、これらの投資に投下した資本を表す数値としては簿価が用いられるということである。この場合、当期の会計上の資本利益率は既存投資から得られる真のリターンを見るうえでの好ましい指標であり、このリターンが将来の投資から得られるリターンの代理として用いられることを暗に想定していることになる。しかし、本当にこの想定が正しいかどうかは議論の分かれるところである。理由は以下のとおりである。

● 資本簿価は既存投資に投下された資本を表す正しい数値とはいえない場合がある。なぜなら、資本簿価はこれらの資産の取得原価と会計上の減価償却法が反映された数値だからである。簿価が投下資本の過小評価額となっている場合、資本利益率は過大評価され、反対に簿価が投下資本の過大評価額となっている場合、資本利益率は過小評価されることになる。資本簿価が研究資産の価値やオペレーティングリースの資本化を反映するように調整されていない場合、

問題はさらに悪化する。
- 資本簿価同様、営業利益もある期に企業が生み出した利益の会計上の尺度である。第9章で述べた未修正の営業利益を用いることで生じる問題は、この場合にもすべて当てはまる。
- 営業利益と資本簿価が正しく測定されていたとしても、既存投資に対する資本利益率は新規投資に見込まれる限界資本利益率に一致しない場合がある。特に、推定が遠い将来に及ぶにつれて、この傾向はさらに強まる。

こういった問題を考えると、考慮しなければならないのは当期の資本利益率だけでなく、この利益率に何らかのトレンドがある場合はそのトレンドも、資本利益率の業界平均も考慮すべきである。ある企業の当期の資本利益率が業界平均よりもかなり高い場合、その企業の資本利益率は競争が激化することで低下する可能性があるため、将来の資本利益率の推定値は当期の資本利益率よりも低めに設定しなければならない。

最後に、資本コストよりも資本利益率が高い企業の場合、超過リターンが生じることになるが、超過リターンは企業に競争力があるか、あるいはその業界への参入障害が存在することを意味する。かなりの長期にわたって超過リターンを維持できる企業は、恒常的に競争力があるということになる。

実例 11.9　再投資率、資本利益率、期待成長率の測定 ——エンブラ社とアムジェン社

エンブラ社(ブラジルの宇宙航空会社)とアムジェン社の再投資率、資本利益率、期待成長率を推定してみよう。次の表は、資本利益率の

計算に必要な入力量をまとめたものである。

	EBIT	EBIT(1 − t)	負債の簿価	株主資本の簿価	資本利益率
エンブラ社	B$ 945	B$ 716.54	B$1,321.00	B$ 697	35.51%
アムジェン社	$1,996	$1,500	$ 323	$ 5,933	23.98%

　税引後営業利益の算出に当たっては、実効税率を用いる。また、負債や株主資本の簿価は前年末の数値である。アムジェン社の営業利益と株主資本の簿価は**実例9.2**で述べた研究資産の資本化調整後の数値である。税引後資本利益率は最後の列に示してある。

　次に、直近年の資本支出、減価償却費、非現金運転資本の変動を推定する。各推定値は以下のとおりである。

	EBIT (1 − t)	資本支出	減価償却費	運転資本の変動	再投資額	再投資率
エンブラ社	B$ 716.54	B$ 182.10	B$150.16	−173.00	−141.06	−19.69%
アムジェン社	$1,500.32	$1,283.00	$610.00	$121.00	$794.00	52.92%

　アムジェン社の数値を算出するに当たっては、R&D費は資本支出として扱い、研究資産の償却費は減価償却費の一部として扱う。最後の列の再投資率は再投資総額（資本支出 − 減価償却費 + 運転資本の変動）を税引後営業利益で割って求めた。エンブラ社の再投資率がマイナスになっているのは、直近年の非現金運転資本が1億7300万ドル減少したためである。

　最後に、税引後資本利益率に再投資率を掛けて期待成長率を算出する。

	再投資率	資本利益率	期待成長率
エンブラ社	−19.69%	35.51%	−6.99%
アムジェン社	52.92%	23.98%	12.69%

　アムジェン社の場合、前年の資本利益率と再投資率を維持できると

すれば、同社の成長率は年12.69％となる。エンブラ社の成長率がマイナスなのは再投資率がマイナスだからである。次の実例では、再投資率についてもう少し詳しく見ていくことにする。

実例11.10　当年の再投資率、過去の平均、業界平均

再投資率はボラティリティが高く、年ごとに大幅に変動することが多い。エンブラ社の過去5年間における再投資率を見てみよう。

	1996	1997	1998	1999	2000	合計
EBIT	75.75	91.86	230.51	588.63	945.00	
税率	0.00%	0.00%	8.15%	0.00%	24.17%	
EBIT(1-t)	75.75	91.86	211.72	588.63	716.59	1,684.55
資本支出	334.57	9.90	27.62	45.64	182.11	
減価償却費	52.90	60.95	100.07	127.50	150.16	
非現金運転資本の変動	−3.00	52.00	279.00	608.00	−205.00	
再投資額	278.67	0.95	206.55	526.14	−173.05	839.26
再投資率	367.88%	1.03%	97.56%	89.38%	−24.15%	49.82%

過去5年間における再投資率は2000年の−24％から1996年の368％まで変動幅がかなり大きい。5年間にわたる再投資率は5年間の投資額の合計を5年間の税引後営業利益の合計で割って求めた（再投資率はドル価で見るよりも率で見るほうがはるかにボラティリティが高いため、5年間の再投資率の平均をとるよりもこの方法のほうがよい）。

また、同社の過去5年間の各年における資本利益率は以下のとおりである。

	1996	1997	1998	1999	2000	合計
EBIT(1-t)	75.75	91.86	211.72	588.63	716.59	1,684.55
資本簿価(年初)	404	578	724	1,234	2,018	4,958
資本利益率	18.75%	15.89%	29.24%	47.70%	35.51%	33.97%

資本利益率も時間とともに大きく変動しているが、平均資本利益率は33.97％と当期の資本利益率に近い。

はっきり言えることは、期待成長率は将来の投資に関する仮定によって決まってくるということである。エンブラ社の場合、当期の資本利益率と再投資率が将来に対するベストな指標であると仮定すれば、成長率はマイナスになる。一方、平均再投資率と資本利益率がベストな指標であるとするならば、期待成長率は次のようになる。

期待成長率＝再投資率×資本利益率
＝.4982×.3397＝.1693（つまり16.93％）

エンブラ社の場合、同社についての情報とその成長性とを考え合わせると、この数値のほうがはるかに妥当だろう。

---

fundgrEB.xls：直近四半期における米国企業の産業別再投資率と資本利益率をまとめたものがウェブサイトで閲覧可能。

マイナスの再投資率──その原因と影響

減価償却費が資本支出を上回るか、その年の運転資本が大幅に減少した場合、再投資率はマイナスになることもある。ほとんどの企業の場合、再投資率がマイナスになるのは、巨額の資本支出や運転資本の変動による一時的な現象である。こういった企業の場合、当年の再投資率（マイナス）は過去数年間にわたる平均再投資率と置き換えることができる（**実例11.10**のエンブラ社のケース）。しかし、マイナスの再投資率が企業の政

策や方針を反映している場合もあり、そういった場合における対処方法は再投資率がマイナスになった経緯によって異なる。

● 過去、資本財や運転資本に投資しすぎた企業は、何年にもわたって再投資をほとんど行わなくても過去の投資から多大なキャッシュフローを獲得できることもある。この場合、再投資率の予想値はマイナスになるが、成長率は資本利益率の上昇に基づいて計算すべきである。ただし、企業がその資源を効率的に利用するようになった時点で、再投資率は期待成長率を反映したものに変更しなければならない。
● もっと極端なシナリオとして、資産が減少しても資産の取り換えは行わず運転資本を消耗することで、長時間かけて清算していくことを決めた企業のケースが考えられる。この場合、期待成長率はマイナスの再投資率をそのまま使って計算しなければならない。当然ながら、期待成長率はマイナスになり、利益は時間とともに減少していく。

資本利益率がプラスではあるが変動が激しい場合

前節では、資本利益率が長期にわたって一定であるとの想定の下に分析を進めた。資本利益率が変動する場合、期待成長率の計算にはもうひとつの要素——資本利益率が増加すれば成長率も増加し、減少すれば成長率も減少することを表す要素——を加味する必要がある。

$$期待成長率 = ROC_t \times 再投資率 + (ROC_t - ROC_{t-1}) \div ROC_t$$

例えば、資本利益率が10％から11％に上昇する一方で、再投資率は40％のまま変わらない企業の期待成長率は次のようになる。

$$期待成長率 = .11 \times .40 + (.11 - .10) \div .10 = 14.40\%$$

つまり、資本利益率の上昇によって既存資産から得られる利益が増加し、これによってこの企業の成長率は10%上昇するわけである。

限界資本利益率と平均資本利益率

これまでは資本利益率を企業の利益率を見る指標と考えてきた。しかし実際には、資本利益率には2種類ある。ひとつは投資全体から得られる利益率で、これを平均資本利益率と定義することにする。もうひとつは、1年間に行った新規投資から稼得した利益率で、これを限界資本利益率と呼ぶことにする。

限界資本利益率が変化しても二次的な影響はなく、企業価値は限界資本利益率と再投資率の積として表される。しかし、平均資本利益率が変化すると、それまでの成長率は大きく変わってくる。

平均資本利益率が変動するのはどんな企業か

資本利益率が時間とともに変化するのはどういったタイプの企業だろうか。ひとつのタイプとして考えられるのは、資本利益率がきわめて低いため、営業効率や営業利益率の見直しを図り、その結果として資本利益率が向上するといった企業である。こういった企業の場合、期待成長率は再投資率と資本利益率の積よりもはるかに大きくなる。なぜなら、こういった企業の資本利益率は業績が回復する前は低いのが普通で、そのため資本利益率がほんの少し上昇しただけで成長率は大きく上昇するからである。例えば、既存資産に対する資本利益率が1%から2%に上昇すれば、利益は2倍になる（その結果、成長率の増加率は100%となる）。

もうひとつのタイプとしては、既存投資に対する資本利益率はきわめて高いが、競合が現れれば、新規投資に対する利益率のみならず既存投資に対する利益率も減少する傾向の強い企業が考えられる。

実例 11.11　資本利益率が変化する場合の期待成長率の推定　——タイタン・セメント社とモトローラ社

　タイタン・セメント社（ギリシャのセメント会社）が発表した2000年の営業利益は554億6700万ドラクマで、投下資本は1353億7600万ドラクマであった。実効税率を24.5％とすると、同社の資本利益率は30.94％となる。

資本利益率 = 55,467(1 − .245) ÷ 135,376 = 30.94％

同社の次年の既存資産と新規資産に対する資本利益率が29％に低下し、再投資率は35％のまま変わらないとすると、次年の期待成長率は次のようになる。

期待成長率 = .29 × .35 + (.29 − .3094) ÷ .3094 = 3.88％

　次に、モトローラ社のケースを考えてみよう。1999年の同社の再投資率は52.99％、資本利益率は12.18％であった。失敗に終わったイリジウム投資の残存額が減少し本来の事業に復帰すれば、同社の資本利益率は業界平均の22.27％に上昇するものと仮定する。また、同社の次の5年間における資本利益率は12.18％から17.22％に上昇するものとする（17.22％は当年の資本利益率と業界平均［22.27％］のちょうど中間の数値）。簡単にするため、資本利益率は次の5年間で直線的に上昇するものとする。この場合、次の5年間における各年の営業利益の期待成長率は次のように推定できる（この計算では時間加重効果を考慮している。したがって、例えば利益が3年間にわたって年25％の率で増加するとした場合、各年の期待成長率は $[1.25]^{\frac{1}{3}} - 1$ となる）。

$$期待成長率 = ROC_{限界} \times 再投資率_{当年} + \{[1 + (ROC_{5年後} - ROC_{当年}) \div ROC_{当年}]^{\frac{1}{5}} - 1\}$$

$$= .1722 \times .5299 + \{[1 + (.1722 - .1218) \div .1218]^{\frac{1}{5}} - 1\}$$

$$= .1630(つまり16.30\%)$$

次の5年間において資本利益率が上昇することで、その間におけるモトローラの営業利益は高い成長率が期待できる。この計算においては、次年の新規投資に対する資本利益率は17.22%であると仮定した。

---

chgrowth.xls:このワークシートを使って、資本利益率が時間とともに変化する企業の営業利益の期待成長率を計算してみよう。

資本利益率がマイナスの場合

成長率を推定するうえで最も難しいケースは、企業が損失を出し、資本利益率がマイナスの場合である。損失を出している企業の場合、再投資率もマイナスになる傾向がある。こういった企業の成長率を推定するには、まず損益計算書から収益の成長率を推定する。次に、将来の期待営業利益率を基にその期間における営業利益を推定する。将来の期待営業利益率がプラスであれば、期待営業利益もプラスに転じるので、企業価値は従来の方法で評価することができる。また、収益と投下資本とを関連づけることで、収益を伸ばすにはどの程度の再投資が必要になるかも予測する。

収益の成長率

高成長企業は今現在損失を出していたとしても、収益は期ごとに増

加している。キャッシュフローを推定する場合、まず最初に将来の収益を推定する。これは通常、各期の収益の成長率を推定することで行う。こういった推定を行うに当たっては、次の5つの点に注意しなければならない。

1. 収益の成長率は、企業の収益が増加するにつれて低下する。したがって、収益が200万ドルの企業の収益が10倍に増加することは十分あり得るが、収益が20億ドルの企業ではこういったことは考えられない。
2. 長期にわたる収益の複利成長率は低く思えることもあるが、これにだまされてはいけない。10年間にわたる収益の年次複利成長率が40％だとすると、その間における収益の伸びは40倍である。
3. 将来の収益は通常、その成長率を基に推定するのが一般的だが、その企業が事業展開している市場全体の規模を考えた場合、求めた収益が妥当かどうかを確認できるように、収益は常にドル価で把握しておくことも必要である。将来の10年にわたるある企業の推定収益から、この企業が競争市場において90％もしくは100％（あるいはそれ以上）のシェアを獲得できるという結果が出た場合、収益の成長率を見直す必要があることは明らかである。
4. 収益の成長率と営業利益率についての仮定は内部的に一貫性を保つことが必要である。企業が積極的な価格戦略を採用すれば、その企業の収益の伸び率はもっと上がるかもしれないが、収益の伸びが大きくなれば、利益率は必ず下がる。
5. 収益の成長率を推定するに当たっては、競争の性質、評価対象企業が収益の成長に対応できる能力を持っているか、あるいはその企業のマーケティング能力をはじめとする数々の項

目について主観的な判断を下さなければならない。

実例11.12　収益の推定――コマース・ワン社

　企業間取引のパイオニア、コマース・ワン社について見てみよう。次の表はコマース・ワン社と宝石・ブランド商品小売、アシュフォード社の今後10年間における収益予測をまとめたものである。

　各企業の１年目の成長率は前年の収益の成長率を基に推定したものであるが、コマース・ワン社の場合、評価時点で景気が低迷していたことと、企業投資が鈍化していたことを考慮し、成長率は低めに見積もった。

年	コマース・ワン社		アシュフォード社	
	期待成長率	収益	期待成長率	収益
当年		$ 402		$ 70.00
1	50.00%	$ 603	80.00%	$126.00
2	100.00%	$ 1,205	60.00%	$201.60
3	80.00%	$ 2,170	40.00%	$282.24
4	60.00%	$ 3,472	30.00%	$366.91
5	40.00%	$ 4,860	20.00%	$440.29
6	35.00%	$ 6,561	17.00%	$515.14
7	30.00%	$ 8,530	14.00%	$587.26
8	20.00%	$10,236	11.00%	$651.86
9	10.00%	$11,259	8.00%	$704.01
10	5.00%	$11,822	5.00%	$739.21

　参考のため、これら２社の今から10年後の収益と各セクターの現在の成熟企業の収益とを比較してみた。

●コマース・ワンの今から10年後における収益と企業向けサービス大手のエレクトロニック・データ・システムズ社（EDS）の収益を比較したところ、EDSの1999年の収益が187億3000万ドルであること

よりも、コマース・ワン社は10年後にはこのセクターにおいて大手の仲間入りを果たすことが予想されるが、かろうじて大手と言える程度にとどまるだろう。
● 米国の宝石小売最大手、ゼール・コーポレーションの2000年の収益はおよそ17億ドルであった。私たちが推定したアシュフォード社の成長率によれば、同社の今から10年後の収益は7億3900万ドルになる。

営業利益率の推定

　営業利益率の最良の推定方法を検討する前に、まずライフサイクルの初期段階にあることの多い高成長企業の評価時における状態を考えてみることにしよう。こういった企業の多くは収益が低く、営業利益率がマイナスであるのが普通である。収益が伸びても営業利益率がマイナスのままであれば、企業価値がないばかりか、存続さえ危ぶまれる。企業が価値を持つためには、収益の成長に伴ってやがては利益がプラスに転じることが必要である。評価モデルでは、これは将来における営業利益率がプラスであることを意味する。したがって、高成長企業を評価するうえで最も重要な入力量は、成熟時に達成される営業利益率ということになる。

　営業利益率を推定するに当たっては、まず企業が従事する事業に着目する必要がある。新興企業の多くは彼らがその事業のパイオニアであり、競合がいないことを主張するが、それまで他の経路で提供されていた製品やサービスを新たな方法で提供する方法を発見したにすぎないというケースが多い。したがって、アマゾン社は書籍をオンラインで販売した最初の企業であったかもしれないが、書籍小売という点ではバーンズ・アンド・ノーブル社やボーダーズ社のほうがアマゾン

社に先行していたのは言うまでもない。論理的には、オンライン小売はL・L・ビーン社やリリアン・ヴァーノン社をはじめとする、カタログ小売の後継者と見なすことができる。同様に、ヤフーはインターネット・ポータルの先駆者（かつ、最大の成功者）であったかもしれないが、読者の関心を引く内容や特集を組んだり、広告を引き寄せるために読者層を活用するといったやり方はすでに新聞紙上で実行されていた方法である。営業利益率として業界平均を用いるのは保守的だと考える人もいるだろうが、彼らの意見の根底にあるのは、アマゾン社はボーダーズに比べると在庫保有量が少なくて済み、バーンズ・アンド・ノーブル社のように（店舗リースに対する）オペレーティングリース料の支払い義務がないため、彼らよりも効率的に収益を生み出すことができるという考え方である。彼らの考え方にも一理あるが、インターネット小売の営業利益率が従来型小売よりも常に高いということはあり得ない。従来型小売がオンライン小売に参入し、価格や製品面でオンライン小売の競争が激化した場合を考えてみるとよい。インターネット小売の営業利益率は低下するはずである。

　営業利益率の業界平均は目標値を提供してはくれるものの、推定上の問題が他にも２つある。ライフサイクルの初期段階における営業利益率がマイナスだとすると、この利益率がどのようにして現在水準から目標値に達するかをまず考えなければならない。一般に、利益率は初期段階において（少なくとも、パーセンテージで）最大で、成熟度が増すにつれて次第に減少する傾向がある。もうひとつは、収益の伸びに関する問題である。収益が伸びても利益率は低下することがあるため、両者のトレードオフを考えることが必要である。企業側としては収益も伸びて利益率も上昇することが好ましいのは言うまでもないが、利益率と収益の伸びに関する仮定を崩すことはできない。

実例 11.13　営業利益率の推定

　コマース・ワンの営業利益率を推定するに当たって、まず企業向けサービス、そしてソフトウエア・セクターにおける他企業の営業利益率を推定する。このセクターの2000年における税引前営業利益率の平均は16.36％であった。アシュフォード社については、宝石・ブランド商品小売の税引前営業利益率の平均値10.86％を用いる。

　コマース・ワンもアシュフォード社も、限界増加率（各年の利益率は次式で計算した。（当年の利益率＋目標値）÷2）は初期においては大きく、後年にかけては次第に低下し、最終的には目標値に落ち着くものと考えられる。次の表はこれら2社の長期にわたる期待営業利益率をまとめたものである。

年	コマース・ワン社の利益率	アシュフォード社の利益率
当年	−84.62%	−228.57%
1	−34.13%	−119.74%
2	−8.88%	−60.38%
3	3.74%	−28.00%
4	10.05%	−10.33%
5	13.20%	−0.70%
6	14.78%	4.55%
7	15.57%	7.42%
8	15.97%	8.98%
9	16.16%	9.84%
10	16.26%	10.30%
11	16.36%	10.86%

前節で推定した収益の成長率と本節で推定した利益率を基に、今後10年間における各社の税引前営業利益を推定することができる。

	コマース・ワン社			アシュフォード社		
年	収益	営業利益率	EBIT	収益	営業利益率	EBIT
当年	$ 402	−84.62%	−$ 340	$ 70.00	−228.57%	−$160.00
1	$ 603	−34.13%	−$ 206	$126.00	−119.74%	−$150.87
2	$ 1,205	−8.88%	−$ 107	$201.60	−60.38%	−$121.72
3	$ 2,170	3.74%	$ 81	$282.24	−28.00%	−$ 79.02
4	$ 3,472	10.05%	$ 349	$366.91	−10.33%	−$ 37.92
5	$ 4,860	13.20%	$ 642	$440.29	−0.70%	−$ 3.08
6	$ 6,561	14.78%	$ 970	$515.14	4.55%	$ 23.46
7	$ 8,530	15.57%	$1,328	$587.26	7.42%	$ 43.58
8	$10,236	15.97%	$1,634	$651.86	8.98%	$ 58.56
9	$11,259	16.16%	$1,820	$704.01	9.84%	$ 69.25
10	$11,822	16.26%	$1,922	$739.21	10.30%	$ 76.15

利益率が目標値に近づき、収益が伸びるにつれ、営業利益は各社とも増加している。

市場規模、市場シェア、収益の伸び

　ニュービジネスにおける新興企業の収益の伸び率を推定することは無謀に思えるかもしれない。これはたしかに難しい作業ではあるが、プロセスを簡略化する方法はいくつかある。

　ひとつの方法としては、まず評価対象企業が成熟した時点で達成すると思われる市場シェアを推定し、この市場シェアを達成するために必要な成長率を逆計算する。例えば、現在の収益が1億ドルのオンライン玩具小売を例にとって考えてみよう。玩具小売全体の前年の収益は700億ドルであったとする。今後10年間における市場全体の成長率が3％、評価対象企業の市場シェアが5％であると仮定すると、この企業の10年後の収益は47億300万ドルと推定され、収益の複利成長率は46.98％となる。

10年後の期待収益＝70×1.03^{10}×.05＝4,703,000,000ドル
期待複利成長率＝（4,703÷100）$^{\frac{1}{10}}$－1＝0.4698

　もうひとつの方法は、今後３年から５年間の収益の成長率を過去の成長率を基に推定するというものである。この値が求まれば、当期の収益成長率が同等の企業の成長率を基に評価対象企業の成長率を推定することができる。例えば、このオンライン玩具小売の前年の収益成長率が200％（収益は3300万ドルから１億ドルに増加）だったとすると、今後４年間における成長率はそれぞれ120％、100％、80％、60％と推定することができ、４年後の収益は12億6700万ドルになる。次に、前年の収益が10億ドルから15億ドルの小売業の平均成長率を算出し、その数値を５年目以降の成長率とする。

売上高・資本比率

　目標が収益の成長率を向上させることにあることは明白であるが、収益の伸びが将来的にプラスの営業利益率に結びつけばなおさらよい。しかし、収益を伸ばし、かつ将来的に営業利益率をプラスに転じさせるためには企業は投資をする必要がある。投資は従来の形（工場設備）で行われることもあるが、企業買収やパートナーシップの構築、流通経路の新設やマーケティング能力の向上、研究開発への投資といったさまざまな形態の投資が含まれる。

　収益成長率と再投資需要との関係を知るためには、投下した資本からどれくらいの収益を上げられるかを見ればよい。これを売上高・資本比率という。この比率を用いれば、予想した収益成功率を達成するために企業が行うべき追加的投資額を推定することができる。追加的投資としては、社内プロジェクト、企業買収、運転資本への投資などが含まれる。再投資需要を推定するには、推定した収益の伸び（ドル

価）を売上高・資本比率で割ればよい。例えば、収益の伸びが10億ドルで、売上高・資本比率が2.5であるとすると、その企業の再投資需要は4億ドル（10億ドル÷2.5）ということになる。売上高・資本比率が下がれば再投資需要は上昇し（キャッシュフローは減少）、反対に売上高・資本比率が上がれば再投資需要は下落する（キャッシュフローは増加）。

　売上高・資本比率は、企業の過去のデータとその企業が従事している事業を基に推定する。この比率を過去のデータに基づいて求めるには、各年の収益の変動をその年に行われた再投資額で割ればよい。加えて、その企業が従事している事業に対して投下された資本簿価に対する売上高比率の平均も求める。

　営業利益率と再投資需要との関連づけは難しい。企業が営業利益を稼得し、高い利益率を維持する能力は、内部投資や企業買収などを通じてその企業が得た競争優位性に由来するからである。投資に並行戦略――収益向上を図ると同時に、競争力を増強する――を採用する企業は収益の伸びだけを重視する企業よりも、営業利益率も価値も上昇するはずである。

資本利益率との関連性

　売上高・資本比率を使って再投資需要を求める際に注意しなければならないのは、再投資需要を低くあるいは高く見積もりすぎる危険性があることである。再投資需要を正しく評価しているかどうかを常にチェックし、もし評価が不適切であることが判明した場合は、分析を通じて各年の税引後資本利益率を推定し、正しい値に是正することが必要である。将来の資本利益率を求めるには、その年の税引後営業利益を求め、その年に投下した資本総額で割ればよい。前者の数値は収益成長率と営業利益率の推定値から求め、後者の数値は将来的な再投資額をすべて足し合わせることで求められる。例えば、今日5億ドル

の資本を投資し、次年の再投資需要が３億ドル、その次の年の再投資需要が４億ドルの場合、２年目末には総額で12億ドル投資していることになる。

　今損失を出している企業の場合、資本利益率は推定当初の段階ではマイナスになるだろうが、利益率が改善すれば資本利益率もプラスに転じる。売上高・資本比率を高く設定しすぎた場合、後年の資本利益率は高くなりすぎ、逆に低く設定しすぎた場合は、後年の資本利益率は低くなりすぎる。ところで、資本利益率は何と比較して高い、低いというのだろうか。比較対象候補としては２つある。ひとつは、評価対象企業が従事している事業における成熟企業――アシュフォード社の場合、専門・ブランド商品小売の成熟企業――の平均資本利益率に対してである。もうひとつは、評価対象企業自身の資本コストに対してである。資本利益率が15％あたりをうろついているセクターで、推定資本利益率が40％、資本コストが10％の企業は、推定した収益成長率と営業利益率を達成するには投資額が少なすぎることを表している。この場合、資本利益率が15％に収束するように売上高・資本比率を下げるのが賢明だろう。

実例 11.14　売上高・資本比率の推定

　コマース・ワン社とアシュフォード社が予想どおりの収益成長率を達成するために必要な投資額は、当期の売上高・資本比率、前年の限界売上高・資本比率、売上高・資本比率の業界平均を基に推定する。

	コマース・ワン社	アシュフォード社
企業の売上高・資本比率	3.13	1.18
限界売上資本比率（直近年）	2.70	1.60
売上高・資本比率の業界平均	3.18	3.24
評価に用いた売上高・資本比率	2.00	2.50

アシュフォード社については売上高・資本比率として2.50を用いた。これは前年の限界売上高・資本比率と業界平均のほぼ中間値である。コマース・ワンの売上高・資本比率は、業界平均や限界売上高・資本比率よりもかなり低く設定した。コマース・ワンの場合、競争が激化すれば、技術面や企業買収に対する投資を増加させる必要があると考えられるからである。

各企業の各種売上高・資本比率を基に、各企業が今後10年間に必要な再投資額を年ごとに推定することができる。

	コマース・ワン社		アシュフォード社	
年	収益の増加	再投資額	収益の増加	再投資額
1	$ 201	$100	$56	$22
2	$ 603	$301	$76	$30
3	$ 964	$482	$81	$32
4	$1,302	$651	$85	$34
5	$1,389	$694	$73	$29
6	$1,701	$851	$75	$30
7	$1,968	$984	$72	$29
8	$1,706	$853	$65	$26
9	$1,024	$512	$52	$21
10	$ 563	$281	$35	$14

最後に、各企業の今後10年間における資本利益率を年ごとに推定する。

年	コマース・ワン社	アシュフォード社
1	−160.23%	−254.67%
2	−46.80%	−149.09%
3	15.30%	−70.62%
4	34.46%	−26.31%
5	32.17%	−1.73%
6	26.74%	11.31%
7	26.91%	18.36%
8	25.34%	22.00%
9	23.44%	23.72%
10	22.49%	24.34%
業界平均	20.00%	20.00%

資本利益率は、いずれの企業も最終年までには持続可能な水準、少なくとも業界平均に近づく。つまり、私たちが推定した売上高・資本比率は適切であったということになる。

margins.xls：米国企業の営業利益率や純利益率を産業別にまとめたものがウェブサイトで閲覧可能。

成長の質的側面

定量的な要素——収益性の高い企業の場合は資本利益率と再投資率、収益性の低い企業の場合は利益率、収益成長率、売上高・資本比率——にのみ重点を置くのは偏っているのではないかと思われる方もいるだろう。結局、企業の成長率を決定づけるのは多くの主観的要素——とりわけ、経営の質、マーケティング力、他企業とのパートナーシップ能力、経営陣の戦略的ビジョン——である。本章で紹介した成長率を算出するための式にこういった要素を織り込むことはできるのだろうか。

企業の成長率を決めるうえではこういった質的要素こそが重要であるため、こういった要素は定量的要素に換算したうえで必ず織り込む必要がある。

● 企業が新規投資から得られる資本利益率、そしてその水準をいかに長期にわたって維持できるかは経営の質によるところが大きい。したがって、企業の資本利益率が資本コストを十分に上回るかどうかを判断する場合、その企業が優れた経営陣を擁するかどうかをチェックするのは理にかなっている。
● 営業利益率や各種回転率を決定する場合、その企業のマーケティング力と採用するマーケティング戦略を見る必要がある。したがって、例えばコカコーラが優れたマーケティング戦略を持つと確信してこそ、同社に対して高い回転率と高い目標利益率を想定できるのである。一口にマーケティング戦略と言ってもさまざまなものがある。いくつか例を挙げれば、利益率と回転率のトレードオフ、それが企業価値に与える影響、ブランド力、流通システムなどである。
● 再投資には広義には企業買収や研究開発、マーケティングや流通システムへの投資が含まれる。こういったことを考慮することで、企業の成長をまた別の側面からとらえることが可能になる。企業のなかには、シスコ社のように、再投資の大部分を企業買収が占め、企業買収によって成長率を伸ばしてきた企業もあれば、GEのように工場設備といった従来型投資に重点を置く企業もある。将来の資本利益率を決定する際にはこういった再投資が本当に効果的なものかどうかを勘案する必要がある。つまり、再投資が効果的なものであると判断されれば、推定資本利益率は高く設定されるというわけである。
● 企業が直面する市場競争は表面には表れないが、その企業の超過リターン（資本利益率から資本コストを差し引いたもの）や超過リター

ンがゼロになる時期を決定するうえで重要な要素となる。

このように質的要素はすべて定量化し、それが企業成長に与える影響を考慮しなければならない。影響を定量化できない場合はどうすればよいか。その場合は、そういった要素が本当に企業価値を左右する要素かどうかを見直してみる必要がある。資本利益率や利益率、再投資率に何らの影響も与えない質的要素は、独断を覚悟のうえで言えば、企業価値に影響を及ぼすということはまずない。

企業の成長率を予測するうえで、なぜこういった質的要素の定量化が必要なのだろうか。テクノロジー会社を評価する場合、最も危惧しなければならないことは、適切でもなくかつ持続が難しいと思われるような成長率を正当化するにあたり、ありもしないストーリーがでっち上げられるという点である。例えばアシュフォード社の場合、オンライン小売市場は巨大であるため同社は年60％の率で成長するといった話や、コカコーラ社はブランド力によって年20％の成長率を維持するといった話がちまたに流れる。こういった話にまったく信憑性がないというわけではないが、一貫した評価を行うには、こういった定性的見方を定量的要素に変換するにはどうすればよいかを考えなければならない。

同じ質的要素でも投資家によって見方が異なり、それが資本利益率や利益率、再投資率、ひいては成長率にどういった影響を与えるかも投資家によって判断が異なることはあるのだろうか。これはまったくそのとおりである。将来に対する見方や企業価値予測は投資家によって異なる。企業とその企業が含まれるセクターのことをほかの投資家よりもよく知っていれば、その企業の成長率や価値を彼らよりも高精度に推定できることになる。しかし、だからといって投資から得られるリターンが彼らよりも高くなるという保証は、残念ながらない。

まとめ

　いかなる評価においても成長率は最も重要な要素である。成長率を推定する方法は3つある。ひとつは過去のデータに基づく方法である。ただし、ヒストリカル成長率は利益の変動が激しく、利益がときとしてマイナスになる企業の場合、予測するのが難しいうえ、用いる場合にも注意が必要である。2番目の方法は、アナリスト予測を用いる方法である。アナリストは市場の他の投資家よりも情報入手という点では有利な立場にあるが、こういった情報に基づく予測がヒストリカルな推定値に比べて必ずしも優れているとは言えない。さらに、営業利益を予測する場合、EPSの伸びに重点を置くアナリスト予測では問題がある場合がある。3番目の方法は、企業のファンダメンタルズに基づくというもので、これが最も確実な方法である。

　成長率とファンダメンタルズとの関係は、何の成長率を予測するかによって異なる。EPSの伸びを推定するには、株主資本利益率と内部留保率に注目する。純利益の伸びを推定する場合には、内部留保率に代えて株主資本の再投資率に注目する。また、営業利益の伸びを推定する場合には、資本利益率と再投資率を用いる。アプローチによって詳細は異なるが、共通点もいくつかある。第一に、成長率と再投資の間には関連性があるということである。つまり、いずれかの要素の推定値は他の要素の推定値に関連づけて考えなければならないということである。例えば、長期にわたって高い成長率を維持したいと考える企業は、その成長率を維持するために再投資をする必要がある。第二に、成長の質が企業によって大きく異なる点である。成長の質を見る際の最良の尺度は、投資から得られるリターンである。株主資本利益率や資本利益率の高い企業は、高い成長率を達成できるばかりでなく、それによって企業価値も向上する。

練習問題

1. 次の表は、ウォルグリーン社が発表した1989年から1994年までのEPSである。

年	EPS
1989	$1.28
1990	$1.42
1991	$1.58
1992	$1.78
1993	$1.98
1994	$2.30

    a. 1989年から1994年までの同社のEPSの成長率について、算術平均と幾何平均を求めよ。算術平均と幾何平均はなぜ異なるのか、また、どちらの数値がより信頼できる数値か。
    b. 線形モデルを使って成長率を推定せよ。
    c. 対数線形モデルを使って成長率を推定せよ。

2. BIC社が発表した直近年の株主資本利益率は20％、そのうち配当として支払ったのは37％であった。
    a. これらのファンダメンタルズの数値が変わらないものと仮定して、EPSの期待成長率を求めよ。
    b. 新規投資と既存投資に対する株主資本利益率が次年はいずれも25％に上昇すると仮定して、EPSの期待成長率を求めよ。

3. メタリカ・コーポレーションの純利益の期待成長率を推定するものとする。このメーカーの前会計年度の純利益は1億5000万ドルであった。その年の年初における株主資本簿価は10億ドルで、その年の資本支出は1億6000万ドル、減価償却費は1億ドルであっ

た。また、運転資本は4000万ドル増加し、負債残高も4000万ドル増加した。株主資本の再投資率と純利益の期待成長率を求めよ。

4. レコードの製造・販売メーカー、ヒップホップ社の成長率を推定するものとする。同社が発表した前年の税引後営業利益は1億ドル、投下資本は8億ドルであった。また、純資本支出は2500万ドルで、非現金運転資本は1500万ドル増加した。
   a．資本利益率や再投資率が変わらないものと仮定して、次年の営業利益の期待成長率を求めよ。
   b．次年の資本利益率が2.5％増加するとした場合、営業利益の期待成長率はどうなるか（ただし、次年の資本利益率＝当年の資本利益率＋2.5％）。

5. ビデオやDVDのオンライン小売であるインビデオ社の直近会計年度の営業損失は1000万ドルで、収益は1億ドルであった。同社の収益は次年には100％、2年後は75％、3年後は50％、4年から5年後はそれぞれ30％伸びることが予想される。また、5年後には税引後営業利益率は収益の8％に増加することが予想される。今後5年間における期待収益と期待営業利益（または損失）を年ごとに求めよ。

6. 娯楽ソフトの小規模メーカー、ソフトテック社の直近会計年度の収益は2500万ドルであった。あなたは同社が長期的には大きく成長すると見ており、10年後の同社の市場シェアは8％に伸びると予想している。直近年の娯楽ソフト企業の総収益は20億ドルで、あなたは今後の10年間は年6％の率で成長するものと予想している。今後10年間におけるソフトテック社の収益の年次複利成長率を求めよ。

第12章 清算の評価——終価の推定

Closure in Valuation: Estimating Terminal Value

　前章では期待成長率の決定要素について見てきた。利益の大部分を再投資に回し、この投資から高いリターンを得ることのできる企業は高い成長率を維持できるが、こういった高成長率はどのくらい持続できるのだろうか。本章では、この問題を考えるに当たり、評価に清算という概念を取り入れる。

　企業は成長するにつれ高成長を維持することは困難になり、その成長率は最終的には経済全体の成長率以下の水準に低下する。この成長率は安定成長率と呼ばれ、永久に持続可能な成長率である。継続企業の終価は、企業が安定成長期に達した以降のキャッシュフローの総額を推定することで評価することができる。問題は、企業が安定成長期にいつ、どういった形で達するかである。企業はある時点で突然安定成長に移行するのか、あるいは時間をかけて徐々にその水準に移行していくのか。これは、（その企業の市場に対する）企業規模、現在の成長率、競争力を調べてみなければ分からない。

　企業のたどるもうひとつのルートとして、企業が永久には存続せず、将来のある時点で清算するという考え方がある。清算価値を推定する最良の方法と、企業を継続企業として評価するのではなく、清算の可能性があるものとして評価するほうが妥当なケースについて考察する。

清算評価

キャッシュフローは永久に予想し続けることは不可能である。したがって、企業を評価する場合、将来のある時点までのキャッシュフローの現在価値を割引キャッシュフロー法で算出し、次にその時点における企業価値を反映させた終価を算出して企業全体の価値を評価するというのが一般的な方法である。

$$企業価値 = \sum_{t=1}^{t=n} \frac{CF_t}{(1+k_c)^t} + \frac{終価}{(1+k_c)^n}$$

終価を求める方法は3つある。最初の方法は、最終年において企業の資産が清算されるものと仮定して、企業がその時点までに蓄積してきた資産の売却価値を推定するというものである。残りの2つの方法は、終価評価時点で企業を継続企業として評価するというものである。そのうちのひとつは、最終年の企業価値を、利益、収益、簿価倍率を用いて推定し、もうひとつの方法は、企業のキャッシュフローが永久に一定の割合、つまり安定成長率で増加し続けると仮定したうえで推定する。キャッシュフローが安定成長率で増加し続けると想定した場合、終価の推定には永久成長モデルを用いることができる。

清算価値

終価を評価する場合、企業が将来のある時点で市場から撤退し、企業がそれまで累積してきた資産を最高入札者に売却することを想定することもある。この場合の終価推定値を清算価値という。清算価値の推定方法には2つある。ひとつは資産簿価のインフレ調整後の値を

ベースとする方法である。したがって、今から10年後の資産簿価が20億ドルで、その時点における資産の平均耐用年数が5年、予想インフレ率が3％であるとすると、期待清算価値は次のように計算できる。

期待清算価値
= 資産の簿価$_{最終年}$(1 + インフレ率)$_{資産の平均耐用年数}$
= 20億ドル$(1.03)^5$ = 23億1900万ドル

このアプローチの欠点は、会計上の簿価をベースにしているため、資産の収益力が反映されていない点である。

もうひとつのアプローチは、資産の収益力をベースにしたものである。これにはまず、資産が生み出す期待キャッシュフローを推定し、このキャッシュフローを適切な割引率で現在価値に割り引く。例えば、上の例で見てみると、資産が(最終年以降の)15年間に税引後キャッシュフローベースで4億ドル生み出し、資本コストを10％と想定した場合、期待清算価値は以下のようになる。

期待清算価値
= 4億ドル(年金のPV、15年間、割引率10％) = 30億4200万ドル

株主資本を評価する場合はもう1ステップ増え、最終年における負債残高の予想価値を清算価値から差し引かなければならない。こうして得られた値が清算から得られる手取額で、これが株式投資家に分配される。

倍率を使ったアプローチ

このアプローチでは、企業の将来価値はその年の企業の利益または

収益に倍率を掛けて算出する。例えば、今から10年後の企業収益が60億ドルであると想定した場合、価値・売上高倍率として2を用いれば、その年の終価は120億ドルになる。株主資本を評価する場合は、終価は株価収益率などの株主資本倍率を使って算出する。

このアプローチのメリットは簡単なことであるが、倍率は終価を大きく左右するばかりでなく、その値をどのようにして得たかが重要となる。倍率は類似企業の現在の市場価格をベースに算出するのが一般的だが、この場合の評価は割引キャッシュフロー評価ではなく相対評価となる。ファンダメンタルズをベースに算出した倍率を用いた場合、次節で説明する安定成長モデルによる評価となる。

一般に、倍率を用いて終価を推定する場合、類似企業をベースに算出した倍率を用いれば、相対評価と割引キャッシュフロー評価が混在するおそれがある。後の章で述べるが、相対評価にはいくつかのメリットがあるものの、割引キャッシュフロー評価から得られる価値は本来価値であって、相対価値ではない。したがって、割引キャッシュフロー・モデルを用いて終価を推定する場合、一貫性を保つには、清算価値あるいは安定成長モデルのいずれかを用いなければならない。

安定成長モデル

清算価値アプローチでは、企業の存続期間は有限で、その期間が終了した時点で企業は清算されるという仮定の下に評価が行われる。しかし、企業はキャッシュフローの一部を新たな資産に再投資することで、存続期間を延長することができる。キャッシュフローが最終年以降も一定の率で永久に増加し続けると仮定した場合、終価は次式によって推定することができる。

$$終価_t = キャッシュフロー_{t+1} \div (r - 安定成長率)$$

用いるキャッシュフローと割引率は、評価対象が企業全体か株主資本かで異なる。株主資本を評価する場合、株主資本の終価は次のように書くことができる。

株主資本の終価$_n$
＝株主資本キャッシュフロー$_{n+1}$ ÷（株主資本コスト$_{n+1}$ − g_n）

株主資本キャッシュフローとは厳密に言えば配当（配当割引モデル）、つまり株主資本に対して生じるフリーキャッシュフローである。一方、企業全体を評価する場合、終価は次のように書くことができる。

終価$_n$ ＝ 企業フリーキャッシュフロー$_{n+1}$ ÷（資本コスト$_{n+1}$ − g_n）

ただし、資本コストと成長率は永久に持続可能であるとする。
　本節では、安定成長率の上限値と、企業がいつ安定成長期に入るか、また企業が安定成長期に近づいたとき、どういった入力量の調整が必要になるかについて見ていく。

安定成長率の限界値

　割引キャッシュフロー評価モデルの入力量のなかで、安定成長率ほど価値を左右するものはない。そのひとつの理由として挙げられるのが、安定成長率がほんの少し変化しただけでも終価は大きく変化するということと、成長率が評価に用いられた割引率に近づくにつれその影響力が増大化するということである。アナリストは評価額を自らの偏見を反映させたものに変更するのに安定成長率を用いることが多いが、その理由は改めて言うまでもないだろう。
　しかし、安定成長率は永久に一定であるため、その上限値には強い制約が設けられる。いかなる企業といえども、経済全体の成長率を上

回る成長率で永久に成長し続けることは不可能であるため、安定成長率は経済全体の成長率を上回ることはない。安定成長率の上限を決めるに当たっては、次の3つの点を考慮しなければならない。

1. **その企業は国内企業か、あるいはグローバルに事業展開している（もしくはその能力のある）企業か**　企業が内部的な制約（経営方針など）もしくは外部的な制約（政府による規制など）によって純粋なる国内企業である場合、国内経済の成長率がその上限値になる。企業がグローバル企業もしくはグローバルに事業展開する計画のある企業の場合、国際経済の成長率（あるいは、少なくともその企業が事業を営む世界における経済の成長率）がその上限値になる。米国企業の場合、米国経済が世界経済の標準であるため、いずれの場合でも大差はない。とはいえ、コンソリデーテッド・エディソン社よりもコカコーラ社の安定成長率のほうを若干高く（例えば、0.5～1％）設定することにはなるだろう。
2. **評価を名目ベースで行っているのか、実質ベースで行っているのか**　名目ベースで行っている場合、安定成長率も名目成長率（つまり、期待インフレ率を含む）でなければならない。一方、実質ベースで行っている場合、安定成長率は名目ベースよりも低く設定しなければならない。コカコーラ社を例にとると、評価を名目米ドルで行っているのなら、安定成長率は5.5％と高い値に設定できるが、実質米ドルベースで行っている場合は、3％と低い値に設定される。
3. **評価においてキャッシュフローと割引率の推定にどんな通貨を使っているか**　安定成長率の上限値は評価に用いる通貨によって異なる。キャッシュフローと割引率の推定にインフレ率の高い通貨を使っている場合、期待インフレ率が実質成長率に加算されるため、安定成長率はかなり高くなる。反対に、インフレ率の低い

通貨を使っている場合、安定成長率はかなり低くなる。例えば、ギリシャのセメント会社、タイタン社の評価に用いる安定成長率は、評価をドラクマで行っている場合はユーロを使っている場合に比べてはるかに高くなる。

　安定成長率は企業が事業を営む経済の成長率を上回ることはないが、下回ることはある。成熟企業が経済に占める割合が減少すると想定してはいけないという理由はなく、むしろこのような想定のほうが理にかなっている場合もある。経済の成長率が新興の高成長企業と成熟した安定成長企業の両方による貢献によって決まることに注目すれば、前者の成長率が経済成長率よりもはるかに高ければ、後者の成長率は経済成長率を下回らなければならないのは当然である。
　安定成長率を経済成長率以下に設定することは必須であると同時に、こうすることで成長率は割引率よりも必ず低くなる。これは、割引率となるリスクフリーレートと経済成長率との関係によるものである。リスクフリーレートは次式で書き表すことができることに注目しよう。

名目リスクフリーレート
＝実質リスクフリーレート＋予想インフレ率

　長期的に見れば、実質リスクフリーレートは経済の実質成長率に近づき、名目リスクフリーレートは経済の名目成長率に近づく。安定成長率の一般則によれば、安定成長率は評価に用いられるリスクフリーレートを上回ることはない。

安定成長率がマイナスになることはあるのか

前節では、安定成長率は経済成長率以下でなければならないことを述べたが、安定成長率がマイナスになるということはあり得るのだろうか。安定成長率がマイナスになっても終価の推定に支障をきたすことはないため、マイナスになってはならないという理由はない。例えば、税引後キャッシュフローが1億ドルで、それが永久に年ー5％の率で成長し、資本コストが10％であったとすると、その企業の価値は次のようになる。

企業価値＝100（1－.05）÷[.10－（－.05）]
＝633,000,000ドル

ところで、成長率がマイナスというのはいったい何を意味するのだろうか。これは実質的には、企業が毎年企業を一部ずつ清算し、最終的には企業が完全に消滅することを意味する。つまり、マイナスの成長率とは、企業の完全清算と永久に成長を続ける継続企業との中間的な選択を意味するのである。

この方法は次のような企業を評価する場合には適切な選択かもしれない。技術の進歩によって消滅しつつある産業に従事する企業（例えば、パソコンが出現したあとのタイプライター・メーカー）、外部の大口顧客が長期にわたって購入を縮小している企業（例えば、冷戦後の軍需産業）。

安定成長に関する重要な仮定

割引キャッシュフロー評価では、安定成長率について設けなければならない3つの重要な仮定がある。ひとつは、評価対象企業がまだ安定成長期に入っていない場合、いつ安定成長期に入るかについて仮定する必要がある。2つ目が、安定成長期に入ったあとの企業の特性——投資収益率、株主資本コスト、資本コスト——に関する仮定であ

る。そして最後が、評価対象企業が高成長期から安定成長期にどのように移行していくかについての仮定である。

高成長期の長さ

企業が高成長をどれくらいの期間持続することができるかは、おそらく評価においては最も難しい質問であろう。これについては次の2点を指摘しておきたい。第一に、これは企業が安定成長に移行するかどうかを問うているのではなく、いつ安定成長期に入るかを問うているということである。高成長によって企業規模は拡大するが、やがては企業規模が企業のさらなる高成長を阻む障害となるため、いかなる企業も最終的には安定成長企業になる。これはベスト・ケースの場合である。反対に、ワースト・ケースの場合、企業は存続が難しくなり、清算に追い込まれる。第二に、評価における高成長、あるいは少なくとも価値を創造する高成長（超過リターンを伴わない成長は企業規模を増大させはするが、企業価値が向上することはない）とは、限界的投資から超過リターンが得られる場合を指す。つまり、資本コストを十分に上回る資本利益率（あるいは、株主資本コストを十分に上回る株主資本利益率）を得ている場合にのみ企業価値は向上するということである。したがって、企業が今後5年もしくは10年間高成長を維持すると仮定するということは、その企業がその間超過リターン（要求されるリターンを上回るリターン）を上げることができることを暗に仮定していることになる。競争市場では、この超過リターンは新たな競合の出現によって減少し、やがては消滅する。

企業が高成長をどれくらいの期間維持することができるかを考える場合、次の3つの要素を考慮しなければならない。

1．企業規模　小規模企業は同じ条件の大規模企業に比べ、超過リター

ンを得やすく、しかもそれを維持できる傾向が強い。これは、大規模企業に比べると小規模企業のほうが成長する余地があり、潜在的市場規模も大きいからである。つまり、巨大市場を持つ小規模企業は長期にわたって高成長（少なくとも、収益については）を維持できる可能性があるということである。企業の規模を見る場合、現在の市場シェアのみならず、その企業の製品やサービスが市場でシェアを伸ばしていく潜在的能力にも注目しなければならない。今現在大きな市場シェアを占めている企業でも、市場全体が急成長していればさらに成長できる可能性がある。

2. **現在の成長率と超過リターン**　成長率を予測する場合、重要なのは企業の持つモメンタム（勢い）である。収益を急速に伸ばしてきた企業は、少なくとも近い将来においては引き続き収益を伸ばすことができる可能性が高い。当期の資本利益率が高く、超過リターンも高い企業は、その超過リターンを今後数年は維持できるだろう。

3. **競争優位性の大きさとその持続可能性**　高成長期の長さを決定する要素としておそらく最も重要なのがこのファクターだろう。大きな参入障害が存在する市場において維持可能な競争優位性を持つ企業は、高成長を維持できる期間は長くなる。一方、参入障害がほとんど、あるいはまったくない場合、あるいは企業の競争優位性が低下しつつある場合、高成長を維持できる期間は短く見積もるべきである。現職経営陣の質も成長の持続性を決定するうえでの重要な要素となる。正しい戦略的決定を下すことのできる経営トップのいる企業は、競争優位性を向上できるばかりでなく、新たな競争力を導入することも可能である（企業の成長に他社と決定的な差をつけたCEOの代表例が、GE社のジャック・ウェルチとコカコーラ社のロベルト・ゴイズエータである）。

CAP（競争優位期間）

　企業価値を決定するうえで最も重要な要素である高成長と超過リターンとの相乗効果をとらえるために生まれたのがCAP（競争優位期間）という概念である。これは企業が超過リターンを生み出せる期間を測定したもので、クレジット・スイス・ファースト・ボストン社のマイケル・モーブーシンによって広められた。超過リターンを生み出せる企業の価値は、今日投下した資本と企業が存続期間中に稼得する超過リターンの現在価値の合計として表すことができる。競争優位期間終了後は超過リターンは生み出されないので、新たな価値が付加されることはない。

　この変形として、アナリストは資本利益率と資本コストが現状のまま変わらないと仮定して、現在の市場価値を持続するのに必要な競争優位期間を推定することがある。こうして得られるMICAP（市場インプライド競争優位期間）は、同じセクターの企業間で比較したり、質的ベースで評価することができる。

実例12.1　高成長期の長さ

　高成長期の長さを推定する手順を説明するために、いくつかの企業を例に取り上げて、主観的に判断してみることにする。

コンソリデーティッド・エディソン社
　背景……同社はニューヨーク市近郊における電力供給を一手に担っている。しかし、市場を独占する代償として、投資政策も価格政策も政府の規制下に置かれている。電力料金の値上げは、同社の投資収益率を基に規制委員会によって決定される。投資収益率が高い場合、料金の値上げは見送られる。なお、電力需要はニューヨーク市の人口が

安定するにつれて安定してくる。

今後の見通し……同社はすでに安定成長期に入っている。したがって、高成長や超過リターンはほとんど見込めない。

P&G社

背景……同社にはいくつかのはっきりとした強みがある。過去数十年にわたり、同社はそのブランド力によって高い超過リターン（2000年の株主資本利益率が29.37％であったことを見れば明白）と高成長率を維持してきた。同社は今、2つの問題に直面している。ひとつは、同社が米国の成熟市場ですでに大きな市場シェアを占めており、ブランド名の認識度が低下しつつあるため、海外市場でのプレミアム要求が難しくなりつつあるということである。もうひとつは、同社製品に対するノンブランドの攻勢が激化しつつあることである。

今後の見通し……ブランド名によって短期間——私たちは5年を想定——は超過リターンと安定成長率を上回る成長を維持できるが、その後は多少の超過リターンは得られるものの安定成長期に入るものと予想される。ブランド名を海外にも拡大できれば、かなり高い成長率が期待できる。

アムジェン社

背景……同社には現在キャッシュフローを生み出している特許取得薬品のほかにも研究開発中の薬品がいくつかある。同社は世界最大のバイオテクノロジー企業であるが、バイオ市場はすさまじい勢いで拡大しており、将来も拡大し続けることが予想される。なお、同社は過去高い利益の伸びを記録してきた。

今後の見通し……同社は現在持っている特許によって競合を寄せ付けず、薬品の承認に時間がかかることを考えれば、当分は市場に新薬品が登場することはないだろう。したがって、同社は今後10年間は高

成長と超過リターンを維持できると思われる。

　高成長期の長さを判断する際には主観的な要素が絡んでくることが多い。第11章の終わりのほうで述べた質的変数と成長との関係についての多くは、ここでの議論にも当てはまる。

安定成長企業の特性

　企業は高成長期から安定成長期に移行するにつれ、安定成長企業の特性を帯びてくる。安定成長期に入った企業は高成長期のころとは数々の異なる側面を持つようになる。一般に、安定成長企業のリスクは平均化され、負債は増加、超過リターンは減少（あるいはゼロ）、再投資額も減少する。本節では、これらの変数の調整方法について見ていく。

株式リスク

　株主資本コストを見た場合、高成長企業は安定成長企業に比べると市場リスクに対するエクスポージャ（ベータ）が高い傾向がある。この理由としては、高成長企業が自由裁量度の高い商品を供給するニッチ企業であること、オペレーティング・レバレッジが高いことなどが挙げられる。したがって、新興のテクノロジー会社や電気通信会社のベータは高くなる。こういった企業は成熟するにしたがって、市場リスクに対するエクスポージャは減少し、ベータは市場平均の1に近づく。ひとつのオプションとして、安定成長企業はすべて平均リスクを持つものとして、すべての安定成長企業のベータを1に設定することもできる。あるいは、安定成長企業でもベータに多少の差はあるとして、ボラティリティの高い事業を営む企業のベータは高く、安定性の高い事業を営む企業のベータは低く設定することもできる。一般則と

して、安定成長期に入った企業のベータは1.2（米国企業の３分の２はベータ値が0.8から1.2の間の数値を取る。したがって、安定成長企業のベータ値としてはこの間の数値を設定するのが妥当だろう）を上回らない数値に設定するのが望ましい。

しかし、素材産業のようにベータが１をはるかに下回っている企業の場合にはどう対処すればよいのだろうか。こういった企業が現在の事業を継続すると想定するならば、ベータは現在水準を維持すると考えても問題はない。しかし、推定した成長率を永久に持続するために事業分割が必要である場合は、ベータは１に向けて上方修正する必要がある（評価対象企業が素材産業で、成長率がインフレ率を上回ることを見込んでいる場合、その企業が事業分割することを想定していることになるため、ベータ値はそれに応じて調整しなければならない）。

betas.xls：米国企業の平均負債ベータと資産ベータを産業別にまとめたものがウェブサイトで閲覧可能。

プロジェクトの収益率

高成長企業は資本利益率（株主資本利益率）が高く、超過リターンを生む傾向があるが、安定成長期に入ると、超過リターンを持続することは困難になる。人によっては、超過リターンを生まないことが安定成長を特徴づける唯一の仮定であると考える者もいる。つまり、資本利益率＝資本コストと設定するわけである。一般に、超過リターンを永久に生み続けることは不可能であるが、実際には企業が突然超過リターンを生み出す能力を失うと想定することには無理がある。業界全体で見れば長期にわたって超過リターンを生み続けることはよくあることである。したがって企業の株主資本利益率と資本利益率が業界平均に近づくと想定したほうが、より正確な価値評価につながる。

> **eva.xls**：米国企業の資本（株主資本）利益率、資本（株主資本）コスト、そして超過リターンを産業別にまとめたものがウェブサイトで閲覧可能。

負債比率と負債コスト

　高成長企業は安定成長企業に比べると負債水準は低い傾向にあるが、企業は成熟するにつれ、その借り入れ余力が増していく。企業を評価する際、資本コストの算出に用いる負債比率はこの事実によって変わってくる。株主資本を評価している場合、負債比率が変われば株主資本コストも期待キャッシュフローも変わってくる。安定成長期においては負債比率を持続可能な水準に近づけるべきかどうかは、現職経営者の負債に対する考え方と株主の持つ力を考慮せずに決めることはできない。経営者が金融政策の変更に積極的で、株主がある程度の力を持っている場合、その企業は安定成長期に入れば負債比率はもっと上昇すると想定するのが妥当だろう。そうでない場合、負債比率は現在水準のままとするのが無難である。

　利益とキャッシュフローが増加すれば、デフォルトリスクもまた変化する。現在、収益が1億ドルで1000万ドルの損失を出している企業の格付けはB格と想定されるが、100億ドルの収益と10億ドルの営業利益を達成するという予想が現実のものとなれば、格付けは今よりはるかに上がるはずである。事実、内部的に一貫性を持たせるためには、収益と営業利益の値を変更したときに格付けと負債コストの再評価が必要になる。

　実際問題として、安定成長期における負債比率や負債コストをどういった数値に設定するかは、その業界の大規模成熟企業の財務レバレッジを基に決めるべきである。ひとつの解決方法として、安定成長期にある企業の負債比率と負債コストとして業界平均を用いてもよい

だろう。

> **wacc.xls**：米国企業の負債比率や負債コストを業界別にまとめたものがウェブサイトで閲覧可能。

再投資率と内部留保率

安定成長企業は高成長企業に比べ再投資額が減少する傾向がある。したがって、成長率の低下と再投資額との関係を把握し、企業が安定成長期に入ったときに、その安定成長率を維持するのに必要な再投資額を割り出すことが重要になる。実際の調整は、配当や株主資本フリーキャッシュフロー、企業フリーキャッシュフローを考慮するかどうかによって変わってくる。

配当割引モデルでは、EPSの期待成長率は内部留保率と株主資本利益率の関数として表せることに注目しよう。

期待成長率＝内部留保率×株主資本利益率

この式を内部留保率について整理すると、次式が得られる。

内部留保率＝期待成長率÷株主資本利益率

例えば、P&G社を例にとれば、安定成長率を5％（経済成長率に基づく）、株主資本利益率を15％（業界平均に基づく）とすると、安定成長期に入った同社の内部留保率は次のように算出できる。

内部留保率＝5％÷15％＝33.33％

つまり、P&Gは期待成長率5％を達成するのに利益の33.33％を再投資しなければならないということになる（残りの66.67％を配当支払いに回せる）。

純利益の成長率に焦点を当てた株主資本フリーキャッシュフロー・モデルでは、期待成長率は株主資本再投資率と株主資本利益率の関数として表される。

期待成長率＝株主資本再投資率×株主資本利益率

これを株主資本再投資率について整理すると、次式が得られる。

株主資本再投資率＝期待成長率÷株主資本利益率

例えば、コカコーラ社を例にとれば、安定成長率が5.5％、安定成長期に入ったときの株主資本利益率が18％とすると、株主資本再投資率は次のようになる。

株主資本再投資率＝5.5％÷18％＝30.56％

最後に、企業フリーキャッシュフロー・モデルでは、営業利益の期待成長率は資本利益率と再投資率の関数として表すことができる。

期待成長率＝再投資率×資本利益率

前と同じようにこの式を並べ替えると、安定成長期における再投資率の式を得ることができる。

安定成長期における再投資率＝安定成長率÷ROC_n

ただし、ROCnは企業が安定成長を維持するのに必要な資本利益率を表す。再投資率が分かれば、安定成長期に入った1年目の企業フリーキャッシュフローが求められる。

安定成長率を再投資率と内部留保率との関数で表すことで、安定成長率に関する仮定にあまり左右されることなく評価を行うことができる。他の条件が一定の下で安定成長率のみを上げると、価値は劇的に増加するが、成長率の変化に伴って再投資率も変わるので、価値の増加は相殺される。つまり、成長率が上がると再投資率も上がるため、キャッシュフローは減少し、結果的に成長率の増加によって得られる利益は少なくとも一部は消滅することになる。安定成長率が上昇したときに企業価値が上昇するか下落するかは、超過リターンに対してどういった仮定を設けるかによって決まる。安定成長期に入ったときに資本利益率が資本コストを上回るとした場合、安定成長率が上がれば価値は上がる。資本利益率が安定成長率に等しいとした場合、安定成長率が上がっても価値は変わらない。これは簡単に証明できる。

終価
$= EBIT_{n+1}(1-t)(1-再投資率) \div (資本コスト_n - 安定成長率)$

安定成長率を再投資率の関数に置き換えると、次式が得られる。

終価 $= EBIT_{n+1}(1-t)(1-再投資率)$
$\div \{資本コスト_n - (再投資率 \times 資本利益率)\}$

資本利益率 = 資本コストとおくと、

終価 $= EBIT_{n+1}(1-t)(1-再投資率)$
$\div \{資本コスト_n - (再投資率 \times 資本コスト)\}$

これを整理すると、

$$終価_{(ROC=WACC)} = EBIT_{n+1}(1-t) \div 資本コスト_n$$

投資損益とキャッシュフローについてもまったく同じことが言え、安定成長期において株主資本利益率が株主資本コストに等しい場合、成長率が上昇しても終価には何らの影響も与えないことが分かる。

> **divfund.xls**：米国企業の内部留保率を産業別にまとめたデータがウェブサイトで閲覧可能。

> **capex.xls**：米国企業の再投資率を産業別にまとめたデータがウェブサイトで閲覧可能。

実例 12.2　安定成長率と超過リターン

繊維会社であるアロイミルズ社が発表した当期の税引後営業利益は1億ドルである。また、同社の当期の資本利益率は20％、再投資率は50％である。したがって、今後5年間の期待成長率は10％となる。

期待成長率 = 20％ × 50％ = 10％

同社の5年目以降の成長率は5％に下がり、資本利益率は20％のままであることが予想される。したがって、

6年目の期待営業利益 = $100(1.10)^5(1.05) = 169,100,000$ ドル
5年目以降の期待再投資率 = $g \div ROC = 5\% \div 20\% = 25\%$
5年目の終価 = $169.10(1 - .25) \div (.10 - .05) = 2,537,000,000$ ドル

よって、同社の今日の企業価値は、

今日の企業価値 = $55 \div 1.10 + 60.5 \div 1.10^2 + 66.55 \div 1.10^3 + 73.21 \div 1.10^4 + 80.53 \div 1.10^5 + 2,537 \div 1.10^5 = 1,825,000,000$ ドル

安定成長期に入ったあとの同社の資本利益率を10％に変更し、成長率は5％のままとすると、価値は大きく変わってくる。

6年目の期待営業利益 = $100(1.10)^5(1.05) = 169,100,000$ ドル
5年目以降の期待再投資率 = $g \div ROC = 5\% \div 10\% = 50\%$
5年目の終価 = $169.10(1 - .5) \div (.10 - .05) = 1,691,000,000$ ドル
今日の企業価値 = $55 \div 1.10 + 60.5 \div 1.10^2 + 66.55 \div 1.10^3 + 73.21 \div 1.10^4 + 80.53 \div 1.10^5 + 1,691 \div 1.10^5 = 1,300,000,000$ ドル

ここで、資本利益率を10％に維持したまま成長率を4％に下げた場合の影響を見てみよう。

6年目の期待営業利益 = $100(1.10)^5(1.04) = 167,490,000$ ドル
6年目の期待再投資率 = $g \div ROC = 4\% \div 10\% = 40\%$
5年目の終価 = $167.49(1 - .4) \div (.10 - .04) = 1,675,000,000$ ドル
今日の企業価値 = $55 \div 1.10 + 60.5 \div 1.10^2 + 66.55 \div 1.10^3 + 73.21 \div 1.10^4 + 96.63 \div 1.10^5 + 1,675 \div 1.10^5 = 1,300,000,000$ ドル

終価は1600万ドル減少したが、5年目末の再投資率が40％に下落した

ためキャッシュフローが1600万ドル増加したことに注目しよう。したがって、企業価値は13億ドルのまま変化はない。事実、安定成長率を０％に変更しても価値には何らの影響も及ぼさない。

6年目の期待営業利益 $= 100(1.10)^5 = 161{,}050{,}000$ ドル

6年目の期待再投資率 $= g \div ROC = 0\% \div 10\% = 0\%$

5年目の終価 $= 161.05(1 - .0) \div (.10 - .0) = 1{,}610{,}500{,}000$ ドル

今日の企業価値 $= 55 \div 1.10 + 60.5 \div 1.10^2 + 66.55 \div 1.10^3 + 73.21 \div 1.10^4 + 161.05 \div 1.10^5 + 1{,}610.5 \div 1.10^5 = 1{,}300{,}000{,}000$ ドル

実例 12.3　安定成長期の評価における入力量

　企業が高成長期から安定成長期に入ったとき、評価における入力量はどのように変化するのだろうか。3つの企業を例にとって見てみることにしよう。P&G社は配当割引モデル、コカコーラ社は株主資本フリーキャッシュフロー・モデル、エンブラ社（ブラジルの宇宙航空会社）は企業フリーキャッシュフロー・モデルでそれぞれ評価するものとする。

　まず、P&G社のケースから見ていこう。実際の評価は次章で行うとして、ここでは3つの入力量――ペイアウト比率（配当を決定する）、期待株主資本利益率（期待成長率を決定する）、ベータ（株主資本コストに影響する）――にのみ注目する。**実例12.1**では、同社の高成長期を5年と推定した。次の表は、配当割引モデルで同社を評価する際の入力量をまとめたものである。

	高成長期	安定成長期
ペイアウト比率	45.67%	66.67%
株主資本利益率	25.00%	15.00%
期待成長率	13.58%	5.00%
ベータ	0.85	1.00

　高成長期のペイアウト比率とベータは当年の価値に基づいて算出したものであることに注意したい。今後5年間における株主資本利益率を現在の数値よりも低く設定してあるのは、近年同社を取り巻く競争環境が激化してきたことを反映してのことである。今後5年間における期待値成長率13.58％は株主資本利益率と内部留保率との積である。安定成長期におけるベータは1に調整してあるが、ベータはすでに1に近いため価値にはほとんど影響を及ぼさない。安定成長率は、世界経済の名目成長率よりも若干低い5％に設定した。安定成長期の株主資本利益率は、株主資本コストとブランド企業の平均株主資本利益率のほぼ中間値である15％に下落するものと想定している。これは、ノンブランドの攻勢によって利益率が低下するにつれ、業界全体の株主資本利益率は下がるとの仮定に基づくものである。成長率や株主資本利益率が下落するにつれ、内部留保率も33.33％に下落する。

　次はコカコーラ社について見てみよう。次の表はコカコーラ社を株主資本キャッシュフロー・モデルで分析する際の入力量を示したものである。

	高成長期	安定成長期
株主資本利益率	27.83%	20.00%
株主資本再投資率	39.32%	27.50%
期待成長率	10.94%	5.50%
ベータ	0.8	0.80

高成長期では、株主資本再投資率も株主資本利益率も高いため、期待成長率は年10.94％となる。安定成長期に入ると、株主資本利益率は飲料業界平均に低下すると想定し、株主資本再投資率は安定成長率

5.5％を基に算出した。同社はコアビジネスに重点を置くという経営方針をとっているため、ベータは現在水準と変わらない。

最後にアムジェン社について見てみよう。次の表は高成長期と安定成長期における同社の資本利益率、再投資率についてまとめたものである。

	高成長期	安定成長期
資本利益率	23.24%	20.00%
再投資率	56.27%	25.00%
期待成長率	13.08%	5.00%
ベータ	1.35	1.00

同社の現在の資本利益率は高いが、企業規模が拡大し特許期限が切れる安定成長期に入ると多少低下して20％程度になると推定される。安定成長期に入ると成長率は5％に下落するので、再投資率も25％に低下する。また、ベータは市場平均に収束するものと仮定する。

いずれの企業についても、資本利益率を資本コストよりも高い数値に設定することで、超過リターンが永久に生み出されることを想定していることに注目しよう。この想定は問題を生じる可能性もなくはないが、これらの企業がこれまでに培ってきた競争力、あるいは高成長期に入ってから増強される競争力は即座に消失することはないはずである。超過リターンは長期的には次第に消失していくが、安定成長期の超過リターンについては、業界平均に近づくとするのが妥当だろう。

安定成長期への移行

企業が将来のある時点で安定成長期に入ると判断したならば、安定成長期に移行するにしたがって企業がどのように変化するかを考えな

ければならない。これについては３つのシナリオが考えられる。ひとつは、企業がある期間高成長を維持したあと、突然安定成長期に移行するというもの（２段階モデル）。２つ目は、企業がある期間高成長を維持したあと、過渡期（企業特性が安定成長期の特性に徐々に近づく）を経て安定成長期に移行していくというもの（３段階モデル）。３番目のシナリオは、企業特性が初期から安定成長期まで毎年徐々に変化していくというもの（ｎ段階モデル）。

　これら３つのシナリオのうち、どのシナリオを適用すればよいかは、評価対象企業によって異なる。２段階モデルでは企業はわずか１年で高成長期から安定成長期への移行が完了するため、劇的な変化もなく適度な成長率で成長する企業を評価する際にはこのシナリオを用いるのがよい。営業利益の成長率が大きな企業の場合、過渡期を含むシナリオを適用するのがよいだろう。過渡期を含む３段階モデルでは、成長率のみならず、リスク特性や資本利益率、再投資率を安定成長期に向けて徐々に調整することができるからである。新興企業あるいは営業利益率がマイナスの企業の場合は、企業特性が毎年徐々に変化するｎ段階モデルを用いるのが賢明だろう。

実例12.4　成長パターンの選択

　実例12.3で取り上げた３つの企業について考えてみよう。**実例12.3**では、P&Gの高成長率は13.58％、高成長期間は５年、コカコーラ社の高成長率は10.94％、高成長期間は10年、アムジェン社の高成長率は13.08％、高成長期間は10年と想定した。P&Gについては２段階モデルを適用する――最初の５年間の成長率は13.58％でそれ以降は５％。一方、コカコーラ社とアムジェン社の場合、６年から10年の間が過渡期に相当し、その間の入力量は高成長水準から安定成長水準

へと徐々に変化していくものと思われる。**図12.1**は、6年から10年にかけてのコカコーラ社のペイアウト比率と期待成長率の変化、同時期におけるアムジェン社の資本利益率と再投資率の変化をグラフ化したものである。

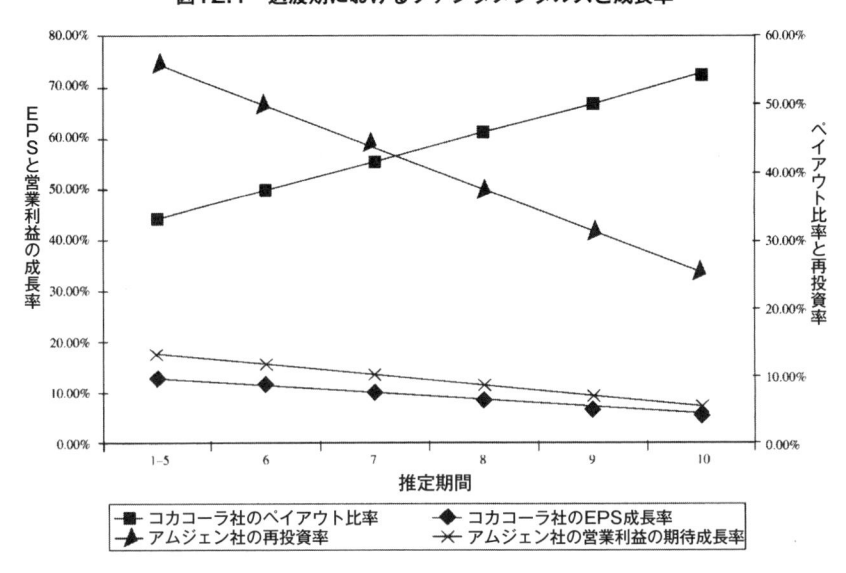

図12.1 過渡期におけるファンダメンタルズと成長率

凡例：
- コカコーラ社のペイアウト比率
- コカコーラ社のEPS成長率
- アムジェン社の再投資率
- アムジェン社の営業利益の期待成長率

成長率が高くもなく、マイナスでもない異常成長期

　期待成長率が経済成長率以下の企業が異常成長期を持つことはあるのだろうか。企業によってはあり得る。企業が安定成長期に入るということは、成長率が経済成長率を下回らなければならないだけでなく、評価に用いる他の入力量も安定成長企業に見合ったものでなければならないからである。例えば、営業利益の成長率は年4％だが、現在の資本利益率が20％、ベータが1.5の企業を考えてみよう。この企業の場合、資本利益率が持続可能な水準（例えば12％）に下がり、ベータが1に近づく過渡期が必要ということになる。

　同様に、成長率が安定成長率を下回っているが、やがては安定成長率に近づく異常成長期もある。こういった異常成長期をとる企業としては、今後5年間の利益の期待成長率が2％（異常成長期）で、その後は5％に上昇するといった企業が考えられる。

存続問題

　割引キャッシュフロー評価法で終価を用いるということは、企業が永久に続く継続企業であることを暗に想定していることになる。リスクの高い企業の多くは、利益のボラティリティが高く、またテクノロジーの発達によって、5年後あるいは10年後には存続していない可能性がある。評価にはこういった倒産の可能性を含めるべきだろうか。もしそうだとすれば、どういった形で評価に織り込めばよいのだろうか。

ライフサイクルと企業の存続

　企業がライフサイクルのどの段階にあるかということと、その企業の存続との間には関連性がある。利益もキャッシュフローもマイナスの新興企業は深刻なキャッシュフロー問題に陥り、最終的には資源の豊富な企業にバーゲン価格で買収されることもあり得る。新興企業の場合は特にこの問題に陥りやすいが、それはなぜなのだろうか。営業活動から生じるキャッシュフローがマイナスで、かつ多大な再投資額を必要とする場合、キャッシュ準備高は急速に枯渇していく。金融市場から（株式や社債によって）追加資金を調達できる能力があれば、この問題は解消できる。問題なのは、株価が下落し、市場からの資金調達がままならなくなった場合である。

　企業の利益がマイナスに転じ、キャッシュフロー問題に陥る可能性を測る尺度として広く用いられているのがキャッシュ・バーン比率である。これは、企業のキャッシュバランスをEBITDA（支払利息・税金・減価償却・償却控除前利益）で割ったものである。

$$\text{キャッシュ・バーン比率} = \text{キャッシュバランス} \div \text{EBITDA}$$

この場合EBITDAは負数であるため、計算には絶対値が用いられる。したがって、キャッシュバランスが10億ドルでEBITDAが－15億ドルの企業はキャッシュバランスを8カ月で使い切ってしまうことになる。

倒産可能性と評価

　企業の存続を評価に織り込むひとつの方法は、評価に用いる期待キャッシュフローとして、ベストケースからワーストケースに至るま

でさまざまなシナリオ下におけるキャッシュフローと、そのシナリオが実際に生じる確率とを反映させたキャッシュフローを用いるというものである。この場合、期待価値には企業の倒産可能性がすでに織り込まれていることになる。企業の存続あるいは倒産に関連する市場リスクは、すべて資本コストに含まれていると仮定することができる。したがって、倒産する確率の高い企業の割引率は高くなり、その結果現在価値は低くなる。

　もうひとつの方法は、割引キャッシュフロー評価法は楽観的な考え方に偏りがちで、企業の倒産可能性が価値に十分反映されていないという考え方に基づくものである。この考え方によれば、前節で述べた割引キャッシュフロー・モデルでは営業資産が過大評価されているため、モデルから得られた値は企業の倒産によって終価が得られない確率、あるいは将来得られると予想したプラスのキャッシュフローさえも生み出されない確率を反映するように調整しなければならない。

企業の存続を想定した場合、価値は割り引くべきか割り引くべきではないのか

　ばく大な既存資産を持ち、倒産の可能性が比較的低い企業の場合、最初の方法のほうが適切である。こういった企業に対して倒産の可能性を考慮して価値をさらに割り引くのは、リスクのダブルカウントにつながる。

　新興の小規模企業の場合、いずれの考え方を採用するかの判断は難しく、最初の数年が経過した段階で企業が存続していない確率を期待キャッシュフローに含めているかどうかによって違ってくる。含めている場合、評価にはすでに企業が最初の数年が経過した段階で存続していない確率が反映されているので問題はないが、含めていない場合、企業が近い将来存続していない確率を反映するように価値を割り

引く必要がある。この割引額を推定するひとつの方法として、前述したキャッシュ・バーン比率を用いて企業の倒産確率を推定し、この確率を反映するように営業資産価値を調整する。

調整後の価値＝割引キャッシュフロー価値（1－倒産確率）
＋投げ売り価値（倒産確率）

所有する資産の割引キャッシュフロー価値が10億ドル、投げ売り価値が5億ドル、倒産確率が20％の企業の場合、調整後の価値は9億ドルになる。

調整後の価値＝1,000（.8）＋500（.2）＝900,000,000ドル

ここで留意点を2つ挙げておこう。ひとつは、価値の損失を招くのは倒産そのものではなく、投げ売り価値が真の価値の割引価値になっていることによるという点である。もうひとつは、このアプローチでは倒産確率の推定が重要になるという点である。倒産確率は、その企業の（キャッシュ需要に対する）キャッシュ準備高と、市況の両方に依存するため推定が難しい。浮き沈みの激しい株式市場では、市場から資金調達が可能なためキャッシュをほとんど、あるいはまったく持たない企業が生き残ることも可能である。反対に市況が悪化すれば、ばく大なキャッシュバランスを持つ企業でも苦境に立たされることがある。

倒産確率の推定

　企業の倒産確率を推定するには2つの方法がある。ひとつは過去のデータによる方法である。過去に倒産した企業と倒産しなかった企業とを比較し、両者の違いを生む原因となった変数を発見する。例えば、負債比率が高くキャッシュフローがマイナスの企業は、こういった特徴を持たない企業に比べると倒産確率は高い。実際には、倒産確率を推定するにはプロビットなどの統計手法を用いることができる。例えば、プロビット法ではまず1990年の上場企業とその財務特性をピックアップし、1991年から1999年までの間に倒産した企業を割り出し、倒産確率を1990年に観測可能であった変数の関数として表す。これによって、回帰方程式に類似した関数が得られる。この関数を用いることで、今日存在するいかなる企業の倒産確率も推定できる。

　もうひとつの方法は、社債の格付けを利用するというものである。ただし、この手法は社債の格付けが入手可能な場合にかぎられる。例えば、コマース・ワンの社債の格付けがB格であると仮定しよう。過去数十年間にわたるB格の社債を調べてみると、この格付けの企業の倒産確率は25%（NYUスターン・ビジネス・スクールのアルトマン教授は年次統計の一環としてこの確率を算定している。最新データは同スクールの研究調査報告書から入手可能）であることが分かる。この方法は簡単ではあるが、格付けされた企業にしか適用できないという限界があるうえ、格付け会社が長年にわたって同じ基準を用いて格付けしてきたという欠点もある。

終価について

　割引キャッシュフロー評価法における終価の果たす役割は、この手法の批判要因としてたびたび取り上げられてきた。割引キャッシュフ

ロー評価法によって求められる価値の大部分が終価によって占められ、しかも終価は操作されやすく望む数値が簡単に得られてしまう、というのがこの手法の批判者たちの言い分である。しかし、彼らの言い分はいずれの点においても的外れである。

たしかに、株価や株主資本価値に占める終価の割合は高い。しかし、これは当たり前のこととも言える。例えば、株式を購入したり企業に投資した場合、リターンはどこから得られるか考えてみるとよい。投資が好ましい投資であると仮定するならば、リターンの大部分は株式の保有期間に得られる（つまり、配当などのキャッシュフロー）のではなく、売却時に得られる（つまり、株価の値上がりによって得られる）。終価とは元来後者を把握するためのものである。したがって、成長する可能性の高い企業ほど、その価値における終価の占める割合は高くなる。

終価は本当に操作されやすいのだろうか。終価が往々にしかも簡単に操作されることが事実であることは認めよう。しかし、これはアナリストが終価を求めるのに倍率を用いたり、安定成長モデルの前提のいくつかに従わないために生じることである。安定成長モデルにおける前提のひとつは、成長率が経済成長率を上回ることはないというものであり、もうひとつは、安定成長期に入った企業はその成長率を維持するために再投資する必要があるというものである。実際、前章でも述べたように、安定成長率は永久に生じる超過リターンについての前提ほど大きなバリュー・ドライバーではない。超過リターンがゼロのとき、安定成長率が変化しても価値には何らの影響も及ぼさないのである。

まとめ

企業の価値は、その存続期間の間に生み出される期待キャッシュ

フローの現在価値として表される。企業の存続期間は無限であるため、評価に当たっては清算という概念を導入しなければならない。つまり、ある期間のキャッシュフローを推定して、その期間末の企業価値——これを終価という——を推定して、企業全体の価値を求めるというわけである。アナリストの多くは終価を推定する際、最終推定年における利益もしくは収益の倍率を用いる。企業が永久に存続すると仮定した場合、割引キャッシュフロー法により忠実な方法が、企業のキャッシュフローはある時点以降は一定の率で伸び続けると想定することである。割引キャッシュフロー法では企業がこの成長率、つまり安定成長率に達するのがいつになるかということが重要となる。成長率が高く、高い競争力を持つ小規模企業は、競争力のない大規模な成熟企業よりも高成長期は長くなる。企業が永久に存続すると仮定しない場合は、企業が高成長期に蓄積してきた資産に対して他者が支払うであろう対価を基に清算価値を推定すればよい。

練習問題

1. 船舶会社、ユリシーズ社の支払利息・税金控除前利益は1億ドルで、今後5年間における期待利益成長率は10%である。5年目末における終価は営業利益の8倍（セクター平均）という倍率を用いて推定するものとする。
   a．同社の終価を求めよ。
   b．資本コストが10%、税率が40%、安定成長率が5％のとき、営業利益の8倍の倍率を用いた場合、永久に得られる期待資本利益率はいくらになるか。

2. ジェノヴァ・パスタ社はイタリア食品メーカーで、同社が発表した当期の支払利息・税金控除前利益は8000万ドルである。今後

5年間における利益の成長率は20％、それ以降は5％と予想される。同社の当期の税引後資本利益率は28％であるが、6年目以降は半減することが予想される。同社の資本コストが永久に10％であるとした場合、同社の終価を求めよ（ただし、税率は40％とする）。

3. テーブルランプ・メーカー、ランプス・ガロア社の当期の投資額1億ドルに対する税引後資本利益率は15％である。同社は今後4年間は税引後営業利益の80％、それ以降は30％（安定成長期）を再投資することが予想される。資本コストは9％である。
   a．同社の終価を求めよ（4年目末の時点）。
   b．4年目以降の税引後資本利益率が9％に下落するとした場合、終価はどうなるか。

4. ベヴァン不動産は4つの資産を持つ不動産会社である。これらの資産から得られる当期の税引後利益は5000万ドルで、今後10年間は年8％、それ以降は年3％の率で伸びることが予想される。これらの資産の現在の市場価値は5億ドルで、今後10年間は年3％の率で値上がりすることが予想される。
   a．現在の市場価値と期待値上がり率を基に、これらの資産の終価を求めよ。
   b．利益成長率予想が正しいと仮定して、今から10年後の終価を税引後営業利益の倍率で求めよ。
   c．10年目以降は再投資の必要がないとして、終価を求めるのに用いる資本コストを求めよ。

5. ラテン・ビーツ・コーポレーションはスペイン音楽とビデオを専門に扱う企業である。同社が発表した当期の税引後営業利益は

2000万ドルで、資本支出は1500万ドル、減価償却費は500万ドルである。同社はこれら3項目の今後5年間における成長率をそれぞれ10%と見込んでいる。5年目以降は安定成長期に入り、年4％の成長率を永久に維持することが予想される。利益、資本支出、減価償却費は年4％の率で永久に伸び続け、資本コストは12%であると仮定する（運転資本はない）。

a．同社の終価を求めよ。
b．終価を求める際に想定する再投資率と資本利益率を求めよ。
c．安定成長期では資本支出と減価償却費が等しいと仮定した場合、終価はどうなるか。
d．資本支出と減価償却費が等しいと仮定した場合の資本利益率を求めよ。

6．クラブ・スティール社はペンシルベニアに多数の製鉄所を所有している。同社が発表した直近年の税引後営業利益は4000万ドルで、投資額は4億ドルである。同社の営業利益の成長率は、今後3年間は7％、それ以降は3％になることが予想されている。

a．同社の資本コストが10%、資本利益率は永久に現状水準のままであるとしたときの、3年目末の同社の価値を求めよ。
b．3年目以降の営業利益が一定（つまり、3年目以降の利益は3年目末の利益に等しい）とすると、終価はどうなるか。
c．3年目以降の期待営業利益が永久に年5％の率で下落すると仮定した場合の終価を求めよ。

7．前問において資本コストを8％とした場合、各問いに対する答えはどう変わるか。

■著者紹介
アスワス・ダモダラン（Aswath Damodaran）
ニューヨーク大学レナード・N・スターン経営大学院のファイナンス理論教授。ニューヨーク大学教育優秀賞をはじめとする教育における数々の賞を受賞。1994年には、ビジネス・ウィーク誌の全米ビジネススクール教授トップ12人のひとりに選ばれる。また、多くの大手投資銀行でコーポレート・ファイナンスおよび評価の研修コースの講師も務める。主な著書に『ダモダラン・オン・バリュエーション』『コーポレート・ファイナンス』『インベストメント・マネージメント』『コーポレート・ファイナンス戦略と応用』（東洋経済新報社）、『ザ・ダーク・サイド・オブ・バリュエーション』がある。

■訳者紹介
山下恵美子（やました・えみこ）
電気通信大学・電子工学科卒。エレクトロニクス専門商社で社内翻訳スタッフとして勤務したあと、現在はフリーランスで特許翻訳、ノンフィクションを中心に翻訳活動を展開中。主な訳書に『EXCELとVBAで学ぶ先端ファイナンスの世界』『リスクバジェッティングのためのVaR』『ロケット工学投資法』『投資家のためのマネーマネジメント』『高勝率トレード学のススメ』『勝利の売買システム』『フルタイムトレーダー完全マニュアル』（以上、パンローリング）、『FORBEGINNERS シリーズ90 数学』（現代書館）、『ゲーム開発のための数学・物理学入門』（ソフトバンク・パブリッシング）がある。

2008年2月15日　初版第1刷発行

ウィザードブックシリーズ ⑬

資産価値測定総論 1
リスク計算ツールから企業分析モデルまで

著　者	アスワス・ダモダラン
訳　者	山下恵美子
発行者	後藤康徳
発行所	パンローリング株式会社
	〒160-0023　東京都新宿区西新宿7-9-18-6F
	TEL 03-5386-7391　FAX 03-5386-7393
	http://www.panrolling.com/
	E-mail　info@panrolling.com
編　集	エフ・ジー・アイ（Factory of Gnomic Three Monkeys Investment）合資会社
装　丁	パンローリング装丁室
印刷・製本	株式会社シナノ

ISBN978-4-7759-7097-3

落丁・乱丁本はお取り替えします。
また、本書の全部、または一部を複写・複製・転訳載、および磁気・光記録媒体に
入力することなどは、著作権法上の例外を除き禁じられています。

本文　©Emiko Yamashita 2008　Printed in Japan

バリュー株投資の真髄!!

ウィザードブックシリーズ4
バフェットからの手紙
著者:ローレンス・A・カニンガム

定価 本体1,600円+税　ISBN:9784939103216

【世界が理想とする投資家のすべて】
「ラリー・カニンガムは、私たちの哲学を体系化するという素晴らしい仕事を成し遂げてくれました。本書は、これまで私について書かれたすべての本のなかで最も優れています。もし私が読むべき一冊の本を選ぶとしたら、迷うことなく本書を選びます」
――ウォーレン・バフェット

ウィザードブックシリーズ87・88
新 賢明なる投資家
著者:ベンジャミン・グレアム　ジェイソン・ツバイク

定価(各) 本体3,800円+税　ISBN:(上)9784775970492
　　　　　　　　　　　　　　　　　(下)9748775970508

【割安株の見つけ方とバリュー投資を成功させる方法】
古典的名著に新たな注解が加わり、グレアムの時代を超えた英知が今日の市場に再びよみがえる！ グレアムがその「バリュー投資」哲学を明らかにした『賢明なる投資家』は、1949年に初版が出版されて以来、株式投資のバイブルとなっている。

ウィザードブックシリーズ 10
賢明なる投資家
著者:ベンジャミン・グレアム
定価(各) 本体3,800円+税
ISBN:9784939103292

ウォーレン・バフェットが師と仰ぎ、尊敬したベンジャミン・グレアムが残した「バリュー投資」の最高傑作！ 「魅力のない二流企業株」や「割安株」の見つけ方を伝授する。

ウィザードブックシリーズ 116
麗しのバフェット銘柄
著者:メアリー・バフェット、デビッド・クラーク
定価 本体1,800円+税
ISBN:9784775970829

なぜバフェットは世界屈指の大富豪になるまで株で成功したのか？ 本書は氏のバリュー投資術「選別的逆張り法」を徹底解剖したバフェット学の「解体新書」である。

ウィザードブックシリーズ 44
証券分析【1934年版】
著者:ベンジャミン・グレアム、デビッド・L・ドッド
定価 本体9,800円+税
ISBN:9784775970058

グレアムの名声をウォール街で不動かつ不滅なものとした一大傑作。ここで展開されている割安な株式や債券のすぐれた発掘法は、今も多くの投資家たちが実践して結果を残している。

ウィザードブックシリーズ 125
アラビアのバフェット
著者:リズ・カーン
定価 本体1,890円+税
ISBN:9784775970928

バフェットがリスペクトする米以外で最も成功した投資家、アルワリード本の決定版！ この1冊でアルワリードのすべてがわかる！ 3万ドルを230億ドルにした「伸びる企業への投資」の極意

心構えから具体例まで充実のオプション実践書

最新版 オプション売買の実践
著者：増田丞美

定価 本体 5,800 円＋税　ISBN:9784775990278

【プロが実際のトレードでポイントを解説】
瞬く間に実践者のバイブルとなった初版を最新のデータで改訂。すべてのノウハウが実例を基に説明されており、実践のコツが分かりやすくまとめられている。「チャートギャラリープロ」試用版CD-ROM付き。

最新版 オプション売買入門
著者：増田丞美

定価 本体 4,800 円＋税　ISBN:9784775990261

【オプション売買は難しくない】
世界的なオプショントレーダーである著者が、実践に役立つ基礎知識、ノウハウ、リスク管理法をやさしく伝授。小難しい理論よりも「投資家」にとって大切な知識は別にあることを本書は明確に教えてくれる。

オプション売買学習ノート
頭を使って覚えるオプションの基礎知識＆戦略
著者：増田丞美　定価 本体 2,800 円＋税
ISBN:9784775990384

「より勉強しやすいカタチ」を求めて生まれたオプション書初の参考書＆問題集。身に付けた知識を実践で応用が利く知恵へと発展させる効率的な手段として本書を活用してほしい。

オプション売買の実践　＜日経225編＞
著者：増田丞美
定価 本体 5,800 円＋税　ISBN:9784775990377

日本最大のオプション市場である日経225オプション向きの売買戦略、そしてプロたちの手口を大公開。225市場の特色に即したアドバイス、勝ち残るための知恵が収められている。

オプション倶楽部の投資法
著者：増田丞美
定価 本体 19,800 円＋税　ISBN:9784775990308

増田丞美氏がスーパーバイザーを務める「オプション倶楽部」が会員だけに公開していた実際の取引を分かりやすく解説。オプション売買の"真髄"的な内容が満載された究極の書。

プロが教えるオプション売買の実践
著者：増田丞美
定価 2,800 円＋税　ISBN:9784775990414

オプション取引が「誤解」されやすいのは株式投資や先物取引とは質もルールも全く異なる「ゲーム」であると認識されていないから。ゲームが異なれば優位性も異なるのだ。

DVDブック　資産運用としてのオプション取引入門
著者：増田丞美　定価 本体 2,800 円＋税
DVD1枚 122分収録　ISBN:9784775961384

まずはDVDを一通り見てみよう。そしてテキストで学んだことを復習してほしい。投資家として知っておきたいオプションの本質と優位性が、初心者にも着実に理解できるだろう。

マーケットの魔術師 ウィリアム・オニールの本と関連書

ウィザードブックシリーズ 12
成長株発掘法
著者：ウィリアム・オニール

定価 本体2,800円+税　ISBN:9784939103339

【究極のグロース株選別法】
米国屈指の大投資家ウィリアム・オニールが開発した銘柄スクリーニング法「CAN-SLIM（キャンスリム）」は、過去40年間の大成長銘柄に共通する7つの要素を頭文字でとったもの。オニールの手法を実践して成功を収めた投資家は数多く、詳細を記した本書は全米で100万部を突破した。

ウィザードブックシリーズ 71
相場師養成講座
著者：ウィリアム・オニール

定価 本体2,800円+税　ISBN:9784775970331

【進化する CAN-SLIM】
CAN-SLIM の威力を最大限に発揮させる5つの方法を伝授。00年に米国でネットバブルが崩壊したとき、オニールの手法は投資家の支持を失うどころか、逆に人気を高めた。その理由は全米投資家協会が「98～03年に CAN-SLIM が最も優れた成績を残した」と発表したことからも明らかだ。

ウィザードブックシリーズ 93
オニールの空売り練習帖
著者：ウィリアム・オニール、ギル・モラレス
定価 本体2,800円+税　ISBN:9784775970577

氏いわく「売る能力もなく買うのは、攻撃だけで防御がないフットボールチームのようなものだ」。指値の設定からタイミングの決定まで、効果的な空売り戦略を明快にアドバイス。

DVDブック
大化けする成長株を発掘する方法
著者：鈴木一之　定価 本体3,800円+税
DVD1枚 83分収録　ISBN:9784775961285

今も世界中の投資家から絶大な支持を得ているウィリアム・オニールの魅力を日本を代表する株式アナリストが紹介。日本株のスクリーニングにどう当てはめるかについても言及する。

ウィザードブックシリーズ 95
伝説のマーケットの魔術師たち
著者：ジョン・ボイク　訳者：鈴木敏昭
定価 本体2,200円+税　ISBN:9784775970591

ジェシー・リバモア、バーナード・バルーク、ニコラス・ダーバス、ジェラルド・ローブ、ウィリアム・オニール。5人の投資家が偉大なのは、彼らの手法が時間を超越して有効だからだ。

ウィザードブックシリーズ 49
私は株で200万ドル儲けた
著者：ニコラス・ダーバス　訳者：長尾慎太郎、飯田恒夫
定価 本体2,200円+税　ISBN:9784775970102

1960年の初版は、わずか8週間で20万部が売れたという伝説の書。絶望の淵に落とされた個人投資家が最終的に大成功を収めたのは、不屈の闘志と「ボックス理論」にあった。

マーケットの魔術師シリーズ

ウィザードブックシリーズ 19
マーケットの魔術師
著者：ジャック・D・シュワッガー
定価 本体2,800円＋税　ISBN:9784939103407

【いつ読んでも発見がある】
トレーダー・投資家は、そのとき、その成長過程で、さまざまな悩みや問題意識を抱えているもの。本書はその答えの糸口を「常に」提示してくれる「トレーダーのバイブル」だ。「本書を読まずして、投資をすることなかれ」とは世界的トレーダーたちが口をそろえて言う「投資業界の常識」だ！

ウィザードブックシリーズ 13
新マーケットの魔術師
著者：ジャック・D・シュワッガー
定価 本体2,800円＋税　ISBN:9784939103346

【世にこれほどすごいヤツらがいるのか!!】
株式、先物、為替、オプション、それぞれの市場で勝ち続けている魔術師たちが、成功の秘訣を語る。またトレード・投資の本質である「心理」をはじめ、勝者の条件について鋭く分析がなされている。関心のあるトレーダー・投資家から読み始めてかまわない。自分のスタイルづくりに役立ててほしい。

ウィザードブックシリーズ 14
マーケットの魔術師 株式編《増補版》
著者：ジャック・D・シュワッガー
定価 本体2,800円＋税　ISBN:9784775970232

投資家待望のシリーズ第三弾、フォローアップインタビューを加えて新登場!!　90年代の米株の上げ相場でとてつもないリターンをたたき出した新世代の「魔術師＝ウィザード」たち。彼らは、その後の下落局面でも、その称号にふさわしい成果を残しているのだろうか？

◎アート・コリンズ著 マーケットの魔術師シリーズ

ウィザードブックシリーズ 90
マーケットの魔術師 システムトレーダー編
著者：アート・コリンズ
定価 本体2,800円＋税　ISBN:9784775970522

システムトレードで市場に勝っている職人たちが明かす機械的売買のすべて。相場分析から発見した優位性を最大限に発揮するため、どのようなシステムを構築しているのだろうか？ 14人の傑出したトレーダーたちから、システムトレードに対する正しい姿勢を学ぼう！

ウィザードブックシリーズ 111
マーケットの魔術師 大損失編
著者：アート・コリンズ
定価 本体2,800円＋税　ISBN:9784775970775

スーパートレーダーたちはいかにして危機を脱したか？　局地的な損失はトレーダーならだれでも経験する不可避なもの。また人間のすることである以上、ミスはつきものだ。35人のスーパートレーダーたちは、窮地に立ったときどのように取り組み、対処したのだろうか？

相場のプロたちからも高い評価を受ける矢口新の本！

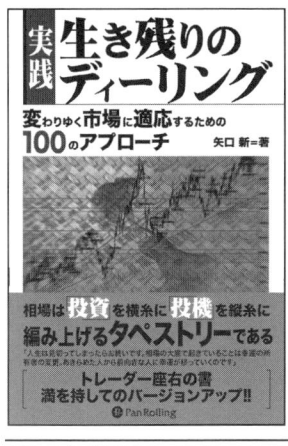

実践 生き残りのディーリング
著者：矢口新
定価 本体 2,800円＋税　ISBN:9784775990490

【相場とは何かを追求した哲学書】
今回の『実践 生き残りのディーリング』は「株式についても具体的に言及してほしい」という多くの個人投資家たちの声が取り入れられた「最新版」。プロだけでなく、これから投資を始めようという投資家にとっても、自分自身の投資スタンスを見つめるよい機会となるだろう。

なぜ株価は値上がるのか？
著者：矢口新
定価 本体 2,800円＋税　ISBN:9784775990315

【矢口氏の相場哲学が分かる！】
実践者が書いた「実用的」な株式投資・トレードの教科書。マーケットの真の力学を解き明かし、具体的な「生き残りの銘柄スクリーニング術」を指南する。ファンダメンタル分析にもテクニカル分析にも、短期売買にも長期投資にも、リスク管理にも資金管理にも、強力な論理的裏付けを提供。

矢口新の相場力アップドリル[株式編]
著者：矢口新
定価 本体 1,800円＋税　ISBN:9784775990131

相場の仕組みを明確に理解するうえで最も大事な「実需と仮需」。この株価変動の本質を54の設問を通して徹底的に理解する。本書で得た知識は、自分で材料を判断し、相場観を組み立て、実際に売買するときに役立つだろう。

矢口新の相場力アップドリル[為替編]
著者：矢口新
定価 本体 1,500円＋税　ISBN:9784775990124

「アメリカの連銀議長が金利上げを示唆したとします。このことをきっかけに相場はどう動くと思いますか？」──この質問に答えられるかで、その人の相場に関する基礎的な理解が分かる。本書を読み込んで相場力をUPさせよう。

マンガ 生き残りの株入門の入門 あなたは投資家？投機家？
原作：矢口新　作画：てらおかみちお
定価 本体 1,800円＋税　ISBN:9784775930274

タイトルの「入門の入門」は「いろはレベル」ということではない。最初から相場の本質を知るべきだという意味である。図からイメージすることで、矢口氏の相場哲学について、理解がさらに深まるはずだ。

心の鍛錬はトレード成功への大きなカギ！

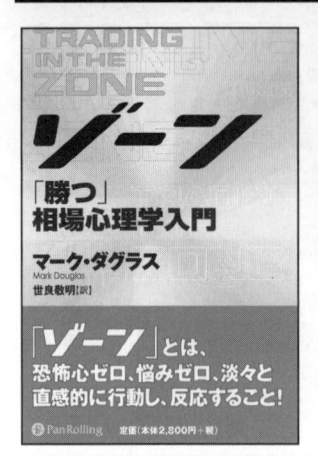

ウィザードブックシリーズ 32
ゾーン 相場心理学入門
著者：マーク・ダグラス

定価 本体2,800円＋税　ISBN：9784939103575

【己を知れば百戦危うからず】
恐怖心ゼロ、悩みゼロで、結果は気にせず、淡々と直感的に行動し、反応し、ただその瞬間に「するだけ」の境地、つまり「ゾーン」に達した者こそが勝つ投資家になる！　さて、その方法とは？　世界中のトレード業界で一大センセーションを巻き起こした相場心理の名作が究極の相場心理を伝授する！

ウィザードブックシリーズ 114
規律とトレーダー 相場心理分析入門
著者：マーク・ダグラス

定価 本体2,800円＋税　ISBN：9784775970805

【トレーダーとしての成功に不可欠】
「仏作って魂入れず」──どんなに努力して素晴らしい売買戦略をつくり上げても、心のあり方が「なっていなければ」成功は難しいだろう。つまり、心の世界をコントロールできるトレーダーこそ、相場の世界で勝者となれるのだ！　『ゾーン』愛読者の熱心なリクエストにお応えして急遽刊行！

ウィザードブックシリーズ 107
トレーダーの心理学
トレーディングコーチが伝授する達人への道
著者：アリ・キエフ
定価 本体2,800円＋税　ISBN：9784775970737

高名な心理学者でもあるアリ・キエフ博士がトップトレーダーの心理的な法則と戦略を検証。トレーダーが自らの潜在能力を引き出し、目標を達成させるアプローチを紹介する。

ウィザードブックシリーズ 124
NLPトレーディング
投資心理を鍛える究極トレーニング
著者：エイドリアン・ラリス・トグライ
定価 本体3,200円＋税　ISBN：9784775970904

NLPは「神経言語プログラミング」の略。この最先端の心理学を利用して勝者の思考術をモデル化し、トレーダーとして成功を極めるために必要な「自己管理能力」を高めようというのが本書の趣旨である。

ウィザードブックシリーズ 126
トレーダーの精神分析
自分を理解し、自分だけのエッジを見つけた者だけが成功できる
著者：ブレット・N・スティーンバーガー
定価 本体2,800円＋税　ISBN：9784775970911

トレードとはパフォーマンスを競うスポーツのようなものである。トレーダーは自分の強み（エッジ）を見つけ、生かさなければならない。そのために求められるのが「強靭な精神力」なのだ。

相場で負けたときに読む本 ～真理編～
著者：山口祐介
定価 本体1,500円＋税　ISBN：9784775990469

なぜ勝者は「負けても」勝っているのか？　なぜ敗者は「勝っても」負けているのか？　10年以上勝ち続けてきた現役トレーダーが相場の"真理"を詩的に表現。

※投資心理といえば『投資苑』も必見!!

トレード業界に旋風を巻き起こしたウィザードブックシリーズ!!

ウィザードブックシリーズ1
魔術師リンダ・ラリーの短期売買入門
著者：リンダ・ブラッドフォード・ラシュキ

定価 本体 28,000円+税　ISBN:9784939103032

【米国で短期売買のバイブルと絶賛】
日本初の実践的短期売買書として大きな話題を呼んだプロ必携の書。順バリ（トレンドフォロー）派の多くが悩まされる仕掛け時の「ダマシ」を逆手に取った手法（タートル・スープ戦略）をはじめ、システム化の困難な多くのパターンが、具体的な売買タイミングと併せて詳細に解説されている。

ウィザードブックシリーズ2
ラリー・ウィリアムズの短期売買法
著者：ラリー・ウィリアムズ

定価 本体 9,800円+税　ISBN:9784939103063

【トレードの大先達に学ぶ】
短期売買で安定的な収益を維持するために有効な普遍的な基礎が満載された画期的な書。著者のラリー・ウィリアムズは30年を超えるトレード経験を持ち、多くの個人トレーダーを自立へと導いてきたカリスマ。事実、本書に散りばめられたヒントを糧に成長したと語るトレーダーは多い。

ウィザードブックシリーズ 51・52
バーンスタインのデイトレード【入門・実践】
著者：ジェイク・バーンスタイン　定価(各)本体7,800円+税
ISBN:(各)9784775970126　9784775970133

「デイトレードでの成功に必要な資質が自分に備わっているのか？」「デイトレーダーとして人生を切り開くため、どうすべきか？」――本書はそうした疑問に答えてくれるだろう。

ウィザードブックシリーズ 130
バーンスタインのトレーダー入門
著者：ジェイク・バーンスタイン
定価 本体 5,800円+税
ISBN:9784775970966

ヘッジファンドマネジャー、プロのトレーダー、マネーマネジャーが公表してほしくなかった秘訣が満載！　30日間で経済的に自立したトレーダーになる！

ウィザードブックシリーズ 53
ターナーの短期売買入門
著者：トニ・ターナー
定価 本体 2,800円+税
ISBN:9784775970140

「短期売買って何？」という方におススメの入門書。明確なアドバイス、参考になるチャートが満載されており、分かりやすい説明で短期売買の長所と短所がよく理解できる。

ウィザードブックシリーズ 37
ゲイリー・スミスの短期売買入門
著者：ゲイリー・スミス
定価 本体 2,800円+税
ISBN:9784939103643

20年間、大勝ちできなかった「並以下」の個人トレーダーが15年間、勝ち続ける「100万ドル」トレーダーへと変身した理由とは？　個人トレーダーに知識と勇気をもたらす良書。

トレード基礎理論の決定版!!

ウィザードブックシリーズ9
投資苑
著者：アレキサンダー・エルダー

世界各国ロングセラー
13カ国語へ翻訳—日本語版ついに登場!

定価 本体5,800円＋税　ISBN:9784939103285

【トレーダーの心技体とは？】
それは３つのM「Mind＝心理」「Method＝手法」「Money＝資金管理」であると、著者のエルダー医学博士は説く。そして「ちょうど三脚のように、どのMも欠かすことはできない」と強調する。本書は、その３つのMをバランス良く、やさしく解説したトレード基本書の決定版だ。世界13カ国で翻訳され、各国で超ロングセラーを記録し続けるトレーダーを志望する者は必読の書である。

ウィザードブックシリーズ56
投資苑2
著者：アレキサンダー・エルダー

エルダー博士のトレーディングルームを誌上訪問してください！

定価 本体5,800円＋税　ISBN:9784775970171

【心技体をさらに極めるための応用書】
「優れたトレーダーになるために必要な時間と費用は？」「トレードすべき市場とその儲けは？」「トレードのルールと方法、資金の分割法は？」――『投資苑』の読者にさらに知識を広げてもらおうと、エルダー博士が自身のトレーディングルームを開放。自らの手法を惜しげもなく公開している。世界に絶賛された「３段式売買システム」の威力を堪能してほしい。

ウィザードブックシリーズ50
投資苑がわかる203問
著者：アレキサンダー・エルダー　定価 本体2,800円＋税　ISBN:9784775970119

分かった「つもり」の知識では知恵に昇華しない。テクニカルトレーダーとしての成功に欠かせない３つのM（心理・手法・資金管理）の能力をこの問題集で鍛えよう。何回もトライし、正解率を向上させることで、トレーダーとしての成長を自覚できるはずだ。

投資苑2 Q&A
著者：アレキサンダー・エルダー　定価 本体2,800円＋税　ISBN:9784775970188

『投資苑２』は数日で読める。しかし、同書で紹介した手法や技法のツボを習得するには、実際の売買で何回も試す必要があるだろう。そこで、この問題集が役に立つ。あらかじめ洞察を深めておけば、いたずらに資金を浪費することを避けられるからだ。

アレキサンダー・エルダー博士の投資レクチャー

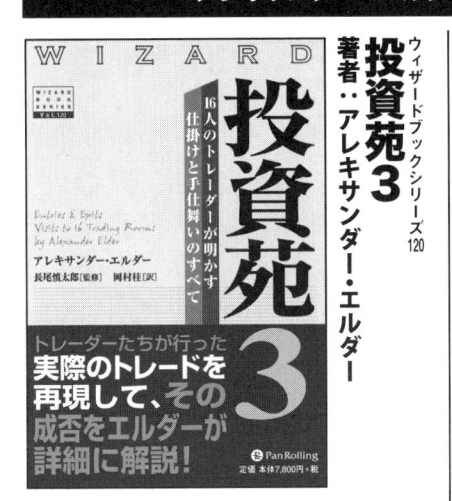

ウィザードブックシリーズ 120
投資苑3
著者:アレキサンダー・エルダー
長尾慎太郎[監修] 岡村桂[訳]

【どこで仕掛け、どこで手仕舞う】
「成功しているトレーダーはどんな考えで仕掛け、なぜそこで手仕舞ったのか!」──16人のトレーダーたちの売買譜。住んでいる国も、取引する銘柄も、その手法もさまざまな16人のトレーダーが実際に行った、勝ちトレードと負けトレードの仕掛けから手仕舞いまでを実際に再現。その成否をエルダー博士が詳細に解説する。ベストセラー『投資苑』シリーズ、待望の第3弾!

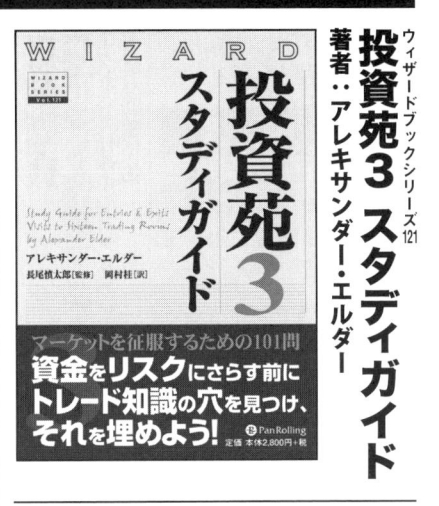

定価 本体7,800円+税　ISBN:9784775970867

ウィザードブックシリーズ 121
投資苑3 スタディガイド
著者:アレキサンダー・エルダー
長尾慎太郎[監修] 岡村桂[訳]

【マーケットを理解するための101問】
トレードで成功するために必須の条件をマスターするための『投資苑3』副読本。トレードの準備、心理、マーケット、トレード戦略、マネージメントと記録管理,トレーダーの教えといった7つの分野を、25のケーススタディを含む101問の問題でカバーする。資金をリスクにさらす前に本書に取り組み、『投資苑3』と併せて読むことでチャンスを最大限に活かすことができる。

定価 本体2,800円+税　ISBN:9784775970874

DVD トレード成功への3つのM～心理・手法・資金管理～

講演:アレキサンダー・エルダー　定価 本体4,800円+税　ISBN:9784775961322

世界中で500万部超の大ベストセラーとなった『投資苑』の著者であり、実践家であるアレキサンダー・エルダー博士の来日講演の模様をあますところ無く収録。本公演に加え当日参加者の貴重な生の質問に答えた質疑応答の模様も収録。インタビュアー:林康史(はやしやすし)氏

DVD 投資苑～アレキサンダー・エルダー博士の超テクニカル分析～

講演:アレキサンダー・エルダー　定価 本体50,000円+税　ISBN:9784775961346

超ロングセラー『投資苑』の著者、エルダー博士のDVD登場!感情に流されないトレーディングの実践と、チャート、コンピュータを使ったテクニカル指標による優良トレードの探し方を解説、さまざまな分析手法の組み合わせによる強力な売買システム構築法を伝授する。

売買プログラムで広がるシステムトレードの可能性

自動売買ロボット作成マニュアル
エクセルで理想のシステムトレード
著者：森田佳佑
定価 本体2,800円＋税　ISBN:9784775990391

【パソコンのエクセルでシステムトレード】
エクセルには「VBA」というプログラミング言語が搭載されている。さまざまな作業を自動化したり、ソフトウェア自体に機能を追加したりできる強力なツールだ。このVBAを活用してデータ取得やチャート描画、戦略設計、検証、売買シグナルを自動化してしまおう、というのが本書の方針である。

コンピュータトレーディング入門
合理的な売買プログラム作成のポイント
著者：高橋謙吾
定価 本体2,800円＋税　ISBN:9784775990568

【自作システム完成までの筋道】
コンピュータを使ったシステムトレードにどのような優位性があるのか？ 売買アイデアをどのようにルール化し、プログラム化したらよいのか？ 作った売買システムをどのように検証したらよいのか？ 売買プログラムの論理的な組み立て方、システムの優劣の見分け方をやさしく解説する。

ウィザードブックシリーズ 30
魔術師たちの心理学
トレードで生計を立てる秘訣と心構え
著者：バン・K・タープ
定価 本体2,800円＋税　ISBN:9784939103544

あまりの内容の充実に「秘密を公開しすぎる」との声があがったほど。システムトレードに必要な情報がこの一冊に！ 個性と目標利益に見合った売買システム構築のコツを伝授。

現代の錬金術師シリーズ
自動売買ロボット作成マニュアル初級編
エクセルでシステムトレードの第一歩
著者：森田佳佑
定価 本体2,000円＋税　ISBN:9784775990513

操作手順と確認問題を収録したCD-ROM付き。エクセル超初心者の投資家でも、売買システムの構築に有効なエクセルの操作方法と自動処理の方法がよく分かる!!

現代の錬金術師シリーズ
トレードステーション入門
やさしい売買プログラミング
著者：西村貴郁
定価 本体2,800円＋税　ISBN:9784775990452

売買ソフトの定番「トレードステーション」。そのプログラミング言語の基本と可能性を紹介。チャート分析も、売買戦略のデータ検証・最適化も売買シグナル表示もこれひとつで可能だ。

ウィザードブックシリーズ 113
勝利の売買システム
トレードステーションから学ぶ実践的売買プログラミング
著者：ジョージ・プルート、ジョン・R・ヒル
定価 本体7,800円＋税　ISBN:9784775970799

世界ナンバーワン売買ソフト「トレードステーション」徹底活用術。このソフトの威力を十二分に活用し、運用成績の向上を計ろうとするトレーダーたちへのまさに「福音書」だ。

洗練されたシステムトレーダーを目指して

ウィザードブックシリーズ 11
売買システム入門
著者：トゥーシャー・シャンデ

定価 本体 7,800円＋税　ISBN:9784939103315

【システム構築の基本的流れが分かる】
世界的に高名なシステム開発者であるトゥーシャー・シャンデ博士が「現実的」な売買システムを構築するための有効なアプローチを的確に指南。システムの検証方法、資金管理、陥りやすい問題点と対処法を具体的に解説する。基本概念から実際の運用まで網羅したシステム売買の教科書。

ウィザードブックシリーズ 54
究極のトレーディングガイド
著者：ジョン・R・ヒル／ジョージ・プルート／ランディ・ヒル

定価 本体 4,800円＋税　ISBN:9784775970157

【売買システム分析の大家が一刀両断】
売買システムの成績判定で世界的に有名なフューチャーズトゥルース社のアナリストたちが、エリオット波動、値動きの各種パターン、資金管理といった、曖昧になりがちな理論を目からウロコの適切かつ具体的なルールで表現。安定した売買システム作りのノウハウを大公開する！

ウィザードブックシリーズ 42
トレーディングシステム入門
仕掛ける前が勝負の分かれ目
著者：トーマス・ストリズマン
定価 本体 5,800円＋税　ISBN:9784775970034

売買タイミングと資金管理の融合を売買システムで実現。システムを発展させるために有効な運用成績の評価ポイントと工夫のコツが惜しみなく著された画期的な書！

ウィザードブックシリーズ 63
マーケットのテクニカル秘録
独自システム構築のために
著者：チャールズ・ルボー＆デビッド・ルーカス
定価 本体 5,800円＋税　ISBN:9784775970256

ADX、RSI、ストキャスティックス、モメンタム、パラボリック・ストップ・ポイント、MACDなどのテクニカル指標をいかにしてシステムトレードに役立てられるかを解説。

ウィザードブックシリーズ 99
トレーディングシステムの開発と検証と最適化
著者：ロバート・パルド
定価 本体 5,800円＋税　ISBN:9784775970638

システムトレーダーの永遠の課題のひとつである「最適化」。オーバーフィッティング（過剰にこじつけた最適化）に陥ることなくシステムを適切に改良するための指針を提供する。

ウィザードブックシリーズ 8
トレーディングシステム徹底比較
日本市場の全銘柄の検証結果付き
著者：ラーズ・ケストナー
定価 本体 19,800円＋税　ISBN:9784939103278

トレード界の重鎮たちが考案した39の戦略を15年の日足データで詳細かつ明確に検証。ソースコードも公開されているため、どのようにプログラムを組んだかの参考にもなる。

満員電車でも聞ける！オーディオブックシリーズ

本を読みたいけど時間がない。
効率的かつ気軽に勉強をしたい。
そんなあなたのための耳で聞く本。
それがオーディオブック!!

パソコンをお持ちの方は Windows Media Player、iTunes、Realplayer で簡単に聴取できます。また、iPod などの MP3 プレーヤーでも聴取可能です。
■ＣＤでも販売しております。詳しくはHPで───

オーディオブックシリーズ12
規律とトレーダー
相場心理分析入門
著者：マーク・ダグラス

定価 本体 3,800 円＋税（ダウンロード価格）
MP3 約 440 分 16 ファイル 倍速版付き

ある程度の知識と技量を身に着けたトレーダーにとって、能力を最大限に発揮するため重要なもの。それが「精神力」だ。相場心理学の名著を「瞑想」しながら熟読してほしい。

オーディオブックシリーズ14
マーケットの魔術師　大損失編
著者：アート・コリンズ

定価 本体 4,800 円＋税（ダウンロード価格）
MP3 約 610 分 20 ファイル 倍速版付き

窮地に陥ったトップトレーダーたちはどうやって危機を乗り切ったか？夜眠れぬ経験や神頼みをしたことのあるすべての人にとっての必読書！

オーディオブックシリーズ11
バフェットからの手紙

「経営者」「起業家」「就職希望者」のバイブル
究極・最強のバフェット本

オーディオブックシリーズ13
賢明なる投資家

市場低迷の時期こそ、威力を発揮する「バリュー投資のバイブル」日本未訳で「幻」だった古典的名著がついに翻訳

オーディオブックシリーズ5
生き残りのディーリング決定版

相場で生き残るための100の知恵。通勤電車が日々の投資活動を振り返る絶好の空間となる。

オーディオブックシリーズ8
相場で負けたときに読む本〜真理編〜

敗者が「敗者」になり、勝者が「勝者」になるのは必然的な理由がある。相場の"真理"を詩的に紹介。

ダウンロードで手軽に購入できます!!

パンローリングHP　http://www.panrolling.com/
（「パン発行書籍・DVD」のページをご覧ください）

電子書籍サイト「でじじ」　http://www.digigi.jp/

Chart Gallery 4.0 for Windows

パンローリング相場アプリケーション
チャートギャラリー
Established Methods for Every Speculation

最強の投資環境

成績検証機能が加わって新発売！

検索条件の成績検証機能 [New] [Expert]

指定した検索条件で売買した場合にどれくらいの利益が上がるか、全銘柄に対して成績を検証します。検索条件をそのまま検証できるので、よい売買法を思い付いたらその場でテスト、機能するものはそのまま毎日検索、というように作業にむだがありません。

表計算ソフトや面倒なプログラミングは不要です。マウスと数字キーだけであなただけの売買システムを作れます。利益額や合計だけでなく、最大引かされ幅や損益曲線なども表示するので、アイデアが長い間安定して使えそうかを見積もれます。

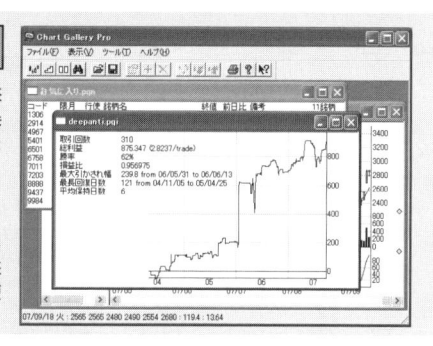

チャートギャラリープロに成績検証機能が加わって、無敵の投資環境がついに誕生!!
投資専門書の出版社として8年、数多くの売買法に触れてきた成果が凝縮されました。いつ仕掛け、いつ手仕舞うべきかを客観的に評価し、きれいで速いチャート表示があなたのアイデアを形にします。

●価格（税込）
チャートギャラリー 4.0
エキスパート **147,000 円** ／ プロ **84,000 円** ／ スタンダード **29,400 円**

●アップグレード価格（税込）
以前のチャートギャラリーをお持ちのお客様は、ご優待価格で最新版へ切り替えられます。
お持ちの製品がご不明なお客様はご遠慮なくお問い合わせください。

プロ2、プロ3、プロ4からエキスパート4へ	105,000 円
2、3からエキスパート4へ	126,000 円
プロ2、プロ3からプロ4へ	42,000 円
2、3からプロ4へ	63,000 円
2、3からスタンダード4へ	10,500 円

Pan Rolling

ここでしか入手できないモノがある

相場データ・投資ノウハウ
実践資料…etc

今すぐトレーダーズショップに
アクセスしてみよう！

1. インターネットに接続して http://www.tradersshop.com/ にアクセスします。インターネットだから、24時間どこからでもOKです。

2. トップページが表示されます。画面の左側に便利な検索機能があります。タイトルはもちろん、キーワードや商品番号など、探している商品の手がかりがあれば、簡単に見つけることができます。

3. ほしい商品が見つかったら、お買い物かごに入れます。お買い物かごにほしい品物をすべて入れ終わったら、一覧表の下にあるお会計を押します。

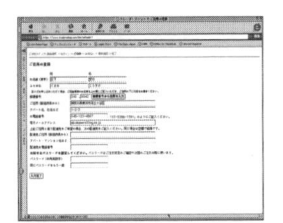

4. はじめてのお客さまは、配達先等を入力します。お支払い方法を入力して内容を確認後、ご注文を送信を押して完了（次回以降の注文はもっとカンタン。最短2クリックで注文が完了します）。送料はご注文1回につき、何点でも全国一律250円です（1回の注文が2800円以上なら無料！）。また、代引手数料も無料となっています。

5. あとは宅配便にて、あなたのお手元に商品が届きます。
そのほかにもトレーダーズショップには、投資業界の有名人による「私のオススメの一冊」コーナーや読者による書評など、投資に役立つ情報が満載です。さらに、投資に役立つ楽しいメールマガジンも無料で登録できます。ごゆっくりお楽しみください。

Traders Shop

http://www.tradersshop.com/

投資に役立つメールマガジンも無料で登録できます。 http://www.tradersshop.com/back/mailmag

お問い合わせは パンローリング株式会社
〒160-0023　東京都新宿区西新宿7-9-18-6F
Tel：03-5386-7391　Fax：03-5386-7393
http://www.panrolling.com/
E-Mail　info@panrolling.com

携帯版